고시넷 NCS

기출예상 실전모의고사
문제집

한국
전력공사

사무/전기/건축/ICT
직무능력검사

NCS 직업기초능력평가
의사소통/수리/문제해결/자원관리/정보

인성·인재상·조직적합도검사
한전 인재상 및 핵심가치 등

gosinet
(주)고시넷

정오표 및 학습 질의 안내

정오표 확인 방법

고시넷은 오류 없는 책을 만들기 위해 최선을 다합니다. 그러나 편집에서 미처 잡지 못한 실수가 뒤늦게 나오는 경우가 있습니다. 고시넷은 이런 잘못을 바로잡기 위해 정오표를 실시간으로 제공합니다. 감사하는 마음으로 끝까지 책임을 다하겠습니다.

| 고시넷 홈페이지 접속 | 〉 | 고시넷 출판-커뮤니티 | 〉 | 정오표 |

🌐 www.gosinet.co.kr

 모바일폰에서 QR코드로 실시간 정오표를 확인할 수 있습니다.

학습 질의 안내

학습과 교재선택 관련 문의를 받습니다. 적절한 교재선택에 관한 조언이나 고시넷 교재 학습 중 의문 사항은 아래 주소로 메일을 주시면 성실히 답변드리겠습니다.

이메일주소 ✉ passgosi2004@hanmail.net

차례

📖 한국전력공사 필기시험 정복

- 구성과 활용
- 한국전력공사 소개
- 모집공고 및 채용 절차
- 한국전력공사 기출 유형 분석

파트 1 한국전력공사 기출예상문제

파트 2 인성검사

파트 3 면접가이드

책속의 책

파트 1 한국전력공사 기출예상문제 정답과 해설

구성과 활용

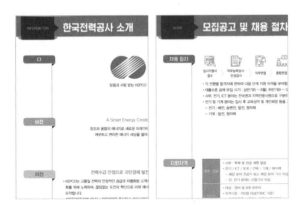

1 한국전력공사 소개 & 채용 절차

한국전력공사의 비전, 미션, 경영방침, 인재상 등을 수록하였으며 최근 채용 절차 및 지원자격 등을 쉽고 빠르게 확인할 수 있도록 구성하였습니다.

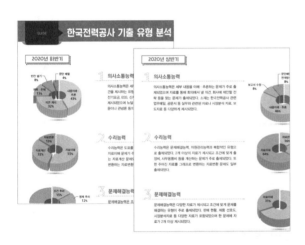

2 한국전력공사 기출 유형 분석

2020년 상·하반기 기출문제 유형을 분석하여 최신 출제 경향을 한눈에 파악할 수 있도록 하였습니다.

3 기출예상문제로 실전 연습 & 실력 UP!!

총 6회의 기출예상문제로 자신의 실력을 점검하고 완벽한 실전 준비가 가능하도록 구성하였습니다.

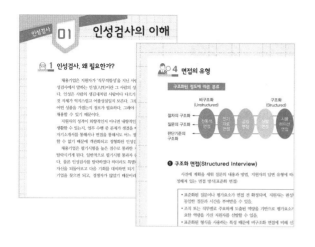

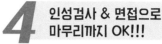

4 인성검사 & 면접으로 마무리까지 OK!!!

최근 채용 시험에서 점점 중시되고 있는 인성검사와 면접 질문들을 수록하여 마무리까지 완벽하게 대비할 수 있도록 하였습니다.

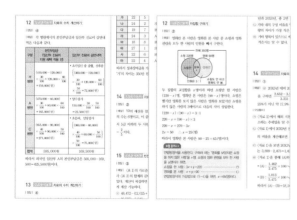

5 상세한 해설과 오답풀이가 수록된 정답과 해설

상세한 해설을 수록하였고 오답풀이 및 보충 사항들을 수록하여 문제풀이 과정에서의 학습 효과가 극대화될 수 있도록 구성하였습니다.

한국전력공사 소개

CI

믿음과 사랑 받는 KEPCO

비전

A Smart Energy Creator

창조와 융합의 에너지로 새로운 미래가치를 창출하며
깨끗하고 편리한 에너지 세상을 열어가는 기업

미션

전력수급 안정으로 국민경제 발전에 이바지

• KEPCO는 고품질 전력의 안정적인 공급과 차별화된 고객서비스 제공 및 글로벌 경쟁력 강화를 위해 노력하며, 끊임없는 도전과 혁신으로 미래 에너지산업을 이끌 글로벌 기업으로 도약합니다.
• 설립목적(한전법 제1조) : 전원개발을 촉진하고 전기사업의 합리적인 운영을 기함으로써 전력수급의 안정을 도모하고 국민경제 발전에 이바지하게 함을 목적으로 한다.

경영방침

Clean Energy, Smart KEPCO

가치경영	윤리경영	열린경영	혁신경영
공공성과 기업성의 조화를 통해 지속가능한 가치창출	투철한 준법정신과 윤리의식으로 국민신뢰 확보	열린 소통과 협력 강화로 전력사업생태계 역량 결집	기술 · 사업 · 경영시스템 전반의 혁신을 통한 역량 강화

핵심가치

미래지향(Future)
우리는 먼저 미래를
준비하고 나아갑니다.

도전혁신(Innovation)
우리는 먼저 변화와 혁신을
추구합니다.

고객존중(Respect)
우리는 먼저 고객의
가치를 실현합니다.

사회적 가치(Social Value)
우리는 먼저 사회와 환경을
생각합니다.

신뢰소통(Trust)
우리는 소통을 통한
신뢰를 추구합니다.

인재상

[Global Pioneer] 무한 경쟁 글로벌 시장에서 패기와 열정으로 창의적이고 혁신적인 미래가치를 실행할 수 있는 인재

- 회사에 대한 무한 책임과 주인의식을 가지고 개인보다 회사를 생각하는 기업가형 인재

- 융합적 사고를 바탕으로 Multi-specialist를 넘어 오케스트라 지휘자와 같이 조직역량의 시너지를 극대화하는 통섭형 인재

- 뜨거운 열정과 창의적 사고를 바탕으로 실패와 좌절을 두려워하지 않고 지속적으로 새로운 도전과 모험을 감행하는 도전적 인재

- 현재 가치에 안주하지 않고 글로벌 마인드에 기반한 날카로운 통찰력과 혁신적인 아이디어로 새로운 미래가치를 충족해 내는 가치 창조형 인재

모집공고 및 채용 절차

채용 절차

입사지원서 접수 〉 직무능력검사·인성검사 〉 직무면접 〉 종합면접 〉 신체검사·신원조사 〉 정규직 채용

- 각 전형별 합격자에 한하여 다음 단계 지원 자격을 부여함.
- 대졸수준 공채 모집 시기 : 상반기(5 ～ 8월), 하반기(9 ～ 12월)
- 사무, 전기, ICT 분야는 전국권과 지역전문사원으로 구분하여 선발
- 전기 및 기계 분야는 입사 후 교육성적 및 개인희망 등을 고려하여 회사에서 직무 결정
  - 전기 : 배전, 송변전, 발전, 원자력
  - 기계 : 발전, 원자력

지원자격

학력 · 전공	• 사무 : 학력 및 전공 제한 없음 • 전기 / ICT / 토목 / 건축 / 기계 / 원자력 　– 해당 분야 전공자 또는 해당 분야 기사 이상 자격증 보유자 　– 단, 전기 분야는 산업기사 이상
외국어	• 대상 : 영어 등 8개 외국어 • 자격기준 : 700점 이상(TOEIC 기준) 　– 고급자격증 보유자는 외국어성적 면제 　– 해외학위자도 외국어 유효성적을 보유해야 지원 가능
연령	제한 없음 (단, 공사 정년에 도달한 자는 지원불가)
병역	병역법 제76조에서 정한 병역의무 불이행 사실이 없는 자
기타	• 광주전남권 지원 시 해당권역 내 소재 학교(대학까지의 최종학력 기준, 대학원 이상 제외) 졸업(예정) · 중퇴한 자 또는 재학 · 휴학 중인 자만 지원 가능 • 지원서 접수마감일 현재 한전 4직급 직원으로 재직 중이지 않은 자 • 당사 인사관리규정 제11조 신규채용자의 결격사유가 없는 자

입사지원서 접수

- 채용홈페이지 (http://recruit.kepco.co.kr) 온라인 접수
- 우편 및 방문접수 불가
- 입사지원서상 사진등록란, 학교명, 학점, 주소, 생년월일 기재란 없음.
- e–메일 기재 시 학교명, 특정 단체명이 드러나는 메일 주소 기재 금지
- 지원서(자기소개서 포함) 작성 시 개인 인적사항(출신 학교, 가족관계 등) 관련 내용 일체 기재 금지

직무능력검사
(2020년 하반기 기준)

구분	공통영역	직렬별 영역
사무	의사소통능력, 수리능력, 문제해결능력	자원관리능력, 정보능력
전기		자원관리능력, 기술능력(전공문항)
ICT · 토목 · 건축 · 기계 · 원자력		정보능력, 기술능력(전공문항)

- 사무 : NCS 50문항(100점)
- 기술 : NCS 40문항(70점) + 전공 15문항(30점)
  - 기술 분야의 전공문항은 관련 분야의 기사(필기 및 실기) 수준으로 출제

면접전형
(2020년 하반기 기준)

[1차 직무면접]
- 진공지식 등 직무수헹능력을 평가
- 실무진 4명과 지원자 3 ~ 4명으로 약 30분 동안 진행

[2차 종합면접]
- 자기소개서를 기반으로 인성, 조직적합도 등을 종합평가
- 임원진 4 ~ 5명과 지원자 1명으로 약 15분 동안 진행

한국전력공사 기출 유형 분석

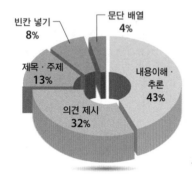

1 의사소통능력

의사소통능력은 세부 내용을 이해하는 문제와 상황에 맞게 의견을 제시하는 유형이 가장 많이 출제되었다. 소재는 에너지, 전기요금, ESS, 신재생에너지 등 한전과 관련된 지문이 주로 제시되었으며 뉴딜정책, 케이즈의 경제이론 등 경제 관련 지문이나 관념론 등의 철학 지문도 제시되었다.

2 수리능력

수리능력은 도표를 분석하여 선택지의 옳고 그름을 판단하는 자료이해 문제가 주로 출제되었다. 비율, 증감률 등을 계산하는 자료계산 문제도 출제되었으며, 주어진 자료를 그래프로 변환하는 자료변환 문제도 일부 출제되었다.

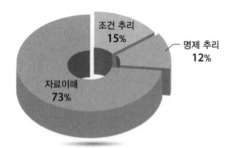

3 문제해결능력

문제해결능력은 조건 추리, 명제 추리 등 논리력을 요구하는 문제가 출제되었으며, 긴 자료가 주어지고 상황이나 조건에 맞게 문제를 처리하는 유형도 출제되었다.

4 자원관리능력 · 정보능력

자원관리능력은 출장비 등 금액을 계산하거나 일정을 정리하는 문제, 빠른 교통수단을 찾는 문제 등 실무에 필요한 능력을 요구하는 문제가 주로 출제되었다. 정보능력은 엑셀 함수 문제나 코드 문제 뿐 아니라 제로트러스트, 분산컴퓨터 등 컴퓨터 관련 상식 문제가 출제되었다.

2020년 상반기

1 의사소통능력

의사소통능력은 세부 내용을 이해·추론하는 문제가 주로 출제되었으며 자료를 통해 회의에서 낼 의견, 회사에 제안할 전략 등을 찾는 문제가 출제되었다. 소재는 한국전력공사 관련 업무메일, 공문서 등 실무와 관련된 자료나 시장분석 자료, 보도자료 등 다양하게 제시되었다.

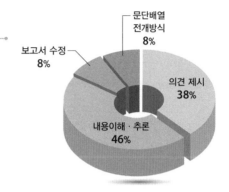

보고서 수정 8%
문단배열 전개방식 8%
의견 제시 38%
내용이해·추론 46%

2 수리능력

수리능력은 문제해결능력, 자원관리능력과 복합적인 유형으로 출제되었다. 2개 이상의 자료가 제시되고 조건에 맞게 출장비, 사무용품비 등을 계산하는 문제가 주로 출제되었다. 또한 주어진 자료를 그래프로 변환하는 자료변환 문제도 일부 출제되었다.

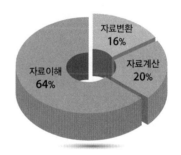

자료변환 16%
자료계산 20%
자료이해 64%

3 문제해결능력

문제해결능력은 다양한 자료가 제시되고 조건에 맞게 문제를 해결하는 유형이 주로 출제되었다. 판매 현황, 제품 선호도, 시장분석자료 등 다양한 자료가 포함되었으며 한 문제에 자료가 2개 이상 제시되었다.

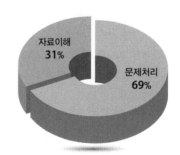

자료이해 31%
문제처리 69%

4 자원관리능력 · 정보능력

자원관리능력은 수리능력, 문제해결능력과 복합적인 유형으로, 주어진 조건에 맞게 최선의 선택을 하는 문제가 출제되었다. 정보능력은 G코드, 파이썬, 리눅스 등 다양한 소재의 문제가 출제되었다.

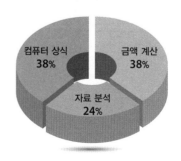

컴퓨터 상식 38%
금액 계산 38%
자료 분석 24%

키워드 ≫≫ 전력 관련 지문 이해하기
자료를 읽고 회의에서 적절한 의견 제시하기
전력 보험료 계산하기
조건에 맞게 근무 일정 정리하기
컴퓨터 단축키 파악하기

분석 ≫≫ 한국전력공사 필기시험은 60분이 주어지며 사무직은 NCS 50문항, 기술직은 NCS 40문항과 전공 15문항으로
총 55문항이 출제된다. 의사소통능력은 한국전력공사와 관련된 보도자료나 보고서, 사업계획서 등을 활용한 문제,
수리능력은 도표를 분석하는 자료해석 문제와 자료변환 문제가 출제된다. 문제해결능력은 두 개 이상의 자료를
보고 합리적으로 문제를 처리하는 문제가 출제되며, 자원관리능력은 예산, 일정 등을 계산하는 문제가 주로 출제
된다. 정보능력은 엑셀 함수 문제와 정보 관련 상식 문제가 출제된다.

1
파트

한국전력공사
기출예상문제

NCS란? 산업 현장에서 직무를 수행하기 위해 요구되는 각종 지식, 기술, 태도 등의 내용을 국가가 체계화한 것을 의미한다.

1회 기출예상문제

01. 다음 ESS(에너지저장시스템)에 관한 글을 읽고 파악한 내용으로 적절하지 않은 것은?

전기는 광범위하게 사용되고 있으나 생산과 동시에 소비가 이루어져야 하고 저장이 어려운 특성을 가지고 있다. 기존 중앙집중형 송배전시스템은 전력 수요-공급의 불일치로 에너지 관리 효율성에 문제를 발생시키고 있으며, 신재생에너지에서 생산되는 전기는 품질 문제로 전력망의 안정성과 신뢰도를 저하시키고 있다. 전력망의 안정성과 신뢰도를 개선시키고 신재생에너지의 간헐적인 출력 특성을 해결하여 효율적인 전력 활용, 고품질의 전력 확보, 안정적인 전력 공급을 위해 ESS의 필요성이 증대되고 있다.

ESS가 적용되는 분야는 다양한 출력과 저장시간에 따라 크게 장주기용 ESS와 단주기용 ESS로 분류된다. 장주기용 ESS는 기저부하의 유효전력을 이용함으로써 전력계통의 효율적 운영 및 안정성을 증대시키기 위한 Energy management용으로 이용되며, 리튬이온배터리, RFB, NaS배터리 및 CAES 시스템 등이 있다. 단주기용 ESS은 스마트그리드의 순간 정전 방지 및 신재생에너지원의 출력 변동 완화를 위한 전력 품질 개선용으로 이용되며, 초고용량 커패시터와 FESS 등이 있다. 향후 신재생에너지의 보급 확대 및 전기자동차 시장 확대로 중대형 ESS 시장은 급격히 증대될 것으로 예상되며, 전기자동차용 전력공급용 시장, 신재생에너지 및 차익거래용 시장으로 구분되어 형성될 것으로 전망된다. 용량별로 50MW 이하는 리튬이온배터리, NaS, RFB 등의 전지 산업이, 50MW 이상은 CAES 및 양수발전시스템과 같은 대형 발전 산업으로 시장을 형성할 것으로 예상된다.

리튬이온배터리(LIB)를 이용한 2차 전지 시장은 전기자동차 분야뿐만 아니라 ESS 분야에서도 크게 각광받고 있다. 2차 전지를 이용한 대용량 전력저장시스템은 크게 배터리시스템, 전력변환시스템(PCS) 및 ESS 계통운용시스템(PMS)으로 구성된다.

리튬이온배터리의 대용량화를 위해서는 배터리 셀의 열화 예측, 수명계산 및 배터리 보호 등을 위한 BMS가 필요하며, 리튬이온배터리와 BMS를 합쳐 하나의 배터리시스템을 구성한다. 배터리시스템과 전력계통 사이의 전력 변환을 담당하는 PCS는 대용량의 인버터·컨버터를 통해 배터리의 DC시스템과 전력계통의 AC시스템을 연계하여 배터리의 충·방전을 가능하게 하며, 배터리시스템의 제어를 위해 BMS와 PMS 사이에서 매개 역할을 수행한다. PMS는 부하평준화 알고리즘 및 신재생에너지원의 출력 개선 알고리즘 등을 이용하여 전력저장장치의 충·방전을 결정하고, ESS의 상태를 감시하는 역할을 하여 대용량 전력저장장치시스템의 전체적인 제어를 한다.

① 기존 방식으로 생산되는 전기는 에너지 관리 효율성 측면에서 문제를 발생시키고 있다.

② 전력망의 안정성과 신뢰도 개선, 효율적인 전력 활용, 안정적인 전력 공급 등을 위해 ESS의 필요성이 증대되고 있다.

③ 장주기용 ESS는 전력계통의 효율적 운영 및 안정성을 증대시키기 위해, 단주기용 ESS은 스마트그리드의 순간 정전 방지 및 신재생에너지원의 출력 변동 완화를 위해 이용된다.

④ ESS 시장은 50MW 이상은 리튬이온배터리, NaS, RFB 등의 전지 산업이, 50MW 이하는 CAES 및 양수발전시스템과 같은 대형 발전 산업으로 시장을 형성할 것이다.

⑤ 리튬이온배터리의 대용량화를 위해 배터리 셀의 열화 예측, 수명계산 BMS가 필요하다.

02. 다음 중 (가) ~ (마)를 내용에 맞게 순서대로 나열한 것은?

(가) 전력 공급자는 스마트그리드를 활용하여 전력 사용 현황을 실시간으로 파악하여 공급량을 탄력적으로 조절할 수 있다. 전력 소비자는 전력 사용 현황을 실시간으로 파악함으로써 이에 맞게 요금이 비싼 시간대를 피하여 사용 시간과 사용량을 조절할 수 있으며, 태양광 발전이나 연료전지, 전기자동차의 전기에너지 등 가정에서 생산되는 전기를 판매할 수도 있게 된다.

(나) 또한 가전제품과 네트워킹을 통하여 전력사용을 최적화하고 소비자에게 실시간 전기요금 정보를 제공하는 전력관리장치 '어드밴스트 스마트 미터(Advanced Smart Meter)'와 전기자동차 충전 인프라, 분산형 전원(배터리), 실시간 전기요금제, 전력망의 자기치유 기능, 신재생에너지 제어 기능, 직류(DC) 전원 공급, 전력 품질 선택 등을 필수요소로 하는 '한국형 스마트그리드 비전'을 발표하였다. 또 제주특별자치도를 스마트그리드 실증단지로 선정하고, 2030년까지 전체 전력망 지능화를 완료할 계획이다.

(다) 스마트그리드란 '발전−송전 및 배전−판매'의 단계로 이루어지던 기존의 단방향 전력망에 정보기술을 접목하여 전력 공급자와 소비자가 양방향으로 실시간 정보를 교환함으로써 에너지 효율을 최적화하는 '지능형 전력망'을 가리킨다. 발전소와 송전·배전 시설과 전력 소비자를 정보통신망으로 연결하고 양방향으로 공유하는 정보를 통하여 전력시스템 전체가 한몸처럼 효율적으로 작동하는 것이다.

(라) 이처럼 많은 장점을 지니고 있어 세계 여러 나라에서 스마트그리드를 차세대 전력망으로 구축하기 위한 사업으로 추진하고 있다. 한국도 2004년부터 산학연구기관과 전문가들을 통하여 기초기술을 개발해왔으며, 그린에너지산업 발전전략의 과제로 스마트그리드를 선정하고 법적·제도적 기반을 마련하기 위하여 지능형전력망구축위원회를 신설하였다.

(마) 또한 스마트그리드는 자동조정시스템으로 운영되므로 고장 요인을 사전에 감지하여 정전을 최소화하고, 기존 전력시스템과는 달리 다양한 전력 공급자와 소비자가 직접 연결되는 분산형 전원체제로 전환되면서 풍량과 일소량 등에 따라 전력 생산이 불규칙한 한계를 지닌 신재생에너지 활용도가 증대된다. 신재생에너지 활용도가 높아지면 화력발전소를 대체하여 온실가스와 오염물질을 줄일 수 있게 되어 환경문제를 해소하는 데도 도움이 된다.

---

① (가)−(다)−(라)−(마)−(나)
② (가)−(다)−(마)−(라)−(나)
③ (다)−(가)−(마)−(라)−(나)
④ (다)−(라)−(마)−(가)−(나)
⑤ (다)−(가)−(라)−(마)−(나)

03. N 지역자치단체는 지역화폐인 N 카드 사업의 개선을 위해 문제점과 소비 트렌드를 다음과 같이 분석하였다. 이를 바탕으로 회의에서 제시할 개선안으로 적절하지 않은 것은?

⟨N 카드의 문제점⟩

1. 가맹점 직원이 N 카드로 결제하는 방법을 잘 모르거나 N 카드 가맹점에 안내 스티커가 부착되어 있지 않은 경우가 많다.
2. N 카드를 지원하는 온라인 쇼핑몰을 거의 찾아볼 수 없다.
3. N 카드로 결제를 하기 위해서는 매번 앱을 실행하여, 로그인을 하고 결제화면에 들어가서 별도의 인증절차까지 거쳐야 하는 번거로운 과정을 거쳐야 한다.
4. 전통시장을 제외한 부문은 지난해 말 소득공제율이 30%로 하향 조정되었다. 체크카드, 현금영수증의 소득공제율도 30%이므로 혜택이 동일하다.
5. 공공자전거 대여서비스 '씽씽이' 대여요금 50% 할인 이외의 수요빈도가 낮았다.

⟨2021년 소비 트렌드⟩

소비 트렌드	설명
구독경제	매달 일정한 금액을 지불하고 서비스를 이용하는 소비경제
언택트 마케팅	1인 가구 증가, 코로나 바이러스 대유행 이후 '사회적 거리두기'로 확산된 비대면 소비문화
오팔(OPAL) 세대	은퇴한 베이비부머 세대인 50 ~ 60대 소비층이 새로운 주류 소비층으로 부각
MZ 세대	1980 ~ 2000년 출생자의 자기중심적 소비문화
뉴트로(Newtro)	'새로운 복고', 낯선 20세기 문화의 재해석
초개인화	사용자의 수요데이터 기록을 분석하여 사용자 맞춤형 컨텐츠를 제공
편리미엄	시간과 노력을 줄여주는 편리를 위해서 비용을 더 지불하는 소비문화

---

① N 카드는 씽씽이 할인용 카드라는 이미지가 강한 것 같습니다. 사용자의 소비성향을 분석해서 추천 상품을 제시해주는 식으로 수요 범위를 확대해야 합니다.

② N 카드로 결제를 하는 과정이 너무 번거롭습니다. 편리미엄 트렌드에 따라 결제 과정을 최소화할 수 있도록 앱을 개선해야 합니다.

③ 비대면 소비문화에 따라 온라인 쇼핑에서 N 카드를 사용할 수 있는 방안을 모색해야겠습니다.

④ N 카드는 아직 가맹점과 소비자의 인지도가 낮습니다. 요즘 유행하는 뉴트로 디자인의 홍보물을 제작하는게 좋겠습니다.

⑤ 새로운 소비층으로 떠오르는 MZ 세대에 맞춰 젊은 이미지를 강조하는 새로운 결제수단을 어필해야겠습니다.

1회 기출예상문제

2회 기출예상문제

3회 기출예상문제

4회 기출예상문제

5회 기출예상문제

6회 기출예상문제

인성검사

면접가이드

04. 다음 글을 읽고 회의 중 제안한 내용으로 옳지 않은 것은?

과학기술정보통신부는 공인전자서명의 우월한 법적 효력을 폐지하는 내용의 전자서명법 전부개정 안이 제378회 국회(임시회) 본회의를 통과했다고 20일 밝혔다. 이번 개정으로 전자서명의 시장경쟁이 촉진돼 블록체인, 생체인증 등 신기술 기반의 다양한 전자서명이 활성화되고 국민의 전자서명 이용 편리성도 높아질 것으로 기대된다.

1999년 제정된 전자서명법은 공인인증제도를 도입해 인터넷을 통한 행정, 금융, 상거래 등을 활성 화하는 등의 성과를 이뤄냈다. 하지만 공인인증제도가 20년 넘게 유지되면서 우월한 법적 효력을 가 진 공인인증서가 전자서명시장을 독점하며 신기술 전자서명기업의 시장진입 기회를 차단하고 액티브 엑스 설치 등 이용자의 불편을 초래하는 등 다양한 문제들이 지속적으로 지적돼 왔다. 이에 따라 과기 정통부는 공인인증제도 개선정책을 발표하고 시민단체, 법률전문가, 인증기관 등이 참여한 4차산업혁 명위원회 규제·제도혁신 해커톤과 법률전문가, 이해관계자 검토회의 등을 거쳐 전자서명법 전부개정 안을 마련해 국회에 제출했다.

전자서명법 개정안의 주요내용은 △공인전자서명의 우월한 법적 효력 폐지를 통한 다양한 전자서명 수단 간의 경쟁 활성화 △전자서명 인증업무 평가·인정제도 도입 △전자서명 이용자에 대한 보호조 치 강화 등이다. 공인전자서명의 우월한 법적 효력이 폐지되면서 공인·사설 인증서 차별이 없어져 전자서명시장에서 자율경쟁이 촉진됨에 따라 블록체인, 생체인증 등 다양한 신기술을 이용한 새로운 전자서명 서비스 개발이 활성화될 전망이다. 전자서명 이용기관은 기존 공인전자서명 대신 편의성 및 신뢰성이 높은 다양한 전자서명수단의 이용을 확대해 나가고 국민들도 액티브엑스 설치 등의 불편함 이 없는 다양한 편리한 전자서명 서비스를 이용할 수 있을 것으로 전망된다.

다양한 신기술 전자서명의 개발·확산에 대응해 이용자에게 신뢰성 및 안정성이 높은 전자서명의 선택을 지원하고 신기술 중소기업 전자서명 서비스의 신뢰성 입증, 시장진출 기회를 확대하기 위해 전자서명인증업무 평가·인정제도가 도입된다. 국제통용 평가기준에 맞춘 신기술 전자서명 평가·인 정제도 마련으로 우리나라에 국한된 전자서명이 아닌 국제시장을 선도하는 전자서명 기술 개발·이용 이 촉진될 것으로 기대된다.

한편 공인인증제도가 폐지돼도 기존의 공인인증서는 다양한 전자서명 수단 중의 하나로 계속 사용 될 수 있다. 기존 공인인증서 이용자에 불편이 없도록 기발급 공인인증서는 유효기간까지 이용할 수 있도록 하며 이후에는 이용기관 및 이용자 선택에 따라 일반 전자서명 중 하나로 사용할 수 있게 된다.

① 새로운 제도 도입 시 다른 국가에서도 통용될 수 있을 지까지 고려하는 게 경쟁력 강화에 기여할 수 있습니다.

② 기존의 공인인증서가 시장을 독점하는 상황은 전자서명 시장에서 경쟁이 치열해짐에 따라 자연스럽게 해소될 것입니다.

③ 기존 전자서명 방식이 새로운 전자서명 방식으로 완전히 대체되어야 하므로 한동안 이용자의 편의성이 낮아지는 한계도 존재합니다.

④ 전자서명법의 개정은 생체인증 등 신기술을 이용한 전자서명의 발전에도 영향을 미칠 것입니다.

⑤ 공인인증제도는 인터넷을 통한 상거래를 활성화하는 등 많은 성과를 이루어 냈습니다.

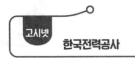

[05 ~ 06] 다음 글을 읽고 이어지는 질문에 답하시오.

울산시는 2030년까지 6GW 이상의 부유식 해상풍력발전단지를 조성한다는 계획을 밝혔다. '울산시 새로운 바람, 부유식 해상풍력'을 울산형 그린뉴딜 사업으로 추진한다는 것이다. 울산시는 수심 200m 이내 넓은 대륙붕과 연중 평균풍속 초속 8m 이상 우수한 자연조건, 신고리원전이나 울산화력 등의 발전소와 연결된 송·배전망 인프라, 여기에 미포산업단지 등 대규모 전력 소비처, 세계적인 조선해양 플랜트 산업 기반을 갖추고 있어 부유식 해상풍력 생산에 최적의 조건을 갖췄다.

울산시는 먼저 2025년까지 사업비 6조 원을 투입해 원자력 발전소 1개 규모와 맞먹는 1GW 이상의 부유식 해상풍력발전단지를 조성하기로 했다. 이후 시범운영을 거쳐 2030년까지는 6GW 이상의 부유식 해상풍력발전단지를 확대 조성한다는 계획이다. 시는 이렇게 하면 약 21만 명의 고용 효과가 있을 것으로 예상한다. 또 이 사업에 참여하는 5개 민간투자사 한국지사의 울산 유치와 100여 개 이상 서플라이 체인업체의 울산공장 설립 등도 예상돼 지역경제 활성화에 도움이 될 것으로 기대한다. 이와 함께 연간 698만 2천t의 이산화탄소 저감 효과와 정부의 2030년까지 재생에너지 비중을 20%로 높이자는 계획인 '재생에너지 3020' 해상풍력 분야 목표에서 50%(6GW)를 울산시가 담당하며, 명실상부한 그린에너지 도시로 도약할 수 있을 것으로 전망하고 있다.

시는 부유식 해상풍력 클러스터 조성도 검토하고 있다. 기술 개발, 제작 생산, 운영 보수, 인력 양성 등 부유식 해상풍력 추진의 전 주기를 아우르는 연관 시설의 집적화로 비용 감소와 기술혁신을 위한 클러스터를 조성한다는 계획이다. 부유식 해상풍력 클러스터에는 부유식 해상풍력 집적화 산업단지와 연구원, 부유식 해상풍력 시험평가 인증센터, 디지털 관제센터, 부유식 해상풍력 소재부품 기업지원센터, 안전훈련센터 등의 시설이 조성된다. 시는 산업통상자원부가 제3차 추가경정예산에 그린뉴딜 관련 예산을 4천 639억 원 편성했고, 해상풍력 부문에는 195억 원이 할당하여 향후 해상풍력 분야에 투자가 집중될 것으로 본다. 따라서 울산시가 추진하는 부유식 해상풍력 육성 사업도 더욱 탄력을 받을 수 있을 것으로 기대한다.

울산시는 앞서 2018년부터 부유식 해상풍력산업 기술 국산화와 경쟁력 제고를 위해 총사업비 92억 원을 투입해 '5MW급 부유식 대형 해상풍력 발전시스템 설계기술 개발'과 '200MW급 해상풍력 실증단지 설계기술 개발', '정부 연구개발(R&D) 과제에 컨소시엄 구성'을 추진해 오고 있다. 앞으로도 부유식 해상풍력산업 경쟁력 제고와 기술개발을 위한 국책 과제에 참여해 해당 분야 기술 국산화에 힘쓸 예정이다. 2019년부터는 국내외 굴지의 부유식 해상풍력산업 업체 민간투자사 5곳과 업무협약을 체결해 울산 동해 가스전 인근에 대규모 부유식 해상풍력발전단지 조성도 추진하고 있으며 중앙부처 등 관계 기관, 지역 어민들과도 발전단지 조성을 위한 협의를 계속하고 있다.

05. 다음 중 글의 제목으로 적절한 것은?

① 울산시, 지역경제 활성화에 기대감 생겨

② 울산시, 2030년까지 6GW 부유식 해상풍력발전단지 조성

③ 울산시, 해상풍력발전단지로 21만 명 일자리 모집

④ 산업통상자원부, 해상풍력 분야에 집중 투자할 것으로 밝혀

⑤ 울산시, 우수한 자연환경 갖춘 것으로 드러나

06. 윗글을 읽은 ○○발전 직원들이 나눈 대화로 옳지 않은 것은?

① 정부는 2030년까지 해상풍력 분야의 목표를 12GW로 설정하여 해상풍력 분야를 발전시키려고 하는구나.

② 2030년까지 6GW 부유식 해상풍력발전단지가 조성되면, 약 21만 명의 고용 효과가 있겠구나.

③ 산업통상자원부는 제3차 추가경정예산으로 그린뉴딜 사업 중 해상풍력 부문에 약 4%를 할당했구나.

④ 울산시는 부유식 풍력발전 생산에 필요한 최적의 자연조건을 갖추었다고 볼 수 있어.

⑤ 울산시는 부유식 해상풍력 클러스터를 이미 갖추었기 때문에 부유식 풍력발전 생산에 매우 유리하구나.

1회 기출예상문제
2회 기출예상문제
3회 기출예상문제
4회 기출예상문제
5회 기출예상문제
6회 기출예상문제
인성검사
면접가이드

[07 ~ 08] 다음 글을 읽고 이어지는 질문에 답하시오.

퇴근 후 공부를 통해 또 다른 삶을 사는 직장인이 늘고 있다. 샐러던트(Saladent)는 샐러리맨(Salaried man)과 학생인 스튜던트(Student)가 합성된 신조어로 '공부하는 직장인'을 일컫는다. 직장인이 하는 공부는 크게 회사 업무를 위한 공부와 자기계발 및 개인적인 목표를 위한 공부로 나눌 수있다. 회사 업무를 위해 필요한 공부로는 업무 전문성을 높이기 위한 공부가 대표적이다. 이는 연령별로 조금 차이가 있다. 20 ~ 30대의 젊은 직장인은 주로 승진이나 이직에 유리한 어학 공부와 업무 전문성을 높이기 위한 공부에 매진한다. 또한 실무와 관련된 공부로는 경제 · 경영학이 주를 이룬다. 중년층 직장인은 조직을 이끄는 부서장인 경우가 많다. 넓은 식견과 통찰력이 요구되므로 프로젝트를 성공적으로 수행하기 위해 변화하는 사회, 경제, 문화 전반의 트렌드에 민감하게 반응한다. 회사 내교육 프로그램을 통해 새로운 정보들을 흡수하고, 부족한 부분은 외부 강연으로 보충한다.

자기계발과 개인적인 목표를 위한 공부로는 여가와 취미, 재테크, 노후 대비 등을 들 수 있다. 이들 분야는 배우는 내용이나 학습 목표는 다르지만, '더 나은 삶, 더 즐거운 삶'이라는 공통분모를 가지고있다. 중년층이 가장 관심 갖는 공부는 자격증 취득 공부다. 전직, 고용 불안으로 인한 실직이나 은퇴후를 대비한 제2의 직업, 평생직장을 얻기 위한 것으로, 공인중개사, 사회복지사, 사회조사분석사, 주택관리사, 직업상담사 자격증 등이 있다. 젊은 층의 관심 분야는 좀 더 폭이 넓다. 자격증 시험은 물론외국어나 재테크 공부에도 시간을 투자한다. 이들이 공부하는 방법은 주로 '독학'이다. 한 취업포털사이트가 20 ~ 30대 직장인 708명을 대상으로 한 설문 조사에 따르면 '독학'으로 공부하는 직장인이43.3%로 가장 많았다. 그 다음을 '인터넷 강의(29.9%)'가 차지했고, '대학원 및 사이버대학 등에 진학'을 한다는 직장인은 10.7%였다. 이어 '학원 수강(7.9%)', '스터디그룹 활동(3.1%)', '개인 과외(2.7%)'등의 순이었다.

학습지 교사가 집으로 방문하는 방문 학습지를 이용하는 직장인도 증가했다. 학원에 다닐 시간 여유가 없는 경우도 있지만, 교사가 집으로 방문해 수업 내용을 지도해주는 옛날 방식이 효과적이라고 생각해 신청하는 경우가 많다. 백화점 문화센터를 찾는 경우도 있다. 전문성을 띠는 학원보다 좀 더 편하게 배울 수 있다는 이유에서다. 백화점 문화센터는 '주부들의 놀이터'로 여겨졌지만 최근 20 ~ 30대직장인이 늘면서 악기 연주, 요가, 홈트레이닝 같은 다양한 수업을 진행하고 있다. '쿡방'과 '집밥'이큰 인기를 끌면서 요리를 본격적으로 배우려는 직장인도 크게 늘었다. 특히 일만큼 가정을 중시하는문화가 정착되고, 매주 한 번 가족과 시간을 보낼 수 있는 '패밀리데이'를 시행하는 기업이 늘면서 남성 직장인들의 요리수업 참여도가 눈에 띄게 늘었다. 남성들의 교육 참여가 증가한 곳이 또 있다. 바로육아교육이다. 육아휴직의 확대와 동등한 육아 분담에 대한 사회 분위기가 무르익으면서 남성들이 교육을 통해 출산 직후의 육아는 물론 아이의 성장과정을 함께 돌보는 양육 교육에 관심을 보이고 있다.

효과적이고 성공적인 공부를 위해 전문가들은 두 가지를 강조한다. 하나는 일주일 동안 공부할 총시간을 미리 정해놓고 이를 맞추려고 노력하는 것이다. 다른 하나는 자투리 시간을 최대한 활용하는것이다. 하루에 점심시간을 30분만 아껴도 일년에 무려 130시간이라는 계산이 나온다. 짧은 시간 동안 집중력을 끌어올려 학습 효과를 극대화할 수 있는 자투리 시간을 활용하는 것이 좋은 방법이다.

공부는 책상 위에서 하는 것만을 가리키지 않는다. 앞서 살펴본 것처럼 다양한 취미 활동 역시 내 삶을 풍요롭게 만드는 공부다. '최고의 능력자는 공부하는 자'라는 괴테의 말처럼 더 나은 삶, 더 즐거운 삶을 위한 자양분은 공부에서 비롯한다.

07. 다음 중 윗글에 대한 이해로 옳지 않은 것은?

① 직장인들의 공부 목적은 크게 업무 역량 강화와 자기계발 및 개인적인 목표로 나눌 수 있다.
② 업무 관련 공부의 경우에는 연령에 따라 상이한 경향을 보이고 있다.
③ 중년층은 사적인 목표에서 자격증 취득을 가장 우선시 하고 있다.
④ 최근 직장인들은 다양한 장소에서 여러 방식으로 배움을 시도한다.
⑤ 연령대와 상관없이 직장인 과반수가 독학을 선호함을 알 수 있다.

08. 필자가 윗글에서 정보나 주장을 전달하기 위해서 사용한 방법이 아닌 것은?

① 수치를 통한 정보를 전달하였다.
② 새로운 사회변화를 설명하였다.
③ 미래지향적인 방향을 제안하였다.
④ 다양한 접근방법을 제시하였다.
⑤ 권위자의 말을 인용하여 주장의 근거로 제시하였다.

2회 기출예상문제

3회 기출예상문제

4회 기출예상문제

5회 기출예상문제

6회 기출예상문제

인성검사

면접가이드

[09 ~ 10] 다음 자료를 읽고 이어지는 질문에 답하시오.

〈자료 1〉

러시아 화장품 시장의 매출 규모는 세계 시장의 약 3%를 차지하고 있다. 최근 러시아 화장품 시장은 유럽 지역에서 영국, 독일, 프랑스 다음으로 네 번째로 큰 규모로 알려져 있다. 2020년 기준 러시아 화장품 시장이 2,080억 루블(약 29억 2,000만 달러)이며 패키지 단위로는 24억 개에 달했다. 해당 수치는 7년 전 대비 약 2배가 성장한 것이다.

러시아 화장품 시장을 세분화한다면 페이스 스킨케어 제품이 19%의 비중을 차지하고 있고 향수가 18%, 색조 화장품이 15%, 헤어 제품(관리 및 염색)이 11%, 샤워 제품이 9%, 바디케어 제품이 5%이다.

시장분석기관에 따르면 2020년 기준 러시아 매니큐어 및 페디큐어 제품 시장 규모는 전년 대비 1.6% 성장한 58억 루블(약 9,000만 달러)을 기록했다. 시장 매출은 꾸준히 증가세를 보이고 있는데 이는 다양한 가격 세그먼트 형성 때문인 것으로 파악된다. 네일아트 시장은 수입 의존도가 74%로 매우 높은 편이며 중국 수입 점유율이 2020년 기준 15.1%에 이른다. 러시아는 네일아트 제품을 수출하고 있으며 A사가 45% 이상을 점유하고 있고 최대 바이어는 B사(수출의 5.2% 점유)이다. 시장분석기관에 따르면 2020년 기준 러시아 네일아트 제품의 온라인 구매가 전년 대비 12% 증가했고 고객의 25.5%가 6개월에 한 번씩 네일아트 서비스를 받는다고 한다.

〈자료 2〉

코로나19 이후의 러시아 화장품 시장 트렌드
– 자가격리 시행과 많은 화장품 매장의 폐업으로 화장품 구매에 대한 관심이 크게 감소했으나 온라인 거래는 52.6% 증가해 코스메틱에 대한 관심이 회복되고 있으며 온라인 스토어가 주된 역할을 하고 있다.
– 전문가들은 매출의 대부분이 온라인 스토어로 이동하고 있으며 온라인 스토어 매출이 15 ~ 20배 성장할 것으로 예상하고 있다. 기업은 블로거, TV광고가 향후 업계에서 큰 역할을 할 것으로 확신하고 있다.
– 가장 인기있는 제품은 최대 100루블의 배송비로 저렴하게 배송가능한 100 ~ 250루블의 저가 코스메틱이며, 1,000루블이 넘는 제품은 향후 1년 6개월 동안 수요가 없을 것으로 예상된다.
– 고가 살균제의 인기가 곧 끝날 것이며 살균제 생산으로 인한 막대한 이익은 발생하지 않겠지만 항균 효과가 있는 코스메틱은 성장할 것으로 전망된다.

09. 자료의 내용과 관련된 그래프를 본문에 추가하고자 할 때, 다음 중 적절한 것을 모두 고르면?

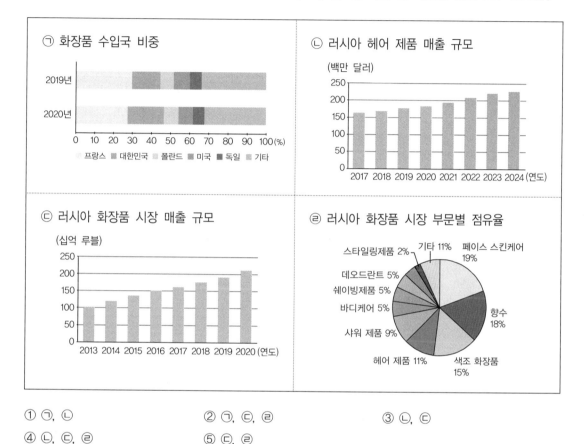

① ㉠, ㉡

② ㉠, ㉢, ㉣

③ ㉡, ㉢

④ ㉡, ㉢, ㉣

⑤ ㉢, ㉣

---

10. 자료를 참고하여 러시아 화장품 시장 진출 관련 회의 중 제안할 내용으로 옳지 않은 것은?

① 온라인 유통망을 통해 향수를 판매하는 경우 시향이 불가하므로 향을 섬세하게 표현할 수 있는 전략을 고안해야 합니다.

② 핸드크림, 마스크팩과 같은 대중적인 제품군에 프리미엄 브랜드를 출시해 부가가치를 높일 필요가 있습니다.

③ 온라인 유통이 가능한 현지 유통사와의 파트너십을 맺어 온라인 판매전략을 수립해야 합니다.

④ 건강에 대한 관심이 증대되는 상황이므로 항균 효과가 있는 스킨케어 제품을 개발해야 합니다.

⑤ 코로나 바이러스 확산세가 지속된다면 폼클렌져, 샴푸 등과 같은 저가 세정제품의 마케팅에 주의를 기울일 필요가 있습니다.

1회 기출예상문제
2회 기출예상문제
3회 기출예상문제
4회 기출예상문제
5회 기출예상문제
6회 기출예상문제
인성검사
면접가이드

11. 다음 자료를 참고할 때, P와 Q의 전기요금은 각각 얼마인가? (단, 필수사용량 보장공제는 최대한도를 적용한다)

〈P, Q의 전력 사용 현황〉

구분	전력 사용 유형	월 / 전력사용량
P	주택용 전력(저압)	12월 / 1,300kWh
Q	주택용 전력(고압)	7월 / 180kWh

〈주택용 전력(저압)〉

• 주거용 고객, 계약전력 3kWh 이하의 고객

기본요금(원/호)		전력량 요금(원/kWh)	
200kWh 이하 사용	900	처음 200kWh까지	90
201 ~ 400kWh 사용	1,800	다음 200kWh까지	180
400kWh 초과 사용	7,200	400kWh 초과	279

※ 필수사용량 보장공제 : 200kWh 이하 사용 시 월 4,000원 한도 감액(감액 후 최저요금 1,000원)
※ 슈퍼유저요금 : 동·하계(7 ~ 8월, 12 ~ 2월) 1,000kWh 초과 전력량 요금은 720원/kWh 적용

〈주택용 전력(고압)〉

• 주택용 전력(저압)에 해당되지 않는 주택용 전력 고객

기본요금(원/호)		전력량 요금(원/kWh)	
200kWh 이하 사용	720	처음 200kWh까지	72
201 ~ 400kWh 사용	1,260	다음 200kWh까지	153
400kWh 초과 사용	6,300	400kWh 초과	216

※ 필수사용량 보장공제 : 200kWh 이하 사용 시 월 2,500원 한도 감액(감액 후 최저요금 1,000원)
※ 슈퍼유저요금 : 동·하계(7 ~ 8월, 12 ~ 2월) 1,000kWh 초과 전력량 요금은 576원/kWh 적용

	P	Q		P	Q
①	437,400원	11,180원	②	444,600원	11,180원
③	444,600원	12,960원	④	437,400원	12,960원
⑤	453,400원	14,280원			

12. 다음은 병원비 산정 시 환자가 부담해야 하는 금액에 관한 자료 및 A의 진료내역이다. 자료에 따를 때, 외국인 임산부 A의 본인부담금은 얼마인가?

〈환자 본인부담금 산정방법〉

종합병원 · 대학병원	내국인	$(병원비 - 약재비) \times \dfrac{35}{100} + 약재비 \times \dfrac{50}{100}$
	외국인	$(병원비 - 약재비) \times \dfrac{40}{100} + 약재비 \times \dfrac{50}{100}$
한방병원 · 개인 산부인과	내국인	$(병원비 - 약재비) \times \dfrac{40}{100} + 약재비 \times \dfrac{50}{100}$
	외국인	$(병원비 - 약재비) \times \dfrac{30}{100} + 약재비 \times \dfrac{60}{100}$

〈A의 진료내역〉

병원명	병원 종류	진료과목	병원비(원)	약재비(원)
H 병원	한방병원	초기임신 중 출혈	150,000	50,000
		한밤친	50,000	-
		산후풍	210,000	70,000
A 병원	개인 산부인과	자궁경부암 검사	100,000	-
		양수검사	150,000	-
		철분주사	220,000	80,000
C 병원	대학병원	스케일링	15,000	-
		초음파	200,000	-
		임당검사	160,000	60,000
		제왕절개	280,000	30,000

〈임산부 진료비 지원 혜택〉

임신, 출산한 임산부(외국인 포함) 중에서 임신, 출산과 관련된 진료에 대해 지원 혜택을 받을 수 있다.

• 지원 범위

산부인과 : 산전검사(초음파, 양수검사, 임당검사), 분만비용(자연분만만 해당), 산후치료(개인병원, 종합병원, 대학병원 포함)

조산원 : 분만비용에 한해 지원

한방기관 : 임신 중 과다구토, 태기불안, 초기임신 중 출혈, 분만 없는 조기진통, 산후풍

• 지원금액

임신 1회당 최대 30만 원 내에서 지원 범위에 해당하는 진료과목에 대해 본인부담금 50% 감면 혜택

① 595,000원 ② 555,000원 ③ 480,000원
④ 425,500원 ⑤ 355,500원

1회 기출예상문제

2회 기출예상문제

3회 기출예상문제

4회 기출예상문제

5회 기출예상문제

6회 기출예상문제

인성검사

면접가이드

[13 ~ 14] 다음은 ○○공사의 〈12월 성과상여금 지급 기준〉이다. 이어지는 질문에 답하시오.

〈12월 성과상여금 지급 기준〉

1. 지급원칙

- 성과상여금은 팀의 전체 사원에 대하여 성과(근무성적, 업무 난이도, 조직 기여도의 평점 총합) 순위를 매긴 후 적용대상에 해당되는 사원에 한하여 지급한다.
- 적용대상 사원에는 계약직을 포함한 4급 이하 모든 사원이 포함된다.

2. 상여금의 배분

성과상여금은 아래의 지급기준액을 기준으로 한다.

4급	5급	6급	계약직
400만 원	300만 원	200만 원	100만 원

3. 지급등급 및 지급률

지급등급	S 등급	A 등급	B 등급
성과 순위	1 ~ 2위	3 ~ 4위	5위 이하
지급률	150%	130%	100%

4. 지급액 등

- 개인별 성과상여금 지급액은 지급기준액에 해당 등급의 지급률을 곱하여 산정한다.
- 계약직이 12월 기준 S 등급인 경우, 1월 1일자로 정규직 6급으로 전환한다.
- 평점 총합이 같은 경우 근무성적 점수, 조직 기여도 점수, 업무 난이도 점수가 높은 순으로 성과 순위를 매기며, 모든 항목 점수가 같은 경우 직급이 높은 순으로, 직급까지 같은 경우 입사일이 빠른 순으로 성과 순위를 매긴다.

---

13. 다음 가 ~ 아 사원 중 성과상여금을 가장 많이 받는 사원과 가장 적게 받는 사원의 금액 차이는? (단, 성과상여금을 받지 못하는 사원은 제외한다)

〈12월 영업팀 성과 및 직급〉

구분	사원	가	나	다	라	마	바	사	아
	직급	계약직	5급	5급	6급	4급	계약직	4급	3급
평점	근무성적	8	9	7	8	6	8	8	8
	업무 난이도	6	8	4	9	5	9	7	6
	조직 기여도	8	7	8	7	7	10	7	8

① 200만 원   ② 250만 원   ③ 300만 원

④ 350만 원   ⑤ 400만 원

14. (13과 이어짐) 2월부터 영업팀의 구성원 2명이 다른 팀으로 옮겨간다고 한다. 직급과 성과에 상관없이 임의로 두 사원이 옮겨간다고 할 때, 5급 이하의 두 사원이 팀을 옮길 확률은 얼마인가? (단, 1월 직급을 기준으로 생각하며, 계약직 및 3급 사원은 팀을 옮기지 않는다)

① $\dfrac{1}{5}$ ② $\dfrac{2}{5}$ ③ $\dfrac{3}{10}$

④ $\dfrac{2}{15}$ ⑤ $\dfrac{7}{15}$

[15 ~ 16] 다음은 2020년 7 ~ 12월 전력거래량을 연료원별, 회원사별로 나타낸 자료이다. 이어지는 질문에 답하시오.

〈표 1〉 연료원별 전력거래량

(단위 : GWh)

구분	원자력	유연탄	무연탄	유류	LNG	양수	기타
12월	10,514	17,965	188	643	16,003	300	2,211
11월	9,724	17,947	154	153	12,203	266	2,124
10월	10,071	18,725	ⓐ	191	9,856	290	2,316
9월	9,803	19,624	164	100	9,623	299	ⓑ
8월	11,597	21,400	243	258	12,083	313	2,578
7월	11,110	20,811	247	212	11,751	306	2,364

〈표 2〉 회원사별 전력거래량

(단위 : GWh)

구분	한수원	남동발전	중부발전	서부발전	남부발전	동서발전	기타
12월	10,878	4,977	ⓓ	4,158	4,059	4,169	14,969
11월	10,050	5,123	4,311	4,146	3,235	3,623	12,083
10월	10,409	5,332	4,141	3,958	3,690	3,549	10,493
9월	10,212	5,559	3,914	4,141	4,258	3,637	10,055
8월	12,025	ⓒ	4,255	4,553	5,001	4,408	12,285
7월	11,510	5,654	4,068	4,372	4,871	4,291	12,035

〈표 3〉 2020년 7 ~ 12월 전력거래량 합계

(단위 : GWh)

구분	7월	8월	9월	10월	11월	12월
합계	46,801	48,472	41,776	41,572	42,571	ⓔ

www.gosinet.co.kr gosinet

1회 기출예상문제
2회 기출예상문제
3회 기출예상문제
4회 기출예상문제
5회 기출예상문제
6회 기출예상문제
인성검사
면접가이드

15. ⓐ ~ ⓔ에 들어갈 숫자로 알맞지 않은 것은?

① ⓐ : 123   ② ⓑ : 2,163   ③ ⓒ : 6,123

④ ⓓ : 4,614   ⑤ ⓔ : 47,824

16. 자료에 대한 설명으로 적절하지 않은 것은?

① 2020년 9월 총 전력거래량은 전월 대비 10% 이상 감소하였다.

② 2020년 8월부터 12월까지 서부발전과 동서발전의 전월 대비 전력거래량 증감 추이는 동일하다.

③ 2020년 7월부터 12월까지 양수의 평균 전력거래량은 300GWh 이상이다.

④ 2020년 10월 양수와 LNG의 전력거래량 합은 원자력의 전력거래량보다 많다.

⑤ 동서발전의 월별 전력거래량 중 가장 많이 거래된 월과 가장 적게 거래된 월의 전력거래량 차이는 860GWh 미만이다.

[17 ~ 18] 다음 자료를 보고 이어지는 질문에 답하시오.

〈세계 1차 에너지 원별 공급 현황〉

(단위 : 백만 toe)

구분	2005년	2010년	2015년	2020년
석유	3,662	4,006	4,142	4,290
석탄	2,313	2,990	3,653	3,914
천연가스	2,071	2,360	2,736	2,901
원자력	676	722	719	661
신재생 등	1,315	1,455	1,702	1,933
합계	10,037	11,533	12,952	13,699

〈세계 1차 에너지 권역별 공급 현황〉

(단위 : 백만 toe)

구분	2005년	2010년	2015년	2020년
유럽(OECD)	1,748	1,849	1,820	1,675
(가)	2,273	2,319	2,215	2,216
(나)	1,149	1,830	2,629	3,066
(다)	1,038	1,237	1,526	1,741
(라)	354	468	623	721
그 외 국가	3,475	3,830	4,139	4,280
전 세계	10,037	11,533	12,952	13,699

※ (가) ~ (라)의 지역은 중국, 중국 외 아시아, 중동, 미국이다.

보고서

- 2015년 대비 2020년의 에너지공급량 증가율이 가장 큰 지역은 중국이다.
- 2005년 대비 2020년의 에너지공급량 증가율은 중동이 중국 외 아시아보다 더 크다.
- 2015년 대비 2020년의 에너지공급량 증가율은 '그 외 국가'가 미국보다 크다.

17. 〈보고서〉를 토대로 (가) ~ (라)에 해당하는 지역을 순서대로 바르게 나열한 것은?

	(가)	(나)	(다)	(라)
①	미국	중국	중국 외 아시아	중동
②	미국	중국 외 아시아	중국	중동
③	미국	중국	중동	중국 외 아시아
④	중국	미국	중국 외 아시아	중동
⑤	중동	중국	중국 외 아시아	미국

18. 다음 중 자료에 대한 설명으로 옳은 것은?

① 매 시기 중동에서 공급하는 1차 에너지의 양은 원자력의 공급량보다 더 적다.

② 2005 ~ 2020년 동안 1차 에너지 공급량이 매 시기 증가한 권역은 2곳이다.

③ 조사기간 동안 유럽과 미국을 제외한 전 권역에서 1차 에너지 공급량의 시기별 증감 추이는 동일하다.

④ 2005년 대비 2020년에 1차 에너지 공급량이 가장 큰 증가율을 보인 에너지원은 '신재생 등'이다.

⑤ 매 시기 석유의 전체 공급량은 중국과 중국 외 아시아에서 공급하는 1차 에너지 공급량보다 더 많다.

19. 다음은 연도별 서울시 주요 문화유적지 관람객 수에 대한 자료이다. 〈보고서〉의 내용을 근거로 ㉠ ~ ㉣에 해당하는 문화유적지를 바르게 나열한 것은?

〈문화유적지 관람객 수 추이〉

(단위 : 천 명)

문화유적지	관람료\연도	2016년	2017년	2018년	2019년	2020년
㉠	유료	673	739	1,001	1,120	1,287
	무료	161	139	171	293	358
㉡	유료	779	851	716	749	615
	무료	688	459	381	434	368
㉢	유료	370	442	322	275	305
	무료	618	344	168	148	111
㉣	유료	1,704	2,029	2,657	2,837	3,309
	무료	848	988	1,161	992	1,212

※ 유료(무료) 관람객 수＝외국인 유료(무료) 관람객 수＋내국인 유료(무료) 관람객 수

〈외국인 유료 관람객 수 추이〉

(단위 : 천 명)

문화유적지\연도	2016년	2017년	2018년	2019년	2020년
㉠	299	352	327	443	587
㉡	80	99	105	147	167
㉢	209	291	220	203	216
㉣	773	1,191	1,103	1,284	1,423

보고서

　최근 문화유적지를 찾는 관람객이 늘어나면서 문화재청에서는 서울시 4개 주요 문화유적지(경복궁, 덕수궁, 종묘, 창덕궁)를 찾는 관람객 수를 매년 집계하고 있다. 그 결과, 2016년 대비 2020년 4개 주요 문화유적지의 전체 관람객 수는 약 30% 증가하였다.

　이 중 경복궁과 창덕궁의 유료 관람객 수는 매년 무료 관람객 수의 2배 이상이었다. 유료 관람객을 내국인과 외국인으로 나누어 분석해보면, 창덕궁의 내국인 유료 관람객 수는 매년 증가하였다.

　이런 추세와 달리, 덕수궁과 종묘의 유료 관람객 수와 무료 관람객 수는 각각 2016년보다 2020년에 감소한 것으로 나타났다. 특히 종묘는 전체 관람객 수가 매년 감소하여 국내외 홍보가 필요한 것으로 분석되었다.

	㉠	㉡	㉢	㉣
①	경복궁	종묘	덕수궁	창덕궁
③	창덕궁	덕수궁	종묘	경복궁
⑤	종묘	덕수궁	창덕궁	경복궁

	㉠	㉡	㉢	㉣
②	경복궁	창덕궁	종묘	덕수궁
④	창덕궁	종묘	덕수궁	경복궁

20. 희연이는 A 브랜드의 운동복 중 정가 10,000원인 티셔츠 두 장과 정가 25,000원인 레깅스 하나를 주문하고자 한다. 티셔츠와 레깅스를 함께 주문하는 방법과 별도로 주문하는 방법 중 더 저렴하게 구매할 수 있는 방법과 그때의 구매금액은? (단, 희연이는 A 브랜드 상품을 처음 구매하며, 배송비는 없다)

〈할인쿠폰 유형〉

구분	주요 내용
첫 구매 할인쿠폰	• A 브랜드 상품을 처음 구매하는 회원에게 지급 • 10,000원 이상 구매 시 구매금액에서 5천 원 할인
스토어 찜 할인쿠폰	• A 브랜드 스토어를 '찜'한 경우 발급 • 20,000원 이상 구매 시 구매금액에서 1,000원 할인
브랜드데이 할인쿠폰	• 정가의 20% 할인 • 한 개의 상품에만 적용 가능 • 첫 구매 할인쿠폰 또는 스토어 찜 할인쿠폰과 중복 사용 가능

※ 할인쿠폰은 종류별로 한 장씩만 발급 가능하다.
※ 첫 구매 할인쿠폰과 스토어 찜 할인쿠폰은 한 번에 중복 사용할 수 없다.

	구매 방법	금액
①	티셔츠와 레깅스를 함께 주문	34,000원
②	티셔츠와 레깅스를 별도로 주문	35,000원
③	티셔츠와 레깅스를 함께 주문	35,000원
④	티셔츠와 레깅스를 별도로 주문	34,000원
⑤	티셔츠와 레깅스를 함께 주문	36,000원

21. 다음 중 국가별 정책에 대한 설명으로 옳지 않은 것은?

구분	입국 통제 정책	국가 내 정책
대만	- 대만인과 결혼한 자, 사업상 출장자 등 예외를 제외하고 대부분의 중국인 입국 중단 - 비즈니스 출장자들의 입국 허용 시 입국 후 2주간 건강상태 모니터링에 동의해야 하고, 후베이성 출신 배우자들은 같은 시간 동안 집에서 격리 상태 유지 - 3/19 ~ 모든 외국인의 입국 금지(단, 영주권이 있거나 외교 혹은 사업 등 꼭 필요한 경우 허가 하에 입국)	- 대만 기준 금리 0.25%p 인하(경제안정) - 코로나 19 자가격리자 무단이탈 방지에 전자발찌 도입 - 4/1 ~ 37.5도 이상의 발열 증상자는 대중교통 이용 금지
일본	- 중국과 한국의 일본대사관(영사관)에서 2020년 3월 8일 이전에 발급된 관광 등의 단기비자 등은 3월 9일부터 효력이 정지 - 한국인의 일본 무비자 입국이 금지되어 일본 방문 시 주한일본대사관에서 새로 비자를 발급 필요(한국 및 중국 국적자를 대상으로 하며 제3국 교민 역시 예외 없이 적용)	- 3/6 ~ 민간병원에서 코로나 검사비 무료 - 4/6 ~ 일부 지자체에 대해 1달간 긴급사태 선언 - 4/17 ~ 전국에 드라이브 스루 검사 도입
이스라엘	- 중국, 마카오, 홍콩, 태국, 싱가포르, 마카오, 한국, 일본, 이란, 이탈리아, 프랑스, 스페인을 여행한 이스라엘 시민은 14일간 자가격리를 해야 하며, 이 국가들을 방문한 외국인은 항로, 육로, 해로 등 모든 국경에서 입국 거부 - 모든 외국 국적의 여행객은 이스라엘 입국 시 14일간 자가격리할 숙소가 있음을 증명하지 못하면 입국 거부	- 3/25 ~ 락다운 규정(7일) 1. 집에서 100m 이내만 도보이동 가능 2. 대중교통 감축, 결혼식 · 종교의식 참여는 허락(10여 명 이하의 2미터 룰 지킬 시) 3. 한 차량에 2명 이하 탑승 - 코로나 관련 격리 지시 불이행 시 최대 7년의 징역

① 사업 출장을 위해 대만에 방문한 중국인들은 입국 후 일정 기간 동안 건강상태를 측정받을 의무가 있다.

② 3월 26일 기준, 대만의 경우 자가격리할 숙소가 있음을 증명하지 못하는 외국인은 입국이 불가하다.

③ 미국에 거주하는 재외한국인이 일본을 방문하려는 경우 대사관에서 새로 비자를 발급받아야 한다.

④ 이스라엘 시민은 락다운 기간 동안 일정 범위 내에서 결혼식에 참여할 수 있다.

⑤ 이스라엘 시민이 싱가포르를 여행하고 항로를 통해 입국하고자 하는 경우 14일의 자가격리 의무를 준수해야 한다.

22. 다음은 H사가 내부 회의를 통해 결정한 조치사항과 프로젝트 평가 결과이다. H사의 내년도 사업에 대한 예측으로 옳지 않은 것은?

H사는 다음과 같이 현재 진행 중인 프로젝트에 대한 평가를 진행하여 내년도 전략을 수립하려 한다. 각 평가자들의 점수 평균이 95점 이상일 경우에는 A 등급, 90점 이상 ~ 95점 미만은 B 등급, 85점 이상 ~ 90점 미만은 C 등급, 85점 미만은 D 등급을 부여한다. 이때 김 부장이 다섯 명의 평가자들 중 가장 높은 점수를 부여한 경우 김 부장의 점수를 제외하고 계산한다(동점인 경우 포함하여 계산한다).

〈등급별 조치사항〉

· A 등급에 해당하는 사업은 내년에도 적극 지원 및 확장을 시도한다.
· B 등급에 해당하는 사업은 일단 지속 수행하며 투자금을 유지하되 보다 세밀한 관찰과 관리가 필요한 사업으로 분류된다.
· C 등급에 해당하는 사업은 투자 중단 및 내부 회의를 거쳐 사업 지속을 위한 결정을 내린다.
· D 등급에 해당하는 사업은 폐지 및 관리조직과 담당자가 문책을 받게 된다.

〈프로젝트별 평가 결과〉

(단위 : 점)

구분	김 이사	최 이사	이 상무	박 전무	김 부장
□□광구 개발	92	87	90	83	94
△△입찰 참여	87	90	89	90	95
○○금융 투자	82	89	92	94	79
독일 ◇◇사업	89	98	95	96	98
◎◎사 인수	79	88	83	84	85

① △△입찰 참여 사업은 내년에 사업 지속이 불가능할 수 있다.
② 금년 진행된 프로젝트 중 내년에 시행될 가능성이 있는 프로젝트는 최대 4개이다.
③ 금년 진행된 프로젝트 중 보다 세밀한 관찰과 관리가 필요한 사업은 존재하지 않는다.
④ 김 부장이 독일 ◇◇사업에 대해 1점을 더 주어도 이 프로젝트의 등급에는 변화가 없다.
⑤ 최 이사가 ○○금융 투자 사업에 대해 이 상무와 동점을 주어도 이 프로젝트의 등급에는 변화가 없다.

23. 워킹홀리데이 상담원 K는 질문 게시판에 올라온 다음 질문에 대해 답변하고자 한다. 다음 중 옳지 않은 것은?

<워킹홀리데이 질문 게시판>

안녕하세요. 친구들과 함께 호주 워킹홀리데이를 계획 중인 대학생입니다. 저는 몸을 많이 쓰더라도 영어를 적게 쓰는 일을 하고 싶어요. 제 친구 주희는 영어 실력이 뛰어나고 아이들을 좋아하네요. 지효는 주류판매점 근무 경험이 있어 주류에 대한 지식 수준이 높습니다. 나연이는 돈보다는 한국에서 할 수 없는 다양한 경험을 하고 오기를 바라네요. 각자의 성향, 능력 등을 고려해 저희들에게 적합한 일자리를 추천해주실 수 있을까요?

<호주 워킹홀리데이 일자리 유형>

유형	특성
농장	• 매년 작황이 다르기 때문에 현지에서 정보를 얻도록 노력해야 함. • 임금 지급 방식 − 시간제(Hourly rates) : 농장 일을 처음 할 경우에 적절하지만 시간마다 정해진 할당량을 채우지 못하면 해고당할 수도 있음. − 능력제(Contract rates) : 일한 양만큼 임금을 받으므로 농장 일을 많이 해 본 경우 유리함.
고기 공장	• 농장과 달리 날씨의 변화에 영향을 받지 않음. • 일을 하기 전 Q−Fever(백신) 접종을 반드시 받아야 함.
도시일자리	• 영어 능력이 일정 수준이 되면 카페나 레스토랑에서 서빙 업무가 가능함. • 전문적인 자격증이나 기술이 있으면 취업 기회가 증가함. ※ RSA(알콜취급 자격증), 화이트카드(건설 관련 직종) 등
WWOOF	• 농가에서 하루 3～4시간 일하고 식사와 잠자리를 제공받는 일종의 체험 프로그램 • 돈벌이보다 어학실력 향상, 체험에 관심 있는 사람들에게 적절함.
데미 페어 (Demi Pair)	• 어학원을 다니면서 호주 가정에서 파트타임으로 가사일을 분담하여 도와주는 일 • 초급 이상의 영어 실력 필요함.
오페어 (Au Pair)	• 풀 타임으로 가사일을 하면서 숙식 제공과 함께 급여를 지급 받음. • 각 가정의 상황에 따라 업무 유형이나 업무량이 다름.

① 지효가 RSA 자격증을 취득한다면 도시의 주류판매점 근무를 추천한다.
② 질문자에게는 Q−Fever 접종을 받고 고기 공장 일자리를 구할 것을 추천한다.
③ 나연에게는 어학실력 향상, 문화체험, 유기농법을 습득할 수 있는 WWOOF를 추천한다.
④ 주희는 일한 만큼 많은 임금을 받을 수 있도록 농장일을 능력제로 구할 것을 추천한다.
⑤ 질문자에게 청소, 세차, 짐 운반 등의 일자리를 도시에서 구할 것을 추천한다.

24. 다음은 로직트리를 사용하여 제품개발 지연 문제의 원인과 해결방안을 도출한 것이다. ㉠ ~ ㉺ 중 옳지 않은 것을 모두 고르면?

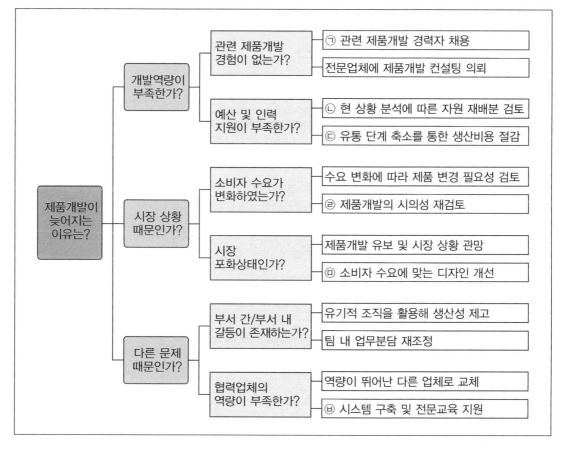

① ㉠, ㉢
② ㉠, ㉺
③ ㉡, ㉣
④ ㉢, ㉤
⑤ ㉣, ㉺

25. 다음 안내문을 읽은 수강신청 예정자와 담당자 간의 질의응답 내용으로 적절하지 않은 것은?

〈K 공사 무료 이러닝 사이트 오픈 및 수강신청 안내〉

- 목적 : 중소 협력기업 임직원의 직무역량 강화

- 이용대상
  - K 공사 중소 협력기업 임직원 600명 대상
  - 수강 신청자가 많을 경우 아래의 우선순위에 따라 기업당 2명 이내 선정
    1) KTP 및 에너지밸리 협약기업
    2) 신뢰품목 유자격 등록기업
    3) 배전/송변전 분야 기자재 제조 및 시공 중소기업

- 오픈일 : 2021. 4. 15. (오픈 후 1년간 운영)

- 접속경로 : K 공사 홈페이지 상단 배너 '이러닝 사이트' 클릭
  * URL : http : //kelearning.co.kr

- 교육과정
  - 직무일반 및 해외마케팅 330개 과정

구분	직무일반(327개 과정)	해외마케팅(3개 과정)
교육과정	인사, 재무, 회계, 마케팅, 디지털 변환, AI 등	수출입 절차, 글로벌 비즈니스, 수출입회계와 세무
수강인원	500명	100명

- 수강신청
  - 신청 기간 : 2021. 4. 15. ~ 4. 26.
    * 수강신청 결과에 따라 추가모집 가능
  - 신청 방법 : 학습사이트 방문하여 회원가입 및 신청
  - 결과 안내 : 2021. 4. 30. 승인여부 개별 SMS 안내(5월 1일 교육 시작)

- 이벤트
  - 수강신청 이벤트 : 수강 신청자 중 20명 랜덤 추첨, 1만 원권 기프티콘 증정
  - 우수학습자 이벤트 : 매월 우수학습자 2명 선발, 2만 원권 기프티콘 증정

---

①	Q	저희 회사는 우선순위 요건에 아무것도 해당이 안 되는데 수강신청이 어렵겠죠?
	A	꼭 그렇지는 않습니다. 수강신청 상황을 지켜봐야 다시 말씀드릴 수 있을 것 같군요.
②	Q	저는 무역실무 분야에 관심이 있는데요. 이 과정을 신청하면 도움이 될 수 있을까요?
	A	그럼요. 수출입 절차 등 해외마케팅 과정도 개설되니까 무역실무 분야에 도움이 되실 겁니다.
③	Q	인터넷을 통해 안내문을 본 학생입니다. 평소 K 공사에 대해 관심이 많았는데 이번 무료 이러닝을 수강하고 싶어서 전화 드렸습니다.
	A	죄송합니다만, 학생이시라면 수강이 어렵겠습니다.
④	Q	수강신청 승인 결과는 개별적으로 홈페이지에서 확인해야 하는 거지요?
	A	아닙니다. 홈페이지를 확인하지 않으셔도 저희가 일일이 문자를 드릴 겁니다.
⑤	Q	4월 중에 제가 장기 해외 출장을 다녀와야 해서 수강이 불가할 것 같아 다음 기회에 신청하려 합니다. 다음 기회는 언제 있을까요?
	A	좋은 기회를 놓치셔서 안타깝네요. 아직 다음 수강 계획이 확정되지는 않았습니다만, 홈페이지를 수시로 참고하시면 소식을 아실 수 있을 겁니다.

[26 ~ 27] 다음은 A 기업의 회의실 외부 개방 안내자료이다. 이어지는 질문에 답하시오.

〈A 기업 회의실 외부 개방 안내〉

1. 회의실 사용 7일 전까지 임대료를 카드결제 또는 무통장 입금으로 납부해야 합니다. 무통장 입금은 반드시 회의실 담당자와 통화 후 입금 가능합니다.

   ※ 회의실 담당자와 통화하지 않고 입금 시 회의실 예약이 취소될 수 있으며, 이 경우 책임을 지지 않습니다.

2. 비품은 기존 배치 상태로 사용하셔야 하며 책상, 의자 등의 추가 또는 이동은 승인해 드릴 수 없습니다.

3. 음식물쓰레기 및 일반쓰레기 처리 곤란으로 인하여 도시락 반입은 금지합니다.

4. 현수막 사용은 사전에 회의실 담당자에게 문의하시기 바랍니다. 벽을 훼손 시에는 배상하셔야 하며 규칙 위반 시 회의실 담당자가 조치한 사항에 대해서 이의를 제기할 수 없습니다.

5. 회의실 안내문 부착은 지정된 위치에만 가능하며 맞이방 및 연결통로에는 부착할 수 없습니다.

6. 회의실 이용시간은 예약시간 30분 전부터 입실 가능합니다.

7. 회의실 사용요금과 부대장비 대여요금은 아래 표와 같습니다(VAT 포함).

회의실 사용요금						
회의실명	사용가능 최대인원	면적(m^2)	기본임대료		추가임대료	
			시간	임대료(원)	시간	임대료(원)
대회의실	100	184	2시간	360,000	1시간	180,000
별실	36	149	2시간	400,000	1시간	200,000
소회의실 1	23	50	2시간	136,000	1시간	68,000
소회의실 2	21	43	2시간	136,000	1시간	68,000
소회의실 3	10	19	2시간	74,000	1시간	37,000
소회의실 4	16	36	2시간	110,000	1시간	55,000
소회의실 5	8	15	2시간	62,000	1시간	31,000

* 사용 가능 시간 : 매일 09 : 00 ~ 22 : 00

부대장비 대여요금(원)					
장비명	1시간	2시간	3시간	4시간	4시간 초과
PC(노트북)	10,000	10,000	20,000	20,000	30,000
빔 프로젝터	30,000	30,000	50,000	50,000	70,000

26. K사는 하반기 A 기업의 회의실 사용 일정을 다음과 같이 계획하고 있다. 회의실 임대료 총액이 큰 일정부터 순서대로 나열한 것은? (단, 빔 프로젝터는 별실에만 설치되어 있으며, 비용이 가장 적게 드는 회의실을 임대한다고 가정한다)

구분	일정
6월	영업본부 신규 프로젝트 운영회의, 20명, 3시간, PC 사용 요망
8월	하계휴가 안전사고 예방교육, 30명, 2시간, 빔 프로젝터와 PC 사용 요망
10월	가을 체육대회 진행 회의, 20명씩 2개 조(조별 별도회의), 3시간, 부대장비 사용 안 함.
12월	연말 종무식, 95명, 30분, 부대장비 사용 안 함.

① 6월-10월-8월-12월   ② 6월-8월-12월-10월   ③ 8월-10월-12월-6월
④ 8월-12월-10월-6월   ⑤ 10월-8월-12월-6월

27. 다음 중 회의실 사용 시 준수사항을 바르게 숙지한 사람은?

① 2명이 추가로 참석하기로 하여 빈 소회의실에서 의자 2개를 가져온 김 사원
② 회의실 담당자와 통화 전에는 무통장 입금을 하지 않도록 주의를 준 박 과장
③ 회의 시간이 길어져 점심으로 도시락 배달을 시켜 회의실에서 먹자고 제안한 최 부장
④ 처음 참석하는 외부 인사들이 쉽게 길을 찾을 수 있도록 맞이방에 안내문을 부착한 이 대리
⑤ 9시 회의를 준비하기 위해 8시에 회의실에 먼저 도착해서 준비상태를 점검하려는 한 이 사원

[28 ~ 29] 다음은 K 기업의 제품별 수익체계를 정리한 표이다. 이어지는 질문에 답하시오.

〈제품별 수익체계표〉

(단위 : 만 원)

구분	A 제품	B 제품	C 제품	D 제품
생산비용	2,000	4,000	1,500	6,500
1일당 수익	800	1,200	1,000	1,400

※ 표에 나타난 수익 이외의 수익은 고려하지 않는다.

※ 표의 수치는 발주 당일 발생하는 발주 1회당 생산비용과 발주 다음 날부터 다음 발주 전날까지 얻을 수 있는 1일당 수익을 의미한다(단, 토요일, 일요일 및 공휴일에는 수익이 발생하지 않는다).

〈발주 일정〉

• 제품 발주 간격은 A 제품은 5일, B 제품은 6일, C 제품은 4일, D 제품은 7일이다.

• 8월 1일에는 A ~ D 제품 모두 발주가 있었다.

• 발주 일정은 토요일, 일요일 및 공휴일을 제외하고 고려한다. 예를 들어 9월 12일에 발주했고 발주 간격이 5일이면, 22일에 발주하게 되는 것이다.

• 9월 이후에도 계속 제품을 생산하므로 8 ~ 9월의 순이익이 음(−)이 되더라도 발주 간격대로 발주한다.

〈8월 달력〉

일	월	화	수	목	금	토
	1	2	3	4	5	6
7	8	9	10	11	12	13
14	15	16	17	18	19	20
21	22	23	24	25	26	27
28	29	30	31			

〈9월 달력〉

일	월	화	수	목	금	토
				1	2	3
4	5	6	7	8	9	10
11	12	13	14	15	16	17
18	19	20	21	22	23	24
25	26	27	28	29	30	

※ 8월 15일은 광복절, 9월 14 ~ 16일은 추석 연휴이다.

28. 수익에서 생산비용을 뺀 값을 이익이라 가정하고 한 제품만 선택하여 생산하려고 한다. 8 ～ 9월 동안 가장 많은 이익을 낼 수 있는 제품은?

① A 제품   ② B 제품   ③ C 제품

④ D 제품   ⑤ 모두 같다.

29. A 제품과 D 제품의 발주 간격이 8일, 6일로 변경되었다. 8월 한 달간 발생하는 A와 D 제품의 순이익의 합은 얼마인가? (단, 발주 즉시 해당 발주 건의 수익금을 모두 일시금으로 수령하며 마지막 발주건도 수익금을 첫날 받는다)

① 1억 8백만 원   ② 1억 1천4백만 원   ③ 1억 2천8백만 원

④ 1억 4천3백만 원   ⑤ 1억 7천8백만 원

[30 ~ 31] 다음은 A 호텔의 요금과 할인 규정이다. 이어지는 질문에 답하시오.

〈객실별 요금〉

(단위 : 원)

등급	객실명	숙박일	요금
스위트	로얄 스위트	1박	2,100,000
		2박	3,500,000
	프리미엄 스위트	1박	561,000
		2박	935,000
	주니어 스위트	1박	462,000
		2박	770,000
디럭스		1박	294,000
		2박	490,000
슈페리어		1박	252,000
		2박	420,000
스탠다드		1박	222,000
		2박	370,000

〈할인 규정〉

구분	할인율	내용
영아 할인	100%(무상)	성인 1명당 1명에 한해 무료(만 2세 미만)
어린이 할인	50%	2세 이상 ~ 12세 미만
학생 할인	20%	초등학교, 중학교, 고등학교, 만 30세 미만 대학생(대학원생 제외)
장애인 할인	20%	• 1 ~ 3급 : 동반 보호자 1인 동급 할인 • 4 ~ 6급 : 동반 보호자 할인 안 됨.
경로 할인	20%	만 65세 이상
일반 단체 할인	10% / 15% / 20%	15인 이상(10%), 40인 이상(15%), 80인 이상(20%)

※ 중복 할인은 불가하며, 할인율이 높은 것을 선택하실 수 있습니다. 단, 일반 단체 할인의 경우 개별 할인이 적용된 후 단체에 중복으로 적용될 수 있습니다.

※ 학생, 장애인 할인의 경우 학생증, 장애인 수첩 등 입실 당일 신분을 증명할 수 있는 증빙서류가 필요하며, 반드시 지참하셔야 할인 혜택을 받으실 수 있습니다.

1회 기출예상문제

2회 기출예상문제

3회 기출예상문제

4회 기출예상문제

5회 기출예상문제

6회 기출예상문제

인성검사

면접가이드

30. 다음 중 위 자료에 제시된 할인을 받을 수 없는 사람은? (단, 언급되지 않은 사항은 고려하지 않는다)

① 황혼여행을 위해 호텔을 방문한 만 65세, 만 70세 부부 – 20% 할인

② 증빙서류를 지참한 2급 장애인의 동반 보호자 – 20% 할인

③ 학생증을 지참하지 않고 방문한 30인 단체 중학생 – 10% 할인

④ 만 0세 쌍둥이 2명, 만 1세 여아 1명을 데리고 방문한 부부 – 유아 3명 모두 무료

⑤ 성인 21명으로 구성된 여행 동호회 모임 – 10% 할인

31. 다음의 일행이 A 호텔에 방문할 경우, 일행이 지불해야 할 최소 요금은? (단, 모든 객실은 혼자 사용한다)

> P 대학 물리학과 학생들과 교수는 타 지역 학술발표회 방문을 위해 호텔에 숙박하기로 하였다. 총 인원은 각각 64세, 60세, 58세인 교수 3명, 1학년 학생 3명, 2학년 학생 5명, 3학년 학생 10명, 4학년 학생 5명, 대학원생 조교 2명으로 모두 28명이다. 학생증을 아직 발급받지 못한 1학년 학생들을 제외하고는 모두 학생증을 갖고 있으며 3학년 중 1명은 3급 장애인 수첩을 지참하고 있고 조교 중 한 명이 보호자로 동행한다. 학부생 중 만 30세 이상인 학생은 없다.
> 64세 교수는 로얄 스위트객실을 사용하며, 60세 이하 교수 2명은 프리미엄 스위트 객실을 사용한다. 조교 1명과 장애인 학생은 주니어 스위트객실을 사용한다. 또 다른 조교 1명과 4학년 학생 5명은 슈페리어 객실을, 나머지 인원은 모두 스탠다드 객실을 사용하기로 하였으며 전원 2박으로 요금을 지불할 계획이다.

① 12,560,400원   ② 12,890,200원   ③ 13,956,000원

④ 15,956,000원   ⑤ 18,700,000원

32. H 공사 재무팀 김 사원은 새로운 법인카드가 필요하여 조사하고 있다. 재무팀의 9월 지출내역을 바탕으로 혜택이 가장 큰 카드를 선정할 때, 김 사원이 선택할 카드는?

〈카드별 혜택 및 조건〉

구분	혜택	조건
A 카드	• 식당 14시 이전 결제건 1% 할인(할인금액 3만 원 한도) • 커피전문점 10% 할인(할인금액 3만 원 한도) • 주유소 3% 할인 • 대중교통비 9만 원 이상일 경우 5% 할인	• 전월 실적 350만 원 이상일 경우 혜택 제공
B 카드	• 서점 10% 할인(할인금액 2만 원 한도) • 주유소 1% 할인 • 식당 14시 이전 결제건 1%, 18 ~ 22시 결제건 2% 할인 (할인금액 4만 원 한도)	• 연회비 12만 원(월 분할 납부)
C 카드	• 식당 18 ~ 22시 결제건 3% 할인 • 대중교통비 10% 할인 • 주유소 5% 할인	• 전월 실적 300만 원 이상일 경우 혜택 제공 • 총 할인 금액 6만 원 한도
D 카드	• 식당 14시 이전 결제건 1% 할인 • 서점 5% 할인 • 주유소 3% 할인	• 전월 실적 250만 원 이상일 경우 혜택 제공

※ 단, 한도 이외의 혜택 금액은 버림.

〈재무팀 9월 지출내역〉

내용	금액(원)
식비(점심)	1,300,000
식비(초과근무, 회식)	850,000
기타식비(카페)	180,000
업무 관련 도서비	215,000
유류비	380,000
대중교통비	79,000
합계	3,004,000

※ 점심은 14시 이전, 초과근무는 18시 30분에 식사하며 회식은 22시 이전에 끝내는 것을 기준으로 한다.

① A 카드　　　　　　② B 카드　　　　　　③ C 카드
④ D 카드　　　　　　⑤ 모두 동일함.

33. 자원관리팀은 연말을 맞이하여 1박 2일 워크숍을 진행하고자 한다. 워크숍이 진행되기 위한 〈조건〉을 따를 때, 다음 중 워크숍을 진행할 수 있는 날짜는?

〈12월 달력〉

일	월	화	수	목	금	토
		1	2	3	4	5
6	7	8	9	10	11	12
13	14	15	16	17	18	19
20	21	22	23	24	25	26
27	28	29	30	31		

〈1월 달력〉

일	월	화	수	목	금	토
					1	2
3	4	5	6	7	8	9

※ 12월 25일, 1월 1일은 공휴일이다.

조건

- 워크숍에는 팀원 전원이 참여해야 하며, 자원관리팀은 김 차장, 박 과장, 조 대리, 이 대리, 홍 사원, 장 사원 6명으로 이루어져 있다.
- 공휴일, 주말에는 워크숍을 진행하지 않는다.
- 연말(12월 마지막 주), 연초(1월 첫째 주)에는 워크숍을 진행하지 않는다.
  ※ 단, 1일이 목요일을 포함하는 경우 첫째 주로 판단한다.
- 매달 두 번째, 네 번째 금요일과 첫 번째, 세 번째 수요일에는 부서 전체 회의가 있다.
- 팀원들의 개인 일정은 아래와 같다.
  - 김 차장 : 12월 1 ~ 3일 외부 출장
  - 박 과장 : 매달 둘째 주 월 ~ 목요일 외부 교육
  - 조 대리 : 12월 22 ~ 23일 휴가

① 12월 14 ~ 15일   ② 12월 16 ~ 17일   ③ 12월 23 ~ 24일
④ 1월 4 ~ 5일   ⑤ 1월 7 ~ 8일

[34 ~ 35] 다음은 ○○공사 성과급 지급 규정이다. 이어지는 질문에 답하시오.

〈○○공사 성과급 지급 개괄〉

이번 분기 성과급 지급 대상인 홍보팀은 총 5명으로 구성되어 있다. 팀원별 성과급은 평가점수에 따라 차등 지급된다. 단, 결격 사유가 있는 경우 성과급 지급 대상에서 제외될 수 있다.

〈평가점수 부여 방식〉

1) 성실성 점수의 경우, 100점 만점에서 지각 1번당 5점, 결근 1번당 10점씩을 감점한다.
2) 효율성 점수의 경우, 실적 POINT가 높은 순서에 따라 1위부터 5위까지 순위를 부여한 뒤, 1위에게 100점, 2위에게 95점, 3위에게 90점, 4위에게 85점, 5위에게 80점을 부여한다.
3) 평가점수＝(성실성 점수×0.6)＋(효율성 점수×0.8)
4) 결근을 한 번도 하지 않은 직원에게는 도출된 평가점수에 보너스 점수로 5점을 가점하며, 회의에서 낸 아이디어가 채택된 직원에게는 도출된 평가점수에 보너스 점수로 1점을 가점한다.
5) 평가점수가 높은 순서대로 성과급 지급 순위를 부여한다. 단, 평가점수가 120점 미만인 경우 결격 사유에 해당하여 성과급 지급 대상에서 제외한다.
6) 동점자가 있는 경우, 효율성 점수가 더 높은 직원에게 더 높은 순위를 부여한다.

〈직원별 근무 기록〉

구분	지각횟수	결근횟수	실적 POINT	비고
팀장 A	2	0	37	
사원 B	0	1	38	아이디어 채택
사원 C	1	2	49	
사원 D	1	1	43	
사원 E	0	1	29	

1회 기출예상문제

2회 기출예상문제

3회 기출예상문제

4회 기출예상문제

5회 기출예상문제

6회 기출예상문제

인성검사

면접가이드

34. 홍보팀 직원 중 성과급 지급 순위가 가장 높은 사람은?

① 팀장 A   ② 사원 B   ③ 사원 C

④ 사원 D   ⑤ 사원 E

35. 다음 〈성과급 금액 산정 기준〉을 참고하여 홍보팀에 지급될 성과급 총액을 구하면?

〈성과급 금액 산정 기준〉

1) 기준 금액=개인별 통상 임금×0.2

※ 직급이 팀장인 경우 기준금액=개인별 통상 임금×0.25를 적용한다.

2) 통상 임금은 다음과 같다.

직급	통상 임금
팀장	350만 원
사원	300만 원

3) 기준 금액과 성과급 지급 순위에 따라 최종 성과급 지급 금액을 다음과 같이 산정한다.
  최종 성과급 지급 금액=개인별 기준 금액×성과가중치

※성과가중치는 성과급 지급 순위별로 1위는 1.5, 2위는 1.4, 3위는 1.3, 4위는 1.2, 5위는 1.1을 부여

① 3,595,000원   ② 3,595,500원   ③ 3,596,500원

④ 3,597,500원   ⑤ 3,598,000원

[36 ~ 37] 다음은 K사가 사내 서고 비치 도서를 구입하기 위해 조사한 자료이다. 이어지는 질문에 답하시오.

〈K사 직원들의 도서 분야별 선호도〉

구분	A	B	C	D	E
1순위	인문교양서	자기계발서	잡지	인문교양서	자기계발서
2순위	자기계발서	경제서적	인문교양서	외국어 수험서	인문교양서
3순위	잡지	외국어 수험서	경제서적	자기계발서	잡지

〈도서 리스트 및 가격〉

분야	도서명	가격(원)
자기계발서	잘 쉬는 방법	14,000
	미래에 나는 어디에 있는가	12,000
	인생을 바꾸는 성공 습관	25,000
외국어 수험서	영어 문법 완전정복	20,000
	무작정 회화하기	17,000
	스페인어 핵심 100제	30,000
인문교양서	건축으로 보는 국내 도시	21,000
	건축으로 보는 해외 도시	25,000
	강자와 약자	35,000
경제서적	미국 주식 투자법	18,000
	자본주의의 명암	23,000
	브랜드 성공 전략	33,000
잡지	월간 K-pop	9,000
	독서 길라잡이	5,500
	월간 패션	15,500

36. 위 자료와 〈조건〉을 반영하여 도서를 구입할 때, 총 도서 구입비와 E가 구입하는 도서명은?

- A부터 E까지 차례대로 도서를 구입한다(A 1순위 → A 2순위 → A 3순위 → B 1순위 → …).
- 각 직원들은 도서 분야별 선호도에 따라 순서대로 도서를 구입하며, 해당 분야에 해당하는 서적에 대해 도서명 한글 자음, 모음의 사전식 순서대로 도서를 구입한다. 이때, 영어는 한글보다 후순위에 위치한다.
- 직원들은 각각 50,000원의 한도 내에서 도서를 구입할 수 있다.
- A, D는 구입하고자 하는 도서의 총액이 각각 60,000원 이하인 경우 원하는 모든 분야의 도서를 구입할 수 있다.
- 경제서적을 두 권 이상 구매하는 경우 해당 도서들은 10% 할인받을 수 있다.

도서 구입비	E가 구입하는 도서명
① 197,000원	잘 쉬는 방법
② 197,000원	월간 K-pop
③ 224,900원	잘 쉬는 방법
④ 224,900원	건축으로 보는 국내 도시
⑤ 224,900원	월간 K-pop

37. 위 자료와 〈조건〉에 따라 도서를 구입할 때의 구입금액은?

- K사는 직원의 선호도 점수와 가격 점수를 더하여 가장 높은 점수를 얻은 분야의 도서 세 권을 모두 구입하려 한다.
- 직원의 선호도 조사 결과 1순위부터 차례대로 8점, 6점, 4점을 부여한다.
- 각 분야에 속하는 도서의 가격이 10,000원 이하인 경우 6점, 10,000원 초과 20,000원 이하인 경우 4점, 20,000원 초과 30,000원 이하인 경우 3점, 30,000원 초과인 경우 2점을 부여한다.

① 81,000원 ② 74,000원 ③ 67,000원
④ 51,000원 ⑤ 30,000원

[38 ~ 39] A 공사 이 사원은 다음 자료를 고려하여 총점이 가장 높은 곳을 팀의 포상 휴가지로 정하려고 한다. 이어지는 질문에 답하시오.

〈휴가지 평가 점수〉

구분	맛	1인 교통비	분위기	거리	방문횟수
필리핀	2점	600,000원	3점	3점	2회
베트남	5점	400,000원	2점	4점	3회
태국	3점	300,000원	5점	2점	5회
제주도	4점	200,000원	1점	5점	8회
괌	2점	800,000원	4점	1점	1회

※ 방문횟수는 적은 순서대로 5 ~ 1점을 부여한다.
※ 1인 교통비는 기본 점수를 10점으로 하되 10,000원당 0.1점을 차감한다.

〈팀원들의 요구사항〉

최 이사 : 팀 프로젝트를 성공적으로 마친 것을 축하하는 뜻에서 포상휴가를 가고자 하네. 오랜만에 휴가인데 분위기가 좋은 곳에 가 보자고!
김 팀장 : 감사합니다. 이왕이면 자주 방문했던 곳 말고 익숙하지 않은 곳으로 한번 가 보는 것이 어떨까요?
박 주임 : 교통비가 저렴한 곳으로 가고, 대신 숙소를 업그레이드했으면 좋겠어요.
민 주임 : 저는 음식이 맛있는 곳으로 가고 싶어요.
이 사원 : 저는 동남아시아 지역에 한번 가 보고 싶어요.

※ 각 팀원의 요구사항 관련 항목에서 가장 점수가 높거나 요구사항과 가장 관련 있는 휴가지에 가산점을 부여한다.
※ 가산점은 이사 5점, 팀장 3점, 주임 2점, 사원 1점을 부여한다.

www.gosinet.co.kr **gosinet**

1회 기출예상문제

2회 기출예상문제

3회 기출예상문제

4회 기출예상문제

5회 기출예상문제

6회 기출예상문제

인성검사

면접가이드

38. 이 사원이 포상 휴가지를 정할 때 최종 선택되는 휴가지는?

① 필리핀   ② 베트남   ③ 태국
④ 제주도   ⑤ 괌

39. 이 사원이 다음 김 팀장의 지시를 듣고 가산점을 다시 부여할 때 총점이 가장 낮은 휴가지는?

> 김 팀장 : 최 이사님께서 일이 있어 휴가를 못 가신다고 합니다. 처음 이사님의 요구사항에 따라 가산
> 점이 부여되었던 장소는 선택지에서 제외한 후 나머지 4가지 대안을 가지고 나를 제외한
> 팀원들의 요구사항을 다시 반영해서 결정해 주세요.

① 필리핀   ② 베트남   ③ 태국
④ 제주도   ⑤ 괌

[40 ~ 41] 다음 J 기업 이 사원이 받은 메일 내용을 보고 이어지는 질문에 답하시오.

보내는 사람	김 대리
받는 사람	이 사원

이 사원, 방금 대표이사님으로부터 일정이 내려왔으니 일정표를 이 사원이 작성해 주세요.

일단, 오전 9시 15층 회의실에서 임원회의에 참석하신 후 10시 30분 A 호텔에서 그룹 계열사 사장단 정기모임에 참석을 하십니다. 모임이 끝나면 S 전자의 민 회장님과 A 호텔 한식당에서 점심식사를 하시기로 약속이 되어 있습니다. S 전자 회장님과는 다음 달 'IT · 정보통신 박람회' 관련 협의를 하실 예정입니다. 식사가 끝나시면 바로 회사로 돌아오셔서 오후 3시 미국지사 M 기업 대표님과 대표이사실에서 미팅을 하실 예정입니다. 미팅 후 미국 출장을 위해 저녁 10시로 예약되어 있는 KSL386 런던행 비행기를 탑승해야 하므로 인천공항으로 출발하실 예정입니다. 공항에 도착하셔서 탑승 전 인천공항 라운지에서 요기하시고 기내식 드신다고 하셨습니다. 출발 3시간 전 공항에 도착해야 하고, 본사에서 공항까지 1시간 정도 걸리니까 감안해서 일정표 잡아 주시면 되겠습니다.

여기까지 정리 부탁드립니다.

40. 다음 중 이 사원이 작성한 대표이사의 일정표 내용으로 적절하지 않은 것은?

	시간	일정내용	장소	비고
①	09 : 00	임원회의	15층 회의실	–
②	10 : 30	그룹 계열사 사장단 정기모임 참석	A 호텔	–
③	정기모임 종료 후	S 전자 회장과 오찬	A 호텔 한식당	다음 달 'IT · 정보통신 박람회' 관련 협의
④	21 : 00	석식	인천공항 라운지	–
⑤	22 : 00	런던으로 출국	인천 → 런던	KSL386

41. J 기업 대표이사는 적어도 몇 시에 회사에서 출발해야 하는가?

① 16 : 30   ② 17 : 00   ③ 17 : 30
④ 18 : 00   ⑤ 18 : 30

42. 다음 글에서 설명하는 용어는?

기업 내·외부를 막론하고 적절한 인증 절차를 통해 신원이 파악되기 전까지 네트워크에 대한 모든 접속을 차단하는 것이다. 즉, 사용자 또는 기기에 대해 기업 내부 리소스에 대한 접근 권한이 확인되기 전까지 IP주소는 물론, 단말에 대한 어떤 접속도 허용하지 않는다. 또한, 기존과 달리 네트워크 설계의 방향을 내부에서 외부로 설정하여 누가, 언제, 무엇을, 어디서, 어떻게 접속하려 하는가를 빠짐없이 파악하고 통제하는 것이 특징이다.

① 폼재킹
② 제로 트러스트
③ 크랩토재킹
④ 랜섬웨어
⑤ 웹 스키밍

43. 워드프로세서를 사용할 때 단축키를 알면 보다 편리하게 문서를 작성할 수 있다. 다음 [문자표 입력] 대화상자를 불러올 수 있는 단축키는?

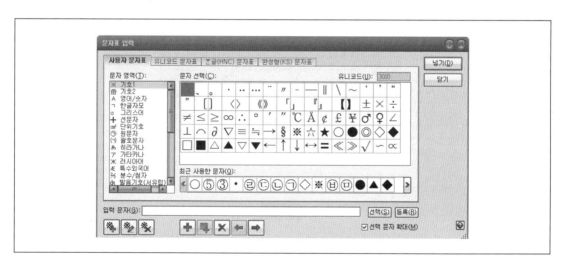

① F7
② Ctrl+N, T
③ Ctrl+F10
④ Alt+L
⑤ Alt+T

44. 다음 글에서 설명하는 것은?

- 블록 단위로 내용을 처리할 수 있고 속도가 빠르며, 작고 가볍다.
- 전원이 꺼져도 저장된 내용이 삭제되지 않는 비휘발성 메모리이다.
- 내부 방식에 따라 크게 저장용량이 큰 낸드(NAND)형과 처리속도가 빠른 노어(NOR)형의 2가지로 분류된다.
- 디지털카메라, 휴대전화, 게임기 등에 많이 쓰인다.

---

① 플래시메모리   ② SRAM   ③ DRAM

④ 광메모리   ⑤ X－ROM

45. 다음과 같이 워드프로세서로 정보제공계약서를 작성하고, [편집]-[찾기] 기능을 이용하여 '정보'와 '제공' 두 단어가 어느 부분에 포함되는지 찾아보려고 한다. 두 단어를 같이 찾으려고 할 때, [찾기] 대화 상자의 A에 입력해야 할 내용으로 옳은 것을 〈보기〉에서 모두 고르면?

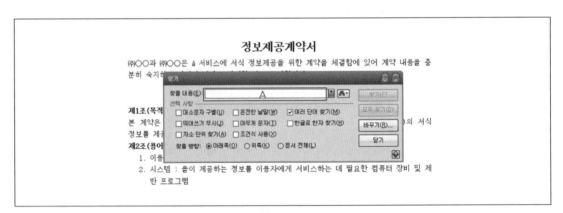

보기

㉠ 정보&제공	㉡ 정보＋제공	㉢ 정보;제공
㉣ 정보^제공	㉤ 정보, 제공	㉥ 정보/제공

---

① ㉠, ㉢   ② ㉡, ㉥   ③ ㉢, ㉤

④ ㉣, ㉤   ⑤ ㉤, ㉥

www.gosinet.co.kr **gosi**net

1회 기출예상문제

2회 기출예상문제

3회 기출예상문제

4회 기출예상문제

5회 기출예상문제

6회 기출예상문제

인성검사

면접가이드

[46 ~ 47] 다음 엑셀 자료를 보고 이어지는 질문에 답하시오.

	A	B	C	D	E
1		매출액	반올림	올해 가격	내년 가격
2	(가) 제품	94,800		300	
3	(나) 제품	78,450		150	
4	(다) 제품	50,400		400	
5	(라) 제품	82,200		200	
6					
7	인상률	10%			

46. [B2]셀의 매출액을 백의 자리에서 반올림하여 [C2]셀에 넣었다고 할 때, [C2]셀에 들어갈 수식은?

① =ROUNDUP(B2, −3)   ② =ROUND(B2, 3)   ③ =ROUND(B2, −3)

④ =TRUNC(B2, 3)   ⑤ =TRUNC(B2, −3)

47. 각 제품의 내년 가격은 매출액을 백의 자리에서 반올림한 값이 70,000원을 초과하였을 때는 올해 가격에서 10% 인상한 가격으로, 그 이하일 때는 올해와 동일한 가격으로 정하려고 한다. [E2]셀의 수식을 [E5]셀까지 채우기핸들로 끌어 계산하고자 할 때, [E2]셀에 들어갈 수식은?

① =IF(C2>70000, D2*$B$7, $D$2)

② =IF(C2>70000, D2+D2*$B$7, D2)

③ =IF(C2>70000, D2+D2*B7, D2)

④ =IF(C2>70000, D2+D2*B7/100, D2)

⑤ =IF(C2>70000, $D$2+$D$2*$B$7/100, D2)

[48 ~ 50] 다음은 웹문서를 만들기 위해 사용하는 HTML 언어에 대한 설명과 예시이다. 이어지는 질문에 답하시오.

〈HTML 언어〉

HTML 언어	기능	HTML 언어	기능
〈br〉	줄 바꾸기	〈td〉	열 시작
〈table〉	표 시작	〈/td〉	열 종료
〈/table〉	표 종료	〈b〉내용〈/b〉	내용을 굵게 표시
〈tr〉	행 시작	〈u〉내용〈/u〉	내용에 밑줄
〈/tr〉	행 종료	〈center〉내용〈/center〉	내용을 가운데 정렬

〈HTML 언어 예시〉

HTML 언어	화면 표시 내용
〈table〉 　〈tr〉 　　〈td〉〈center〉고시넷〈/center〉〈/td〉 　　〈td〉〈b〉NCS〈/b〉 　〈br〉 　　〈u〉직무능력검사〈/u〉〈/td〉 　〈/tr〉 〈/table〉	<table><tr><td>고시넷</td><td>**NCS** <u>직무능력검사</u></td></tr></table>

48. 〈HTML 언어〉를 사용해서 다음과 같은 표를 만들 때, 사용하지 않는 HTML 언어를 〈보기〉에서 모두 고르면?

화면 표시 내용		
경영계획	경영실행	경영평가
미래상 설정	조직목적 달성	수행결과 감독
대안분석	조직구성원관리	교정
실행방안 선정		

보기

㉠ 〈center〉, 〈/center〉 　　　　　㉡ 〈tr〉, 〈tr〉
㉢ 〈table〉, 〈/table〉 　　　　　　㉣ 〈b〉, 〈/b〉
㉤ 〈br〉 　　　　　　　　　　　　㉥ 〈u〉, 〈/u〉
㉦ 〈td〉, 〈/td〉

① ㉠, ㉢　　　　　　② ㉡, ㉦　　　　　　③ ㉡, ㉤
④ ㉣, ㉥　　　　　　⑤ ㉤, ㉥

49. HTML 언어를 다음과 같이 입력하였을 때, 화면에 표시되는 내용으로 올바른 것은?

```
〈table〉
  〈tr〉
    〈td〉NCS 영역〈/td〉
    〈td〉하위 영역〈/td〉
  〈/tr〉
  〈tr〉
    〈td〉〈b〉정보능력〈/b〉〈/td〉
    〈td〉〈u〉컴퓨터활용능력〈/u〉〈/td〉
  〈/tr〉
〈/table〉
```

①

NCS 영역	하위 영역
정보능력	컴퓨터활용능력

②

NCS 영역	하위 영역
정보능력	컴퓨터활용능력

③

NCS 영역	**정보능력**
하위 영역	컴퓨터활용능력

④

NCS 영역	하위 영역
정보능력	컴퓨터활용능력

⑤

NCS 영역	정보능력
하위 영역	컴퓨터활용능력

50. 다음과 같은 표를 만들기 위해 HTML 언어를 작성하였다. 잘못 작성된 부분은 어디인가?

화면 표시 내용

[A/S 신청 전 확인 사항]

증상	확인	조치방법
소리가 남.	좌우 바람이 설정되어 있는가?	좌우 바람 설정 시 소리가 날 수 있습니다.

[A/S 신청 전 확인 사항]〈br〉

〈table〉

　〈tr〉

　　① 〈td〉〈center〉증상〈/center〉〈/td〉

　　② 〈td〉〈center〉확인〈/center〉〈/td〉

　　③ 〈td〉〈center〉조치방법〈/center〉〈/td〉

　〈/tr〉

　〈tr〉

　　④ 〈td〉소리가 남.〈/td〉

　　⑤ 〈td〉좌우 바람이 설정되어 있는가〈/td〉

　　〈td〉좌우 바람 설정 시 〈br〉 소리가 날 수 있습니다.〈/td〉

　〈/tr〉

〈/table〉

01. 다음은 우리나라 전력시장의 용량요금제도에 대한 설명이다. A와 B의 주장에 대한 설명으로 적절하지 않은 것은?

다른 많은 국가의 전력시장에서와 같이 우리나라 전력시장에서도 가장 중요한 목표 중 하나는 공급 안정성 확보이다. 우리나라 전력시장은 용량요금제도를 공급안정성 확보를 위한 제도로 시행하고 있는데, 이는 시장 도입 초기부터 도입 목적을 적절하게 달성할 수 있는지에 대한 논란이 제기되어 왔다. 이에 대하여 논의한 전력시장 제도개선 T/F에서 제기된 주장을 정리하면 다음과 같다.

• A의 주장

우리나라의 실질적인 첨두발전기*는 복합발전기이므로 용량요금은 복합발전기를 기준으로 산정되어야 하며, 산정 기준 또한 투자보수율 상향 조정, 발전기 운전수명 단축 등이 이루어져야 한다. 특히 2001년 이후 물가 인상 등을 반영하지 않고 한 차례도 인상하지 않은 용량요금을 조속히 현실화하여야 한다. 용량요금이 개선되지 않으면 향후 LNG 복합발전기의 추가적인 시장진입은 불가능하고, 이는 결국 수급불안으로 귀결될 수밖에 없다.

• B의 주장

이론적으로 가스터빈이 복합발전기보다 첨두발전기이며, 다른 국가의 사례에서도 가스터빈을 기준으로 하는 사례가 일반적이다. 기존 용량요금(7.46원/kWh)에서도 그동안 복합발전기가 적정 투자보수를 회수할 수 있었다. 또한 향후 예비전력이 증가하는 상황에서 용량요금의 인상은 용량자원의 공급이 증가하는데 가격은 상승하는 것으로 시장원리에 반하는 조치가 될 수 있다.

* 첨두발전기는 원자력이나 화력발전과는 달리 전력 공급이 부족할 때만 가동할 수 있는 발전기로, 최대부하기간 동안 전력을 공급하기 위해 작동시키는 발전기를 의미한다.

① A는 용량요금을 올려 수급불안 문제를 해결해야 한다고 주장하고 있다.
② B는 시장가격 상승에 따른 소비자 부담의 증가를 우려하고 있다.
③ A는 투자비 회수 부족에 따른 투자 위축과 공급안정성에 대한 우려를 보이고 있다.
④ A는 수요자, B는 공급자의 입장에서 의견 제시를 하고 있다.
⑤ B는 예비전력이 증가하므로 전력요금을 올리는 것은 부적절하다고 주장하고 있다.

02. 다음 글을 읽고, 패러데이와 맥스웰의 학문적 성과에 대한 적절한 평가를 〈보기〉에서 모두 고르면?

마이클 패러데이는 정식교육을 받지 못했지만 위대한 물리학자이자 화학자로 기억되고 있다. 패러데이는 장(場, field)이라는 엄청난 현상을 알아냈다. 패러데이는 전기력과 자기력은 두 전하 혹은 두 개의 자석 사이에서 직접적으로 작용하는 것이 아니라 전기'장' 또는 자기'장'을 통해 작용한다고 생각했다. 패러데이는 과학적이고 수학적인 지식은 부족했지만 과학자로서 뛰어난 통찰력과 상상력을 지녔기 때문에 경험하거나 관찰할 수도 없는 '장'을 생각해 낼 수 있었다.

전류는 전하의 움직임이다. 전하는 전기장을 만들어 내는 원천이다. 따라서 전하가 움직이면 그것에 따라 주변의 전기장도 변하게 된다. 전하가 가만히 있으면 전기장만 생기지 자기장은 생기지 않는다. 반드시 움직여서 전류로 흘러야만 나침반을 움직일 수 있는 것이다. 그러면 거꾸로 자기장이 변하면 전기장이 생길까 하는 의문을 가질 수 있을 텐데, 이 경우 당연히 전기장이 생긴다.

이렇게 해서 패러데이의 유도법칙이 발견된다. 이 발견은 인간이 전기를 대규모로 생산할 수 있는 발전기의 기원이 되었기 때문에 인류를 다시 한 번 바꿔 놓는 계기가 되었다.

당시 관료들은 패러데이의 실험 장치를 보고 이런 게 어디 쓸 데가 있느냐고 물었다고 한다. 패러데이는 "훗날 당신들이 이것에 세금을 매길 때가 올 겁니다."라고 답했다고 한다. 그리고 그것은 현실이 되어 우리는 지금 매달 전기요금을 꼬박꼬박 내고 있다.

패러데이의 유도법칙은 전기와 자기를 통합하는 데 마지막 점을 찍게 된다. 전류는 자기장을 생성하고(앙페르의 법칙), 움직이는 자석은 전류를 생성하게 되므로 전기와 자기는 서로가 서로를 만드는 매우 기묘한 관계라고 볼 수 있는 것이다.

그리고 지금까지 전기와 자기에 관한 모든 발견과 법칙을 수학적으로 아름답게 종합한 과학자가 등장한다. 수학자이자 물리학인인 제임스 클러크 맥스웰은 1861년 이제까지 나온 전기와 자기에 관한 모든 법칙들을 종합하여 네 개의 방정식으로 정리하기에 이르렀다. 이 방정식들을 맥스웰 방정식이라고 부른다. 맥스웰 방정식은 너무나 아름답고 간결한 수학이다 보니 물리학도들을 매료시킨 방정식이 되었다.

첫 번째 식은 전하가 있는 곳에는 전기장이 만들어진다는 것, 두 번째 식은 자기장의 경우 N극과 S극이 항상 함께 있다는 것, 세 번째 식은 자기장이 변하면 전기장이 생긴다는 것이다. 마지막 네 번째 식은 반대로 전류가 흐르면(혹은 전기장이 변하면) 자기장이 생긴다는 것이다. 이렇게 해서 물리학의 역사에서 두 번째의 거대한 통합이 이루어지게 된다. 뉴턴의 만유인력 법칙에 의해 하늘과 땅이 통합되었고, 이제는 전기와 자기의 통합이 이루어진 것이다.

보기

㉠ 맥스웰의 전자기 통합으로 인해 인류는 전기와 자기에 관련된 수많은 현상을 모두 이해할 수 있게 되었다.
㉡ 학문적 움직임의 확산으로 패러데이는 전자기 현상을 하나의 법칙으로 만들 수 있었다.
㉢ 맥스웰은 패러데이가 규명한 전기력과 자기력의 상호관계를 수학적으로 종합하였다.
㉣ 패러데이는 자석을 움직여 전기를 발생시키는 전자기 유도현상을 발견하였다.

① ㉠, ㉣   ② ㉡, ㉣   ③ ㉠, ㉢, ㉣
④ ㉡, ㉢, ㉣   ⑤ ㉠, ㉡, ㉢, ㉣

03. 다음 문단을 문맥에 맞도록 순서대로 바르게 나열한 것은?

(가) 흡수층에서 생성된 전자와 양공은 각각 양의 전극과 음의 전극으로 이동하며, 이 과정에서 전자는 애벌랜치 영역을 지나게 된다. 이곳에는 소자의 전극에 걸린 역방향 전압으로 인해 강한 전기장이 존재하는데, 이 전기장은 역방향 전압이 클수록 커진다. 이 영역에서 전자는 강한 전기장 때문에 급격히 가속되어 큰 속도를 갖게 된다. 이후 충분한 속도를 얻게 된 전자는 애벌랜치 영역의 반도체 물질을 구성하는 원자들과 충돌하며 느려지면서 새로운 전자−양공 쌍을 만드는데, 이 현상을 충돌 이온화라 부른다. 새롭게 생성된 전자와 기존의 전자가 같은 원리로 전극에 도달할 때까지 애벌랜치 영역에서 다시 가속되어 충돌 이온화를 반복적으로 일으킨다.

(나) 애벌랜치 광다이오드는 크게 흡수층, 애벌랜치 영역, 전극으로 구성되어 있다. 흡수층에 충분한 에너지를 가진 광자가 입사되면 전자(−)와 양공(+) 쌍이 생성될 수 있다. 이때 입사되는 광자 수 대비 생성되는 전자−양공 쌍의 개수를 양자 효율이라 부른다. 소자의 특성과 입사광의 파장에 따라 결정되는 양자 효율은 애벌랜치 광다이오드의 성능에 영향을 미치는 중요한 요소 중 하나이다.

(다) 한편 애벌랜치 광다이오드는 흡수층과 애벌랜치 영역을 구성하는 반도체 물질에 따라 검출이 가능한 빛의 파장 대역이 다르다. 예를 들어 실리콘은 300 ~ 1,100nm, 저마늄은 800 ~ 1,600nm 파장 대역의 빛을 검출하는 것이 가능하다. 현재 다양한 사용자의 요구와 필요를 만족시키기 위해 여러 종류의 애벌랜치 광다이오드가 제작되고 있다.

(라) 광통신은 빛을 이용하기 때문에 정보의 전달은 매우 빠를 수 있지만, 광통신 케이블의 길이가 증가함에 따라 빛의 세기가 감소하기 때문에 원거리 통신의 경우 수신되는 광신호는 매우 약해질 수 있다. 빛은 광자의 흐름이므로 빛의 세기가 약하다는 것은 단위 시간당 수신기에 도달하는 광자의 수가 적다는 뜻이다. 따라서 광통신에서는 적어진 수의 광자를 검출하는 장치가 필수적이며, 약한 광신호를 측정이 가능한 크기의 전기 신호로 변환해 주는 반도체 소자로서 애벌랜치 광다이오드가 널리 사용되고 있다.

(마) 그 결과 전자의 수가 크게 늘어나는 것을 '애벌랜치 증배'라고 부르며 전자의 수가 늘어나는 정도, 즉 애벌랜치 영역으로 유입된 전자당 전극으로 방출되는 전자의 수를 증배 계수라고 한다. 증배 계수는 애벌랜치 영역의 전기장의 크기가 클수록, 작동 온도가 낮을수록 커진다. 전류의 크기는 단위 시간당 흐르는 전자의 수에 비례한다. 이러한 일련의 과정을 거쳐 광신호의 세기는 전류의 크기로 변환된다.

① (나)−(다)−(라)−(가)−(마)
② (라)−(나)−(가)−(마)−(다)
③ (다)−(라)−(마)−(나)−(가)
④ (라)−(나)−(가)−(다)−(마)
⑤ (다)−(라)−(나)−(마)−(가)

04. 다음 자료를 읽고 회의 중 제안한 의견으로 적절하지 않은 것은?

한전이 연료비 연동제를 도입할 가능성이 제기되고 있다. 한전 이사회가 지난 26일 공시를 통해 "코로나19 확산과 유가 변동성 확대 등 변화한 여건을 반영해 전기요금 체계 개편안을 마련하겠다."고 밝힌 대목에서 이런 의지가 엿보인다는 의견이다. 연료비 연동제는 전기 생산에 쓰이는 석유 등 연료 가격 변동을 요금에 바로 반영하는 제도다.

이 제도를 도입하면 유가가 내려가면 전기료를 덜 내고 올라가면 많이 내기 때문에 소비자들의 합리적인 소비를 유도할 수 있다. 지금처럼 코로나19로 인한 경기침체기와 유가 하락기에 도입하면 소비자들은 전기요금 인하로부터 혜택을 볼 수 있다. 반대로 나중에 유가가 올라가면 불만의 목소리가 커질 가능성도 있다. 한전 입장에선 유가에 따른 실적 변동성을 줄일 수 있다는 점이 가장 큰 장점이다. 한전으로서는 전기요금은 사실상 고정돼 있는데, 저유가 시기에는 연료비가 감소해 대규모 흑자를 내고, 고유가 시기에는 적자를 내는 일이 반복돼 왔다. 실제로 한전은 2015 ~ 2016년 유가가 배럴당 40 ~ 50달러대였을 때는 연간 11 ~ 12조 원의 흑자를 낸 반면, 유가가 60 ~ 70달러대였던 2018 ~ 2019년에는 2,000억 ~ 1조 3,000억 원의 적자를 냈다. 한전이 전기요금을 올린 것은 2013년 11월이 마지막이었다. 한전 관계자는 "전기료에 에너지 가격을 바로 반영해 조정하면 몇 년 만에 한꺼번에 가격을 올리거나 내리지 않아도 돼 가격 변동성도 작아진다."고 말했다.

전기료에 포함된 신재생에너지 비용을 전기료와 분리해서 부과하는 방안도 검토되고 있다. 이는 미국의 일부 주와 영국, 독일, 일본, 프랑스 등에서도 이미 시행 중이다. 환경 관련 비용을 따로 떼서 부과해 소비자들에게 정확하게 알림으로써 깨끗한 에너지로의 전환에 대한 소비자들의 인식을 높이자는 취지다.

전기요금 체계 개편과는 별도로 한전은 최근 정치권에서 저소득층의 전기요금 부담을 추가로 완화하는 방안을 요구한 데 대해 곤혹스러워하고 있다. 이미 지난해부터 여름철에 주택용 전기료를 상시로 깎아 주고 있는 데다, 다양한 복지할인 제도가 시행 중이라는 이유에서다. 올해도 7월 1일부터 8월 말까지 주택용 누진제 완화 제도를 시행한다. 한전은 이로 인해 약 1,629만 가구가 월평균 1만 142원씩 전기요금에 대한 부담을 덜 것으로 추산했다. 한전은 2016년 주택용 누진제를 기존 6단계에서 3단계로 대폭 완화했으나, 2018년 여름 재난 수준의 폭염이 휩쓸면서 누진제 논란이 재점화하자 지난해 여름철 상시 할인제도를 도입한 바 있다. 이외에도 다양한 복지 할인제도도 시행 중이다. 지난해에 복지할인을 받은 가구는 약 340만 가구로, 할인금액은 총 5,700억 원이다.

① 저소득층 전기요금 부담 추가완화방안은 저소득 가구 입장에서는 이득이나 이미 여러 복지할인 제도를 운영하고 있는 한국전력공사 입장에서는 부담일 것입니다.

② 연료 가격과 요금을 연계한 요금제를 도입하면 한국전력공사가 유가 변동에 따라 적자를 겪는 문제를 해결할 수 있습니다.

③ 전력요금 체계가 연료비 연동제였다면 코로나19가 유행하는 현재 소비자들의 평균 전기요금이 지금보다 낮았을 것을 예측할 수 있습니다.

④ 전기요금과 신재생에너지 비용을 구분해서 소비자에게 부과하여 신재생에너지 사용요금에 대한 경각심을 심어 줄 수 있습니다.

⑤ 내년 여름에 폭염 수준으로 기온이 올라가면 주택용 누진제의 단계별 구간이 확대될 수 있습니다.

[05 ~ 06] 다음 글을 읽고 이어지는 질문에 답하시오.

(가) 온실가스로부터 지구를 지키지 못하면 인류의 미래를 보장할 수 없을지도 모른다는 위기감이 부상하면서 신개념에너지에 대한 관심이 높아지고 있다. 이러한 관심에 힘입어 여러 방식의 신재생에너지가 개발되고 있으며 이 중 가장 주목받고 있는 것은 바로 풍력발전이다. 사실 인류가 바람을 에너지원으로 사용한 지는 1만 년, 풍차를 사용한 지는 3,000년이 넘었다. 풍력발전이 시작된 지도 100년이 넘었지만 그동안 생산비용이 저렴하고 사용하기 편리한 화력발전에 밀려 그다지 빛을 보지 못했다. 그러나 온실가스와 같은 환경문제가 대두되자 이로부터 자유로운 풍력발전이 차세대 에너지로 주목받게 되었고 이에 힘입어 풍력발전은 변신을 거듭하고 있다.

(나) 풍력발전은 바람의 운동에너지를 회전에너지로 변환하고 발전기를 통해 전기에너지를 얻는 기술이다. 공학자들은 바람의 운동에너지를 조금이라도 더 얻기 위해 풍력발전기 기술을 발달시키고 있다. 먼저 '요우 시스템(Yaw System)'이 있다. 바람에 따라 풍력발전기의 방향을 바꿔 회전날개(Blade)가 항상 바람의 정면으로 향하게 한다. 풍향계와 풍속계로 바람의 움직임을 실시간으로 측정해 발전기의 출력이 항상 최대가 되도록 하는 것이다. 또 비행기 날개와 같이 회전날개의 각도를 변화시키는 '피치 시스템(Pitch System)'이 있다. 로터의 회전날개는 비행기의 날개와 마찬가지로 에어포일 구조로 돼 있어 바람에 따라 회전날개의 각도를 바꾼다. 이외에도 회전력을 잃지 않기 위해 기어 없이 직접 발전기에 연결하고, 복합재료를 이용해 발전기통(나셀, Nacelle)의 무게를 줄이는 등 다양한 방법이 존재한다. 무게가 줄어들면 보다 높은 위치에 풍력발전기를 매달 수 있기 때문이다.

(다) 풍력발전기를 설치하는 위치도 중요하다. 풍력발전기의 출력은 풍속의 3제곱과 프로펠러의 회전면적의 제곱에 비례한다. 풍속이 빠를수록, 프로펠러의 면적이 클수록 출력이 높아진다는 말이다. 지상에는 풍력발전의 출력을 높이는 데 한계가 있다. 지상의 바람은 빠르지 않고, 더우이 바람이 항상 불지 않기 때문이다. 따라서 풍력발전기는 최대 풍속에 맞춰 설계하지 않고, 최빈 풍속에 따라 설계한다. 높은 고도에서 바람은 일정한 풍속과 빈도로 분다. 즉 풍력발전기는 높이 있을수록 좋다. 문제는 풍력발전기를 높게 설치하기 위해서, 또 로터의 회전날개 길이를 수십 미터 이상 크게 만들기 위해서는 막대한 비용이 든다는 점이다. 따라서 최근에는 고고도풍(High Altitude Wind)을 이용하려는 새로운 연구들이 진행 중이다. 즉 철탑을 세울 수 있는 높이보다 더 높은 곳에 있는 바람을 이용하자는 것이다.

(라) 그렇다면 어떻게 고고도풍을 이용할까? 방법은 비행선, 연 등에 발전기를 달아 하늘에 띄우는 것이다. 캐나다의 마겐 파워사는 헬륨 가스 비행선에 발전기를 단 MARS(Magenn Power Air Rotor System)라는 공중에 떠 있는 발전기를 판매하고 있다. 이 발전기는 헬륨 풍선의 부력을 이용해 발전기를 띄우고 물레방아를 흐르는 물에 담그면 회전하듯 바람에 의해 풍선이 회전하도록 만들어져 있다. 이 회전하는 풍선은 발전기와 연결되어 있어 전기를 생산할 수 있다. 브리자 테크놀로지는 이보다 작은 비행선 수십 대를 뗏목처럼 연결하여 바다에서 띄우는 HWT(Hovering Wind Turbine)를 구상 중이다. HWT는 수십 대의 작은 헬륨 비행선이 서로 묶여져 있는데 각각의 헬륨 풍선 앞에 붙어 있는 풍차가 발전하도록 되어 있다. 연을 사다리처럼 생긴 풍차에 매달아 공중을 오르내리는 아이디어도 있다. 마치 에스컬레이터가 움직이는 것과 같이 사다리 모양으로 연결된 연이 오르락 내리락하는 것을 이용해 발전기를 돌린다는 것이다. 또 연을 회전목마처럼

둥근 판의 사방에 달아 연이 날아가면 그 힘으로 발전기를 회전시키는 장치도 연구 중이다. 이는 지상에 있는 둥근 판(이나 원형 팔)의 사방에 연을 매달아 이를 조종하면서 둥근 원판을 회전목마와 같이 회전시키는 원리이다.

(마) 고고도풍을 이용한 풍력발전은 결국 제트기류를 이용하게 될 것이다. 제트기류는 대류권 상층부에 부는 초속 30m의 편서풍이다. 때로는 초속 100m가 넘는 경우도 종종 있다. 제트기류의 단 1%만 이용해도 미국에서 사용하는 전기에너지를 모두 충당할 수 있다고 한다. 2차 세계대전 당시 일본은 미국 본토까지 폭탄을 실어 나르기 위해 이 바람을 사용했지만 이제 제트기류는 인류를 구원할 막대한 에너지원이 됐다. 우리나라 상공도 이 제트기류가 지나가기 때문에 이를 이용하면 막대한 전기를 얻을 수 있을 것이다.

05. 윗글의 (가) 문단으로부터 추론할 수 있는 내용이 아닌 것은?

① 화력발전은 온실가스 배출과 같은 환경문제를 일으킨다는 문제점이 있다.
② 화력발전은 풍력발전보다 전력생산 비용이 낮다는 장점이 있다.
③ 환경오염으로부터 자유로운 신재생에너지에 대한 관심이 높아지고 있다.
④ 풍력발전은 인류사에 있어 가장 오래된 에너지원이다.
⑤ 신재생에너지는 기존의 화력발전과 같은 발전방법에 비해 환경문제를 적게 일으킬 것이다.

06. 다음 중 윗글 (가) ~ (마)의 중심내용으로 적절하지 않은 것은?

① (가) - 새로운 대안으로 떠오른 풍력발전
② (나) - 바람의 운동에너지를 이용한 풍력발전의 설계
③ (다) - 풍력발전기의 이상적 위치와 높이
④ (라) - 고고도풍을 이용하는 방법
⑤ (마) - 제트기류를 이용한 풍력발전의 한계

1회 기출예상문제
2회 기출예상문제
3회 기출예상문제
4회 기출예상문제
5회 기출예상문제
6회 기출예상문제
인성검사
면접가이드

[07 ~ 08] 다음 글을 읽고 이어지는 질문에 답하시오.

카셰어링이란 렌터카와 다른 방식인데, 시간 또는 분 단위로 자동차를 빌려 사용하는 방식으로 비용 절감뿐만 아니라 환경적, 사회적 측면에서 세계적으로 각광받고 있는 사업 모델이다. 다른 나라와 마찬가지로 최근 호주에서도 자동차는 개인의 전유물에서 시민들이 공유하는 교통수단으로 인식이 변화하고 있다. 호주 현지 전문가들은 카셰어링 비즈니스로 자동차 산업에 일어나고 있는 변화의 정도를 '위험한 속도(Breakneck Speed)'로까지 비유하고 있다.

호주의 카셰어링 시장규모는 8,360만 호주 달러로 지난 5년간 연평균 21.7%의 급격한 성장률을 보이고 있다. IBIS World 산업보고서에 따르면 호주 카셰어링 시장은 앞으로도 가파르게 성장해 2022년에는 현재보다 2.5배 증가한 2억 1,920만 호주 달러에 이를 것으로 보인다고 하였고, Roy Morgan 리서치에서도 10년 안에 호주 카셰어링 이용자가 현재 20만 명에서 150만 명까지 폭발적으로 늘어나 자동차 산업에 큰 변화를 가져올 것이라고 예상하고 있다. 그렇다면 호주에서 카셰어링 비즈니스가 급성장한 배경은 무엇일까?

그 배경으로 우선 도심의 인구 증가를 들 수 있다. 다민족 국가인 호주는 이민자들로 인한 인구의 지속적인 증가와 도심으로의 인구 유입 현상을 동시에 겪고 있다. 그러나 카셰어링 서비스 이후 카셰어링 차량 한 대당 도로상의 개인 소유차 9대를 줄이는 효과와 해당 서비스 가입자들은 가입 이후 자동차 사용을 50%까지 줄이는 효과가 나타났다고 한다. 이 카셰어링 비즈니스는 주차 문제와 교통 정체를 해결하는 데 큰 도움이 될 것으로 예상된다. 이러한 이유로 호주정부에서 카셰어링 서비스를 적극적으로 지원하고 있다.

다음은 세계 최고 수준으로 높은 호주의 물가를 들 수 있다. 고물가로 생활비가 많이 들어 차량을 소유하는 데에 부담이 크기 때문에 카셰어링 서비스의 이용도가 높아지고 있다. 도시에 거주하고 운전 이동 거리가 적을수록 카셰어링 서비스를 이용하는 비용이 훨씬 저렴하고 주차 공간을 찾는 데 소요되는 시간을 줄여 주는 이점도 그 이유들 중 하나다.

또한 IT 환경의 발달이 카셰어링 비즈니스의 급성장에 끼친 영향이 크다. 세계 하위권이던 호주의 인터넷 환경이 최근 정부의 광통신망 구축사업으로 개선되어 카셰어링 플랫폼과 같은 On-Offline을 융합한 비즈니스 시장이 빠르게 성장하고 있다. 호주에서 카셰어링 비즈니스를 이용하는 세대들은 휴대 전화를 통한 온라인 플랫폼 이용에 익숙하고 소유보다는 공유를 선호하는 세대이다. 특히 이들은 친환경 차량에도 관심이 높아 온실가스 배출이 제로인 차량을 이용할 수 있다면 기꺼이 비용을 더 지불할 의사도 있다는 조사결과도 확인된다.

지금의 세계는 소유 아닌 공유의 시대로 나아가고 있다. 호주의 카셰어링 비즈니스 시장은 지속적인 성장을 하고 있지만, 앞선 미국이나 유럽 각국의 대도시에 비하면 아직 시작에 불과하다. 그래서 호주의 카셰어링 비즈니스는 아직 부족하지만 오히려 잠재력이 큰 시장이다. 특히 차별화된 온라인 비즈니스 플랫폼을 보유한 국내 기업들에게는 지금이 호주의 카셰어링 비즈니스 시장 진출의 적기일 수 있다.

07. 윗글의 제목으로 가장 적절한 것은?

① 4차 산업혁명시대와 카셰어링 비즈니스

② 호주의 카셰어링 비즈니스와 미래 산업의 향방

③ 급성장하는 호주의 카셰어링 비즈니스 시장, 그 성장 배경과 전망

④ 다민족 국가이자 이민자의 나라인 호주, 카셰어링 비즈니스 시장의 잠재력

⑤ 호주의 카셰어링 비즈니스 시장을 통해 본 공유경제의 가능성

08. 윗글의 논지 전개 방식으로 적절한 것은?

① 현실의 문제를 비판하기 위하여 대표적인 사례를 들어 반박하고 있다.

② 시간 이동에 따른 대상의 변화 과정을 기술하고 있다.

③ 비유를 통해 어려운 개념을 쉽게 설명하고 있다.

④ 구체적인 근거를 제시하며 현상의 원인을 분석하고 있다.

⑤ 결말을 먼저 밝히고 역순행적으로 진행 과정을 서술하고 있다.

1회 기출예상문제
2회 기출예상문제
3회 기출예상문제
4회 기출예상문제
5회 기출예상문제
6회 기출예상문제
인성검사
면접가이드

[09 ~ 10] 다음은 미국 가구 시장 트렌드 분석에 대한 자료이다. 이를 읽고 이어지는 질문에 답하시오.

코로나 바이러스로 집이 일터(홈오피스)이자 학교(홈스쿨), 휴가지(홈케이션)로까지 진화함에 따라 미국의 가구 및 홈 데코 판매가 급증하고 있다. 코로나 바이러스 확산 초반에는 미국인들의 소비 패턴이 휴지, 손세정제, 식량 비축 등에 집중돼 있었지만 미국 대기업들이 대부분 연말까지 재택근무를 연장하고 감염자가 전국적으로 다시 계속 증가함에 따라 보다 안락한 격리 생활이 필요해졌기 때문이다.

• **가구산업 성장 전망**

코로나 바이러스로 인해 약간의 영향을 받겠지만 글로벌 가구·가정용품 산업은 꾸준히 성장할 것으로 예측되고 있다. S사에 따르면 글로벌 가구·가정용품 산업 규모는 작년 2,732억 달러(가구 1,729억 달러, 가정용품 1,003억 달러)에서 2020년에는 3,104억 달러(가구 1,945억 달러, 가정용품 1,159억 달러)로 372억 달러 정도 증가했으며, 2024년에는 4,103억 달러(가구 2,638억 달러, 가정용품 1,465억 달러)를 넘어설 것으로 예측됐다.

미국의 가구 업계는 2024년까지 계속 성장세를 보일 예정이다. S사가 조사한 미국 가구 및 가정용품 업계의 연도별 수익 전망에 따르면 2017년 3억 8,662만 달러였던 수익은 올해 4억 5,142만 달러를 기록할 전망이며, 2024년 5억 4,230만 달러까지 증가할 것으로 예측됐다.

미국인들이 선호하는 가구로는 거실에 놓는 가구들의 판매량이 37.8%로 가장 높아 커피 테이블, 소파 테이블, 소파, 의자, 캐비넷, TV 스탠드 등의 수요가 많은 것으로 드러났다. 이어 침실 가구(33%), 다이닝룸 가구(18%) 순이었다.

〈가구종류별 판매량〉

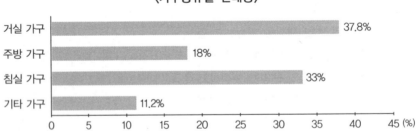

• **가구 구매 방식의 변화, 접촉에서 접속으로**

'가구는 직접 눈으로 보고 만져 보고 사야 한다'는 고정관념도 이제는 사라져 가고 있다. 가구 산업 전문 매체는 2010년 미국 가구 매출 중 온라인 매출 비중은 5%에 못 미쳤지만 2022년에는 온라인 매출 비중이 전체의 19%까지 늘어날 것으로 예측했고, 현재 주요 가구 유통업체의 온라인 판매도 크게 증가했다. 바야흐로 오프라인 접촉의 시대에서 온라인 접속의 시대로 변화하는 소비 패턴이 가구산업에도 적용되고 있는 것이다.

09. 다음 중 A 가구 회사의 미국 시장 진출 관련 회의에서 나올 수 있는 의견이 아닌 것은?

① 코로나 바이러스로 집에서 보내는 시간이 늘어나면서 소비자들이 과거에 비해 인테리어에 더 많은 관심을 갖게 되었습니다.

② 코로나 바이러스의 영향이 한동안 지속될 것을 고려할 때, 가구 수요 급증에 따라 원하는 가구를 구매하지 못한 소비자들이 여러 업체를 돌아다닐 것이므로 오프라인 매장의 가구 재고가 충분함을 홍보하는 것이 시급합니다.

③ 자사 제품은 미국 현지 생산 가구보다 가격경쟁력이 있으므로 이 기회에 미국 내 주요 온라인 유통망과 연결해 미국 진출을 노려볼 필요가 있습니다.

④ 휴가도 집에서 보내는 홈케이션족들이 늘어난 사실을 고려한다면 가구종류별 판매량의 기타 가구에서 홈케이션용 아웃도어 가구가 상당한 비중을 차지할 것이라고 유추해 볼 수 있습니다.

⑤ 소비자 구매패턴에 맞추어 기업의 판매전략도 변화해야 합니다. 인기 온라인상거래 웹사이트에 유통망을 구축하는 것이 앞으로의 경쟁력을 확보하는 데 중요한 조건이 될 것입니다.

10. 다음 내용을 참고할 때, 최근 판매량이 급증한 상품으로 볼 수 없는 것은?

> 미국의 한 가구 온라인상거래 업체에 따르면 올해 초부터 4월까지 가든이나 데크, 테라스 등을 위한 아웃도어 가구 판매량은 225% 증가했다고 한다. 최근 미국 내 코로나 확진자 수가 다시 폭증함에 따라 집에서 휴가를 보내기로 선택한 홈케이션족들이 늘자 이동식 간이 수영장과 가드닝 아이템들의 수요가 상승하고 있는 것이다.

	상품	특징
①	사이드테이블	• 유명 디자이너가 디자인한 사이드테이블 겸 스툴 • 코르크로 제작해 견고하면서도 가벼워 이동이 편리함.
②	소파	• 방수 기능이 있고 내구성이 강한 폴리에틸렌으로 제작된 소파 • 밤이 되면 다양한 색깔의 빛을 발하는 조명이 포함됨.
③	1인용 의자	• 스틸 베이스를 고무로 감싸 눈·비에 강함. • 세로로 쌓을 수 있어 보관이 용이함.
④	캐비넷	• 스틸 소재로 제작해 내구성을 높임. • 15개의 서랍칸을 구성해 보관의 편의를 높임.
⑤	램프	• 손잡이가 있고 USB 충전이 가능한 무선 제품 • 휴대가 편리한 디자인 • 스탠드를 구매해 고정해서 사용하는 것도 가능함.

1회 기출예상문제
2회 기출예상문제
3회 기출예상문제
4회 기출예상문제
5회 기출예상문제
6회 기출예상문제
인성검사
면접가이드

11. P 회사는 〈공장별 단가 비교표〉를 참고하여 연간 생산비용이 가장 낮은 제조공장을 선정하려고 한다. 이때 선정되는 공장은?

〈P 회사의 월별 목표 생산량〉

구분	1 ~ 3월	4 ~ 6월	7 ~ 9월	10 ~ 12월
월별 생산량	매월 250개	매월 350개	매월 300개	매월 75개

〈공장별 단가 비교표〉

(단위 : 원)

생산량 \ 공장	A	B	C	D	E
100개 미만	1,600	1,400	4,000	1,800	1,900
100개 이상 ~ 200개 미만	1,500	1,400	1,600	1,800	1,700
200개 이상 ~ 300개 미만	1,400	1,400	1,400	1,500	1,400
300개 이상	1,300	1,400	1,200	1,000	1,100

※ 연간 생산비용은 월별 생산비용을 모두 더하여 계산한다.
※ 월별 생산비용은 해당 월의 구체적인 생산량에 생산량에 따른 단가를 곱하여 계산한다.
※ P 회사는 연간납품계약을 맺은 상태이며, 다른 제품은 생산하지 않는다.

① A
② B
③ C
④ D
⑤ E

12. P 국가는 20XX년 국회의원선거에서 다음 규정을 바탕으로 A, B, C, D 정당에게 여성추천보조금을 지급하려고 할 때, 각 정당이 지급받을 금액은?

제00조 ① 국가는 임기만료에 의한 지역구국회의원선거(이하 '국회의원선거'라 한다)에서 여성후보자를 추천하는 정당에 지급하기 위한 보조금(이하 '여성추천보조금'이라 한다)으로 직전 실시한 임기만료에 의한 국회의원선거의 선거권자 총수에 100원을 곱한 금액을 임기만료에 의한 국회의원선거가 있는 연도의 예산에 계상하여야 한다.

② 여성추천보조금은 국회의원선거에서 여성후보자를 추천한 정당에 대하여 다음 각호의 기준에 따라 배분·지급한다. 이 경우 제1항의 규정에 의하여 당해 연도의 예산에 계상된 여성추천보조금의 100분의 50을 국회의원선거의 여성추천보조금 총액(이하 '총액'이라고 한다)으로 한다.

1. 여성후보자를 전국지역구총수의 100분의 30 이상 추천한 정당이 있는 경우
   총액의 100분의 50은 지급 당시 정당별 국회의원 의석수의 비율만큼, 총액의 100분의 50은 직전 실시한 임기만료에 의한 국회의원선거에서의 득표수의 비율만큼 배분·지급한다.

2. 여성후보자를 전국지역구총수의 100분의 30 이상 추천한 정당이 없는 경우
   가. 여성후보자를 전국지역구총수의 100분의 15 이상 100분의 30 미만 추천한 정당
      총액의 100분의 50은 지급 당시 정당별 국회의원 의석수의 비율만큼, 총액의 100분의 50은 직전 실시한 임기만료에 의한 국회의원선거에서의 득표수의 비율만큼 배분·지급한다.
   나. 여성후보자를 전국지역구총수의 100분의 5 이상 100분의 15 미만 추천한 정당
      총액의 100분의 30은 지급 당시 정당별 국회의원 의석수의 비율만큼, 총액의 100분의 30은 직전 실시한 임기만료에 의한 국회의원선거에서의 득표수의 비율만큼 배분·지급한다.

정보

- 직전 실시한 임기만료에 의한 국회의원선거의 선거권자 총수는 3,000만 명이다.
- 20XX년 전국지역구총수는 250개이다.
- 20XX년 국회의원선거에서 A 정당은 50명, B 정당은 40명, C 정당은 30명, D 정당은 20명의 여성후보자를 추천했다.
- 현재 국회의원 의석수의 비율은 A 정당 40%, B 정당 30%, C 정당 20%, D 정당 10%이다.
- 직전 실시한 임기만료에 의한 국회의원선거의 득표수 비율은 A 정당 40%, B 정당 30%, C 정당 20%, D 정당 10%였다.

	A 정당	B 정당	C 정당	D 정당
①	6억 원	7억 5천만 원	1억 8천만 원	1억 2천만 원
②	6억 원	3억 5천만 원	2억 8천만 원	1억 2천만 원
③	6억 원	4억 5천만 원	1억 8천만 원	9천만 원
④	8억 원	4억 5천만 원	8천만 원	8천만 원
⑤	8억 원	3억 5천만 원	8천만 원	9천만 원

13. 다음 A 국가의 전기요금 변동률에 대한 설명으로 옳은 것을 〈보기〉에서 모두 고르면?

〈20X2 ~ 20X9년 전기요금 변동률〉

(단위 : %)

구분	수도권	비수도권
20X2년	0.46	1.65
20X3년	1.38	1.32
20X4년	2.88	2.13
20X5년	1.72	2.87
20X6년	3.11	3.01
20X7년	4.17	3.87
20X8년	5.43	4.31
20X9년	6.48	5.28

보기

㉠ 수도권의 전기요금 변동률은 매년 상승하였다.

㉡ 비수도권의 전기요금 변동률이 수도권의 전기요금 변동률보다 높은 연도는 2개년이다.

㉢ 수도권과 비수도권의 전기요금 변동률 차이가 가장 크게 나타나는 연도는 20X9년이다.

㉣ 전년 대비 전기요금 변동률 차이가 가장 큰 연도는 수도권과 비수도권이 동일하다.

① ㉠, ㉡   ② ㉠, ㉢   ③ ㉡, ㉢

④ ㉡, ㉣   ⑤ ㉢, ㉣

14. 다음은 2020년 A시 (가) ~ (다) 지역의 아파트 실거래 가격지수를 나타낸 자료이다. 이에 대한 설명으로 옳은 것은?

〈2020년 A시 (가) ~ (다) 지역의 아파트 실거래 가격지수〉

지역 월	(가)	(나)	(다)
1	100.0	100.0	100.0
2	101.1	101.6	99.9
3	101.9	103.2	100.0
4	102.6	104.5	99.8
5	103.0	105.5	99.6
6	103.8	106.1	100.6
7	104.0	106.6	100.4
8	105.1	108.3	101.3
9	106.3	110.7	101.9
10	110.0	116.9	102.4
11	113.7	123.2	103.0
12	114.8	126.3	102.6

※ N월 아파트 실거래 가격지수 $= \dfrac{\text{해당 지역의 N월 아파트 실거래 가격}}{\text{해당 지역의 1월 아파트 실거래 가격}} \times 100$

① (가) ~ (다) 지역 중 아파트 가격이 매월 지속적으로 증가한 지역은 1곳이다.

② 2020년 한 해 동안 (나) 지역의 아파트 가격이 가장 많이 올랐다.

③ (나) 지역의 11월 아파트 실거래 가격은 3월에 비하여 20% 상승하였다.

④ (나) 지역의 1월 아파트 실거래 가격이 1억 원이면 7월 아파트 실거래 가격은 1억 6천 6백만 원이다.

⑤ (가)와 (나) 지역 간 전월 대비 아파트 실거래 가격지수의 증가분 격차가 가장 큰 달은 11월이다.

[15 ~ 16] 다음 Q 공사 인사처의 직원평가표를 보고 이어지는 질문에 답하시오.

〈Q 공사 직원평가표〉

번호	직원번호	평가항목				근무지역	비고
		가	나	다	라		
1	QA-4564	3	1	3	4	안산	해외근무 신청
2	QB-9865	3	5	3	4	부평	해외근무 신청
3	QA-1274	4	4	3	4	안산	
4	QB-4539	3	3	4	3	부평	해외근무 신청
5	QA-1268	2	4	2	1	안산	
6	QA-5781	5	4	2	2	안산	
7	QA-9821	4	4	4	5	안산	
8	QA-2121	3	4	3	3	안산	해외근무 신청
9	QB-3647	3	5	3	4	부평	
10	QB-9912	2	4	5	5	부평	
11	QA-5554	3	3	3	1	안산	
12	QA-6813	4	4	2	5	안산	해외근무 신청
13	QA-7358	3	3	4	3	안산	
14	QA-8567	3	2	5	4	안산	
15	QA-3381	3	3	3	5	안산	
16	QB-2941	3	1	1	4	부평	
17	QB-6227	3	2	5	4	부평	해외근무 신청

15. Q 공사 인사처 J 대리는 C 과장으로부터 다음 내용의 메일을 받았다. 〈4급 승진대상자 승진규칙〉에 따라 J 대리가 C 과장에게 답변해야 하는 확률은 몇 %인가? (단, 소수점 아래 첫째 자리에서 반올림한다)

> 4급 승진과 관련하여 근무지역 간 편차를 최소화하기 위해 해당 자료를 요청합니다. 〈4급 승진대상 자 승진규칙〉에 따라 승진자를 선발했을 때, 근무지역이 안산인 승진자와 부평인 승진자의 인원수가 같을 확률을 알려 주시기 바랍니다.
>
> **〈4급 승진대상자 승진규칙〉**
>
> 개인별 평가항목의 총 점수가 12점 이하인 직원을 승진대상자에서 제외하고 남은 승진대상자 중 4명의 승진자를 무작위로 선발한다.

① 37% ② 39% ③ 41%
④ 43% ⑤ 45%

16. Q 공사 인사처 J 대리는 D 과장으로부터 다음 내용의 메일을 받았다. 〈H 해외지사 파견 계획〉에 따라 J 대리가 D 과장에게 답변해야 하는 확률은 몇 %인가? (단, 상반기 6개월 외의 파견 상황은 고려하지 않는다)

> H 해외지사의 파견 관련 자료를 요청합니다. 〈H 해외지사 파견 계획〉에 따라 인력을 파견할 때, 상반기 6개월 동안 안산 지역에서 3번 연속으로 해외파견 근무자가 선정될 확률을 보고해 주시기 바랍니다.
>
> **〈H 해외지사 파견 계획〉**
> • 〈Q 공사 직원평가표〉에서 해외근무를 신청한 직원 중 매달 한 명을 선정하여 파견함.
> • 단, 파견된 직원은 6개월 동안 중복파견이 불가함.
> • 파견인력 배분은 이상의 조건을 적용하여 컴퓨터를 통해 부작위로 시행함.

① 10% ② 20% ③ 30%
④ 40% ⑤ 50%

[17 ~ 18] 다음 전기요금 누진제에 대한 자료를 읽고 이어지는 질문에 답하시오.

검침일에 따라 더 많은 전기요금을 낼 것이라는 우려가 제기되는 가운데 정부의 누진제 한시 완화 혜택도 검침일에 따라 달라질 전망이다. 정부는 7 ~ 8월 한시적으로 누진제를 완화하겠다고 발표했지만 검침일에 따라 일부 가정은 7월 대신 9월, 8월 대신 6월에 사용한 요금이 할인된다. ○○공사는 8일 홈페이지에 공지한 '하계 주택용 전기요금 할인제도 안내'를 통해 7 ~ 8월 누진제 완화에 따른 전기요금 적용 방식을 소개했다. ○○공사는 누진제 완화가 검침일별로 올해 7 ~ 8월분 또는 8 ~ 9월분 전기요금에 적용된다고 밝혔다.

검침일이 1 ~ 12일인 가구는 8 ~ 9월분 요금이, 검침일이 15 ~ 말일인 가구는 7 ~ 8월분 요금이 할인된다. 검침일별로 할인되는 기간을 보면 검침일이 1일인 가구는 8월분(7월 1일 ~ 7월 31일)과 9월분(8월 1일 ~ 8월 31일) 요금이 대상이다. 검침일이 12일인 가구는 8월분(7월 12일 ~ 8월 11일)과 9월분(8월 12일 ~ 9월 11일) 요금이 대상이다. 15일인 가구는 7월분(6월 15일 ~ 7월 14일)과 8월분(7월 15일 ~ 8월 14일)이며, 말일인 가구는 7월분(6월 30일 ~ 7월 30일)과 8월분(7월 31일 ~ 8월 30일)이 대상이다.

검침일이 1일이면 가장 더운 7 ~ 8월에 사용한 요금이 온전히 누진제 완화 혜택을 받지만, 12일이면 7월 앞부분이 빠지고 상대적으로 시원해지는 9월이 포함된다. 15일이면 본격적으로 에어컨을 켜기 전인 6월이 절반가량 포함되고 8월 후반은 제외된다. 향후 실제 기온에 따라 달라질 수 있지만 7 ~ 8월을 통으로 누진제 완화 혜택을 받는 1일 검침이 할인을 가장 많이 받을 가능성이 있다.

○○공사는 한정된 인력 때문에 월별 검침을 같은 날 다 하지 못하고 7차례에 나눠 한다. 검침일은 1차 1 ~ 5일, 2차 8 ~ 12일, 3차 15 ~ 17일, 4차 18 ~ 19일, 5차 22 ~ 24일, 6차 25 ~ 26일, 7차 말일이다.

〈검침일별 할인월분〉

검침일	할인월분	사용기간		
		7월분	8월분	9월분
16일	7 ~ 8월분	6. 16. ~ 7. 15.	7. 16. ~ 8. 15.	
11일	8 ~ 9월분		7. 11. ~ 8. 10.	8. 11. ~ 9. 10.

〈주택용 전기요금 한시적 부담 경감방안〉

구간	전력량요금(원/kWh)	현행(kWh)	조정(kWh)
1	60.7	100 이하	150 이하
2	125.9	100 초과 ~ 200 이하	150 초과 ~ 250 이하
3	187.9	200 초과 ~ 300 이하	250 초과 ~ 350 이하
4	280.6	300 초과 ~ 400 이하	350 초과 ~ 450 이하
5	417.7	400 초과 ~ 500 이하	450 초과 ~ 550 이하
6	709.5	500 초과	550 초과

17. 위 〈주택용 전기요금 한시적 부담 경감방안〉만을 바탕으로 판단할 때, 경감방안을 시행하기 전과 후에 동일하게 220kWh의 전력을 사용했다면 전기요금 차이는 얼마인가? (단, 누진제 전기요금은 사용 전력에 해당되는 구간의 요금을 모두 합하여 구한다)

① 4,300원   ② 4,500원   ③ 4,700원
④ 4,900원   ⑤ 5,100원

18. 위 자료와 같이 한시적으로 누진제를 완화할 때, 7 ~ 8월 사용기간이 가장 많이 포함되는 검침일은?

① 1일   ② 12일   ③ 15일
④ 19일   ⑤ 말일

[19 ~ 20] 다음은 2019년 10월의 시도별 전월비와 고용률, 경기도의 월별 고용률 현황을 나타낸 것이다. 이어지는 질문에 답하시오.

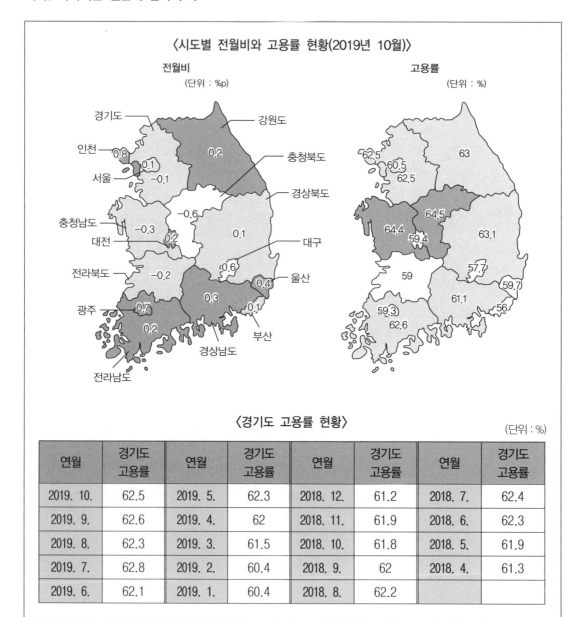

〈시도별 전월비와 고용률 현황(2019년 10월)〉

전월비 (단위 : %p)

고용률 (단위 : %)

〈경기도 고용률 현황〉

(단위 : %)

연월	경기도 고용률	연월	경기도 고용률	연월	경기도 고용률	연월	경기도 고용률
2019. 10.	62.5	2019. 5.	62.3	2018. 12.	61.2	2018. 7.	62.4
2019. 9.	62.6	2019. 4.	62	2018. 11.	61.9	2018. 6.	62.3
2019. 8.	62.3	2019. 3.	61.5	2018. 10.	61.8	2018. 5.	61.9
2019. 7.	62.8	2019. 2.	60.4	2018. 9.	62	2018. 4.	61.3
2019. 6.	62.1	2019. 1.	60.4	2018. 8.	62.2		

19. 위 자료에 대한 설명으로 옳은 것을 〈보기〉에서 모두 고르면?

㉠ 경상북도의 2019년 10월 고용률은 전월 대비 0.1% 증가하였다.

㉡ 그림에 제시된 지역 중 2019년 9월의 고용률이 60% 미만이었다가 2019년 10월에 60% 이상으로
   증가한 곳은 없다.

㉢ 그림에 제시된 지역 중 전월 대비 2019년 10월의 고용률이 감소한 시·도의 수가 전국 시·도에서
   차지하는 비중은 약 33.3%이다.

㉣ 경기도의 2019년 1월 대비 2019년 10월의 고용률 변동분은 서울, 인천, 대전, 광주, 대구, 부산의
   전월 대비 2019년 10월의 고용률 변동분의 합보다 작다.

① ㉠, ㉡   ② ㉠, ㉢   ③ ㉡, ㉢
④ ㉡, ㉣   ⑤ ㉢, ㉣

20. 각 시도별 전년 동월 대비 2019년 10월의 고용률 변화가 다음 표와 같을 때, A+B+C의 값은?

〈전년 동월 대비 고용률 변화〉

(단위 : %p)

서울	-0.1	강원도	2.8
부산	0	충청북도	1.5
대구	-1.6	충청남도	0.6
인천	0.8	전라북도	-2.1
광주	1.1	전라남도	-0.6
대전	-1.3	경상북도	-0.1
울산	0	경상남도	0.2
경기도	0.7	(편의상 제주도 생략)	

• 2019년 9월 대비 2019년 10월 고용률의 증감분이 가장 작은 곳은 총 (A)곳이다.

• 2018년 10월 고용률이 63% 이상이었던 곳은 총 (B)곳이다.

• 표에 제시된 지역 중 2019년 10월 고용률이 5번째로 낮았던 지역의 2018년 10월의 고용률보다
  2018년 10월의 고용률이 낮은 지역은 총 (C)곳이다.

① 14   ② 13   ③ 12
④ 11   ⑤ 10

21. 다음 〈출장 대상 선정 기준〉에 부합하는 사람을 모두 고르면? (단, 주어진 조건 외 사항은 고려하지 않는다)

〈출장 대상 선정 기준〉

• 미국 출장자 4명을 선정하고자 한다.
• 직전 해외출장자는 미국 출장대상이 될 수 없다.
• B 차장은 C 과장과 동시에 출장대상이 되거나, 동시에 출장대상에서 제외된다.
• D 과장이 출장을 가면, C 과장은 출장을 가지 못한다.
• E 대리는 직전 해외출장을 다녀왔다.
• F 대리가 출장을 가지 않으면, A 부장도 출장대상이 될 수 없다.
• 시행규모가 큰 사업이므로 관리자인 A 부장이 해외출장 총괄을 위해 반드시 가야 한다.

① A 부장, B 차장, C 과장, E 대리   ② A 부장, B 차장, C 과장, F 대리
③ B 차장, C 과장, D 과장, E 대리   ④ B 차장, C 과장, D 과장, F 대리
⑤ C 과장, D 과장, E 대리, F 대리

22. 5명의 투자자가 3개의 회사 A, B, C 중 한 곳에 투자하기 위해 투표를 진행하여 그중 다수의 의견을 따르려고 한다. 다음 제시된 〈정보〉에 대한 진위여부는 정확하지 않다고 할 때, 〈보기〉의 추론 중 옳지 않은 것을 모두 고르면?

조건

• 모든 투자자들은 투표를 해야 하며, 무효표는 없다.
• 각 회사는 투자자들로부터 1표도 못 받을 수 있으며, 같은 수의 투표수를 받은 회사는 없다.

정보

1. 과반수가 회사 B에 투표하였다.
2. 3명의 투자자들이 회사 A에 투표하였다.
3. 회사 B와 회사 C에 투표한 인원수를 합한 것이 회사 A에 투표한 인원보다 적다.

www.gosinet.co.kr
gosinet

1회 기출예상문제
2회 기출예상문제
3회 기출예상문제
4회 기출예상문제
5회 기출예상문제
6회 기출예상문제
인성검사
면접가이드

보기

ⓐ 정보 2가 참이라면 정보 1도 참이다.
ⓑ 정보 1이 참이라면 정보 3도 참이다.
ⓒ 정보 3이 참이라면 정보 1도 참이다.
ⓓ 정보 3이 참이라면 정보 2는 항상 참이다.

① ㉠, ㉣   ② ㉡, ㉢   ③ ㉠, ㉡, ㉢
④ ㉠, ㉡, ㉣   ⑤ ㉠, ㉡, ㉢, ㉣

23. 다음 조건에 따라 갑 ~ 무 중 2020년 12월 이달의 사원으로 선정될 사원은?

〈이달의 사원 선정기준〉

다음의 기준에 따라 총점이 가장 높은 사원을 '이달의 사원'으로 선정한다.
1. 일반 계약은 건당 15점, 중대한 계약은 건당 20점을 부여한다.
2. 이전에 세 번 이상 '이달의 사원'으로 선정된 사원의 경우 총 점수의 20%를 가산한다. 단, 직전 3개월간 한 번이라도 '이달의 사원'으로 선정되었다면 선정 대상에서 제외된다.
3. 일반 실수는 5점, 중대한 실수는 10점을 차감한다.
4. 동점인 경우 '총 계약 건수 − 총 실수 건수'가 높은 사람을 선정한다.

〈2020년 영업 실적〉

구분	계약 건수		실수 건수		'이달의 사원' 선정 이력
	일반 계약	중대한 계약	일반 실수	중대한 실수	
갑	18	20	6	9	1월, 3월, 8월
을	25	30	7	10	2월, 9월, 10월
병	22	19	8	12	4월, 5월, 7월
정	28	32	7	11	11월
무	16	25	10	15	6월

① 갑   ② 을   ③ 병
④ 정   ⑤ 무

24. 다음은 주요 ESS(에너지저장장치) 기술의 형태별 특징을 나타낸 자료이다. ESS 기술을 물리적인 방식과 화학적인 방식으로 구분할 때, 물리적인 방식끼리 짝지어진 것은?

〈ESS(에너지저장장치) 기술의 형태별 특징〉

• NaS(나트륨 유황 전지)

　　300 ～ 350℃의 온도에서 용융상태의 나트륨(Na) 이온이 베타알루미나 고체전해질을 이동하면서 전기화학에너지를 저장한다. 에너지밀도가 높고 비용은 저렴하고 대용량화가 용이하지만, 에너지효율이 낮고(저출력), 고온시스템이 필요하여 저장용량이 30MW로 제한적이다.

• 양수발전

　　물의 위치에너지를 전기에너지로 바꾸는 방식으로, 펌프를 이용해 하부 저수지 물을 상부로 양수하고 필요시 하부로 방류하여 발전한다. 1일 1회 방전 시 양수발전기를 약 30 ～ 50년 이상 사용이 가능할 정도로 내구성이 길지만, 지형지물을 이용하기 때문에 지리적 제약이 많다.

• Flywheel

　　전기에너지를 회전하는 운동에너지로 저장하였다가 다시 전기에너지로 변환하여 사용한다. 에너지효율이 높아서(고출력) UPS, 전력망 안정화용으로 적용 가능하고 수명이 길지만(20년), 초기 구축비용 과다, 에너지밀도가 작음, 장기간 사용 시 동력 효율 저하 등의 단점이 있다.

• VRB

　　전해질 용액을 순환시켜 작동시키는 Flow Battery의 일종으로 전해액 내 이온들의 전위차를 이용하여 전기에너지를 충·방전하는 원리를 이용한다. 저비용이며 대용량화가 용이하고 장시간 사용이 가능하지만, 반응속도가 낮고 에너지밀도 및 에너지효율이 낮다는 단점이 있다.

• LiB(리튬이온 전지)

　　리튬이온이 양극과 음극을 오가면서 전위차가 발생하는 원리를 이용한다. 에너지밀도가 높고 에너지효율이 높아서(고출력) 적용범위가 가장 넓다. 반면 낮은 안전성과 고비용, 수명 미검증과 저장용량이 3kW ～ 3MW로 500MW 이상 대용량 용도에서는 불리하다는 단점이 있다.

• CAES(공기 압축식)

　　잉여전력으로 공기를 동굴이나 지하에 압축하고, 압축된 공기를 가열하여 터빈을 돌리는 방식이다. 대규모 저장이 가능하며(100MW 이상), 발전단가가 낮지만 초기 구축비용이 과다하고 지하 굴착 등으로 지리적 제약이 많다.

---

① CAES, LiB　　　　② 양수발전, VRB　　　　③ 양수발전, CAES

④ NaS, CAES　　　　⑤ NaS, LiB

25. 화장품 회사인 A 기업에서 홍보팀과 CSR팀에 맞는 교육을 기획하고 있다. 일정표에서 홍보팀이 수강해야 하는 프로그램을 모두 고르면?

〈A 기업 사내교육 목표〉

구분	교육 목표
CSR팀	– 기업 활동에 필요한 CSR 트렌드와 기본관리 정보의 이해와 습득 – CSR 관련 국내외 표준과 법규의 이해와 대응 방안 습득 – CSR 실제 적용 사례 분석을 통한 관리 역량과 활용 방안 습득 – 지속가능경영보고서 발간 방법의 이해 – 고객사 및 외부 기관의 CSR 관련 심사, 회계감사, 평가 등에 대한 대응 방안 습득
홍보팀	– 기업 홍보 업무의 개념과 목적 이해 – 홍보, 커뮤니케이션 업무 담당자로서 갖추어야 할 기본 역량 강화 – 홍보 시 사용 가능한 다양한 도구들(사진, 동영상, 그래픽 등)의 이해와 활용 – 기업 홍보 관련 보도자료 작성 기술 – 실제 기업 홍보 성공 사례 분석을 통한 앞으로의 홍보전략 방안 벤치마킹

〈A 기업 사내교육 프로그램 일정표〉

◇ 교육일 : 202X년 9월 5일(월)
◇ 교육장소 : A 기업 본사 8층 회의실

순서	시간	주요 교육 내용
1	10 : 00 ~ 10 : 50	㉠ 화장품 업계에 특화된 전략적 사회공헌활동 추진 방법과 사례 스터디
2	11 : 00 ~ 11 : 50	㉡ CSR을 활용한 기업 이미지 제고 사례 스터디(㉢ 지속가능한 화장품 패키지 사용)
3	12 : 00 ~ 12 : 50	점심시간
4	13 : 00 ~ 13 : 50	㉣ 좋은 보도자료를 위해 필요한 문장론과 헤드라인 작성법
5	14 : 00 ~ 14 : 50	㉤ 화장품 업계 보도 사진 성공 사례 스터디
6	15 : 00 ~ 15 : 50	㉥ 미래의 홍보 수단 예측(SNS 플랫폼 이후 예측)
7	16 : 00 ~ 16 : 50	㉦ 기업 오너 리스크 발생 시 대응 전략

※ 각 팀의 교육 목표에 맞는 프로그램을 팀별로 수강하며 홍보팀과 CSR팀의 교육 목표에 공통으로 해당하는 프로그램은 두 팀이 함께 수강 가능함.

① ㉠, ㉡
② ㉢, ㉥
③ ㉠, ㉡, ㉦
④ ㉡, ㉣, ㉥
⑤ ㉣, ㉤, ㉥

26. 다음 주택용 복지할인 요금제에 관한 자료를 참고할 때, 할인을 받을 수 없는 사람은? (단, 현재 2021년 1월을 기준으로 판단한다)

• **주택용 복지할인 요금제란?**

　　주택용 복지할인 요금제는 사회적으로 보호를 필요로 하는 고객(저소득층, 장애인 등)의 주택용 누진제로 인한 과도한 요금부담을 경감하고자 주거용 전력에 대해 전기요금을 할인하여 주는 제도입니다.

• **주택용 복지할인 요금제의 대상은?**

분류		내용
장애인, 상이유공자		- "장애인복지법"에서 정한 장애의 정도가 심한 장애인 - "국가유공자 등 예우 및 지원에 관한 법률"에서 정한 1 ~ 3급 상이자 - "5.18 민주유공자 예우에 관한 법률"에서 정한 1 ~ 3급 상이자
독립유공자		"독립유공자 예우에 관한 법률"에 의한 독립유공자 및 그 유족 또는 가족 중 독립유공자증 소지자
기초생활수급자		"국민기초생활보장법" 제7조 제1항 제1호 ~ 4호에 해당하는 수급자
차상위계층	주택	"국민기초생활보장법"에서 정한 차상위계층으로 다음 법률에 의하여 지원받는 자 ① "국민기초생활보장법" 제9조 제5항 ② "국민건강보험법" 시행령 별표2 제3호 라목 ③ "장애인복지법" 제49조, 제50조 ④ "한부모가족지원법" 제5조 ⑤ 우선돌봄 차상위자
	심야	"국민기초생활보장법"에서 정한 차상위계층
대가족		주민등록표상 가구원수가 5인 이상인 주거용 고객
3자녀 이상		"자(子)" 3인 이상 또는 "손(孫)" 3인 이상 가구
생명유지장치		호흡기장애 또는 희귀 난치성질환으로 산소발생기, 인공호흡기 등 생명유지장치를 사용하는 가구
출산가구		주민등록표상 출생일로부터 3년 미만인 영아가 포함된 가구
사회복지시설		사회복지사업법에 의한 사회복지시설(일부 시설 제외)

---

① 어머니, 아버지, 남편, 2019년 3월에 출산한 자녀와 함께 거주 중인 甲

② 최근 남편에게 희귀 난치성질환이 발병하여 수백만 원 상당의 산소발생기를 구매 후 사용 중인 乙

③ 조부가 "독립유공자 예우에 관한 법률"에 의한 독립유공자로서 독립유공자증을 소지하고 있으며 조부, 조모와 함께 거주 중인 丙

④ 아내, 아들, 딸과 함께 살고 있으며 "국민기초생활보장법"에서 정한 차상위계층으로서 "국민건강보험법" 시행령 별표2 제3호 라목에 의해 지원받고 있는 丁

⑤ 주거용 고객으로서, 주민등록상 가구원인 아내, 아들, 딸을 제외하고도 동생과 동생의 아내까지 총 5인의 대가족과 함께 거주 중인 戊

27. 다음은 전기요금 자동납부 안내문이다. 이에 대한 의견으로 바르지 않은 것은?

〈전기요금 자동납부 안내문〉

• 신청방법
 - ○○공사 사이버지점에서 공인인증서로 신청
 - ○○공사 고객센터 (☎ 국번 없이 123)로 전화 신청
 - ○○공사지점 또는 금융기관 방문(전기요금청구서, 예금통장, 거래용 인감, 신분증 지참)

• 자동납부 취급기관

> - 은행계좌 자동납부 : 은행, 새마을금고, 신용협동조합, 우체국 및 농협 · 수협
> - 신용카드 자동납부 : 국민, 하나, 현대, 신한, BC, 삼성, 롯데, 농협NH, 수협
> * 대상 : 주택용전력 고객, 주거용 심야전력 고객, 계약전력 20kW 이하 전 고객
> - 증권계좌 자동납부 : 동양종합금융, 현대, 미래에셋, 대우, 삼성, 한국투자, 우리투자, 하이
> 투자, 에이치엠씨투자, 한화, 하나대투, 유진투자증권, 신영증권, 메리츠증권, 동부증권㈜,
> 부국증권㈜, 대신증권㈜, NH투자증권㈜

• 할인혜택 : 전기요금 1% 할인 (1,000원 한도)
 * 신용카드 자동납부는 전기요금 1% 할인이 적용되지 않습니다.

• 출금방법
 - 납기일에 자동이체 납부계좌에서 출금됩니다.
 - 미납요금에 대해 납기일 이후 1회 전기요금을 추가로 출금하실 수 있습니다.

〈미납 전기요금 추가출금제도〉

• 대상 : 자동납부 전 고객

• 추가출금 횟수 및 시기 : 월 1회, 정기 납기일로부터 약 10일 후
 * 공휴일 등 금융기관 비영업일에 따라 추가출금일이 변동될 수 있으므로 전기요금 청구서에 표시된 추가 출금일
 을 확인하시기 바라며, 자동납부 추가 출금을 희망하지 않을 경우 제외신청을 해 주시기 바랍니다.

• 유의사항
 - 자동이체 신규신청 직전 3개월 이상 미수요금이 있는 경우 가입신청이 보류됩니다.
 - 잔액부족 등의 사유로 연속 3회 이상 출금이 되지 않을 경우 자동이체 납부처리가 보류되며 미납
 요금 완납 시 별도의 신정설차 없이 보류가 해제됩니다.

---

① 전기요금 납기일을 놓치면 다음 달에 함께 낼 수밖에 없으니 납부일을 잘 지켜야겠군.

② 자동납부 추가출금일자는 다소 변동이 있을 수도 있겠군.

③ 전기요금은 은행계좌나 증권계좌로 자동납부할 때에만 할인이 적용되는군.

④ 전기요금 미지급이 빈번한 사람이라도 미납요금을 완납하면 곧바로 자동이체를 사용할 수 있군.

⑤ 신용카드 자동납부는 계약 전력량에 관계없이 누구나 신청할 수 있는 게 아니로군.

[28 ~ 29] 다음 자료를 보고 이어지는 질문에 답하시오.

K 기업은 20XX년 8월 신사업 진출을 위한 업무 일정표를 작성하고 있다. 신사업 진출을 위해서 K 기업은 A 국가의 바이어, B 국가의 바이어, C 국가의 바이어와 각각 업무 미팅이 예정되어 있다. 결재의 편의를 위하여 재무부는 바이어와의 업무 미팅 시 반드시 동행해야 하며 영업부, 신사업 TF, 기획부는 세 번의 바이어 미팅 시 각각 한 번씩 동행한다.

각 바이어와의 업무 미팅 전, 필수 참석 부서가 모두 참가하는 회의를 한 번 진행해야 한다. 단, A 국가 바이어와의 업무 미팅 이전에 진행되는 사전 회의 시 A 국가 바이어와의 업무 미팅을 위한 회의만을 진행하여야 하며, B 국가 바이어와의 업무 미팅 이전에는 C 국가 바이어와의 업무 미팅을 위한 사전 회의를 진행할 수 없다. 사전 회의는 단 하루씩만 진행된다.

〈8월 주요 업무일정〉

재무부	08. 01. ~ 08. 02. 회계팀 출장 08. 15. ~ 08. 16. 계열사 출장
기획부	08. 10. 컨설팅 펌 회의 08. 20. ~ 08. 21. 기획부 회의
영업부	08. 21. ~ 08. 23. 해외 출장
신사업 TF	08. 05. ~ 08. 07. 국내 출장

※ 각 부서의 주요 업무일정 기간에 해당 부서는 회의에 참석하지 못한다.
※ 주말에는 회의를 진행하지 않는다.
※ 20XX년 8월 1일은 토요일이다.

〈업무 미팅 일정〉

구분	업무 미팅 날짜	필수 참석 부서
A 국가	20XX. 08. 10.	재무부, 영업부
B 국가	20XX. 08. 18.	재무부, 신사업 TF
C 국가	20XX. 08. 25.	재무부, 기획부, 영업부

28. 제시된 자료를 바탕으로 회의를 진행하려고 할 때, 옳지 않은 것은?

① 8월 중 바이어와의 업무 미팅이 가장 많이 잡힌 요일은 화요일이다.

② 재무부의 주말 출근 일수와 영업부의 주말 출근 일수를 합치면 총 6일이다.

③ A 국가 바이어와의 업무 미팅을 위한 사전 회의 시 모든 부서가 참여 가능한 날은 이틀이다.

④ B 국가 바이어와의 업무 미팅을 위한 사전 회의는 주말을 제외한 모든 요일에 진행 가능하다.

⑤ C 국가 바이어와의 업무 미팅을 위한 사전 회의는 월요일 혹은 화요일에 진행된다.

29. 다음 중 C 국가 바이어와의 업무 미팅을 위한 사전 회의가 진행될 수 있는 날은?

① 8월 17일   ② 8월 19일   ③ 8월 20일

④ 8월 21일   ⑤ 8월 25일

30. 다음 매뉴얼을 읽고 Q&A를 진행할 때, 질문에 대한 대답으로 옳지 않은 것은?

<원자력발전소 방사선 대응 조치 매뉴얼>

구분	정의	대응조치
백색비상	– 방사성물질의 밀봉상태의 손상 또는 원자력시설의 안전상태 유지를 위한 전원공급기능 손상이 발생하거나 발생할 우려가 있는 등의 사고 – 방사선영향이 원자력시설 건물 내에 국한될 것으로 예상되는 비상상태	– 비상발령보고, 상황전파 – 사고확대방지 응급조치 – 원자력사업자 비상대응시설의 운영 – 지역방재대책본부 발족 운영(상황실 및 연합 정보센터)
청색비상	– 백색비상에서 안전상태로의 복구기능의 저하로 원자력시설의 주요 안전기능에 손상이 발생하거나 우려가 있는 사고 – 방사선영향이 원자력시설 부지 내에 국한될 것으로 예상되는 비상상태	– 백색비상 대응조치 수행 – 원자력사업자 비상대책본부 발족 운영 – 중앙방사능방재대책본부 발족 운영 – 현장방사능방재지휘센터 발족 운영 – 기술 및 의료지원 조직 운영 – 지역방재대책본부 확대 운영
적색비상	– 노심의 손상 또는 용융 등으로 원자력 시설의 최후방벽에 손상이 발생하거나 발생할 우려가 있는 사고 – 방사선영향이 원자력시설 부지 밖으로 미칠 것으로 예상되는 비상상태	– 청색비상 대응조치 수행 – 방사능재난 발생 선포 검토 – 원자력시설 주변 주민에 대한 보호조치 실시

Q : 지진이 발생하여 방사성물질의 밀봉상태가 손상되는 사고가 발생할 것이 우려된다면 어떤 조치를 내려야 할까요?

A : ① 우선 백색비상 조치를 발령하고 상황을 알려야 하며 사고가 확대되지 않도록 방지하는 응급조치가 필요합니다. ② 또한 상황실과 연합 정보센터를 구축하여 지역방재대책본부를 운영하는 것이 급선무입니다.

Q : 이 상태에서 안전상태로의 복구기능이 저하되어 원자력시설의 주요 안전기능에 큰 손상이 추가적으로 발생한다면 어떠한 조치가 필요할까요?

A : ③ 원자력사업자 비상대응시설을 운영하고 원자력사업자 비상대책본부를 발족하여 운영해야 합니다. ④ 또한 중앙방사능방재대책본부와 현장방사능방재지휘센터를 발족하여 운영합니다. ⑤ 더불어 원자력시설 주변 주민에 대한 보호조치를 실시하여 주민들을 보호하는 데 힘써야 합니다.

31. ○○공사에서 다음 계획에 따라 프로젝트를 진행할 때 벌어들일 수 있는 최고 수익은?

〈프로젝트 진행 계획〉

- 내일부터 30일 동안 완료 가능한 프로젝트부터 우선적으로 6개의 프로젝트를 진행한다.
- 최대 투입 가능한 연구원의 수는 15명이다.
- 필요인원이 완전히 채워지지 않으면, 프로젝트가 진행되지 않는다.
- 연구원이 필요인원을 초과하여 투입되어도 소요기간은 변하지 않는다.
- 각 연구원은 자신이 속한 프로젝트가 끝나면 다른 프로젝트에 참가할 수 있다.
- 복수의 프로젝트를 동시에 진행할 수 있다.

〈진행 예정 프로젝트〉

프로젝트	소요기간	필요인원	총 수익
배전급 초전도 한류기 상업용 제품 개발	15일	10명	3억 원
친환경·초저기, 고안전성외 ESS 개발	10일	6명	1억 5천만 원
태양광폐모듈 자원화기술 개발 및 Biz모델 실증	20일	8명	2억 원
SF6 Free 친환경 가스차단기 개발	5일	12명	1억 원
플라즈마 응용 친환경 발전기술 개발	10일	8명	2억 5천만 원
VR을 활용한 교육훈련 플랫폼 및 콘텐츠 개발	15일	12명	3억 3천만 원

---

① 7억 3천만 원   ② 7억 8천만 원   ③ 8억 원
④ 8억 3천만 원   ⑤ 8억 9천만 원

1회 기출예상문제 / 2회 기출예상문제 / 3회 기출예상문제 / 4회 기출예상문제 / 5회 기출예상문제 / 6회 기출예상문제 / 인성검사 / 면접가이드

32. 제시된 자료를 토대로 〈일일 업무일지〉의 내용을 분석할 때 옳지 않은 것은?

〈일반적인 일처리 순서〉

구분	중요한 일	중요하지 않은 일
긴급한 일	Ⅰ 긴급하면서 중요한 일	Ⅲ 긴급하면서 중요하지 않은 일
긴급하지 않은 일	Ⅱ 긴급하지 않지만 중요한 일	Ⅳ 긴급하지 않고 중요하지도 않은 일

* 일반적인 일처리 순서는 Ⅰ - Ⅱ - Ⅲ - Ⅳ이다.

〈일일 업무일지〉

시간	업무내용	중요도	긴급
09 : 00	업무메일 확인	●	○
09 : 30	신입사원 제출 서류 확인 및 정리	●●●	●●◑
11 : 00	2021년도 인사업무 수행계획서 작성	●●●	●●●●
12 : 00	점심		
13 : 00	노무 관련 업무처리	●●	○
15 : 30	연장 · 야근 · 휴일 수당 정리 및 관리	●●●●	●●●●
17 : 00	인사변동, 고충업무 처리	●●	●●

① 오전 업무 중 '신입사원 제출 서류 확인 및 정리'와 '2021년도 인사업무 수행계획서 작성'의 순서는 서로 바꾸는 것이 좋다.

② '업무메일 확인'은 타 업무보다 중요도는 떨어지지만 오늘 해야 할 업무의 방향을 잡는 데 도움이 되므로 가장 먼저 처리할 수 있다.

③ 일반적인 일처리 순서를 따를 때, 마지막으로 수행할 업무는 '노무 관련 업무처리'이다.

④ 일의 중요도와 업무 수행시간은 비례하지 않으므로 중요하지 않은 업무의 시간을 단축할 수 있다.

⑤ 시간이 부족하다면 '노무 관련 업무처리'를 내일로 미루더라도 '연장 · 야근 · 휴일 수당 정리 및 관리'를 우선 끝내는 것이 좋다.

33. A 지사에서 근무하는 김 대리는 B 지역의 발전회사에서 대규모 전력 관련 프로젝트가 생겨 출장을 가야 한다. 다음 자료를 참고할 때, 김 대리가 2가지 방법을 이용하여 A 지사와 B 지역을 왕복하는 방법으로 가장 적절한 것은?

〈이동 가능한 교통수단〉

교통수단	편도 소요 시간	편도 비용(환승 포함)
열차 1	3시간 30분	130,000원
비행기 1	1시간 10분	320,000원
자동차 1	5시간 30분	95,000원
열차 2	2시간 50분	118,000원
비행기 2	50분	280,000원

* 김 대리는 편도로 5시간 이상 소요되는 방법은 택하지 않으며, 왕복 40만 원 이상의 교통비 지출을 원하지 않는다.
* 방법별 소요시간과 비용을 다음의 지수로 환산하여 두 방법의 총 지수 합이 가장 높은 방법을 택한다.

〈소요 시간·비용별 지수〉

소요 시간	지수		비용	지수
1시간 이하	5		10만 원 이하	4
1시간 초과~2시간 이하	4		10만 원 초과~20만 원 이하	3
2시간 초과~3시간 이하	3		20만 원 초과~30만 원 이하	2
3시간 초과~4시간 이하	2		30만 원 초과~40만 원 이하	1
4시간 초과~5시간 이하	1			

① 열차 1-자동차 1
② 열차 1-열차 2
③ 비행기 1-열차 2
④ 비행기 1-비행기 2
⑤ 열차 2-비행기 2

34. ○○업체의 A팀은 아래 자료를 참고하여 야유회를 위한 숙소를 정하고자 한다. 다음 중 옳지 않은 것은?

〈자료 1〉 숙소 결정요인별 평가 점수

구분	방문자 리뷰	요금 순위	접근성	위생	시설
베네치아 리조트	★★☆	4위	★★★★☆	下	★★☆
아르떼 호텔	★★★☆	2위	★★☆	上	★★★★
하야루비	★★★	5위	★★★★★	中	★★★
씨원리조트	★★★★☆	3위	★★★	中	★★★☆
마리나 앤 리조트	★★★★☆	1위	★★★☆	上	★★★★★

• 방문자 리뷰, 접근성, 시설 점수 계산 시 ★은 1점, ☆은 0.5점으로 계산한다.
• 요금이 비싼 순서로 1위부터 5위까지 산정하며 요금 점수는 가장 낮은 순위부터 높은 순위까지 5점에서 1점을 부여한다.
• 위생 상태가 上인 경우 5점, 中인 경우 3점, 下인 경우 0점을 위생 점수로 부여한다.
• 숙소의 총점은 요인별 점수를 합산하여 계산한다.

〈자료 2〉 직원별 숙소 결정 시 고려사항 및 직급

구분	숙소 결정 시 고려사항	직급
도영	방문자 리뷰	사원
정연	접근성	사원
진아	시설	대리
성우	시설	과장
찬호	방문자 리뷰	대리
민경	요금	부장

• 숙소 결정에 있어서 직급별 영향력의 가중치로 부장은 1, 과장은 0.8, 대리는 0.6, 사원은 0.3을 부여한다.

① 총점이 가장 낮은 숙소의 점수는 14점 이하이며 한 곳이다.
② 직원별 숙소 결정 시 고려사항에 직급별 영향력의 가중치를 반영하여 요인별 영향력을 계산할 때, 영향력이 가장 큰 결정요인은 시설이다.
③ 총점이 가장 높은 숙소의 점수는 19점 이상이며 두 곳이다.
④ 숙소 평가 점수가 가장 높은 곳으로 야유회 숙소를 결정한다면, 하야루비가 선택된다.
⑤ 직원별 숙소 결정 시 고려사항에 직급별 영향력의 가중치를 반영하여 요인별 영향력을 계산할 때, 영향력이 가장 작은 결정요인은 위생이다.

35. 다음은 C사 CS팀의 5월 세탁물 배상액 산정을 위한 손해배상액 산정 자료이다. 다음 중 고객명과 해당 고객에게 지불될 손해배상액의 연결로 옳은 것은? (단, 한 달은 30일, 1년은 360일로 계산한다)

〈주요 품목별 내용연수등급〉

분류	세부 분류	내용연수등급	분류	세부 분류	내용연수등급
의류	셔츠류	2	양장용품	머플러	2
	블라우스	3		스카프	3
	정장	4	피혁제품	–	3
실내 장식류	커튼	3	모자	–	1
	모포, 소파	5	가방류	–	2
	카펫	5	침구류	–	3

※ 내용연수 : 유형 고정 자산의 효용이 지속되는 기간. 흔히 물건의 수명을 의미함.
※ 분류사항이 중복되는 제품(예 : 가죽제 가방)의 경우는 내용연수등급의 숫자가 더 높은 것을 기준으로 한다.

〈내용연수등급에 따른 물품사용일수별 손해배상비율표(단위 : 일)〉

연수등급 \ 배상비율내용	70%	60%	50%	40%	30%	20%
1	45 ~ 89	90 ~ 134	135 ~ 179	180 ~ 224	225 ~ 269	270 ~ 314
2	89 ~ 178	179 ~ 268	269 ~ 358	359 ~ 448	449 ~ 538	539 ~ 628
3	134 ~ 268	269 ~ 403	404 ~ 538	539 ~ 673	674 ~ 808	809 ~ 943
4	178 ~ 357	358 ~ 537	538 ~ 717	718 ~ 897	898 ~ 1,077	1,078 ~ 1,257
5	223 ~ 447	448 ~ 672	673 ~ 897	898 ~ 1,122	1,123 ~ 1,347	1,348 ~ 1,572

※ 손해배상액=물품구입가격×배상비율
※ 물품사용일=물품구입일 다음 날부터 세탁의뢰일까지의 기간일

〈C사의 5월 손해배상 청구 고객 목록(2020. 5. 25. 기준)〉

고객명	대상 품목	물품가격	물품구입일	세탁의뢰일
김지석	와이셔츠	55,000원	2019. 03. 25.	2020. 05. 20.
이유영	중절모(천)	19,200원	2020. 02. 02.	2020. 05. 15.
최지혜	소파	486,900원	2019. 09. 05.	2020. 05. 11.
김민우	스카프	189,000원	2018. 04. 27.	2020. 05. 07.
박진아	정장	1,590,000원	2018. 12. 30.	2020. 05. 23.

	고객명	손해배상액
①	김지석	33,000원
②	이유영	13,440원
③	최지혜	340,830원
④	김민우	75,600원
⑤	박진아	1,113,000원

36. 다음 출장 규정에 대한 이해로 가장 적절하지 않은 것은?

제2장 국내출장

제12조(국내출장신청) 국내출장 시에는 출장신청서를 작성하여 출장승인권자의 승인을 얻은 후 부득이한 경우를 제외하고, 출발 24시간 전까지 출장담당부서에 제출해야 한다.

제13조(국내여비) ① 철도여행에는 철도운임, 수로여행에는 선박운임, 항로여행에는 항공운임, 철도 이외의 육로여행에는 자동차운임을 지급하며, 운임의 지급은 별도 규정에 의한다. 다만, 전철구간에 있어서 철도운임 외에 전철요금이 따로 책정되어 있는 때에는 철도운임에 갈음하여 전철요금을 지급할 수 있다.

② 공단 소유의 교통수단을 이용하거나 요금지불이 필요 없는 경우에는 교통비를 지급하지 아니한다. 이 경우 유류대, 도로사용료, 주차료 등은 귀임 후 정산할 수 있다.

③ 직원의 항공여행은 일정 등을 고려하여 필요하다고 인정되는 경우로 부득이 항공편을 이용하여야 할 경우에는 출장신청 시 항공여행 사유를 명시하고 출장결과 보고서에 영수증을 첨부하여야 하며, 기상악화 등으로 항공편 이용이 불가한 경우 사후 그 사유를 명시하여야 한다.

④ 국내출장자의 일비 및 식비는 별도 규정에서 정하는 바에 따라 정액 지급하고(사후 실비 정산 가능) 숙박비는 상한액 범위 내에서 실비로 지급한다. 다만, 업무형편, 그 밖에 부득이한 사유로 인하여 숙박비를 초과하여 지출한 때에는 숙박비 상한액의 10분의 3을 넘지 아니하는 범위에서 추가로 지급할 수 있다.

⑤ 일비는 출장일수에 따라 지급하되, 공용차량 또는 공용차량에 준하는 별도의 차량을 이용하거나 차량을 임차하여 사용하는 경우에는 일비의 2분의 1을 지급한다.

⑥ 친지 집 등에 숙박하거나 2인 이상이 공동으로 숙박하는 경우 출장자가 출장 이행 후 숙박비에 대한 정산을 신청하면 회계담당자는 숙박비를 지출하지 않은 인원에 대해 1일 숙박당 20,000원을 지급할 수 있다. 단, 출장자의 출장에 대한 증빙은 첨부해야 한다.

⑦ 워크숍 또는 세미나 등에 참석하기 위해 출장을 가는 경우 해당 주관기관에서 시행한 공문 등에서 숙박비 금액을 명시한 때에는 별도 지급표에 따른 숙박비 범위 내에서 그 금액을 선지급 하고 주관기관에서 시행한 참석확인 공문 등을 정산자료로 인정할 수 있다. 만약 주관기관의 참석요청 공문 등에서 숙박비 금액을 명시하지 않은 경우에는 주관기관에 유선 등으로 숙박비를 확인하여 출장 전에 지급하고 출장 후 주관기관에 숙박비가 명시된 공문 시행을 요청하는 등의 방법으로 정산할 수 있다.

숙박비를 지출하지 않은 인원수(계산식)=총 출장인원－(총 숙박비÷5만 원) (단, 소수점 이하는 올림)

제14조(장기체재) ① 동일지역에 장기간 체재하는 경우에 일비는 도착 다음 날로부터 기산하여 15일 초과 시는 그 초과일수에 대하여 1할을, 30일 초과 시는 그 초과 일수에 대하여 2할을, 60일 초과 시는 그 초과일수에 대하여 3할을 각각 감액한다.

② 제1항의 경우에 장기체재기간 중 일시 다른 지역에 출장하는 경우에는 장기체재 계획서에 출장 내역을 포함시켜야 하며, 그 출장기간을 공제하고 그 체재기간을 계산한다.

제15조(국내파견자의 여비) 업무수행을 목적으로 공단 및 공단 사무소 외 지역 또는 유관기관에 파견 근무 하는 직원의 여비는 파견승인 시 승인권자의 결재를 받아 지급할 수 있다. 다만, 유관기관 에서 여비조로 실비를 지급하거나 숙박시설을 제공하는 경우에는 이에 상당하는 금액을 차감 지급한다.

① 70,000원의 일비를 기준으로 도착 다음 날부터 20일간 출장지에서 체재하며 그 기간 중 2일간 타 지역 출장이 이루어진 경우, 지급받는 총 일비는 1,239,000원이다.

② 철도요금 8,500원이 책정되어 있는 국내출장 구간을 전철요금 3,500원으로 이동할 경우 지급되는 여비 는 3,500원이 된다.

③ 숙박비 상한액인 50,000원보다 적은 30,000원의 숙박비를 지급받아 출장을 갔는데 현지 사정으로 80,000원의 숙박비가 지출되었다면, 복귀 후 회사로부터 추가로 지급받을 숙박비는 35,000원이다.

④ 국내출장 복귀 시 사전 지급받은 항공요금을 기상악화로 인해 사용하지 못한 경우에는 복귀 후 미사용 사유를 보고서 등에 명시하여야 한다.

⑤ 5인의 국내출장 시 객실당 30,000원의 숙박료를 지급하고 객실 3개에 나누어 숙박한 경우, 회사는 숙박 비를 지출하지 않은 인원에 대한 숙박비로 총 40,000원을 지급하게 된다.

[37 ~ 38] 김 대리는 출장지에서 맞은 휴일을 이용해 가까운 관광지를 둘러보려 한다. 다음 지도와 주어진 자료를 바탕으로 이어지는 질문에 답하시오.

〈각 관광지 간 거리〉

(단위 : km)

구분	A 쇼핑몰	J 박물관	M 공원	R 광장	교회
호텔	15	20		24	13
A 쇼핑몰		16			8
J 박물관			6		22
M 공원				12	

〈도로별 연비〉

(단위 : km/L)

구분	시내	비포장	고속도로
연비	10	13	15

* 휘발유 가격 : 1,500원/L

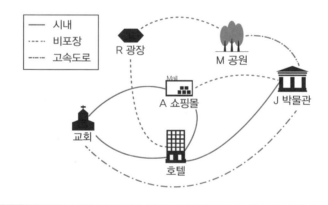

37. 김 대리는 호텔에서 출발하여 여러 관광지 중 4곳을 둘러보고 다시 호텔로 복귀하였다. 최단거리로 이동하였을 경우, 다시 호텔로 돌아오기까지 김 대리가 이동한 총 거리는 몇 km인가? (단, 모든 관광지는 한 번씩만 간다)

① 71km   ② 73km   ③ 75km

④ 77km   ⑤ 79km

38. 37과 같이 4개의 관광지를 최단거리로 이동하고 복귀하였을 때, 관광지 방문에 따른 김 대리의 총 연료비 사용 금액은?

① 8,250원   ② 8,850원   ③ 9,250원

④ 9,550원   ⑤ 9,850원

1회 기출예상문제

2회 기출예상문제

3회 기출예상문제

4회 기출예상문제

5회 기출예상문제

6회 기출예상문제

인성검사

면접가이드

[39 ~ 41] P는 새로운 이벤트를 기획하기 위해 프로모션 유형별 특징을 조사하였다. 이어지는 질문에 답하시오.

〈프로모션별 특징〉

유형 \ 기준	가능 기간	고객 충성도	고객 만족도	표적 소비자
쿠폰	제약 없음.	★★★★★	★★★☆☆	직장인
1+1 이벤트	한 달	★☆☆☆☆	★★★★★	주부
세트메뉴	제약 없음.	★★★☆☆	★★★★☆	학생
신메뉴 할인	제약 없음.	★★☆☆☆	★★★★☆	모든 고객
무한리필	일주일	★★★★☆	★☆☆☆☆	모든 고객

〈점수 계산 방법〉

1. 5개 유형에 기준에 따른 순위를 매기고 순위에 따라 환산한 점수를 부여함.

순위	1	2	3	4	5
점수	5	4	3	2	1

2. 고객 충성도와 고객 만족도는 높을수록 높은 순위를 받음.
3. 표적 소비자는 (1. 모든 고객 2. 직장인 3. 주부 4. 학생) 순으로 높은 순위를 받음.
4. 동 순위가 있을 경우, 다음 순위는 생략함.
   예 1순위가 둘일 경우, 2순위는 생략하고 순위를 매긴다.

〈경쟁사 프로모션 현황〉

경쟁사	유형	기간
A	쿠폰	기한 없이 계속
B	무한리필	8.1부터 두 달 간
C	신메뉴 할인	7.5 ~ 7.19
D	세트메뉴	7.10 ~ 9.9

〈시너지 효과〉

1+1 이벤트	카페의 표적 소비자가 모든 고객으로 늘어남.
무한리필, 쿠폰	이벤트를 진행하는 카페의 고객 충성도 50% 하락함.
세트메뉴, 무한리필	세트메뉴를 진행하는 카페의 고객 만족도 50% 하락, 무한리필을 진행하는 카페의 표적 소비자 모든 고객으로 늘어남.

※ 시너지 효과는 경쟁사와 같은 기간에 같은 프로모션을 진행할 경우 발생하며 순위를 매기기 전에 발생한다.

39. P는 3주 이상 진행 가능한 프로모션을 선택하려고 한다. 선택될 수 없는 유형으로 가장 적절한 것은?

① 쿠폰
② 1+1 이벤트
③ 세트메뉴
④ 신메뉴 할인
⑤ 무한리필

40. P는 가능 기간과는 상관없이 고객 충성도에 2배, 고객 만족도에 3배의 가중치를 부여해 점수를 계산하려 한다. 최종 선택되는 유형으로 가장 적절한 것은? (단, 시너지 효과는 고려하지 않는다)

① 쿠폰
② 1+1 이벤트
③ 세트메뉴
④ 신메뉴 할인
⑤ 무한리필

41. P는 7월 12일부터 7월 15일까지 4일간 프로모션을 진행하려 한다. 모든 것을 고려했을 때, 최종 선택되는 유형으로 가장 적절한 것은? (단, 동점인 유형이 있다면 고객 충성도가 더 높은 유형을 우선한다)

① 쿠폰
② 1+1 이벤트
③ 세트메뉴
④ 신메뉴 할인
⑤ 무한리필

42. 다음에서 설명하고 있는 컴퓨터 시스템 방식은?

협동적으로 일을 하는 분리된 많은 컴퓨터 설비를 갖춘 한 조직 내의 컴퓨터들을 분산하여 배치한 방식으로, 중앙의 컴퓨터 설비에 한 조직의 중요한 파일을 저장하고, 지리적으로 분산된 소규모 컴퓨터가 필요할 때마다 중앙의 중요한 파일을 호출하여 사용하게 한다. 이런 배치는 중앙 컴퓨터의 업무 부하를 덜게 하고, 데이터 전송량과 가격을 낮추는 효과가 있다.

① 그린컴퓨터   ② 분산컴퓨터   ③ 모빌컴퓨터
④ 클라우드 컴퓨팅   ⑤ 그리드 컴퓨팅

43. 다음 설명에 해당하는 분석 방법은?

• 반복되는 상황에서 특정 시스템의 변화나 발전과정을 연구할 때 유용한 분석 기법이다.
• 어떤 시스템의 미래 형태를 예측하기 위해 그 시스템의 현재 상태를 분석한다.
• 회사의 시장점유율, 재고관리 등의 변화와 결과를 파악하는 데 활용할 수 있다.

① 단순회귀 분석   ② 다중회귀 분석   ③ ABC 분석
④ Z 차트   ⑤ 마르코프 분석

44. A 기업 L 사원은 B 업체의 판매 현황을 출력하라는 과장님의 지시에 따라 판매 DB를 찾았지만 엑셀(Excel)을 이용해 파일을 열어 보니 B 업체의 데이터만 있는 것이 아니었다. 20,000개의 데이터 행에서 B 업체의 데이터만 뽑아내려고 할 때 사용할 수 있는 기능의 단축키는?

① Ctrl+Shift+L   ② Ctrl+I   ③ F4
④ Alt+F8   ⑤ Shift+F3

45. 다음 ㉠에 들어갈 단축키로 올바른 것은?

A : 컴퓨터에서 CD−ROM으로 부팅이 안 됩니다. CD−ROM 부팅 사용 방법을 알려 주세요.
B : 바이오스 신기능으로 인해 외부 장치가 감지되지 않는 문제일 수 있습니다. 먼저 준비된 외부 장치 (USB메모리, 내장 CD−ROM, 외장 CD−ROM)가 정상이어야 합니다. 바이오스 모드에 진입이 가능한가요?
A : 어떻게 진입하는지 잘 모르겠습니다.
B : 컴퓨터 전원버튼을 누르자마자 빠르게 F2키를 여러 번 눌러 주시면 바이오스 모드로 진입됩니다. Fast BIOS Mode가 [Disabled]로 되어 있나요?
A : 아니요.
B : Advanced에서 Fast BIOS Mode로 들어간 뒤 ENTER를 눌러 주세요. 그리고 [Enabled]를 [Disabled]로 변경하시면 됩니다. 설정된 내용을 저장하고 빠져나오려면 (㉠)키를 눌러 주세요.

① F10   ② F8   ③ Home
④ ESC   ⑤ Delete

[46 ~ 49] 다음은 ISBN-13 코드에 대한 설명이다. 이어지는 질문에 답하시오.

ISBN(International Standard Book Number)은 국제적으로 책에 부여하는 식별자이다. ISBN은 10자리 또는 13자리를 사용하며, 사용하는 자릿수에 따라 ISBN-10 또는 ISBN-13이라고 부른다. 아래는 ISBN-13을 부여하는 방식이다.

〈ISBN-13 방식〉

$$978 - 89 - 5460 - 326 - 3$$
　　ⓐ　　　ⓑ　　　　ⓒ　　　　ⓓ　　　ⓔ

ⓐ GS1 접두어, 978 또는 979 사용

ⓑ 출판 국가 또는 언어 번호, 한국은 89(978로 시작) 또는 11(979로 시작) 사용

ⓒ 출판사 번호(2 ~ 6자리 중 부여)

ⓓ 항목 번호(출판사 번호와 합쳐 7자리가 되도록 사용, 예를 들어 출판사 번호가 5자리인 경우 항목 번호는 2자리 사용)

ⓔ 확인 숫자, 아래 항목 참조 : ISBN-13의 마지막 한 자리는 아래의 검증식에 의해 결정된다.

> (홀수 자리 숫자의 합) + (짝수 자리 숫자의 합) × 3 = (10의 배수)

예) 확인 숫자를 제외한 숫자가 978-89-85001-00인 ISBN-13 코드
　(확인 숫자를 제외한 홀수 자리 숫자의 합)+(짝수 자리 숫자의 합)×3
　=(9+8+9+5+0+0)+(7+8+8+0+1+0)×3=31+24×3=103
　∴ (확인 숫자)=7

예) 출판사 번호가 85001이고 항목 번호가 00인 한국(978-89)에서 출간된 책 → 978-89-85001-00-7

46. ISBN-13 코드 978-89-954321-4-3에 대한 설명으로 옳지 않은 것은?

① 항목 번호가 다른 숫자로 바뀌면 확인 숫자도 반드시 바뀐다.

② 한국(978-89)에서 출간된 책 중 이 출판사 번호를 가질 수 있는 책은 최대 10권이다.

③ GS1 접두어와 국가 번호가 979-11로 변경될 경우 확인 숫자는 1로 변경된다.

④ 출판사 번호와 항목 번호의 위치가 바뀌어도 유효한 ISBN-13 코드가 된다.

⑤ GS1 접두어와 국가 번호의 위치가 바뀌면 잘못된 ISBN-13 코드가 된다.

47. 다음 중 잘못된 ISBN-13 코드는?

① 979-11-372-0449-5

③ 979-11-76110-06-8

⑤ 979-11-461473-2-2

② 978-89-5372-148-7

④ 978-89-87803-27-2

1회 기출예상문제

2회 기출예상문제

3회 기출예상문제

4회 기출예상문제

5회 기출예상문제

6회 기출예상문제

인성검사

면접가이드

48. 다음 세 ISBN−13 코드에서 같은 문자는 한 자리의 같은 숫자를 의미한다. A+B+C의 값은 얼마인가? (단, A는 5보다 크거나 같으며, B와 C는 5보다 작다)

9	7	8	−	8	9	−	A	9	7	0	B	−	0	2	−	C
9	7	9	−	1	1	−	4	0	3	−	0	A	1	C	−	B
9	7	8	−	8	9	−	5	9	C	9	−	B	7	A	−	2

① 8   ② 9   ③ 10
④ 11   ⑤ 12

49. ISBN−10 코드는 ISBN−13 코드에서 GS1 접두어를 생략한 뒤 다음과 같은 검증식을 사용하여 확인 숫자를 결정한다. ISBN−13 코드 978−89−954321−4−3를 ISBN−10으로 나타낼 때의 확인 숫자는?

> ISBN−10 코드가 $abcdefghij$일 때('−'을 생략함),
> $10a + 9b + 8c + 7d + 6e + 5f + 4g + 3h + 2i + j = $ (11의 배수)
>
> ㉠ 확인 숫자를 제외한 숫자가 89−85001−00−j인 ISBN−10 코드
>   10×8+9×9+8×8+7×5+6×0+5×0+4×1+3×0+2×0+j
>   =264+j=(11의 배수)
>   ∴ (확인 숫자)=j=0

① 4   ② 5   ③ 6
④ 7   ⑤ 8

50. 다음 중 1 ~ 10번 문의사항에 대한 답변으로 적절하지 않은 것은?

1	포인트 충전방법과 결제방법을 말해 주세요.
2	결제방법을 변경하고 싶은데 어떻게 하면 되나요?
3	할인 쿠폰 등록이 안 돼요. 어떻게 해야 하나요?
4	이벤트에 당첨됐는데 경품이 오지 않습니다.
5	내가 응모한 이벤트는 어디서 확인할 수 있나요?
6	로그인 시 비밀번호 오류 횟수가 5회를 초과하였다고 나오는데 어떻게 해야 되나요?
7	비밀번호를 잊어버렸는데 어떻게 확인할 수 있나요?
8	본인 확인을 했는데 정보가 일치하지 않는다고 나와요. 어떻게 해야 하나요?
9	사용 중인 닉네임과 프로필 사진을 바꾸고 싶어요.
10	내가 쓴 글과 채팅 내용을 수정하거나 삭제하고 싶어요.

① 홈페이지에서 서비스를 이용할 때, 회원님의 정보보호를 위해 비밀번호 오류 허용 횟수를 5회로 제한하고 있습니다. 오류 횟수 5회 초과 시에는 비밀번호 찾기를 통해 본인임을 확인한 후 비밀번호 재설정을 진행하셔야 합니다.

② 이전에 등록한 본인 인증 정보와 현재 진행하신 본인 인증 정보가 다를 경우, 서로 다른 사람이 서비스에 접속한 것으로 인식하기 때문에 해당 서비스 이용에 제한이 발생합니다. 이전에 등록한 본인 확인 정보를 확인하여 본인 인증을 진행해 주세요.

③ 아이디는 회원정보에 등록된 정보 또는 본인 확인을 통해 찾으실 수 있습니다. 휴대폰 번호, 이메일 등 인증번호를 수신할 수 있는 방법을 선택한 후 인증번호를 요청해 주세요. 입력한 휴대폰 번호, 이메일 정보와 이름이 동일할 경우 인증번호를 발송해 드립니다.

④ 이벤트 당첨 연락을 받으신 경우, 경품을 수령할 주소와 휴대폰 번호를 정확히 전달했는지 먼저 확인해 주세요. 경품의 구매와 배송까지는 약 2주의 시간이 소요되며, 이후에도 연락을 받지 못하신 경우에는 고객센터로 전화 또는 [1 : 1 문의하기]를 이용해 주세요.

⑤ 포인트는 휴대폰, 신용카드, 통신사 멤버십할인 등의 방법으로 충전 또는 결제할 수 있습니다. 빠른 결제 방법으로 결제를 처리하고자 할 경우 [내 정보] → [내 구매 정보] → [결제방법 변경 / 관리] 메뉴에서 원하시는 결제방법을 선택한 후 결제방법을 변경하실 수 있습니다.

3회 기출예상문제

01. 다음 중 (가) ~ (마)를 내용에 맞게 순서대로 나열한 것은?

(가) 석탄발전은 지난해 상반기 기준으로 발전비중이 37.8%에 달하는 기저발전(24시간 연속으로 운전돼 전기생산의 기반을 이루는 발전)이다. 일각에서는 겨울철에 석탄발전소 가동을 줄이면 전력이 부족해질 수 있다는 우려도 나왔지만 전력수급에는 문제가 없었던 것으로 나타났다. 전력거래소 전력수급 실적에 따르면 올겨울 중 전력 사용량이 가장 많았던 날은 전력예비율이 12.9%를 기록한 지난해 12월 9일인데, 이날 공급예비력은 1,043만 2,000kW로 전력수급경고 1단계인 준비단계 발령 기준(500만kW)의 두 배가 넘었다. 평일 기준으로 전력예비율은 겨우내 대체로 20 ~ 30%선을 유지했다. 예년보다 겨울이 따뜻해 난방수요가 줄어든 영향도 있지만 석탄발전을 크게 줄여도 전력공급에 문제가 생기지 않는다는 사실이 확인된 셈이다.

(나) 이에 따라 온실가스와 미세먼지를 배출하는 석탄발전을 더 줄여야 한다는 목소리도 커질 것으로 보인다. 정부는 신규 석탄발전소를 더 짓지 않고 노후 석탄발전소 10기를 2021년까지 조기 폐쇄하는 석탄발전 감축을 추진해 지난 3년간 발전부문 미세먼지 배출량의 약 45%를 줄였다. 하지만 지난 정부에서 계획한 신규 석탄발전소 7기 건설 계획은 계속 추진하고 있다.

(다) 정부가 지난 겨울 미세먼지를 발생시키는 주범인 석탄화력발전소 가동을 4분의 3 수준으로 줄인 결과 석탄발전 부문에서 배출한 미세먼지가 40%가량 줄어든 것으로 나타났다. 전력소비가 여름철 다음으로 많은 겨울철에 석탄발전을 대폭 줄였는데도 전력공급 부족 현상은 발생하지 않았다.

(라) 녹색연합 에너지전환팀장은 "신규 석탄발전소 7기를 짓지 않아도 전력수급에는 문제가 없는 것으로 나타났다."며 "노후 석탄발전소를 빨리 정지하고 신규 석탄발전소를 전력수급계획에서 제외하는 로드맵을 수립해야 한다."고 말했다.

(마) 정부는 겨울철 미세먼지를 줄이고 공기 질을 개선하기 위해 석탄발전소 총 60기 중 8 ~ 15기의 가동을 순차적으로 정지하고, 나머지 발전소에 대해서는 출력을 80%로 제한해 오염물질을 줄이는 상한제약을 실시했다. 발전부문은 국내 미세먼지 배출기여율 12%를 차지하는 미세먼지 최대 배출원이다. 그간 겨울철 미세먼지가 많은 날 석탄발전소 가동정지와 상한제약을 부분적으로 실시한 사례는 있고, 예비전력 여유가 있는 봄철에는 석탄발전을 대폭 줄여왔지만 난방수요가 몰리는 겨울철에 일괄적으로 석탄발전을 줄인 것은 이번이 처음이다.

① (다)-(마)-(가)-(나)-(라)
② (다)-(가)-(마)-(나)-(라)
③ (다)-(마)-(나)-(가)-(라)
④ (마)-(나)-(가)-(라)-(다)
⑤ (마)-(나)-(라)-(가)-(다)

02. 다음 중 글의 내용과 일치하지 않는 것은?

최근 헬스케어 산업에 다양한 기업들의 진입 시도가 이어지고 있다. 신규 진입 업체는 전자·부품, IT, 화학소재, 물류·유통 분야까지 매우 다양한 영역에 걸쳐 있다. 특히 IT기술 기반 기업들의 참여가 두드러지고 있는데, 헬스케어 각 과정에서 IT기술 활용을 통해 비용과 효과성의 개선을 유도할 수 있다는 점에서 주목을 받고 있다.

헬스케어 산업은 오래전부터 IT기술과의 융합 시도가 있었기 때문에 최근의 변화가 아주 새로운 것은 아니다. 하지만 스마트폰이 등장하며 시·공간의 제약을 벗어난 서비스 제공이 가능해지고, 빅데이터와 인공지능 등 첨단분석기술과의 융합으로 의료의 질적 수준이 향상되고 있다. 데이터 기반의 분석을 통해 환자 각각에 맞춤화된 관리가 가능하도록 치료법이 개선되고 있으며, 병원 밖에서도 환자들이 연속적인 관리를 받을 수 있는 환경이 만들어지고 있다. 또한 IT와 헬스케어 기술의 융합 속도가 빨라지면서 관련 시장도 계속 성장하고 있다. 병원·소비자·보험사 등의 주 수요층이 새로운 IT기술 도입에 대해 강한 필요를 느끼고 있기 때문에 시장은 계속 성장해 나갈 것으로 전망된다.

이미 Intel, IBM과 같은 IT기업들은 오래전부터 병원정보시스템 등 다양한 서비스 솔루션을 기반으로 헬스케어 산업에 진출해 왔다. 그러나 이들은 단순히 지원 역할이 아닌 자신들이 중심이 되어 새로운 사업 모델을 창출해 내고자 한다는 점에서 기존과는 다른 행보를 보이고 있다. 최근 구글, 애플, 아마존 또한 헬스케어 분야에 적극적으로 뛰어들고 있다. 먼저 IBM은 인공지능이라는 뚜렷한 키워드를 내세워 차별화하고자 하는 전략을 추진하고 있다. 구글은 개인 의료·건강 데이터 플랫폼, 애플은 스마트폰·웨어러블 의료기기, 아마존은 의약·의료기기 유통이나 의료서비스·보험 분야를 중심으로 헬스케어 사업 전략을 집중해 나갈 가능성이 높다. 이들은 헬스케어 사업에서 존재감을 높여 갈수록 기존의 사업 기반을 동시에 강화할 수 있다고 판단하고 있기 때문에 헬스케어 사업 추진에 있어서는 속도가 느릴지라도 포기하지 않을 것이다.

헬스케어와 디지털 분야의 결합을 통해 의료서비스의 혁신적인 변화가 진행 중이지만, 많은 사람들이 기대하는 것처럼 빠른 시일 내 급격한 전환이 일어나기는 쉽지 않을 것으로 보인다. 기술적으로 해결해야 할 이슈들이 많고, 보수적인 의료계의 지지를 이끌어 내야 하는 부분 등 어려움이 존재하고 있다. 따라서 산업의 특수성을 충분히 이해하는 것이 중요하며, 기존 헬스케어 주체들과의 유기적인 협력을 모색해야 한다. 그리고 고객의 필요와 공감에 기반한 사례 축적을 통해 단계적으로 가치를 입증해 나가려는 노력이 필요하다.

① 헬스케어 사업에 진출한 글로벌 IT기업들은 한동안 가시적 성과를 내지 못하더라도 쉽게 사업을 중단하지 않을 것이다.
② 헬스케어 IT사업의 성장은 공급 측면과 수요 측면 모두에서 그 원인을 찾아볼 수 있다.
③ 글로벌 IT기업은 신기술을 통해 기존 의료사업의 차별화를 노리거나 플랫폼 개발, 웨어러블 의료기기 개발을 시도하고 있다.
④ 물리적 공간의 한계를 벗어나 의료서비스를 제공받을 수 있는 환경이 조성될 것이다.
⑤ 오래전부터 헬스케어 사업과 IT기술 간 융합 시도가 있었고 최근 빅데이터, 인공지능 등 신기술 접목이 이뤄진 만큼 빠른 시일 내 기존 의료서비스 영역에서 혁신적인 전환이 일어날 것이다.

1회 기출예상문제 2회 기출예상문제 3회 기출예상문제 4회 기출예상문제 5회 기출예상문제 6회 기출예상문제 인성검사 면접가이드

03. 다음 중 글의 내용과 일치하지 않는 것은?

국내 신재생에너지 분야의 경우 국가적 차원의 전방위적인 기술개발 및 시장보급 활성화 지원에도 불구하고 국내 1차 에너지 중 신재생에너지 생산 비중은 약 4.08%, 국내 총 발전량 대비 신재생에너지 발전 비중은 2014년 기준 1.6%에 그치고 있어 독일 27.5%, 미국 13.1%, 일본 15.3% 등 OECD 주요 국가와 비교하여 크게 뒤지고 있으며, 2035년 보급 목표 또한 11% 수준으로 선진국과 비교하여 온실가스 감축 수단의 비중이 신재생에너지 분야보다는 에너지전환 분야와 같은 타 분야에의 의존도가 더 높을 것으로 전망되고 있다.

최근 도입이 논의되었던 신재생열에너지 공급의무화제도(이하 RHO)는 국내·외 신재생에너지 보급이 확산되는 가운데 상대적으로 열 분야에 대한 제도적 지원이 부족하다는 인식에서 마련된 제도이며, 향후 4세대 지역난방 모델 도입에 따른 보급 활성화에 적합한 지원 정책으로 적극 고려해 볼 필요가 있다. 정부에서는 신재생열에너지 분야에 대한 신규 정책을 도입함으로써 국가적인 신재생에너지 목표 달성 및 관련 산업의 활성화를 기대하고 있으며, 신재생에너지 의무할당제도(이하 RPS)와 달리 RHO는 건물을 대상으로 한 신재생에너지 열원 적용 의무 제도이므로 집단에너지 사업자 입장에서는 해당 제도에 부합하는 4세대 지역난방 모델과 같은 새로운 개념의 열 공급 기술의 확보를 통해 신규 혹은 증축 건물을 대상으로 한 지역냉난방 기술의 보급 활성화 방안으로 적극 활용할 필요가 있다. 현재까지 준비 중인 RHO 시행(안)에 따르면 연면적 1만m^2 이상의 신축 건축물(주거용 주택, 공공시설 제외)에 대해 신재생열에너지 의무공급량을 10% 내외로 적용하고자 하며, 대상 에너지원은 태양열, 지열, 연료전지, 바이오 연료 등으로 규정하고 있다. 저온 열공급 기반 4세대 지역난방 모델의 경우 태양열, 풍력, 지열 등을 이용한 열공급 기술로 공급하기 용이한 저온 영역의 열공급 조건을 갖고 있으므로 RHO에 부합하는 적정 기술이라 할 수 있다. 따라서 앞서 기술한 바와 같이 지역난방 네트워크 인근의 신축 건축물 혹은 증축 건축물, 지정 지역 내 증축 건축물에 대한 수요 시장을 RHO 정책을 기반으로 확보 가능할 것으로 분석되므로 RHO 추진 및 활성화에 대비한 융·복합형 기술 개발의 형태로 4세대 지역난방 모델의 사업화 추진을 적극 고려해 볼 필요가 있다.

RPS란 발전사업자의 총 발전량, 판매사업자의 총 판매량의 일정비율을 신재생에너지원으로 공급 또는 판매하도록 의무화하는 제도를 말한다. RPS는 신재생에너지의 보급 확대가 지지부진한 현실적인 문제를 해결하기 위한 목적으로 시작된 제도인데, 지역난방 사업자의 경우도 RPS 대응을 위해 다양한 신재생에너지 사업을 펼치고 있으나 2014년 총 의무공급량은 219,834MWh에 달해 최근 지역난방 사업의 사업 경제성이 악화되는 시점에서 사업자들에게 큰 부담으로 작용하고 있다. 최근 들어 늘어나는 RPS 과징금으로 인한 발전사들의 부담이 크게 증대되고 외부요인으로 인한 불가피한 불이행 사례들이 속출하고 있어 구제방안에 대해 다각도로 고민하고 있는 것으로 알려져 있으나 기후변화로 인한 친환경 저탄소 에너지 환경 마련의 기조 속에 신재생에너지 보급 활성화라는 큰 방향성에는 변함이 없을 것으로 전망되므로, RPS는 향후 지역난방 사업 추진에 있어 지속적인 부담으로 작용할 것이라는 것이 중론이다. 기존의 고온 열공급 기반의 지역난방 모델에서 실제 사업과 크게 상관없는 태양광, 풍력 발전 설치와 같은 단편적인 기술적 접근으로는 근본적인 해결 방안 마련이 어려울 것으로 보인다. 이러한 관점에서 분산형 열원 기반의 양방향 에너지 거래 모델의 적용이 가능한 4세대 지역난방 모델의 도입과 연계한 신재생에너지 의무 이행과 관련한 정책적 지원 방안의 수립 및 활용 전략의 수립이 필요할 것으로 판단되며, 정부의 신재생보급 활성화를 통한 국가 온실가스 감축 목표 달성을 위한 실효적 수단으로 대응할 수 있을 것으로 기대된다.

① 지역난방 사업자는 RPS를 이행하는 데 영업적인 측면에서 곤란함을 겪고 있다.

② 4세대 지역난방 모델에서는 RHO와 RPS 모두가 적용되는 것이 바람직할 것이다.

③ 2035년 우리나라 온실가스 감축 수단의 주류는 신재생에너지가 아닌 타 에너지 분야일 것이다.

④ RHO는 에너지의 공급 측면, RPS는 에너지의 사용 측면에서 신재생에너지 보급에 기여할 수 있다.

⑤ 신재생에너지 보급 활성화를 위해서는 RPS보다 RHO를 더 집중적으로 확대하는 정책을 펼쳐야 한다.

04. 밑줄 친 ㉠ ~ ㉤ 중 성격이 같은 소재로만 묶인 것은?

한때 미국 A 기업과 함께 ㉠ 사진 필름 시장에서 우위를 점하던 B 기업은 디지털 카메라의 등장으로 최대 위기를 맞았다. 필름의 수요가 급감하면서 시장 변화에 맞설 새로운 아이디어가 필요했다. 이에 B 기업은 전혀 연관성이 없을 것 같은 화장품을 대안으로 내놓았다. 얼핏 보면 엉뚱한 사업 확장 같지만 사실 이는 내부 역량인 필름 제조 기술을 십분 활용한 아이디어였다. 사진 필름의 주원료는 콜라겐이고 B 기업은 콜라겐 변성 방지 기술과 나노 관련 기술을 가지고 있었던 것이다. 콜라겐은 피부의 주성분이기도 하므로 B 기업은 자사의 기술을 노화방지에 응용할 수 있었다. 그 결과 ㉡ 노화방지 화장품은 매출의 상당 부분을 차지할 만큼 성공을 거두게 되었다. 그 후 B 기업은 제약에도 두각을 나타냈다. 필름 개발 과정에서 얻은 화학 합성 물질 데이터베이스와 노하우를 활용하여 독감 치료제인 ㉢ 'C 약품' 등을 만들어냈다. C 약품은 이후 에볼라 치료에도 특효를 보이며 미 당국이 승인한 최초의 에볼라 치료제로 주목받았다. 그 밖에도 의료 화상정보 네트워크 시스템이나 전자 내시경 등 고성능 렌즈가 필요한 의료기기의 개발에 박차를 가했다. 이렇게 발굴한 사업들은 다소 생소한 감이 있었지만 기존의 주력 사업과 밀접한 연관성을 갖고 있었기 때문에 경쟁력을 발휘할 수 있었다.

포스트잇, 스카치테이프 등 사무용품으로 유명한 D 기업이 있다. 이 회사의 시초는 광산업이었으며 ㉣ 사금 채굴을 주로 했다. 그러나 채굴에 실패를 겪으면서 사포와 연마석을 만드는 제조사로 전환하게 되었다. 뛰어난 유연성과 금속 연마력을 지닌 방수 샌드페이퍼와 자동차 도색용 마스킹 테이프는 그 자체로도 주력 상품이 되었다. D 기업은 이에 안주하지 않고 당시 꽤 혁신적인 제품이었던 셀로판지의 단점을 보완할 테이프를 연구하였다. 셀로판지는 열 부근에서는 말리고, 기계 코팅 시에는 찢어지며, 평평하게 부착되지 않는 등의 문제가 있었기 때문이다. 얇고 투명한 셀로판에 접착제를 붙이는 수많은 실험을 한 결과, 마침내 D 기업의 대표 상품으로도 유명한 '스카치테이프'가 출시될 수 있었다. 그 후 접착제에 대한 연구를 바탕으로 그 유명한 ㉤ 포스트잇이 개발됐다. 이러한 과정을 통해 광산회사에서 시작한 D 기업은 점진적인 사업다각화 전략을 통해 지금의 거대 기업으로 성장할 수 있었다.

① ㉠, ㉡, ㉣   ② ㉠, ㉢, ㉤   ③ ㉡, ㉢, ㉣

④ ㉡, ㉢, ㉤   ⑤ ㉢, ㉣, ㉤

05. 다음 안내문에 대한 Q&A로 옳지 않은 것은?

〈청년저축 · 희망키움통장 참여자 모집〉

• 사업의도

　일하는 저소득층 청년(만 15 ～ 39세)이 근로를 통해 목돈마련으로 빈곤에서 탈출할 수 있도록 지원함.

• 지원유형

1. 청년희망키움
   - 대상 : 일하는 생계급여 수급 청년(만 15 ～ 39세)
   - 조건 : 중위소득 30% 이하(4인 가구 기준 월 1,424,752원) 가구 청년, 매월 근로소득자
   - 지원 : 근로 · 사업소득공제금 월 10만 원+본인 소득비례(평균 31 ～ 52만 원) 지원
     → 3년 후 1,569 ～ 2,314만 원 마련

     * 신청 당시 및 가입기간(3년) 근로 · 사업소득 필요
     * 대학 근로장학금, 무급근로, 실업급여, 육아휴직수당 등의 사례 가입 불가

2. 청년저축계좌
   - 대상 : 일하는 주거 · 교육급여 수급, 차상위 청년(만 15 ～ 39세)
   - 조건 : 중위소득 50% 이하(4인 가구 기준 월 2,374,587원) 가구 청년, 매월 근로소득자
   - 지원 : 매월 20일에 10만 원씩 저축+근로소득장려금 30만 원 지원(저축액 1 : 3 매칭 지원)
     → 3년 후 1,440만 원 마련

     * 재직증명서 · 사업자등록증 · 사업활동 증명서류 필요, 최근 3개월간 근로 · 사업소득 필요
     * 자활근로, 공공근로, 노인 · 장애인 일자리 및 사치성 · 향락업체, 도박 · 사행성 업종 근로 제외
     * 대학 근로장학금, 무급근로, 실업급여, 육아휴직수당 등의 사례 가입 불가

3. 희망키움통장 I
   - 대상 : 일하는 생계 · 의료급여 수급 가구
   - 조건 : 중위소득 40%의 60% 이상(4인 가구 기준 월 1,139,802원) 가구
   - 지원 : 매월 20일에 5 · 10만 원씩 적립+근로소득장려금(소득비례 평균 35 ～ 64만 원)
     → 3년 후 1,695 ～ 2,757만 원 마련

• 신청방법
   - 신청기간 : 2020. 7. 1.(수) ～ 7. 17.(금)
   - 접수방법 : 주소지 관할 읍면동 주민센터에 방문 신청(주말 및 공휴일은 불가)

①	Q : 저희 가족 4명의 평균 소득을 계산해보니 1인당 55만 원씩 벌고 있는 셈이네요. 필요한 증명서류를 제출하고 다른 조건을 만족한다면 최대 얼마의 지원금을 받을 수 있는 거죠? A : 4인 가구 기준 월 220만 원의 소득이 발생하므로 다른 조건을 모두 만족할 경우 청년저축계좌 대상에 해당됩니다. 따라서 총 1,080만 원을 지원받으실 수 있습니다.
②	Q : 희망키움통장 I 을 신청하여 최대한 지원을 많이 받는다고 가정할 때, 3년 후에 얼마를 받게 되나요? A : 매월 20일에 10만 원씩 저축하시고 근로소득장려금으로 매월 64만 원을 지원받아 3년 후에 2,664만 원을 마련하실 수 있습니다.
③	Q : 현재 일을 하고 있으며 중위소득 30% 이하이고 생계급여를 받고 있는 25세 대학생입니다. 목돈마련을 지원받기 위해서 필요한 또 다른 조건이 있나요? A : 문의주신 분께서는 대학 근로장학금, 무급근로, 실업급여, 육아휴직수당 등을 지급받지 않으셔야 하며 가입기간 내내 근로소득이 발생해야 합니다.
④	Q : 이번달 휴무일이 7월 11일과 12일뿐인데 이날 방문하여 신청이 가능할까요? A : 주민센터 방문을 통해서만 접수가 가능하며 주말에는 업무를 보지 않기 때문에 해당 일에는 신청하실 수 없습니다.
⑤	Q : 관악구 행운동에 거주 중인데 아르바이트하는 레스토랑은 서초구 서초동에 위치해있습니다. 편의상 서초동 주민센터에 방문해서 신청할 수 있었으면 합니다. A : 신청은 주소지 관할 읍면동 주민센터에서 가능하므로 거주하시는 행운동 주민센터를 방문하여 신청하셔야 합니다.

[06 ~ 07] ○○공사 홍보팀 박 사원은 A 기업의 CEO 메시지를 참고하여 대외 홍보자료용 문서를 준비하고 있다. 이어지는 질문에 답하시오.

A 기업은 20XX년 5월 발표된 포브스 기업 순위에서 역사상 최초로 세계 전력회사 1위, 글로벌 100대 기업에 선정되었습니다. 아울러 주가도 20XX년 7월 역대 최고가를 경신한 이후 꾸준히 상승하고 있으며, 무디스, S&P, 피치 등 세계 3대 신용평가사로부터 글로벌 전력회사 중 가장 높은 신용평가등급을 받았습니다. 이는 안정적인 전력 공급과 효율적인 경영성과뿐 아니라 A 기업의 지속 가능한 미래 가치를 세계에서 인정받은 결과이기에 더욱 뜻깊습니다. 최근 에너지 신산업 분야는 그 어느 때보다 많은 주목을 받고 있습니다. 또 기술과 산업 간 융합이 가속화되면서 새로운 시장, 기술, 산업이 만들어지고 있으며, 이러한 변화와 혁신의 물결은 보다 깨끗하고 효율적인 미래 에너지로의 전환을 요구하고 있습니다. A 기업은 세계 최대 규모인 236MW의 주파수 조정용 에너지저장장치(ESS) 구축, 울릉도 등 도서지역에 친환경 에너지자립섬 조성, 20XX년까지 3,660기의 전기차 충전 인프라 확대 추진 등 에너지 신사업의 기술 개발과 사업화를 주도하여 친환경 전력 생태계를 만들어 가고 있습니다. 또한 UAE 원전을 비롯하여 중동, 북중미, 아프리카 등 전 세계 22개국에서 37개 프로젝트를 수행 중에 있으며, 화력과 원자력 등 전통분야는 물론 신재생에너지, 에너지 신산업 수출 등 사업모델을 다양화하고 있습니다. A 기업은 20XX년 12월 나주로 본사를 이전한 후 광주전남지역을 중심으로 전력 에너지산업의 허브 "빛가람 에너지밸리" 사업을 성공적으로 추진하고 있습니다. 20XX년까지 500개 에너지 관련 기업 유치를 목표로 20XX년 6월 현재 133개 기업과 에너지밸리 투자유치 협약을 체결하였으며 산학연 협력을 통해 지역 맞춤형 R&D 투자를 확대하는 등 "빛가람 에너지밸리"를 지역사회와 함께 가치를 나누는 상생의 롤모델로 조성해 나가고 있습니다. 그리고 중소기업에 대한 수출보증제도 운영으로 해외 판로를 지원하고 협력연구개발을 강화하여 기술역량을 제고하는 등 중소기업 동반성장을 위한 다양한 프로그램을 운영하고 있습니다.

06. 제시된 글을 세 문단으로 나눴을 때, 각 문단의 핵심 메시지를 순서대로 나열한 것은?

① 기업가치의 성장, 사업 다각화의 의의, 사회적 신뢰 구축
② 글로벌 기업, 에너지 신산업을 통한 새로운 미래, 상생하는 에너지 세상
③ 글로벌 경쟁 심화, 상생하는 에너지 세상, 인간존중 경영 실천
④ 기업가치의 성장, 에너지 신산업의 과거와 미래, 기업 사회공헌의 중요성
⑤ 글로벌 기업, 사회적 신뢰 구축, 지역과의 동반 성장

07. 홍보 효과를 극대화하기 위한 제목을 선정할 때 참고 사항으로 적절하지 않은 것은?

① 통계자료 및 숫자를 강조하여 독자의 호기심을 유도한다.
② 감각적이고 참신한 표현으로 독자의 관심을 유발한다.
③ 따옴표를 이용한 핵심 주제의 인용을 통해 시각적 집중효과를 유발한다.
④ 자세한 내용을 부제목으로 달아 본문 내용에 대한 예측력을 높인다.
⑤ 여러 독자를 대상으로 내용을 전달하기 위해 되도록 많은 내용을 포함시킨다.

08. 다음 자료에 대한 설명으로 옳은 것은?

〈자료 1〉 불법 콘텐츠 유통 사이트 접속차단 시 절반은 이용 포기

한국저작권보호원은 2020년 콘텐츠의 유통 환경과 이용실태를 종합적으로 조사·분석한 '2021 저작권 보호 연차보고서'를 발간했다고 9일 밝혔다.

이번 보고서는 음악, 영화, 방송, 출판, 게임의 불법복제물 이용경로와 정책적 효과 등에 대한 다양한 측정결과를 담고 있다. 작년까지 보호원은 불법복제물 이용량, 침해율 등 주요 수치를 발표해왔는데, 올해 발간되는 보고서는 과거 보고서의 조사방법론을 개선하여 콘텐츠별 새로운 침해 유형과 이용 양상의 변화 요인 등을 분석한 신규 조사 보고서다.

보호원은 지난해부터 조사방법론을 새롭게 설계하고 음악, 영화, 방송, 출판, 게임 등 각 콘텐츠 분야별 산업계와 학계, 정부 등 총 20여 명으로 대표 자문단을 구성하고 총 20회에 걸쳐 논의를 진행해 왔다. 이를 통해 콘텐츠 분야별로 의견을 수렴하여 주요 저작권 보호 이슈에 대한 조사가 가능하도록 설문을 개발하였다.

이번 조사에서 불법복제물 이용률은 각각 영화, 방송, 출판, 게임, 음악의 순으로 분석됐다. 음악 분야의 불법복제물 이용률이 가장 낮게 나타난 것은 구독서비스의 정착과 더불어, 오랫동안 불법복제로 인한 피해를 받으면서 지속적으로 계도를 진행해온 효과가 나타난 결과로 보인다.

접속차단 시 콘텐츠 불법복제물 이용자의 약 49%가 해당 사이트 이용 자체를 포기하거나 합법적인 콘텐츠 제공 사이트로 전환·이용하는 직접적인 효과가 발생한 것으로 분석됐다. 보호원은 콘텐츠 분야별로 저작권 침해 동향과 이슈를 지속적으로 파악·분석하고, 조사 결과를 활용하여 새로운 침해 유형에 대응해나갈 계획이다.

〈자료 2〉 온라인 콘텐츠 이용 경로 비율

구분		음악	영화	방송	출판	웹툰	게임
사례수(건)		(834)	(884)	(531)	(117)	(408)	(400)
무료(불법) 콘텐츠 이용 경로	무료(불법) 콘텐츠 이용 비율(%)	37.3	30.9	31.7	50.4	19.1	23.5
	P2P/웹하드	3.0	8.5	4.0	5.9	1.7	5.9
	포털 내 커뮤니티 공간	3.6	1.8	2.5	18.1	5.8	8.5
	토렌트	2.5	5.0	3.4	6.9	1.0	4.6
	모바일 앱	7.0	5.2	7.3	15.0	5.9	0.0
	UGC(유튜브 등)	18.6	6.2	10.2	0.0	0.0	0.0
	SNS	1.9	1.5	1.8	3.3	1.7	4.5
	각종 웹사이트	0.7	0.6	1.9	1.2	3.0	0.0
	링크사이트	0.0	2.1	0.6	0.0	0.0	0.0

합법 저작물 이용 경로	합법 저작물 이용 비율(%)	62.7	69.1	68.4	49.6	80.9	76.6
	온라인 합법 서비스	62.7	16.0	15.0	49.6	80.9	48.5
	IPTV	0.0	30.5	24.5	0.0	0.0	0.0
	TV	0.0	22.6	28.9	0.0	0.0	0.0
	PC/게임방	0.0	0.0	0.0	0.0	0.0	28.1

※ 온라인 콘텐츠 이용은 무료(불법) 콘텐츠 이용과 합법 저작물 이용으로 나뉜다.

① 음악과 방송 콘텐츠는 무료(불법) 콘텐츠 이용 비율이 높은 경로 1 ~ 3순위가 동일하다.
② 합법 저작물 이용 사례가 가장 많은 콘텐츠는 게임이다.
③ 모든 콘텐츠 유형에서 링크사이트를 이용한 무료(불법) 콘텐츠 이용 비율이 가장 낮다.
④ 콘텐츠 유형에 관계없이 합법 저작물 이용 경로 중에서 온라인 합법 서비스가 차지하는 비중이 가장 높다.
⑤ 출판 콘텐츠에서 5번째로 콘텐츠 이용 비중이 높은 경로와 영화 콘텐츠에서 4번째로 콘텐츠 이용 비중이 높은 경로는 동일하다.

[09 ~ 10] 다음 자료를 읽고 이어지는 질문에 답하시오.

베트남인들은 새로운 문화와 음식을 받아들이는 데에 거부감이 없는 편이며 매우 비싼 가격에도 구매력이 있는 소비자들은 고급 수산물 구매와 선물에 지출을 아끼지 않는다. 베트남에서는 바닷가재, 게, 연어, 전복, 굴 등이 프리미엄 수산물로 여겨지며 건강에 도움이 된다는 수산물의 경우 더욱 프리미엄으로 취급하는 경향이 있다. 또한 프리미엄 해산물에 대한 소비자의 수요에 맞춰 수입 해산물의 규모가 증가하며 전보다 경쟁력 있는 가격으로 소비자에게 다가갈 수 있게됨에 따라 고소득층의 전유물로 여겨지던 프리미엄 수산물 시장에 중산층 소비자들이 진입할 수 있게 되었다. 향후 GDP가 증가할수록 프리미엄 수산물을 소비하는 현지 중산층의 비율도 높아질 것으로 추산된다.

해양수산물에 대한 소비자들의 관심은 증가하고 있으며, 영국의 시장 조사 기관인 Fitch Solutions의 보고서에 따르면 베트남의 1인당 해산물 소비량은 2020년 기준 미화 33.4달러에서 2024년에는 미화 48.8달러에 이를 것으로 예상된다.

베트남 세관총국 자료에 의하면 2019년 기준 한국의 대(對)베트남 해산물 수출량은 세계 9위를 기록하였다. 한국은 지난 5년간 대(對)베트남 수산물 상위 10위 수출 국가 중에 하나이다. 그러나 다른 상위 수출국의 수출량은 급증한 반면 한국 기업들의 수출량은 증가와 감소를 반복하며 기복을 보였다. 또한 한국의 수출 규모 순위는 점차적으로 감소세를 보이며 경쟁국가들에게 우위를 내주고 있다. 2019년 2월 기준 전년 동기 대비 많은 한국산 수산물 품목의 수출이 증가하였으나 일부 품목은 감소가 되거나 중단되기도 했다. 수출액이 증가한 품목으로는 꽁치(540.6%), 고등어(105.1%), 명태(80.0%), 참치(35.1%), 삼치(7.3%)가 있으며 어란(-8.4%)은 소폭 감소를 보였다.

베트남의 해산물 소비 트렌드

- 민물고기보다 영양이 풍부한 바닷물고기 및 해산물 선호
  - 바다에서 포획된 자연산 해산물은 양식 해산물보다 영양가치가 높다고 평가 받음.
- 편리함을 추구하는 젊은 세대는 쉽게 조리할 수 있는 소포장 캔 수산물이나 간편 조리 냉동 수산물 선호
- 한국과 전세계의 1인 미디어 중심의 먹방 트렌드
  - 한국에서 오는 화장품, 음식 등을 프리미엄이라 생각하고 따라하고 싶어하며, 이런 먹방 트렌드가 베트남의 젊은 세대도 한국의 해산물을 먹어보고 싶게 함.
- 프리미엄 식재료 유통 및 배달 전문점 춘추전국시대
  - 코로나19의 영향으로 안전한 고품질 식재료를 배달하는 업체에 대한 수요가 증가함.
  - 대형 마트에 가는 기존 형태에서 벗어나, 집에서 식료품과 음식을 주문하는 형태가 각광받음.

09. 자료를 읽고 베트남 해산물시장 진출 관련 회의에서 제안할 의견으로 적절하지 않은 것은?

① 초기진출 시 소비자에게 친근한 전통 수산시장을 중심으로 유통하여 브랜딩을 시도한다.

② 고급 식재료를 전문적으로 판매하는 온라인 쇼핑몰과 협업하여 배달 중심의 유통망을 구축한다.

③ 고등어, 참치, 송어, 연어, 가다랑어 같은 바닷물고기의 영양이 풍부함을 홍보한다.

④ 킹크랩, 전복, 바닷가재와 같은 고급 해산물 위주로 수출한다.

⑤ 유명 1인 미디어에 기반한 광고를 통해 한국 해산물에 대한 호기심을 유발한다.

10. 자료의 내용과 관련된 그래프를 본문에 추가하고자 할 때, 다음 중 적절하지 않은 것은?

① 베트남의 1인당 해산물 소비량(예상치)

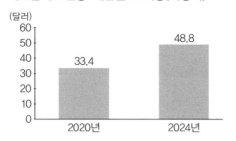

② 2015 ~ 2019년 베트남 해산물 수입 규모

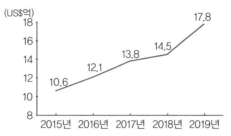

③ 베트남의 연간 수산물 수출 규모

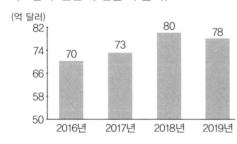

④ 2019년 베트남 거주 외국인 및 현지 중산층 인구 추정치

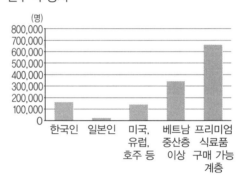

⑤ 베트남 대상 한국산 수산물의 수출액 변화율

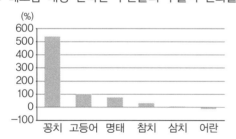

1회 기출예상문제 2회 기출예상문제 3회 기출예상문제 4회 기출예상문제 5회 기출예상문제 6회 기출예상문제 인성검사 면접가이드

11. 12월 19일 A 전시회에 7명이 함께 방문하였다. 12월의 수요일 날짜를 모두 더하면 58이고 총 요금이 30,000원이었다면, 이 중 학생 요금을 지불하고 입장한 사람은 몇 명인가?

〈A 전시회 요금 안내〉

구분	평일	주말
성인	5,000원	6,000원
학생	4,000원	5,000원

※ 학생증을 지참한 사람에 한하여 학생 할인이 가능합니다.

① 3명 ② 4명 ③ 5명
④ 6명 ⑤ 7명

12. 다음 A, B의 주행 및 주유 기록에 대한 설명으로 옳은 것을 〈보기〉에서 모두 고르면? (단, 제시된 조건 이외의 모든 조건은 동일하다고 가정한다)

A	서울에서 광주까지 300km의 거리를 왕복하려고 한다. 서울에서 출발할 때, 기름탱크가 절반만 찬 상황에서 기름을 가득 주유하고 4만 원을 지불했다. 350km를 달린 지점에서 기름탱크에 40%의 기름이 남아서 다시 가득 주유하고 서울로 돌아와서 다시 가득 주유했다.
B	기름탱크가 가득 찬 상황에서 서울에서 부산까지 400km의 거리를 왕복하려고 한다. 부산에서 서울로 돌아오던 길에 기름이 부족(10% 이하)하여 가득 주유하고, 250km를 더 달려서 서울에 도착한 후 가득 주유하고 3만 원을 지불했다.

보기

㉠ B가 A보다 적은 주유비를 지불했다.
㉡ 기름탱크의 용량은 B의 차량이 더 크다.
㉢ A의 차량은 기름을 가득 주유한 후에 추가 주유 없이 서울에서 광주까지 왕복이 가능하다.
㉣ 추가 주유 없이 B의 차량의 최대 주행가능거리는 610km 이상이다.

① ㉠, ㉡ ② ㉠, ㉢ ③ ㉠, ㉣
④ ㉡, ㉣ ⑤ ㉢, ㉣

13. 다음 자료에 대한 해석으로 적절한 것은?

〈가정 내 대기전력 감소 노력〉

(단위 : %)

구분		20X8년				20X9년			
		노력함		노력하지 않음		노력함		노력하지 않음	
		매우 노력함	약간 노력함	별로 노력 하지 않음	전혀 노력 하지 않음	매우 노력함	약간 노력함	별로 노력 하지 않음	전혀 노력 하지 않음
전체		28.5	50.8	18.2	2.5	28.2	50.1	19.2	2.5
성별	남자	22.9	52.0	22.0	3.1	23.8	50.3	22.8	3.1
	여자	34.1	49.7	14.4	1.8	32.4	50.0	15.7	1.9
연령	13 ~ 19세	20.5	50.5	25.6	3.4	18.5	46.1	31.5	3.9
	20 ~ 29세	19.7	50.2	25.8	4.3	18.2	49.1	27.5	5.2
	30 ~ 39세	24.3	52.6	20.4	2.7	22.0	52.2	22.9	2.9
	40 ~ 49세	25.1	55.8	17.1	2.0	26.0	54.2	18.0	1.8
	50 ~ 59세	31.6	50.9	15.7	1.8	30.7	52.1	15.5	1.7
	60 ~ 64세	41.4	45.6	11.3	1.7	41.4	44.3	12.9	1.4
	65세 이상	43.6	43.9	10.8	1.7	43.7	41.2	13.7	1.4

① 조사기간 동안 가정 내 대기전력 감소를 위해 노력한다고 응답한 비율이 가장 높은 연령층은 모두 65세 이상 집단이다.

② 조사기간 동안 가정 내 대기전력 감소를 위해 노력하는 여자가 남자보다 더 많았다.

③ 20X8년 모든 성별 및 연령별 구분 집단에서 가정 내 대기전력 감소를 위해 노력을 한다는 비율이 70%를 넘었다.

④ 남자와 여자 모두 20X8년 대비 20X9년에 가정 내 대기전력 감소를 위해 노력한다는 비율이 감소하였다.

⑤ 조사기간 동안 남녀 응답자 수의 차이가 가장 큰 집단은 20X8년 가정 내 대기전력 감소를 위해 매우 노력한다고 응답한 집단이다.

14. ○○공사는 정부의 환경개선 정책에 적극 협조하기 위하여 자동차의 공회전 발생률을 줄이고 공회전 시 연료소모량이 적도록 차량을 운행하는 직원에게 탄소포인트를 제공하기로 하였다. 다음 표는 동일 차량을 운전하는 직원 A ~ E를 대상으로 시범 시행한 결과이다. 〈산출공식〉과 자료를 바탕으로 탄소포인트의 총합이 큰 순서대로 바르게 나열한 것은?

〈직원별 시범 시행 결과〉

직원	주행시간(분)	총 공회전시간(분)
A	200	20
B	30	15
C	50	10
D	25	5
E	50	25

산출공식

- 공회전 발생률(%) = $\dfrac{\text{총 공회전시간(분)}}{\text{주행시간(분)}} \times 100$ • 공회전 시 연료소모량(cc) = 총 공회전시간(분) × ω

* ω는 어떤 차량의 공회전 1분당 연료소모량(CC/분)으로 A ~ E의 경우 ω = 20이다.

〈구간별 탄소포인트〉

공회전 발생률에 대한 구간별 탄소포인트				
공회전 발생률(%)	20 미만	20 이상 40 미만	40 이상 60 미만	60 이상 80 미만	80 이상
탄소포인트(p)	100	80	50	20	10

공회전 시 연료소모량에 대한 구간별 탄소포인트				
공회전 시 연료소모량(cc)	100 미만	100 이상 200 미만	200 이상 300 미만	300 이상 400 미만	400 이상
탄소포인트(p)	100	75	50	25	0

① A > D > B > E > C   ② A > C > D > B > E   ③ D > A > C > B > E

④ D > C > A > B > E   ⑤ D > C > A > E > B

15. A 공사에서 근무하는 권 차장은 다음 자료를 분석하고 있다. 〈보기〉 중 옳은 내용은 몇 개인가?

〈원전사고 · 고장 원인별 현황〉

[건수(점유율)]

구분	20X4년	20X5년	20X6년	20X7년	20X8년	20X9년	총발생건수
인적실수	3 (20.0)	1 (16.7)	0 (0.0)	1 (16.7)	3 (23.1)	1 (33.3)	9 (13.8)
기계결함	3 (20.0)	0 (0.0)	9 (40.9)	2 (33.3)	4 (30.8)	0 (0.0)	18 (27.7)
전기결함	1 (6.7)	2 (33.3)	2 (9.1)	1 (16.7)	2 (15.4)	2 (66.7)	10 (15.4)
계측결함	6 (40.0)	1 (16.7)	4 (18.2)	1 (16.7)	2 (15.4)	0 (0.0)	14 (21.5)
외부영향	2 (13.3)	2 (33.3)	7 (31.8)	1 (16.7)	2 (15.4)	0 (0.0)	14 (21.5)
합계	15	6	22	6	13	3	65

* 시운전 포함

보기

㉠ 원자력발전소에서 발생하는 사고 · 고장 건수는 20X8년에 가장 많았다.

㉡ 20X4년 이래 원자력발전소에서 전기결함으로 인한 사고 · 고장은 매년 발생하고 있다.

㉢ 매년 원자력발전소에서 발생하는 사고 · 고장의 원인은 기계결함이 가장 많다.

㉣ 20X4 ~ 20X9년 중 원자력발전소에서 기계결함으로 인한 사고 · 고장이 가장 많았던 해는 20X6년이다.

① 0개   ② 1개   ③ 2개
④ 3개   ⑤ 4개

[16 ~ 17] 다음 자료를 보고 이어지는 질문에 답하시오.

의사결정트리(Decision Tree)는 알고리즘 내 데이터를 분석한 결과 중 예측 가능한 규칙들의 조합으로, 주로 알고리즘의 내용을 시각적으로 표현하여 의사결정 방향을 증명한다. 의사결정에 영향을 주는 주요 조건이 트리의 뿌리를 만들고 그 외 세부적인 내용들이 가지가 되며 해결 방안은 트리의 잎으로 나타난다.

〈'삶에 대한 만족도'에 대한 의사결정트리〉

(단위 : 점)

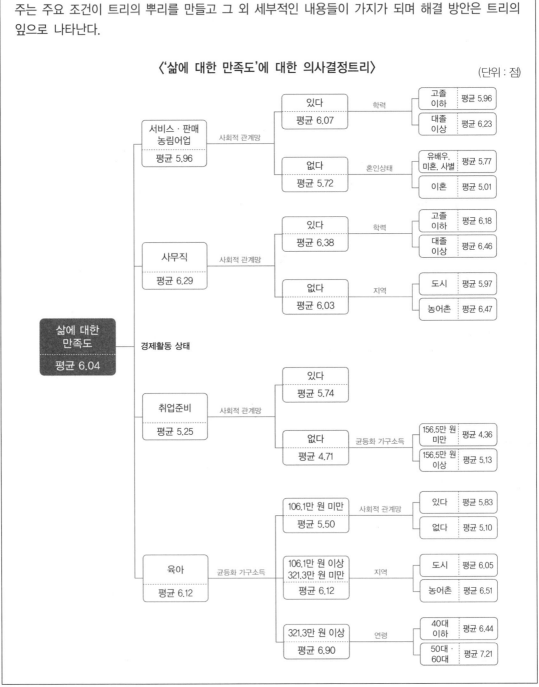

16. S 연구소는 위의 의사결정트리 자료를 통하여 5개의 집단을 집중 분석하고자 한다. 다음 중 삶에 대한 만족도 평균 점수가 가장 낮은 집단은?

① 취업준비를 하면서 사회적 관계망이 없는 집단
② 농림어업직에 종사하면서 사회적 관계망이 없는 집단
③ 사무직에 종사하면서 사회적 관계망이 없고 농촌에 거주하는 집단
④ 서비스 · 판매직에 종사하면서 사회적 관계망이 없고 이혼한 집단
⑤ 육아를 하면서 가구소득이 106.1만 원 미만이고 사회적 관계망이 없는 집단

17. 위의 의사결정트리 자료에서 집단별로 삶에 대한 만족도 점수의 정도를 구분하기 위한 지표가 아닌 것은?

① 혼인상태   ② 연령과 학력   ③ 경제활동 상태
④ 균등화 가구소득   ⑤ 고용형태

[18 ~ 19] 다음은 용도별 전력판매수입에 대한 자료이다. 이어지는 질문에 답하시오.

〈자료 1〉 20X8년 용도별 전력판매수입 추이

(단위 : 천 원)

구분	주택용	일반용	교육용	산업용	농사용	가로등	심야용
1월	721,839	1,499,596	95,148	2,925,769	87,688	36,508	158,026
2월	739,366	1,512,490	93,206	2,685,521	91,873	36,134	168,066
3월	565,797	1,136,611	76,406	2,312,707	75,518	33,755	109,177
4월	587,069	1,000,661	61,310	2,249,708	68,235	34,350	64,489
5월	528,194	951,856	51,129	2,254,813	57,460	32,778	43,212
6월	560,090	1,184,576	68,520	2,715,682	59,556	32,595	30,118
7월	677,098	1,477,649	84,111	2,963,120	62,583	31,665	26,783
8월	1,074,220	1,722,708	89,481	2,953,300	83,108	32,668	25,093
9월	605,363	1,285,387	74,964	2,289,751	72,851	33,012	20,520
10월	518,093	955,724	50,322	2,226,162	60,752	33,663	28,381
11월	580,543	1,120,855	68,658	2,756,247	78,286	35,059	63,473
12월	632,733	1,350,216	90,237	2,858,697	79,672	35,363	111,370

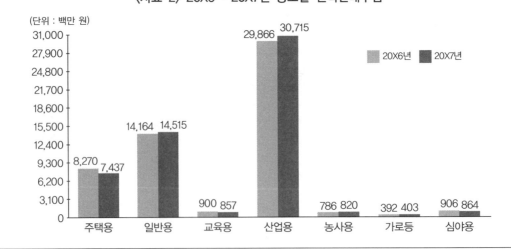

〈자료 2〉 20X6 ~ 20X7년 용도별 전력판매수입

18. 다음 중 〈자료 1〉에 대한 설명으로 옳지 않은 것은?

① 2 ~ 9월 심야용 전력판매수입은 지속적으로 감소하였다.

② 가로등 전력판매수입은 6 ~ 10월을 제외하고 항상 가장 적은 판매수입을 기록하였다.

③ 주택용, 일반용, 교육용, 산업용 간 전력판매수입 순위는 항상 동일하였다.

④ 일반용 전력판매수입이 처음으로 100만 원 아래로 떨어진 것은 5월이다.

⑤ 산업용 전력판매수입이 가장 많은 달은 주택용 전력판매수입이 4번째로 많은 달과 같다.

19. 20X6년 대비 20X7년 전력판매수입의 변화율이 두 번째로 큰 용도는?

① 주택용   ② 일반용   ③ 교육용

④ 산업용   ⑤ 심야용

1회 기출예상문제

2회 기출예상문제

3회 기출예상문제

4회 기출예상문제

5회 기출예상문제

6회 기출예상문제

인성검사

면접가이드

[20 ~ 21] 다음 자료를 보고 이어지는 질문에 답하시오.

〈문화예술시설 현황〉

(단위 : 개)

구분	박물관	미술관	공공도서관	공연장	문예회관
20X6년	754	190	865	992	220
20X7년	809	202	930	991	232
20X8년	826	219	978	1,024	229
20X9년	853	229	1,010	1,024	236

〈문화산업 분야별 매출액〉

(단위 : 조 원)

구분	20X6년	20X7년	20X8년
총 매출액	94.95	100.49	105.51
만화	0.85	0.92	0.98
음악	4.61	4.98	5.31
게임	9.97	10.72	10.89
영화	4.57	5.11	5.26
애니메이션	0.56	0.61	0.68
방송(영상)	15.77	16.46	17.33
광고	13.74	14.44	15.19
캐릭터	9.05	10.08	11.07
기타	35.82	37.16	38.81

20. 위 자료를 바탕으로 작성한 보고서의 내용으로 옳지 않은 것은?

① 20X9년 공공도서관 수는 전년 대비 3.3% 증가했지만 ② 20X8년의 전년 대비 증가율인 5.2%에 비해 증가율이 감소한 것을 알 수 있다. 한편, ③ 공연장 수는 20X9년 1,010개로 전년에 비해 증가하였고 ④ 문예회관 수는 20X8년에 전년 대비 감소하였다. ⑤ 문화예술시설 수는 20X6년부터 20X9년까지 지속적으로 증가했다. 그러나 전반적인 증가 추세는 줄어드는 경향을 보인다.

21. 위 자료를 바탕으로 작성한 그래프로 적절한 것을 모두 고르면?

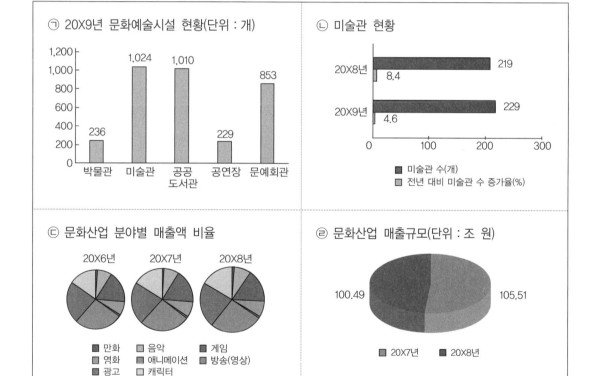

① ㉠, ㉡   ② ㉠, ㉣   ③ ㉡, ㉢

④ ㉡, ㉣   ⑤ ㉢, ㉣

22. 다음 〈조건〉을 참고할 때, 부서별 배정 인원에 대한 설명으로 항상 옳은 것은?

───── 조건 ─────

- 신입사원 10명은 4개의 부서(전력수급처, 계통계획처, 전력시장처, 상생협력처)로 배정되었다.
- 배정된 신입사원 수가 동일한 부서는 2개 있다.
- 계통계획처의 신입사원 수는 상생협력처 신입사원 수보다 많다.
- 전력수급처의 신입사원 수는 4개 부서 중 가장 많지도, 가장 적지도 않다.
- 각 부서에 적어도 한 명의 신입사원이 배정되었다.

① 신입사원이 가장 적게 배정된 부서는 확정되었다.
② 전력수급처와 상생협력처의 신입사원 수는 동일하다.
③ 4개 부서의 신입사원 수를 모두 알 수 있다.
④ 계통계획처에 가장 많은 수의 신입사원이 배정되었다.
⑤ 계통계획처의 신입사원 수가 5명이라면, 전력수급처 신입사원 수는 2명 또는 3명이다.

23. S 공사 마케팅부 사원 A, B, C, D, E는 점심식사 후 음료를 마시려고 카페에 갔다. 〈조건〉에 따라 각 사원이 마신 음료와 그 가격을 대응시켰을 때, 다음 중 바르게 연결된 것은?

A, B, C, D, E는 커피 2종류(아메리카노, 카페라테), 주스 2종류(수박, 자몽), 차 1종류(홍차) 중에서 하나씩 선택했고, 서로 다른 음료를 주문했다. 주문한 음료 중 두 가지는 4,000원이고, 또 다른 두 가지는 5,000원이고, 나머지 하나는 6,000원이다.

───── 조건 ─────

- A는 가격이 4,000원인 음료를 주문했다.
- C는 가장 비싼 음료를 주문했다.
- C와 E는 같은 범주에 속하는 음료를 주문했다.
- D는 주스를 주문하지 않았고, A와 다른 가격의 음료를 마셨다.
- B는 홍차를 주문했으며, B가 주문한 음료는 D, E가 주문한 음료와 금액이 다르다.
- 아메리카노와 수박 주스는 가격이 동일하다.

① A, 아메리카노, 4,000원   ② B, 수박 주스, 4,000원   ③ C, 자몽 주스, 6,000원
④ D, 홍차, 5,000원   ⑤ E, 카페라떼, 4,000원

24. 다음 중 〈성과상여금 지급 기준〉을 바르게 이해한 것은?

〈성과상여금 지급 기준〉

- 대상 : 지급기준일 현재 근무자
- 지급방법 : 연 1회 개인별 평가 후 개인별 차등지급
- 평가항목 : 근무성적평정(50점)+조직평가점수(45점)+출산 가점(5점)
  - 근무성적평정 : 전년도 상·하반기 평가점수의 평균
  - 조직평가점수 : 전년도 조직평가점수
  - 출산 가점 : 전년도 중 출산한 여성에게 부여(다태아도 5점 부여)
- 등급 및 지급률

구분	S 등급	A 등급	B 등급	C 등급
지급인원	상위 20%	상위 20% 초과 ~ 60% 이내	상위 60% 초과 ~ 90% 이내	하위 10%
지급률	172.5%	125%	85%	0%

※ 예산범위 내, 지급등급별 인원비율 및 지급률을 10%p 범위 내 자율 조정 가능
※ 지급제외자 : 실제 근무기간 2개월 미만인 자, 성과상여금 부당수령자, 징계처분자

정보

- 정원이 70명인 조직에서 성과평가점수의 총합 순위가 44등인 김 대리
- 이번 달에 쌍둥이를 출산한 최 부장
- 지난해 개인 및 조직성과가 모두 뛰어나서 S 등급을 받을 것이 확정된 최 사원
- 전년도 상·하반기 평가점수의 평균이 47.5점이고 전년도 조직평가점수가 만점인 이 과장
- 지난해 질병휴직, 어학연수 등을 이유로 10.5개월을 휴직한 박 대리

① 김 대리는 A 등급을 받을 수 없다.
② 최 부장은 내년도 상여금 지급 시 출산 가점을 2번 받는다.
③ 최 사원이 휴직을 원한다면, 성과상여금 지급일과 겹치지 않도록 휴직 날짜를 조정해야 성과상여금을 받을 수 있다.
④ 이 과장은 172.5%의 상여금을 받을 것이다.
⑤ 박 대리의 개인 및 조직성과가 우수했다면 이번 성과상여금 지급을 기대할 수 있다.

1회 기출예상문제 · 2회 기출예상문제 · 3회 기출예상문제 · 4회 기출예상문제 · 5회 기출예상문제 · 6회 기출예상문제 · 인성검사 · 면접가이드

25. ○○은행 김 사원은 고객으로부터 다음과 같은 외화예금 추천 문의를 받았다. 외화예금 상품 중 고객에게 추천할 만한 상품으로 적절한 것을 모두 고르면?

> 고객 : 요즘 외화예금을 많이 한다고 해서 외화예금 계좌를 하나 만들까 하는데 저에게 맞는 상품을 추천해 주세요. 환율 우대 혜택 없이는 외화예금으로 이득을 보기 어렵다던데, 외화예금에 가입하면 환전수수료 할인 혜택은 당연히 받게 되겠죠? 여러 개 통화로 예금거래가 가능하면 좋겠고, 소액으로도 가입할 수 있으면 좋겠어요. 처음에는 5 ~ 6만 원 정도로 시작해볼까 해요. 외화예금은 멀리 보고 시작하라기에 저도 3년 정도 두고 보려고 하는데 어떤 상품에 가입하는 것이 좋을까요?

〈외화예금 상품 현황〉

상품	㉠	㉡	㉢	㉣
가입금액	USD 50불 이상	USD 50불 이상	USD 100불 이상	USD 50불 이상
가입통화	USD, JPY, EUR, GBP, CAD, AUD, NZD, CHF, HKD, SGD	USD, JPY, EUR, GBP, CAD, AUD, NZD, CHF, HKD, SGD	USD, JPY, EUR, GBP, CAD, AUD, NZD, CHF, HKD, SGD	USD, JPY, EUR, CNY
만기약정비율	영업점 및 인터넷뱅킹 고시	외화정기예금 금리 적용	외화정기예금 금리 적용	영업점 및 인터넷뱅킹 고시
기본 예치기간	3개월 이상 36개월 이내	1일 이상 1년 이내	7일 이상 1년 이내	3개월 이상 36개월 이내
세제혜택	–	–	–	–
비고	• 환율 우대(50%) 및 송금수수료 면제 • 수시 적립 가능 • 1년 이상 예치 시 우대 금리(0.2%p) 제공	• 환율 우대(70%)	• 특별 우대 금리 지급 • 1년 단위로 예치기간 연장 가능	• 환율 우대(50%) • 금리 0.15%p 추가 제공 • 1계좌 1통화 원칙

① ㉠

② ㉡

③ ㉣

④ ㉠, ㉢

⑤ ㉡, ㉣

26. 상담센터 직원 Q는 질문 게시판에 올라온 다음 글에 답변하고자 한다. Q의 답변으로 옳지 않은 것은?

〈상담센터 온라인 질문 게시판〉

안녕하세요. 만 3세 2개월 아들을 키우고 있는데 어린이집에서 저희 아이가 사회성이나 감각능력에는 문제가 없는데 인지능력이 다른 또래 아이들에 비해 떨어지는 것처럼 보인다고 하더라고요. 무슨 문제가 있는 것인지 걱정이 돼서 검사를 받고자 합니다. 혹시나 부모로서 양육 태도가 잘못되었던 것이 아닌지도 확인받을 수 있는지 궁금합니다. 어떤 검사를 받으면 좋을지 답변주시면 감사하겠습니다.

〈상담센터 발달검사 프로그램〉

대상연령	검사도구	검사설명
1개월 ~ 42개월	Bayley-III®	1개월의 영아에서부터 유아에 이르기까지의 포괄적인 발달 테스트 도구입니다. 인지, 언어, 사회-정서, 운동과 적응행동의 다섯 가지 요소로 검사를 실시합니다.
	PAT	유아부터 초등학생, 청소년 자녀를 둔 보호자의 양육 태도를 검사는 것으로, 보호자가 직접 검사문항을 체크합니다. 이 검사를 통하여 지지표현, 합리적 설명, 성취압력, 간섭, 처벌, 감독, 과잉기대, 비일관성의 부모태도를 확인할 수 있습니다.
만 2세 6개월 ~ 만 7세 7개월	K-WPPSI-IV	유아의 전반적인 지능(전체 IQ)과 더불어 특정 인지영역의 지적기능을 나타내는 15가지 소검사와 5가지 기본지표 및 4가지 추가지표를 제공해줍니다. 본 검사는 아동의 인지영역별 강점과 약점을 상세히 평가할 수 있을 뿐 아니라 영재, 정신지체 등을 포함하는 전반적인 인지 기능에 대한 평가입니다.
	PAT	보호자의 양육 태도를 검사하는 것으로, 보호자가 직접 검사문항을 체크합니다. 지지표현, 합리적 설명, 성취압력, 간섭, 처벌, 감독, 과잉기대, 비일관성 태도를 확인할 수 있습니다.
24개월 ~ 60개월	SP	아동의 현재 감각처리 능력의 평가를 비롯하여 조절능력, 행동과 감정반응의 능력을 평가할 수 있으며, 보호자에게 앞으로의 감각 경험에 대한 방향을 제시해 줄 수 있습니다.

① PAT를 통해 지지표현, 합리적 설명, 감독, 비일관성의 부모 양육 태도를 확인받을 것을 추천드립니다.

② SP를 통해 자녀분이 일상생활에서의 기능적인 작업 수행 활동에 문제가 있는지 확인하시길 바랍니다.

③ K-WPPSI-IV 검사를 통해 자녀의 전반적인 지능과 인지영역별 강점 및 약점을 확인하시길 바랍니다.

④ 자녀분의 나이가 상담센터에서 시행하는 모든 발달검사프로그램의 대상연령에 해당되므로 대상연령은 고려하지 않고 적합한 검사유형을 선택하실 수 있습니다.

⑤ Bayley-III® 검사를 통해서 인지 영역뿐 아니라 다른 영역까지 포괄적으로 검사를 받으실 수 있으므로 해당 검사를 추천합니다.

1회 기출예상문제 2회 기출예상문제 3회 기출예상문제 4회 기출예상문제 5회 기출예상문제 6회 기출예상문제 인성검사 면접가이드

27. 다음 정전 대응요령에 따른 행동으로 적절하지 않은 것은?

〈예고정전 대응요령〉

• 예비 발전기
 – 예비 발전기를 소유한 고객은 발전기의 전류가 한전선로로 역류되지 않도록 차단장치 등을 설치해야 합니다. 그렇지 않으면 고장복구를 위해 선로에서 일하고 있는 작업자의 생명이 위험합니다. 양식장, 식물재배 등에 종사하는 경우 예비전원을 확보해야 합니다.

• 라디오 및 플래시
 – 모든 가정은 배터리를 사용하는 라디오, 플래시, 랜턴 등을 준비해두는 것이 좋습니다.
 – 콘센트에 꽂아 놓으면 정전과 동시에 불이 들어오는 전등을 준비하는 것이 좋습니다.

• 가전기기 보호
 – 정전이 되면 전열기, 전기스토브, 세탁기, 건조기, TV, 전자레인지, 컴퓨터, 냉장고 등의 플러그를 뽑아 놓거나 스위치를 꺼야 합니다.
 – 전기가 들어온 것을 알 수 있도록 램프 하나는 꽂아 놓습니다.
 – 집의 일부분이 정전된 경우 배전반의 차단기 또는 퓨즈를 확인해야 합니다. 차단기나 퓨즈가 정상 상태이면 정전 시 주의사항을 따르면 됩니다.

〈불시정전 대응요령〉

• 우리 집만 정전되었을 경우
 – 옥내 배전반의 누전차단기 또는 개폐기 퓨즈의 이상 유무를 확인합니다.
 – 옥내설비에 이상이 있을 경우 전기공사업체에 의뢰하고, 이상이 없을 때는 한전에 연락하십시오.

• 이웃과 같이 정전되었을 경우
 – 대부분 선로고장이며, 즉시 복구작업에 임하게 되므로 잠시 기다려 주십시오.
 – 여러 고객이 동시에 전화를 하면 통화체증이 발생하게 되어 통화를 할 수 없습니다.
 – 선로 고장에 의한 정전은 대부분 신속히 복구되나, 사고의 유형에 따라서는 다소 시간이 소요되는 경우도 있습니다.

• 순간정전 대비요령
 – 전동기를 사용하는 공장에서는 지연석방형 전자개폐기를 부설하는 것이 좋습니다.
 – 지연석방형 전자개폐기는 선로에 정전이 발생할 경우 1 ～ 5초 동안 부하회로 차단을 지연시키는 기능을 갖고 있어 순간정전에 대한 피해를 어느 정도 줄일 수 있습니다.

- 불시정전 대비사항
  - 전력설비는 자연재해 등 예기치 못한 고장이 발생할 수 있으므로 비닐하우스(특용작물 재배), 양계장, 양어장, 농/수/축산물 저장 등 정전 시 피해가 예상되는 고객은 비상용 발전기 등 정전으로 인한 피해를 줄일 수 있는 시설을 갖추어야 합니다.
  - 컴퓨터 등 정밀기기를 사용하는 곳에서는 무정전 전원장치(U.P.S)를 설치하면 피해를 예방할 수 있습니다.
  - 경보기 등 정전을 감지할 수 있는 시설을 갖추는 것이 좋습니다.
  - 천재지변이나 전기 고장으로 인한 정전피해에 대하여는 배상을 하지 않으니 피해가 발생하지 않도록 사전 점검이 필요합니다.

① 식물원 주인 A 씨 : 우리 식물원에 예비 발전기를 설치하려고 하는데 정전에 대비하기 위해서 반드시 차단장치도 함께 설치해야겠군.

② 주민 B 씨 : 우리 집만 불시에 정전된 걸 보니 누전차단기나 개폐기 퓨즈를 확인해야겠구나. 확인 결과 특별한 이상이 없으면 한전에 연락해야겠군.

③ 주민 C 씨 : 우리 옆집도 같이 정전된 걸 보니 선로고장이겠구나. 조금 기다리면 복구가 될 것 같으니 굳이 한전에 전화하지 않고 차분히 기다려야겠어.

④ 공장 주인 D 씨 : 어젯밤 비바람이 심하게 치더니 1시간 동안 생산 공정이 멈춰버렸어. 자연재해로 손실이 발생했다는 사실만 입증하면 한전에서 배상을 받을 수 있겠군.

⑤ 공장 주인 E 씨 : 우리 공장은 컴퓨터를 많이 사용하니 지연석방형 전자개폐기와 함께 U.P.S를 설치하는 게 좋겠군.

1회 기출예상문제
2회 기출예상문제
3회 기출예상문제
4회 기출예상문제
5회 기출예상문제
6회 기출예상문제
인성검사
면접가이드

[28 ~ 29] 다음 글을 읽고 이어지는 질문에 답하시오.

서울시는 서울 시내 자체 미세먼지 발생량의 37%를 차지하는 교통부문 미세먼지 저감을 위해 1,004억 원을 투입, 올 연말까지 노후 경유차 및 건설기계 40,163대를 대상으로 저공해화 사업을 추진한다.

먼저 2005년 이전에 등록한 노후 경유자동차에 대해선 ▲조기폐차 ▲매연저감장치 부착 ▲LPG 엔진 개조 ▲미세먼지-질소산화물 저감장치 부착 보조금 지원을 38,190대의 차량에 대해 시행한다.

조기폐차 지원대상은 수도권에 2년 이상 연속 등록되고, 소유권 이전 후 6개월 경과 등 조기폐차 지원 조건을 만족하는 자동차이다. 폐차를 원하는 이들은 한국자동차환경협회에 조기폐차를 신청한 후 폐차 말소 등록 후 보조금을 수령할 수 있다. 조기폐차 지원금은 차종 규모별 최대 165만 원에서 770만 원을 지원하며, 저소득층의 경우에는 일반대상자에 비해 지원율을 10% 추가하여 지원하고 있다.

또 2.5톤 이상 경유차량, 3.5톤 이상 대형차량을 우선하여 5,500대에 대해 매연저감장치 부착을 지원하고, 경유차 50대에 LPG 엔진 개조 등을 지원한다. 지원금은 차량 규모별 최대 327 ~ 928만 원이다. 지원대상은 노후 경유차 폐차지원과 마찬가지로 2005년 이전에 등록했고 현재 서울시에 등록되어 있는 차량이다. 매연저감장치를 부착하는 데 드는 비용은 차량에 따라 500만 원에서 1,000만 원까지 드는데 서울시는 이 금액의 약 90%를 지원하여 시민들의 자기부담은 10% 내외가 된다.

관광버스, 대형화물차와 같은 대형경유차에서 나오는 질소산화물을 저감하기 위해 미세먼지(PM)-질소산화물(NOx) 저감장치 부착도 추진한다. 금년 계획물량은 작년보다 3.1배 증가해 500대의 차량이 혜택을 받을 수 있으며, 차량 1대당 최대 1,368만 원까지 지원받는다. 질소산화물(NOx)은 물과 반응하여 질산(HNO₃)을 만드는데 이는 초미세먼지와 산성비 그리고 오존층 파괴의 주요원인이 되고 있어 전문가들도 이에 대한 대책을 주문하고 있다.

미세먼지(PM)-질소산화물(NOx) 저감장치의 지원대상은 2002 ~ 2007년식 배기량 5,800 ~ 17,000cc, 출력 240 ~ 460ps 차량이다. 지원규모는 매연저감장치와 마찬가지로 전체비용의 90%이다.

노후 경유 차량뿐만 아니라 건설기계에 대한 매연저감장치 부착과 엔진교체 지원사업도 병행한다. 서울시는 전년에 비해 약 2배 이상 예산을 확대해 지원대상을 기존 1,236대에서 1,978대까지 늘렸다. 지원금은 차량 규모별 최대 935 ~ 2,527만 원이다. 지원대상 건설기계는 굴삭기, 지게차, 덤프트럭, 콘크리트 믹서트럭(레미콘), 콘크리트 펌프트럭 5개 종류다.

서울시는 지난 2017년 5월부터 시와 SH공사에서 발주하는 공사는 친환경 건설기계를 사용하도록 서울시 공사계약특수조건을 개정한 바 있고, 2018년 1월부터는 공사 규모에 관계없이 모든 공공건설 공사장에서 전면 시행하고 있다.

28. 윗글을 바탕으로 다음의 표를 작성하였다. 표의 내용 중 잘못 작성된 것은?

구분	추진 대수	대상차량
매연저감장치(DPF) 부착	⊙ 5,500대	ⓒ 2005년 이전 등록하고 현재 서울시에 등록되어 있는 차량 중 총중량 2.5톤 이상 경유차 • 3.5톤 이상 대형차량 우선 추진
LPG 엔진 개조	50대	
조기폐차	ⓒ 38,190대	ⓔ 2005년 이전 등록한 경유차 중 수도권에 2년 이상 연속으로 등록되어 있으며 소유권 이전 후 6개월 이상 경과한 차
PM-NOx 동시 저감장치 부착	500대	ⓜ 2002 ~ 2007년식 배기량 5,800 ~ 17,000cc, 출력 240 ~ 460ps 경유 사용 차량

① ⊙   ② ⓒ   ③ ⓒ
④ ⓔ   ⑤ ⓜ

29. 윗글을 바르게 이해한 사례를 〈보기〉에서 모두 고르면?

> ⊙ A는 2000년 서울시에 등록한 배기량 6,000cc인 본인 소유의 차를 조기폐차 신청하여 약 900만 원 정도 지원받기를 기다리고 있다.
>
> ⓒ B는 2004년 대전시에 등록한 경유차량을 중고로 500만 원에 구입하여 운행하던 중 조기폐차 지원대상 차라는 소식을 듣고 중고로 매각하는 것보다 지원금을 받고 폐차하는 것이 낫다고 생각했다.
>
> ⓒ 서울시에 2003년 등록한 경유차 3톤 트럭을 운행하는 C는 매연저감장치를 부착하려고 하고 있다. C는 부착하고자 하는 매연저감장치의 비용 중 10%만 부담하기로 하고 서울시에 넘기기로 했으며 서울시에서 현재 차량을 받을 수 있기를 기다리고 있다.

① ⊙   ② ⓒ   ③ ⓒ
④ ⊙, ⓒ   ⑤ ⓒ, ⓒ

[30 ~ 31] 다음은 축산물이력제 시행 기관 담당자와 관련 유통업자 간의 '묻고 답하기' 내용이다. 이어지는 질문에 답하시오.

Q. 귀표가 없는 소인데 도축 신청이 들어왔습니다. 어떻게 해야 하나요?

A. 우선 소속 축산물품질평가사에게 신고하여 개체식별번호 및 농장식별번호를 확인하고 농림축산식품부 이력지원실로 개체식별번호 발급요청을 하셔야 합니다. 이력지원실에서 부여받은 개체식별번호를 도체에 부착하여 처리하시기 바랍니다.

Q. 귀표는 부착되어 있으나 확인해 보니 이력제에 등록 안 된 개체로 확인됩니다. 도축해도 될까요?

A. 안 됩니다. 모든 소에 대해서는 축산물이력제 등록 여부, 농장경영자정보의 일치 여부 등을 확인 후 도축을 해야 하므로 등록되지 않은 개체인 경우 도축이 불가합니다. 이러한 경우 소의 소유자는 관할 위탁기관에 소의 출생 등에 관한 신고서를 제출하고 위탁기관은 전산 등록 등의 조치를 하여야 하며 이러한 과정을 마친 소는 질병 등의 특별한 사유가 없는 한 도축이 가능합니다.

Q. 도축 신청이 들어왔는데 실제 소의 종류, 성별, 개월령(출생일자) 등의 정보와 이력 시스템에 등록되어 있는 소의 정보가 서로 다릅니다. 어떻게 해야 하나요?

A. 가축 및 축산물 식별대장의 등록 정보와 비교하여 정보가 불일치하는 소의 도축이 의뢰되면 해당 개체의 도축을 잠시 보류하고 경영자가 가축 및 축산물 식별대장의 등록정보 수정 등을 위해 관할 위탁기관에 변경 신고하는 등의 조치를 취하도록 하여, 이력시스템의 등록정보가 변경된 후 도축해야 합니다.
참고로 도축 이후 위생검사관이 도축검사 결과를 입력할 때 실제 올바른 종류 및 성별로 입력하면, 가축 및 축산물 식별대장의 정보가 최종 입력한 값으로 변경되니 처리 가능 여부에 대해서는 도축장 측으로 직접 문의해 보시길 바랍니다.

Q. 이력제 사용 중인 포장처리업소입니다. 2013년도에는 종업원이 5인 이상인 포장처리업소였으나 2014년에 종업원이 3인으로 줄었습니다. 도축장에 연접한 영업장도 아닌데, 2015년부터는 포장처리실적을 전산에 등록하지 않아도 되나요?

A. 전산신고 의무 대상으로 지정되는 식육포장처리업소의 기준은 도축장 연접 및 영업장의 전년도 연간 평균 종업원 수 5인 이상입니다. 따라서 2015년 전년인 2014년도 연간 평균 종업원 수가 5인 이상이 되지 않기 때문에 전산신고를 하지 않아도 됩니다. 이런 경우, 전산신고 의무 대상 지정 취소 후 포장처리 실적 및 거래내역을 장부로 관리하면 됩니다.

Q. 묶음번호가 무엇인가요?

A. 묶음번호란 다수의 이력번호(개체식별번호)를 이력번호 외의 번호 또는 이를 새로운 기호로 대체해 표시하는 것을 말합니다. 여러 개의 다른 이력번호를 한 개로 포장처리·판매할 경우 이력번호를 전부 표시하거나 〈묶음번호 구성내역서〉를 기록한 후 묶음번호를 사용할 수 있습니다.

Q. 묶음번호 표시의 형식이 정해져 있나요?

A. 묶음번호는 총 15자리[묶음고정코드(1)+구분코드(1)+묶음날짜코드(6)+영업자코드(4)+일련번호(3)]로 구성됩니다.

묶음고정코드는 묶음을 나타내는 LOT의 약자인 L로 고정된 값입니다. 구분코드는 축종에 따라 소는 0, 돼지는 1로 표시하며, 묶음날짜코드는 묶음을 구성한 날짜를 연월일 6자리로 표시하시면 됩니다. 영업자코드 4자리는 전산신고 의무대상이면 전산상에서 따로 부여해 드리며 비의무대상인 경우 업장의 사업자번호 10자리의 마지막 5자리 중 끝에 한 자리를 제외한 4자리의 숫자로 표시하시면 됩니다. 마지막 일련번호 3자리는 묶음구성일별로 중복되지 않도록 영업자가 자체적으로 부여하시면 됩니다.

㉮ 전산신고 비의무대상 업체(412-81-12345)에서 2015년 1월 27일 가공한 소고기의 묶음번호
: L 0 150127 1234 001

30. 위의 설명을 참고하여 판단할 수 있는 내용으로 적절하지 않은 것은?

① 하나의 묶음번호에는 여러 개의 이력번호가 표시될 수 있다.
② 도축 가능 개체의 기준은 귀표 부착이 아니라 관련 사항의 전산 등록 여부이다.
③ 실제 소의 관련 정보가 전산 등록 내용과 다를 경우, 해당 소는 도축할 수 없다.
④ 종업원 수가 적은 포장처리업소에서는 포장처리 실적에 대한 별도의 정보를 관리할 필요가 없다.
⑤ 포장처리업소가 도축장에 연접해 있는지 여부는 해당 업소의 포장처리실적을 전산에 등록해야 하는 기준이 된다.

31. 다음 '묶음번호 구성내역서'의 일부 내용에 대한 설명으로 옳지 않은 것은?

묶음번호	이력번호
L01710151234001	002001773786
	002002753787
	002003773789
L11710234321003	110053800007
	120053800007
	130053800007

① 소고기와 돼지고기가 포장처리 된 날짜는 동일하지 않다.
② 소고기와 돼지고기가 각각 3개 개체씩 포장처리 되었다.
③ 동일한 포장처리업소에서 6개의 이력번호를 가진 개체에 대한 포장처리를 실시하였다.
④ 묶음번호에서 변하지 않는 숫자 또는 기호는 1자리의 숫자 또는 기호뿐이다.
⑤ 묶음번호의 마지막 3자리는 구분을 위해 영업자가 임의로 표기하였다.

32. 영업부 직원인 홍길동은 회의실을 예약하라는 상사의 지시를 받았다. 〈회의실 예약 조건〉이 다음과 같을 때, 홍길동이 회의실을 예약할 요일과 시간을 고르면?

〈회의실 예약 조건〉

- 12 : 00 ~ 14 : 00은 점심 시간으로 회의가 진행되지 않는다.
- 회의는 3시간이 소요되며 회의는 끊기지 않고 지속되어야 한다.
- 회의에는 김 부장, 유 과장, 이 대리, 박 대리, 최 사원 중 3명 이상이 참여해야 한다.
- 가능한 날짜와 시간이 여러 개라면 가장 많은 사람이 참여할 수 있는 때를 선택한다.

〈직원별 일정〉

김 부장	월요일 재택근무, 목요일 휴가
유 과장	월요일부터 수요일까지 휴가
박 대리	화요일부터 금요일까지 출장
최 사원	수요일부터 목요일까지 출장

〈회의실 예약 현황〉

- 월요일 14 : 00 ~ 16 : 00, 화요일 9 : 00 ~ 11 : 00, 목요일 10 : 00 ~ 12 : 00은 총무팀이 회의실을 예약했다.
- 금요일 오후는 직원 전체 워크숍이 예정되어 있으므로 회의가 불가능하다.
- 화요일 오후부터 수요일 오전까지 회의실 공사가 진행된다.
  (오전은 9 : 00 ~ 12 : 00를, 오후는 14 : 00 ~ 18 : 00을 의미한다)

〈회의실 시간표〉

	월	화	수	목	금
9 : 00 ∼ 10 : 00					
10 : 00 ∼ 11 : 00					
11 : 00 ∼ 12 : 00					
12 : 00 ∼ 13 : 00					
13 : 00 ∼ 14 : 00					
14 : 00 ∼ 15 : 00					
15 : 00 ∼ 16 : 00					
16 : 00 ∼ 17 : 00					
17 : 00 ∼ 18 : 00					

	요일	시간		요일	시간
①	월요일	9 : 00 ∼ 12 : 00	②	화요일	14 : 00 ∼ 17 : 00
③	수요일	15 : 00 ∼ 18 : 00	④	목요일	14 : 00 ∼ 17 : 00
⑤	금요일	9 : 00 ∼ 12 : 00			

1회 기출예상문제
2회 기출예상문제
3회 기출예상문제
4회 기출예상문제
5회 기출예상문제
6회 기출예상문제
인성검사
면접가이드

33. 레저용 드론 생산 및 유통을 전문으로 하는 ○○토이의 마케팅부 P 차장은 자사의 주력상품 "B33"의 이익 감소 해결방안을 도출하기 위해 다음과 같은 로직트리를 작성하였다. 아래 로직트리에 대한 설명을 참고하여 P 차장이 작성한 로직트리에서 수정해야 할 부분을 모두 고르면?

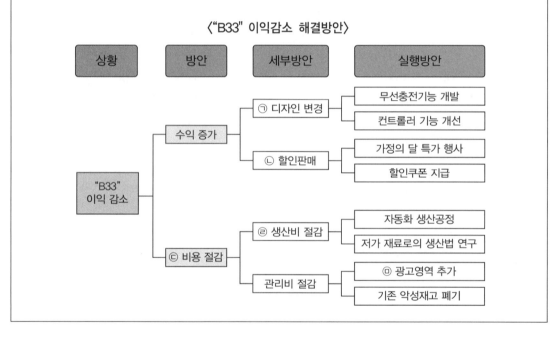

〈로직트리(Logic Tree)〉

로직트리는 논리적이고 체계적으로 과제를 해결하거나 문제를 규명할 때 적용하는 기법으로, 문제를 그에 관한 논리적 연관성을 가진 하부 과제들을 나뭇가지 형태로 분해하고 전개해 나가면서 문제해결의 실마리를 찾는 것을 그 목적으로 한다.

합리적인 로직트리는 상위의 분류나 항목은 하위요소들을 요약하거나 포괄하고, 같은 계층의 분류나 항목은 항상 비슷한 차원의 유형 혹은 동일한 수준의 것이어야 한다.

〈"B33" 이익감소 해결방안〉

① ㉠, ㉡

② ㉠, ㉤

③ ㉡, ㉤

④ ㉢, ㉣

⑤ ㉣, ㉤

34. ○○공사 전력관리처 최 과장은 자가전기발전기를 운영하는 가정의 초과 생산 전기를 구매하는 업무를 담당하고 있다. 〈태양광 전기 구매 조건〉을 충족한 가정을 모두 고르면?

〈최 과장 관할지역 전기발전 가정 현황〉

구분	A	B	C	D	E
생산 설비 용량	5kW/시간	5kW/시간	6kW/시간	5kW/시간	5kW/시간
일조 시간	4시간	1.5시간	3시간	4시간	3.6시간
송전 거리	9.8km	11km	10.3km	10.2km	5.3km
희망 구매 단가	98원/kW	98원/kW	98원/kW	95원/kW	95원/kW
발전 가능 연한	7년	19년	32년	5년	6년

〈태양광 전기 구매 조건〉

생산 설비 용량	시간당 5kW 이하
1개월 평균 전기 생산량*	540kW 이상
송전 거리	10km 이상
희망 구매 단가	98원/kW 이하
발전 가능 연한	3년 이상

* 1개월 평균 전기 생산량=생산 설비 용량×일조 시간×30일
　㉑ 3(kW/시간)×4(시간)×30(일)=360(kW)

① A, B
② B
③ B, D
④ C, E
⑤ D

35. ○○공사는 직원들의 역량 강화를 위한 정기 해외 파견근무 대상자를 선정하고자 한다. 다음 내용을 참고하여 2021년 10월 해외 파견근무에 선발될 직원을 고르면?

〈선발 조건〉

1) 지원자 중 3명을 선발하여 1년간 이루어지며, 파견 기간은 변경되지 않는다.
2) 업무능력이 80점(보통) 이상인 경우만 선발하고 업무능력 우수자가 반드시 1명 이상 선발되어야 한다.
3) 총무부 직원은 1명 이상 선발한다.
4) 동일 부서에 근무하는 2명 이상의 팀장을 선발할 수 없다.
5) 과장을 선발하는 경우 동일 부서에 근무하는 직원을 1명 이상 함께 선발한다.
6) 직전 해외 파견근무가 종료된 이후 2년이 경과하지 않은 직원은 선발할 수 없다.

〈지원자 현황〉

직원	근무부서	업무능력	직전 해외 파견근무 종료 시점
A 과장	총무	보통	2018년 3월
B 과장	기획	미흡	2019년 8월
C 팀장	총무	보통	2019년 11월
D 팀장	영업	우수	2018년 8월
E 팀장	영업	보통	2019년 5월
F 사원	총무	보통	2019년 5월
G 사원	기획	미흡	2018년 7월

① A 과장, B 과장, D 팀장
② A 과장, E 팀장, G 사원
③ A 과장, D 팀장, F 사원
④ B 과장, D 팀장, G 사원
⑤ D 팀장, F 사원, G 사원

36. 다음은 클라이밍 강습료 및 환불규정에 관한 자료이다. B 씨(26세)가 평일 강습반 16회를 신청하여 강습을 받다가 5회차 수업을 듣고 환불받고자 하는 경우 환불금액은? (단, B 씨는 강습이 없는 요일에 클라이밍짐을 3회 방문하여 클라이밍을 하였다)

• 평일 강습반

구분	월/수	화/목
시간	10 : 30 ~ 11 : 20	–
	16 : 00 ~ 17 : 00	16 : 00 ~ 17 : 00
	20 : 00 ~ 21 : 00	20 : 00 ~ 21 : 00
	21 : 00 ~ 22 : 00	21 : 00 ~ 22 : 00
정원	9명	

강습료	구분	성인	청소년 (중/고등학생)
	강습(16회) : 자유이용(2개월) 가능 12만 원 할인	~~400,000~~ 280,000	250,000
	강습(8회) : 자유이용(1개월) 가능 4만 원 할인	~~220,000~~ 180,000	160,000

※ 강습 받는 기간 동안 클라이밍짐 자유이용 가능

• 일일이용권

성인	청소년
20,000	15,000

• 환불규정

환불금액＝강습료×(강습 잔여횟수÷강습 신청횟수)−자유이용 횟수×일일이용권 금액

※ 자유이용 횟수는 강습이 없는 날 클라이밍짐에 방문한 횟수를 의미한다.

① 117,500원   ② 132,500원   ③ 138,000원

④ 175,000원   ⑤ 215,000원

[37 ~ 38] 다음은 P 인쇄소의 가격표와 주문내역이다. 이어지는 질문에 답하시오.

〈P 인쇄소 가격표〉

사이즈 (mm)	인쇄(원/장)		제본비(원/권)	운송료	
	낱장	제본		(원/장)	(원/권)
A7 (74×105)	50	25	1,000	10	100
A6 (105×148)	100	50	1,500	12	150
A5 (148×210)	150	75	2,000	13	180
A4 (210×297)	200	100	2,500	15	200

* 인쇄 2,000장 이상 주문 또는 제본 100권 이상 주문 시 운송료는 무료이다.

* 다이어리, 핸드북, 책은 제본 인쇄, 포스터는 낱장 인쇄이다.

〈업체별 주문내역〉

- A 업체 : 회사에서 열리는 전시회를 홍보하기 위해 A4 크기의 홍보 포스터를 1,400장 제작하기로 하였다.
- B 업체 : 직원들에게 신년 선물을 하기 위해 A6 크기 30장 분량의 다이어리 100권을 만들기로 하였다.
- C 업체 : 매년 열리는 학술대회를 위해 발표 자료들을 요약한 책이 필요하여 A5 크기 10장으로 된 책 110권을 만들기로 하였다.
- D 업체 : 평소에 쓰이는 업무를 신입사원들이 빠르게 익힐 수 있도록 A7 크기 50장으로 된 핸드북을 90권 만들어서 나누어 주기로 하였다.
- E 업체 : 업무용으로 사용할 A4 크기 30장 분량의 노트 50권을 만들기로 하였다.

37. 주문 금액이 높은 순으로 주문을 처리하려고 할 때, 가장 먼저 처리하게 되는 업체는?

① A 업체
② B 업체
③ C 업체
④ D 업체
⑤ E 업체

38. D 업체에서 핸드북이 너무 작다고 판단하여 사이즈를 기존 A7에서 A6로 바꾸어 주문하려고 할 때, 주문 금액은?

① 362,500원
② 373,500원
③ 395,500원
④ 417,000원
⑤ 434,500원

[39 ~ 41] ○○기업 인사팀은 매달 직원들의 실적에 따라 성과급을 지급하고 있다. 다음 자료를 보고 이어지는 질문에 답하시오.

〈성과급 지급 기준〉

기준(실적)	3,000만 원 이상	4,000만 원 이상	5,000만 원 이상
성과급 (당월 기본급 기준)	50%	100%	150%

* ○○기업의 직원들은 본인 실적의 10%씩을 기본급으로 받는다.

〈직원별 실적〉

구분	소속	실적(만 원)
A	1팀	4,000
B	3팀	3,500
C	2팀	4,500
D	1팀	4,300
E	3팀	2,900
F	2팀	3,800
G	2팀	5,000
H	1팀	4,700
I	3팀	3,300

39. ○○기업에서 이번 달에 직원들에게 지급한 급여(성과급 포함)의 총 합계액은?

① 5,680만 원
② 5,800만 원
③ 6,050만 원
④ 6,330만 원
⑤ 6,630만 원

40. ○○기업은 직원들의 동기부여를 위해 실적이 전월 대비 상승하였다면 총 급여의 10%를 추가 지급하기로 결정했다. 지난달 실적이 다음과 같을 때 추가 지급 결정이 없었을 때보다 급여를 얼마나 더 지급하게 되는가?

구분	소속	실적(만 원)
A	1팀	3,500
B	3팀	4,500
C	2팀	4,200
D	1팀	4,600
E	3팀	2,800
F	2팀	3,500
G	2팀	5,600
H	1팀	3,700
I	3팀	3,900

① 200만 원   ② 250만 원   ③ 300만 원
④ 350만 원   ⑤ 400만 원

41. ○○기업은 다음 달부터 팀별 실적 평균을 기준으로 성과급을 지급함으로써 회사 내부의 개인주의적인 분위기를 바꾸고 팀이 단합하도록 만들려고 한다. 다음 달 실적이 이번 달과 모두 같다고 할 때, 다음 달에 ○○기업이 지급할 총 급여는 이번 달보다 얼마나 상승하겠는가? (단, 40의 결정은 고려하지 않는다)

① 85만 원   ② 90만 원   ③ 95만 원
④ 100만 원   ⑤ 105만 원

42. ○○공사 김 사원은 새로운 신용카드를 발급받고자 한다. 김 사원이 계획한 〈한 달 예산내역〉과 〈신용카드별 할인혜택〉이 다음과 같을 때, 할인혜택이 가장 많은 신용카드와 그 때 청구될 한 달 요금은?

〈한 달 예산내역〉

분류	세부 항목	금액
교통비	유류비	14만 원
	버스 및 지하철	10만 원
식비	식당	22만 원
	카페	7만 원
	일반 마트	20만 원
	전통시장	15만 원
문화지출비	도서	8만 원
	영화	3만 원
기타	의류 지출비	20만 원
	통신비	5만 원
	기타 비용	10만 원

〈신용카드별 할인혜택〉

* 할부는 고려하지 않으며, 적립은 현금으로 계산한다.

카드	혜택 현황
A 카드	• 버스 및 지하철 요금 15% 할인 • 카페 사용액 20% 청구 할인 • 마트 사용액 5% 적립 • 월회비 : 15,000원
B 카드	• 유류비 10% 할인 • 영화 관람비 20% 할인(월 최대 4,000원) • 전통시장 사용액 5% 할인
C 카드	• 의류비 5% 할인 • 영화 관람비 30% 할인 • 통신비 10% 적립 • 도서 구입비 10% 할인 • 최대 할인금액 : 25,000원

	카드	요금		카드	요금		카드	요금
①	A 카드	1,301,000원	②	A 카드	1,303,000원	③	B 카드	1,314,500원
④	B 카드	1,315,000원	⑤	C 카드	1,316,000원			

43. ○○공사 인사팀 김 대리는 직원을 대상으로 하는 교육용 자료를 만들기 위해 보안팀 최 대리와 대화를 나누고 있다. 대화 내용과 가장 관련 있는 것은?

> 김 대리 : 요즘 악성코드에 감염된 사용자 PC를 조작하여 금융정보를 빼내는 신종사기가 극성을 부린다고 하네요.
>
> 최 대리 : 그렇다죠. 저도 관련된 뉴스를 봤어요.
>
> 김 대리 : 그 내용을 교육용 자료로 만들려고 하는데, 자세하게 설명을 좀 해 주시겠어요?
>
> 최 대리 : 네, 만약 사용자 PC가 악성코드에 감염되면 우리가 정상 홈페이지에 접속을 해도 가짜 사이트로 유도하여 금융정보를 탈취당하게 되어 있어요. 정상 홈페이지로 가장하여 보안카드 번호 등 금융정보를 입력하도록 요구하는 신종금융 사기의 주요 범행수단이지요. 조심해야 돼요.

① 피싱(Phishing)   ② 스누핑(Snooping)   ③ 스푸핑(Spoofing)
④ 랜섬웨어(Ransomware)   ⑤ 파밍(Pharming)

44. 다음 대화에서 설명하고 있는 컴퓨터의 주기억장치의 종류는?

> A : 하드웨어 주기억장치 중 하나인데, 컴퓨터 전원이 갑자기 차단되어도 정보가 지워지지 않아.
> B : 이 장치는 컴퓨터의 읽기 전용 기억장치로, 한 번 기록하면 삭제나 수정이 불가능한 기억장치를 말해.
> C : 전기가 공급되지 않아도 데이터가 남아있다는 특징 덕분에 수많은 전자 기기에 사용되고 있어.
> D : 사전으로서의 기능을 수행하며 워드프로세서의 한자, 메모리, IC카드 등에 쓰여.

① ROM   ② RAM   ③ 하드 디스크 드라이브
④ 캐시 메모리   ⑤ 클라우드 스토리지

45. 다음 시트에서 판매수량과 판매가격을 이용하여 총 판매수입을 구하려고 한다. 다음 [C6]셀에 들어갈 함수식은?

	A	B	C
1	제품	판매수량(개)	판매가격(원)
2	A	15	12,000
3	B	10	8,000
4	C	12	14,500
5	D	5	11,000
6	총 판매수입		
7			

① =SUM(B2 : C5)

② =SUMPRODUCT(B2 : C5)

③ =SUMPRODUCT(+ +(C2 : C6))

④ =SUMPRODUCT(B2 : B5, C2 : C5)

⑤ =SUMPRODUCT(1*(C2 : C5))

46. 다음은 엑셀 작업에 관한 내용이다. 옳지 않은 것을 모두 고르면?

> ㉠ 시간을 나타낼 때는 ' : '으로 시, 분, 초를 구분한다.
> ㉡ 오늘 날짜를 표시할 때는 =Today( ), Ctrl+Shift+;를 사용하여 나타낼 수 있다.
> ㉢ 한 셀 안에 여러 줄을 입력하려면 Alt+Enter를 사용하면 된다.
> ㉣ 작성된 문서 내용의 맞춤법 검사를 하고자 할 땐 F7키를 누르면 된다.
> ㉤ 현재 작성중인 문서를 저장하려면 Alt+Shift+F2를 누르면 된다.
> ㉥ 숫자와 수식은 앞에 몇 글자를 입력하면 뒷부분이 자동으로 완성되기도 한다.
> ㉦ 입력한 내용을 취소하기 위해서는 Esc 버튼을 누르거나 빠른 실행 메뉴에서 취소 버튼을 누르면 된다.
> ㉧ 입력한 내용과 전체적으로 같은 내용을 넣으려면 채우고자 하는 부분에 블록을 잡고 내용을 입력한 후 Shift+Enter를 누른다.

① ㉠, ㉤

② ㉠, ㉢, ㉧

③ ㉡, ㉧

④ ㉡, ㉥, ㉦

⑤ ㉣, ㉧

47. Microsoft Office Excel에서 다음 자료의 모든 셀에 필터를 적용하여 '근속연수' 항목을 기준으로 숫자 오름차순 정렬을 할 경우 [B3]셀에 위치할 값은?

	A	B	C
1	사원명	영업건수	근속연수
2	김진우	30	5
3	김은형	25	3
4	박주연	51	5
5	최민아	18	7
6	이세준	39	8

	A	B	C
1	사원명	영업건수	근속연수
2	김진우	숫자 오름차순 정렬(S)	
3	김은형	숫자 내림차순 정렬(O)	
		색 기준 정렬(T) ▸	
4	박주연	"근속연수"에서 필터 해제(C)	
		색 기준 필터(I) ▸	
5	최민아	숫자 필터(F) ▸	
6	이세준	☑ (모두 선택)	
		☑ 3	
		☑ 5	

① 51   ② 25   ③ 18

④ 39   ⑤ 30

48. 다음 중 클라우드 컴퓨팅에 대한 이해로 적절하지 않은 것은?

4차 산업혁명의 변화에 클라우드 컴퓨팅이 중요한 이유는 무엇일까요? 일단 클라우드 컴퓨팅의 정의부터 살펴보겠습니다. 수많은 정의와 설명을 할 수 있겠지만 쉽게 말해 'IT 자원을 서비스 방식으로 제공하는 컴퓨팅 스타일'로서 수도, 전기와 같이 고객이 이용한 만큼 지불하는 유틸리티 서비스라 할 수 있습니다.

클라우드 컴퓨팅은 초기 투자비용 없이 이용한 만큼 지불하는 탄력성, 최소 자원으로 시작 후 사용량에 따라 동적확장이 가능한 확장성, 그리고 IT 자원 및 신기술 도입 기간과 리스크를 최소화시키는 민첩성의 3가지 특징이 뚜렷하게 나타납니다.

4차 산업혁명은 빅데이터, 사물인터넷(IoT) 등과 클라우드가 맞물려 전통적 산업을 파괴하는 모델로 시장을 움직이고 있습니다. 비즈니스 혁신 플랫폼으로써 클라우드 컴퓨팅을 통해 비즈니스 모델만 있으면 모든 것이 가능해진 세상이 열리고 있는 것입니다. 소위 말하는 '뉴노멀(New Normal)'의 시대가 도래한 것이죠.

글로벌 혁신 기업들과 새로운 비즈니스를 추구하는 기업들은 이미 IT를 클라우드 플랫폼으로 전환하고 나아가 운영 조직과 프로세스, 문화까지도 클라우드로 전환하고 있습니다. 이러한 기업들의 전환 가속화는 경쟁사뿐 아니라 동종업계에도 영향을 주어 전 산업 영역으로 확대되고 있습니다.

향후 클라우드 컴퓨팅의 기술은 대형 고객사들의 시스템 전환 및 도입 추세에 따라 다양한 요구사항에 대한 대응이 발전하고 높은 수준의 관리 서비스와 신기술 활용을 위한 플랫폼 구축 등의 기술에 대한 중요성이 증가할 것으로 예상됩니다. 이는 다양한 클라우드 서비스 사업자에 대한 이해를 기반으로 데이터 관리 역량을 높이고 대규모 클라우드 서비스를 제공할 수 있도록 플랫폼 개발을 위한 기술 역량 내재화로 이어지게 될 것입니다.

---

① 탄력성이라는 특성으로 인해 신규 고객 또한 클라우드 컴퓨팅 서비스를 쉽게 소비할 수 있다.

② 클라우드 컴퓨팅 이용자가 많아질수록 클라우드 서비스 사업자들은 플랫폼 개발을 가속화할 것이다.

③ 클라우드 컴퓨팅의 중요성은 저성장, 저소비, 고실업, 고위험 등 새로운 사회 현상의 도래로 인해 점점 커지고 있다.

④ 전 세계적으로 기업들이 클라우드 플랫폼으로의 전환을 가속화하고 있으므로 클라우드 서비스 제공자와 소비자 모두 데이터 관리 역량을 높일 필요성이 있다.

⑤ 클라우드 컴퓨팅 기술은 대형 고객사들의 요구에 맞춰지므로 중소기업들이 그들의 IT를 클라우드 플랫폼으로 전환하는 것은 비용 측면에서 바람직하지 않다.

[49 ~ 50] 다음 리눅스 프로그램의 명령어에 대한 정보를 보고 이어지는 질문에 답하시오.

〈리눅스 명령어 및 옵션〉

- 리눅스 명령어 입력 방법 : '#+명령어+옵션1+옵션2+…+옵션N+파일 저장 경로'의 형태로 입력함. ~ 리눅스 파일의 경우, '/var/log/파일명'을 로그 파일 저장 경로로 사용함.
- 리눅스 명령어 및 옵션 종류

명령어	의미
last	- 로그인과 재부팅 로그를 출력하는 명령어 - 시스템의 부팅부터 현재까지 모든 유저의 로그인과 로그아웃에 대한 정보를 가져옴.
lastlog	- 로그 파일의 정보를 분석하여 출력하는 명령어 - 사용자의 마지막 로그인 시간, 호스트명, 포트 등을 확인함.

옵션	의미	비고
-num	num(숫자)만큼의 줄만 출력함.	#last -6 입력 시 마지막 줄을 포함한 6줄만 출력됨.
-a	출력되는 목록에서 인터넷 IP주소 필드를 맨 오른쪽에 출력함.	-a 옵션은 -num 뒤에 위치해야 함.
-f file	지정한 file에서 정보를 가져와 출력함.	#last -f /var/log/wtmp.2를 입력하면, wtmp.2 파일에 저장된 내용을 출력함.
-u username	지정된 사용자(username)의 lastlog 정보를 출력함.	'-u+지정한 사용자의 username' 순서로 명령함.
-t dats	현재부터 지정된 날짜 전(dats)만큼 로그인한 정보만 출력함.	'-t+날짜수'의 순서로 명령함.

〈리눅스 출력 결과 관련 용어〉

용어	해석	용어	해석
Username	사용자 이름	Latest	마지막으로 접속한 시간
Port	사용자가 로그인한 하드웨어의 위치	**Never logged in**	로그인 기록 없음.
From	접속한 사용자의 인터넷 IP주소	Period	로그인한 기간

〈팀원별 로그인 기록 : 리눅스 입/출력 결과〉

#last −f /var/log/wtmp.1				
Username	Port	From	Period	
BRAVO	pts/3	192.101.1.392	Fri Jan 13	02 : 37 − 03 : 25
CHLOE	pts/2	192.934.1.293	Sun Jan 22	04 : 12 − 11 : 36
ELITE	pts/5	172.192.3.119	(㉠)	08 : 09 − 09 : 00
BRAVO	pts/4	192.101.1.392	Sat March 25	12 : 19 − 14 : 21
CHLOE	pts/2	192.934.1.293	(㉡)	17 : 11 − 18 : 40
ALEPH	pts/1	193.191.1.275	Tue March 28	04 : 15 − 05 : 36
DORA	pts/6	194.207.4.105	Thu March 30	03 : 15 − 03 : 41

#lastlog −t 5 /var/log/wtmp.1				
Username	Port	From	Latest	
CHLOE	pts/2	192.934.1.293	Mon March 27	17 : 11 : 19
ALEPH	pts/1	193.191.1.275	Tue March 28	04 : 15 : 37
DORA	pts/6	194.207.4.105	Thu March 30	03 : 15 : 01

※ 단, 팀원별 로그인 기록은 1월 1일 ~ 3월 30일간의 기록이며, '#last'의 출력 결과를 토대로 '#lastlog'의 결과값을 출력함.

49. 서버관리팀 C 사원은 로그인 기록을 분석하기 위해 리눅스 프로그램에 로그인 기록 분석 명령을 입력하여 위와 같은 결과를 얻었다. 이에 대한 설명으로 적절하지 않은 것은? (단, 분석 명령을 입력한 현재 시점은 3월 31일이다)

① wtmp.1 로그 파일에 따르면 가장 최근에 로그인한 사용자는 CHLOE이다.

② #last −f /var/log/wtmp.1의 명령에 의하면, BRAVO는 2개의 하드웨어에서의 로그인 기록이 있다.

③ #lastlog −t 5/var/log/wtmp.1 명령으로 해당 기간 각각의 팀원의 마지막 로그인 기록을 확인할 수 있다.

④ ㉠의 값이 'Fri March 24'라면 #lastlog −t 5 −u ELITE /var/log/wtmp.1을 입력하면 **Never logged in**이 출력된다.

⑤ ㉡에는 'Mon March 27'이 들어간다.

50. 서버관리팀 A 팀장은 올 4월에 입사한 F 사원의 신입 교육을 위해서 위 자료를 바탕으로 다음과 같은 교육 자료를 만들었다. 다음 중 가장 적절하지 않은 것은? (단, 분석 명령을 입력한 현재 시점은 3월 31일이다)

	리눅스 입/출력 결과				
①	#last -2 /var/log/wtmp.1				
	Username	Port	From	Period	
	BRAVO	pts/3	192.101.1.392	Fri Jan 13	02 : 37 - 03 : 25
	CHLOE	pts/2	192.934.1.293	Sun Jan 22	04 : 12 - 11 : 36
②	#last -1 -a /var/log/wtmp.1				
	Username	Port	Period		From
	DORA	pts/6	Thu March 30	03 : 15 - 03 : 41	194.207.4.105
③	#lastlog -u CHLOE /var/log/wtmp.1				
	Username	Port	From	Latest	
	CHLOE	pts/2	192.934.1.293	Mon March 27	17 : 11 : 19
④	#lastlog -u FENNEC /var/log/wtmp.1				
	Username	Port	From	Latest	
	FENNEC			**Never logged in**	
⑤	#lastlog -t 3 /var/log/wtmp.1				
	Username	Port	From	Latest	
	ALEPH	pts/1	193.191.1.275	Tue March 28	04 : 15 : 37
	DORA	pts/6	194.207.4.105	Thu March 30	03 : 15 : 01

1회 기출예상문제 2회 기출예상문제 3회 기출예상문제 4회 기출예상문제 5회 기출예상문제 6회 기출예상문제 인성검사 면접가이드

01. 다음 글의 제목으로 적절한 것은?

국부론의 저자 애덤 스미스는 인간의 경제활동은 자기애에서 비롯된다고 보았다. 이러한 이기적인 모습은 철학에서 말하는 이기주의와는 다른 것으로, 체계적인 계획과 합리적인 판단에 기초하여 목표 달성을 위해 최선을 다한다는 의미에서 '경제적 인간'으로 표현되기도 한다.

현실 사회의 사람들이 주류 경제학에서 이론적으로 상정해 온 경제적 인간처럼 완벽한 이기심과 합리성을 갖춘 존재는 아니지만 기본적으로 자기 이익을 추구한다고 보아도 큰 무리는 없을 것이다. 그런데 가격 기구를 통해 효율적인 자원 배분을 이룰 수 있다고 간주된 시장은 그 이론적 전제가 충족되지 않을 때 비효율성을 드러낸다. 이러한 시장 실패를 가져오는 대표적인 존재는 외부성, 공공재, 그리고 정보의 비대칭성이다.

이 중 공공재가 시장에서 조달되기 어려운 것은 자신의 선호를 숨긴 채 타인의 기여에 무임승차하려는 개인의 이기적 태도, 즉 공동체를 생각하는 공공심의 부재에 기인한다. 만약 타인의 공공심에 대한 상호 신뢰가 구축된 사회라면 공공재의 조달에 어려움을 덜 겪을 것이다.

또한 정보의 비대칭성으로 인한 불신은 국내외 거래와 동업, 기업합병 등에 장애요인이 된다. 이 경우 사회적 신뢰와 연결망을 바탕으로 하는 사회자본은 대기업 등 대규모 조직의 형성, 금융발전, 무역을 촉진할 수 있다. 이러한 요인들은 모두 사회자본이 경제성장에 긍정적 요인으로 작용하도록 한다. 한편 법질서 준수, 관용과 배려 등 사회규범으로서의 사회자본 역시 사회갈등을 예방하고 사회 통합을 통해 안정적 경제활동과 포용적 경제성장에 기여할 수 있다.

그 밖에도 사회자본은 경제 체질 강화를 위한 구조개혁을 가능하게 하는 자원이 된다. 예를 들어 경제의 효율성과 성장잠재력을 높이기 위한 개혁의 교섭 과정에서 기득권 일부를 먼저 양보해야 할 세력이 있는 경우를 생각해 보자. 이들이 교섭 상대방이나 중재자에 대한 신뢰가 없어 양보가 일방적인 희생에 그치게 될 것이라는 생각이 지배적이라면 결코 개혁안을 수용하지 않을 것이다.

또한 체제전환국들이 시장경제와 민주주의를 수용하는 과정에서도 사회자본의 역할이 중요하다. 격변의 과정에서 국민들이 가진 기대치는 높지만, 이행과정 초기의 현실은 진통과 혼란이 불가피하다. 이행기 정부와 같은 변화 주도 세력에 대한 공적 신뢰가 뒷받침되어야 국민들이 개혁의 성과가 체감되기까지 기대에 못 미치는 초기의 현실을 인내하고 지속적인 지지를 보낼 수 있을 것이다.

끝으로 사회적 신뢰와 관여 등의 사회자본은 행복감과 같은 주관적 안녕감에도 중요한 역할을 한다. 행복에 영향을 미치는 요인 중 인간관계의 중요성은 사람들의 생애를 추적 조사한 연구에서 입증된 바 있다.

① 사회자본의 역할 및 중요성
② 사회자본의 중요성과 형성 방안
③ 구조개혁 첨병으로서의 사회자본
④ 사회자본이 개인과 국가의 행복감에 미치는 영향
⑤ 사회자본을 통한 정보의 비대칭성 극복

02. 다음은 K 공사가 주관하는 예술 전시 공모전에 대한 안내문이다. 이에 대해 이해한 내용으로 옳지 않은 것은?

〈야생 수달과 공존하는 D 지역 예술 전시 공모전〉

□ **개요**
- 내용 : 야생 수달의 생태를 주제로 한 미술 작품 공모전
- 자격 : D 지역 기반의 신진작가 또는 팀
- 분야 : 회화, 사진, 설치, 미디어 등을 포함한 미술 전 분야
- 지원기간 : 2021년 6월 9일 ~ 8월 17일
- 지원방법 : 다음 서류를 이메일로 제출
  - 공모지원서 1부(첨부파일 양식 준수)
  - 전시계획서 1부(첨부파일 양식 또는 작품 내용, 희망 전시기간을 포함한 자유 양식)
  - 포트폴리오(작품의 이미지, 작가 약력 등을 포함한 자유 양식)

□ **작품 선정방법 및 전시 안내**
- 선성망법 : 내무 서류심사 후 선성
- 전시기간 : 2021년 9월 ~ 2022년 2월 내
  ※ 지원자가 희망하는 전시기간을 제출 서류에 포함하여 작성 → 선정 후 전시일자 및 기간 협의
- 전시장소 : S 아트피아 L층 멀티아트홀
- 선정혜택
  - 전시작품의 운반, 설치, 철수, 보험 등의 비용 일부 지원
  - 전시 홍보물 제작 일부 지원
  - 전시 관련 온·오프라인 홍보 지원(K 공사 홈페이지 및 S 아트피아 홈페이지)

□ **유의사항**
- 작품의 설치와 철수는 작가가 직접 해야 합니다.
- 공모전에 적합하지 않거나 불쾌감을 줄 수 있는 작품은 전시가 금지될 수 있습니다.
- 깨지기 쉽거나 고가인 작품은 관리상의 문제로 전시가 제한될 수 있습니다.
- 공모전 출품작 및 입상작에 대한 저작권은 창작자에 속합니다.
- S 아트피아는 홍보 및 기록의 목적으로 2021년 9월부터 1년간 출품작을 활용할 수 있습니다.
- 공모작의 표절, 공모자격 미달 등 결격 사항이 있을 때는 선정이 취소될 수 있습니다.

---

① 이번 공모전은 D 지역에서 활동하는 신인 작가들을 대상으로 진행하는군.

② S 아트피아 홈페이지에서 전시회 홍보가 진행되겠군.

③ 작품의 설치는 작가가 직접 하는 대신 설치비용을 지원받을 수 있겠군.

④ 공모전 출품작에 대한 저작권은 2021년 9월부터 1년간 S 아트피아가 소유하는군.

⑤ 야생 수달과 관련 없는 내용의 작품은 전시가 제한될 수 있겠군.

1회 기출예상문제 2회 기출예상문제 3회 기출예상문제 4회 기출예상문제 5회 기출예상문제 6회 기출예상문제 인성검사 면접가이드

03. 다음 자료를 읽고 회의 중 제안한 내용으로 적절하지 않은 것은?

영상촬영가 A 씨는 드론 비행승인을 준비하다가 포기하고 말았다. 낮에 비행하는 경우는 항공기운항관리시스템에서 승인 신청을 하고 밤에 비행하는 특별비행 승인 신청은 서면으로 제출해야 한다는데 도무지 이해가 되지 않았다. 드론 초보자 B 씨는 드론 기체를 신고하고 비행승인을 받는 데 불편함을 겪었다. 기체 등록과 드론 비행승인을 각각 다른 시스템에서 절차를 밟아야 했기 때문이다.

국토교통부는 이러한 불편을 해소하기 위해 드론민원 통합시스템인 '드론원스탑'을 구축하고 3일부터 서비스를 개시한다고 밝혔다. 그동안 민원인은 드론 비행을 위해 기체 등록, 비행승인, 특별비행 승인, 촬영 허가를 받아야 할 경우, 민원24와 항공기운항관리시스템, 이메일, 서면 등의 시스템으로 따로 신청을 해왔다. 그러나 3일부터는 드론원스탑을 사용하면 한 번에 신청이 가능해진다.

2017년부터 드론이 대중화되면서 기체신고, 사용사업체, 조종자격 취득 등이 매년 급증했으며 비행승인 등의 드론 민원도 급격히 증가하고 있다. 이에 따라 국토부는 서비스 개선을 위해 2018년 하반기부터 드론원스탑 시스템 구축을 착수해 이번에 개통하게 된 것이다. 아울러 드론원스탑과 국토부 공간정보를 연계해 비행금지구역에 대한 정보를 알기 쉽게 제공하고, 지도 화면을 클릭해 손쉽게 비행좌표를 입력하도록 구현했다. 민원 처리결과에 대한 문자메시지 전송 기능도 더했다.

국토부 첨단항공과 문○○ 과장은 "웹기반 서비스인 드론원스탑을 더욱 사용하기 편한 모바일 앱으로 개발하고 기능을 보강하는 등 대국민 드론 민원서비스의 만족도를 높여나갈 것"이라고 밝혔다.

개선 전	개선 후
• 장치신고 → 민원24 • 비행승인, 촬영 허가, 사업 등록 → 항공기운항관리시스템 • 특별비행승인 → 서면 제출	장치신고, 비행승인, 촬영 허가, 사업 등록, 특별비행승인 → 드론원스탑
민·군 관할지역 동시 비행 시 별도 신청	다 지역 관할에 동시 신청 가능
비행구역의 담당기관이 다를 경우 별도 신청	비행구역의 담당기관이 달라도 동시 신청 가능
인허가 결과 인지 곤란	자동 SMS 알림 기능
비행 지역에 대한 위치 정보 파악 곤란	비행금지구역 안내 및 주소·좌표 지정 가능

① 비행구역에 대한 정보를 쉽게 제공받게 되어 안전성이 향상된 점을 드론원스탑 홍보에 활용하는 것이 좋겠습니다.

② 민원 처리결과에 대한 SMS 자동 알림 기능을 통해 민원서비스와 모바일과의 연계성을 강화할 수 있습니다.

③ 시스템 이용 편의성을 높이기 위해 시연회 등을 통해 민원인의 의견을 수용하는 것이 좋겠습니다.

④ 드론원스탑을 통한 드론 민원일원화로 드론 조종자격 취득 절차가 간편해져 조종자격 취득 인원이 증가할 것입니다.

⑤ 아직까지 드론 민원 전용 모바일 앱이 없어 전용 앱 개발이 필요합니다.

04. 다음 중 탄소배출권 거래중개인의 자질과 능력으로 추론할 수 없는 것은?

2005년 온실가스를 줄이기 위한 국제 협약인 교토의정서가 발효됨에 따라 의무 감축 국가들은 2008년부터 2012년까지 1990년 대비 평균 5.2%의 온실가스를 감축할 의무를 갖게 되었다. 또한 교토의정서에서는 온실가스 배출량을 줄이기 위한 방법으로 온실가스를 배출할 권리를 사고파는 '탄소배출권 거래제'라는 제도를 도입함으로써 국가와 기업들이 다양한 온실가스 감축사업을 통해 온실가스를 줄이고, 감축한 만큼의 온실가스를 사용 또는 방출할 권리를 다른 국가나 기업에 매매할 수 있는 탄소 시장이 열리게 되었다.

호주는 사용하는 에너지의 대부분을 석탄을 이용한 화력발전소로부터 공급하는데 석탄을 연소하면 불가피하게 대기 중으로 이산화탄소가 방출된다. 이때 사람들이 기존 전구를 에너지 절약형 전구로 교체하면 더 적은 양의 에너지를 사용하게 되므로 대기로 방출되는 이산화탄소량이 줄어든다. 따라서 기차역이나 쇼핑센터 주변에서 절전형 전구와 물 절약형 샤워헤드를 사람들에게 무료로 나눠 주는데, 이를 통해 사람들이 덜 방출한 이산화탄소가 탄소배출권(carbon credits)이라는 경제적 가치를 창출하게 된다. 전구와 샤워헤드 한 세트(전구 6개와 샤워헤드 1개)가 6 carbon credits가 되고 1 carbon credits는 12AUD의 가치를 가지므로 전구와 샤워헤드 한 세트는 72AUD의 가치를 가지게 된다. 이런 방식으로 국가 전체가 확보한 탄소배출권의 총량 범위 내에서 국가나 기업은 다른 나라나 기업에 탄소배출권을 판매할 수 있게 되는 것이다.

이러한 배경으로 성립된 탄소 시장에서 탄소배출권을 팔거나 사려고 하는 국가나 기업 간의 거래를 주선하는 사람이 바로 탄소배출권 거래중개인이다. 탄소배출권 거래중개인은 탄소배출권 판매자와 구매자 정보를 확보하여 온실가스 저감 사업에 대해 기업에 조언하거나 사업에 직접 관여하는 등 고객 확보를 위해 다방면의 노력을 기울인다. 판매자와 구매자가 확보되면 협상을 체결하기 위해 적절한 매매 가격 산정이나 배출권 이전 및 발행의 보증 문제 등에 대해 조율한다. 거래에 따른 위험을 관리하는 방법을 찾아 고객에게 조언하는 것도 중요한 일이다. 이렇게 모든 것이 갖추어지면 최종적으로 감축분에 대해 구매 계약을 체결하게 된다.

① 국제적인 정책, 경제의 흐름에 민감해야 한다.
② 온실가스 저감 기술에 대한 기본적인 이해가 필요하다.
③ 공식적으로 정해진 탄소배출권 가격을 정확히 파악하고 전달해야 한다.
④ 수요와 공급에 대한 경제학적 지식을 가지고 있어야 한다.
⑤ 구매 계약 체결의 법적 절차를 잘 알아야 한다.

[05 ~ 06] 다음 글을 읽고 이어지는 질문에 답하시오.

현대 생명윤리는 크게 두 가지 관점을 통해서 해결에 접근한다. 그것은 바로 자유주의 윤리학과 공동체주의 윤리학이다. 주목할 점은 자유주의 윤리학과 공동체주의 윤리학은 동시에 대립하며 발전한 것이 아니라 자유주의 윤리학의 이론과 적용에 대하여 공동체주의 윤리학이 반론을 제기하면서 발전했다는 점이다. 그러므로 대응방식으로서 생명윤리학의 현대적 의의는 자유주의 윤리학에 대한 공동체주의 윤리학의 보충이 아닌 맞대응이라고 할 수 있다. 여기서 맞대응은 생명윤리의 전제조건에 대한 전환을 말한다.

자유주의 진영에서 존 롤스(John Rawls)의 출현은 규범적 전환이라고 불릴 정도로 규범에 관한 논쟁을 일으켰다. 대표적인 논쟁이 규범윤리학 방법론이다. 생명윤리 문제에서 공동체주의의 대응은 원칙주의와 결의론 등 자유주의적 관점이 지닌 문제점에 대한 인식에서 나왔다. 현대 바이오테크놀로지(biotechnology)는 기술만으로는 해결하기 어려운 많은 생명윤리적 쟁점과 질문을 동시에 세상에 내놓았다. 이와 같은 한계를 극복하고 문제를 해결하는 대응으로 출현한 것이 공동체주의 관점의 생명윤리학이다.

자유주의 생명윤리가 개인의 자율성을 강조한 것에 대항하여 공동체주의 학자 샌델(Michael Sandel), 매킨타이어(Alasdair MacIntyre), 테일러(Charles Taylor), 왈저(Michael Walzer)는 각자의 정치철학 이론에 기초하여 생명윤리관을 서술했다. 이들은 정의로운 사회란 공동체가 공유하는 가치와 선(good)으로 구성된다고 말한다.

다시 말하자면 공동체주의는 공동선(common good)이 옳기 때문에 정의의 자격이 부여되는 것이 아니라 그것을 사람들이 좋아하고 그로 인해 행복할 수 있기 때문에 정의로서 자격을 갖춘다고 주장한다. 하지만 공동체주의적 접근방식은 공동선을 강조하다 보니 인간의 권리와 자유를 소홀히 할 수 있고 공동체에 대한 개념과 공동체가 지닌 현실적 한계가 무엇인지 모호하다는 비판이 있다. 그러나 이런 한계에도 불구하고 공동체주의 접근방식은 개인의 자율성으로 경도되어 지나치게 보호하는 자유주의적 관점에 대하여 개인이 현실적으로 속해 있는 공동체와 대화할 수 있는 길을 열어 주었다는 점에서 큰 공헌을 했다. 사실 현실 세계와 분리된 상황에서 인간의 도덕적 지위를 확립하고 그 이념에 따라 모든 인간이 올바른 가치판단을 내리면서 올바르게 삶을 선택한다면 좋겠지만 현실 속의 인간은 추상화된 개념의 이상(理想) 속에 고립되고 한정된 존재가 아니라는 점을 간과해서는 안 된다. 추상적 존재로도 불리지만 현실적, 경험적 인간이 속해 있는 공동체의 가치와 선을 고려한다는 것은 삶이 허무주의로 흐를 수 있는 고립된 자아를 좋은 삶을 위한 방향으로 수정할 수 있는 기회를 제시해 주는 것과 같다. 이 점은 개인과 공동체 사이에 여러 가지 차이와 간극이 있음에도 불구하고 공동체주의가 주는 현실적 가치임을 기억해야 한다.

05. 윗글에 대한 이해로 옳지 않은 것은?

① 현대 바이오테크놀로지는 기존의 자유주의 윤리학의 관점만으로는 해결하기 어려운 생명윤리적 쟁점을 가진다.

② 자유주의 윤리학은 공동체주의 윤리학에 선행하여 발생하였으며 공동체주의 윤리학은 자유주의 윤리학을 반박하는 개념이다.

③ 개인의 자율성을 지나치게 보호하는 자유주의적 관점을 따를 경우 자아가 고립되어 삶이 허무주의로 흐를 가능성이 있다.

④ 공동체주의는 절대적으로 정의로운 공동선을 설정한 후 이에 기초한 올바른 가치판단을 내리는 삶을 이상적으로 본다.

⑤ 각자의 공동체주의적 정치철학 이론에 기초하여 생명윤리관을 서술한 학자로는 샌델, 매킨타이어, 테일러, 왈저 등이 있다.

06. 다음 중 공동체주의 생명윤리 사상을 가진 사람이 제시한 연명치료에 대한 의견은?

① 의사는 의학적으로 전문가니까 연명치료 중단 여부도 주치의 의견에 최대한 따르는 것이 맞지 않을까?

② 가족들의 동의가 없더라도 환자 본인이 원한다면 연명치료를 중단할 수 있도록 해야 해.

③ 극한 상황에서는 정상적인 판단이 어려울 수 있으니까 아프기 전의 생각에 따라서 연명치료 여부를 결정해야 해.

④ 의식불명 환자가 현재 치료 중단을 요구하지 못하더라도 과거에 연명치료를 원치 않는다는 의견을 표명했다면 환자의 의지를 중시하여 연명치료를 중단하는 것이 옳아.

⑤ 개개인의 의지에 따라 연명치료를 중단하는 것은 결국 사람을 죽도록 방치한다는 측면에서 사회통념상 옳지 않고 사회적으로 악용될 우려도 있으니 신중한 검토가 필요해.

[07 ~ 08] 다음 보도자료를 읽고 이어지는 질문에 답하시오.

〈한국전력공사, 전력산업분야 중소기업과 말레이시아 최대 국제전기전력산업 전시회 참가〉

☐ 제12회 말레이시아 전기전력 & 신재생에너지 전시회(EPRE Malaysia) 참가

  한국전력공사는 한국전기공업협동조합과 공동으로 20XX. 3. 15 ~ 20XX. 3. 17의 기간 동안 말레이시아 쿠알라룸푸르 컨벤션 센터에서 열린 제12회 말레이시아 전기전력 & 신재생에너지 전시회(EPRE Malaysia)에 전력산업분야 중소기업 12개와 함께 참가했다.

  특히 효과적인 현지 판로 개척을 위해 올해부터 맞춤형 전문 마케팅을 새롭게 도입했다. 자국 바이어를 통한 수입을 선호하는 말레이시아 시장 특성을 감안하여 현지 네트워크를 보유한 전문 수출 마케팅사와 함께 현지 주요 바이어 사전 조사 및 중소기업과의 1 : 1 상담을 진행했으며, 상담이 실제 수출로 이어질 수 있도록 전시회 후에도 지속적인 바이어 관리를 수행할 계획이다.

☐ 말레이시아 전력시장 진출 확대와 현지 주요 전력기관 및 바이어와의 협력 네트워크 강화

  한국전력공사는 이번 전시회에 전력산업분야 중소기업들과 동반 참가하여 우리나라가 말레이시아로 주요 수출 품목인 변압기, 개폐기 등 전통 전력기자재와 스마트그리드, ESS 등 에너지 신사업 분야 우수 기술 및 기자재 홍보를 통해 말레이시아 전력시장 진출 확대를 추진하고 현지 주요 전력기관 및 바이어와의 협력 네트워크를 강화했다.

  말레이시아 전기전력 전시회는 격년으로 개최되는 말레이시아 최대 국제전기전력산업전시회로 말레이시아 전력부 및 전력 협의체와 단체의 적극적인 후원하에 35개국 450개 기업이 참가했으며, 한전은 이번 전시회에 참가한 중소기업들의 전시부스 임차, 전시물품 운송, 통역 등의 비용 일절을 지원했다.

☐ 우리나라 중소기업의 해외시장 진출 토대를 마련하는 데 앞장서

  한국전력공사는 KEPCO 브랜드 파워와 해외 현지 인프라를 활용한 중소기업 수출촉진회를 매년 개최하고 있으며, 주요 국제전시회에 중소기업과 동반 참가함으로써 우리나라 중소기업의 해외시장 진출 토대를 마련하는 데 앞장서고 있다.

  올해는 말레이시아를 시작으로 아시아, 유럽, 북미, 아프리카의 총 12개국을 대상으로 140여 개 협력 중소기업의 시장 판로개척사업을 지원하고, 주요 전력전시회에서 한국관(KOREA Pavilion)을 운영하여 한국전력공사, 중소기업, 유관기관으로 구성된 'Team KOREA, Team KEPCO' 전략을 통해 우리나라의 우수 전력기술과 전력기자재를 홍보하고 수출을 지원할 계획이다.

  더불어 한국전력공사는 중국 관광객 감소가 우려되는 우리나라 관광산업에 활력을 불어넣는 데 일조하기 위해 이번 전시회에서 관광 홍보동영상을 상영하고 가이드 책자를 무료로 배부하는 등 우리나라 관광 홍보활동을 병행했다.

---

07. 한국전력공사가 제12회 말레이시아 전기전력 & 신재생에너지 전시회에서 행한 활동이 아닌 것은?

① 중소기업과의 1 : 1 상담 이후 지속적인 바이어 관리를 수행하였다.

② 주요 수출 품목인 전통 전력기자재와 에너지 신사업 분야 우수 기술을 홍보하였다.

③ 우리나라 관광 홍보를 위하여 동영상을 상영하고 가이드 책자를 무료로 배부하였다.

④ 전시회에 참가한 중소기업들의 전시부스 임차, 전시물품 운송, 통역 등의 비용을 전부 지원하였다.

⑤ 전문 수출 마케팅사와 함께 현지 주요 바이어에 대한 사전 조사를 진행하였다.

08. 윗글을 검토하고 문서 작성상의 오류를 지적한 선배 직원의 의견으로 적절하지 않은 것은?

① 두 번째 항목의 첫 번째 문단 첫 번째 문장이 비문이라 수식어구 수정이 필요해.

② 글의 내용을 보면 하위 항목을 서로 바꿔야 할 부분이 있어.

③ 사내 공지사항으로 나갈 자료니까 최대한 객관적인 수치들만을 적고 홍보는 자제해야 해.

④ 두 번째 항목의 두 번째 문단에서 일절과 일체의 의미를 구분하여 '일절을'을 '일체를'로 수정해야 해.

⑤ 기간을 표시할 때는 '20XX. 3. 15 ～ 20XX. 3. 17'이 아니라 '20XX. 3. 15. ～ 20XX. 3. 17.'로 써야지.

[09 ~ 10] 다음 글을 읽고 이어지는 질문에 답하시오.

저작권이란 시, 소설, 음악, 미술, 영화, 연극, 컴퓨터프로그램 등과 같은 저작물에 대하여 창작자가 가지는 권리이다. 그런데 저작권법상 보호받는 저작물이 되기 위해서 독창성이 있어야 한다. 또 창작물이라고 해서 모두 저작권법으로 보호되는 것은 아니다. 나아가 저작권법은 표현된 것을 보호하는 것이지 그 아이디어 자체를 보호하는 것은 아니며, 이 점에서 산업재산권과 구분된다. 예를 들면 요리책을 그대로 복사하는 행위는 저작권법에 의해 저작권 침해가 되지만 요리책 속에 쓰여진 방식대로 요리하는 것은 저작권법과 아무런 관계가 없다.

최근 인터넷 공간에서 사용자들이 홈페이지 또는 게시판에 타인의 게시물을 활용하는 경우가 많아 이와 관련된 저작권 침해 분쟁이 늘고 있다. 우리나라 저작권법은 예외적인 경우에 한하여 저작권 행사를 제한하는 규정을 두고 있어서 이에 해당하는 경우 보호되는 저작물일지라도 저작권자의 허락 없이 이용이 가능하다. 저작물을 이용하는 경우 저작권법상 '인용'에 해당되어야만 저작권 침해의 책임이 면제될 수 있다. 저작권법 제28조는 "공표된 저작물을 보도, 비평, 교육, 연구 등을 위하여는 정당한 범위 안에서 공정한 관행에 합치되게 이를 인용할 수 있다."고 규정하고 있으며, 그 요건을 엄격하게 해석하고 있다. 저작권법 제28조 인용 규정의 '정당한 범위'는 전체 창작물 중에서 인용하는 저작물이 차지하는 질적, 양적 비중이 현저히 적어야 하며, 주된 내용이 아닌 보조적이고 예시적인 역할로 사용하여야 함을 의미한다. 또한 '공정한 관행'의 요건을 충족하기 위해서는 타인 저작물의 인용이 자신의 기술 내용과의 관련성 내지 필요성이 있어야 할 뿐 아니라, 인용된 부분이 어디인지 구별 가능하여야 하고, 출처 표시가 있어야 한다.

이와는 별개로 인터넷에 있는 저작물을 직접 게시하지 않고 링크 방식으로 이용하는 경우 저작권 침해에 해당하는지에 대해 법률상 명확하게 규정되어 있지 않다. 이와 관련하여 다음과 같은 논의들이 존재하고 있다.

종류	형식	저작권 침해 여부
단순 링크 (Simple Link)	웹사이트의 이름과 URL만 게시하는 방식	직접적으로 저작물을 복제하거나 전송하는 것으로 볼 수 없으므로 저작권 침해에 해당하지 않음.
직접 링크 (Direct Link)	저작물의 이름이나 간략한 정보만을 제시하고 URL을 통해 그 저작물이 존재하는 세부적인 페이지에 바로 연결시키는 방식	
프레임 링크 (Frame Link)	자신의 홈페이지 화면을 둘 이상의 영역으로 나누어 다른 웹페이지의 자료가 자신의 홈페이지에서 다른 프레임으로 보이도록 하는 방식	1. 이용자의 입장에서는 타인의 저작물이 복제된 것과 동일하므로 복제권 침해로 보는 견해 2. 원저작물의 형식 및 외관을 변형하는 행위에 해당하여 동일성유지권 침해로 보는 견해 3. 링크된 저작물을 마치 자신의 것처럼 보이게 하였으므로 성명표시권 침해로 보는 견해
임베디드 링크 (Embedded Link)	웹페이지에 접속했을 때 자동으로 음악 등이 흘러나오도록 하는 등 이용자가 웹사이트에 접속했을 때 링크가 자동으로 실행되도록 하는 방식	국내외에서 논란은 되고 있으나 이를 저작권법상 전송에 해당하는 것으로 보는 견해들이 다수 존재하여 저작권 침해로 볼 여지가 있음.

09. 윗글에 대해 이해한 내용으로 옳지 않은 것은?

① 새로 창작한 저작물이라 할지라도 독창성이 없다면 저작권법상으로 보호되지 않는다.

② 타인의 저작물에서 인용한 부분이 어디인지 구분이 어려워도 출처를 표시하면 저작권 침해로 보기 어렵다.

③ 인터넷 공간에 게시된 타인의 저작물을 연구 목적으로 그대로 사용한 경우도 저작권 침해에 해당된다.

④ 타인의 저작물을 인용하여 독창적인 연구 성과를 낸 경우에도 창작 부분이 양적으로 적다면 저작권법 침해가 될 것이다.

⑤ 현행 저작권법은 독창적으로 표현된 것을 보호하는 것이지 그 아이디어 자체를 보호하는 것은 아니다.

10. 윗글을 바탕으로 다음 사례별 저작권 침해 여부를 판단할 때, 옳지 않은 것은?

사례

- A : 어느 웹페이지에 좋은 글귀가 있기에 이를 소개하기 위해 그 홈페이지의 URL 자체를 자신의 블로그에 게시하였다.
- B : 자신이 팬인 가수의 뮤직비디오가 게시된 세부적인 페이지 URL을 직접 게시하여 클릭하면 그 뮤직비디오 페이지가 연결되도록 하였다.
- C : 자신이 구매한 음악 파일을 웹페이지에 업로드 한 다음, 링크가 자동 실행되어 누구나 그 음악을 들을 수 있게 하였다.
- D : 출판사 웹페이지에 올라 있는 인기 시인의 작품을 페이지째 옮겨 와 자신의 블로그에 그대로 보이게 하였다.
- E : 어느 영화평론가의 웹페이지에 게시된 평론을 자신의 홈페이지 다른 프레임에 보이도록 링크하면서 마치 자신의 글처럼 보이게 하였다.

① A의 사례는 단순 링크에 해당하며 저작권 침해로 보기 어렵다.

② B의 사례는 직접 링크에 해당하므로 저직권 침해로 보기 어렵다.

③ C의 사례는 임베디드 링크에 해당하며 저작권 침해로 볼 수 있다.

④ D의 사례는 직접 링크에 해당하며 복제권 침해로 볼 수 있다.

⑤ E의 사례는 프레임 링크에 해당하며 성명표시권 침해로 볼 수 있다.

11. ○○기업은 지난주 금요일에 신규 사업 관련 공청회를 개최하였다. 다음 정보를 참고할 때, 공청회의 전체 참석자 수는 몇 명인가?

- 남성 참석자는 전체 참석자의 $\frac{1}{5}$보다 65명이 더 많았다.
- 여성 참석자는 전체 참석자의 $\frac{1}{2}$보다 5명이 더 적었다.

① 160명　　　　　② 180명　　　　　③ 200명
④ 220명　　　　　⑤ 240명

12. 직장인 350명을 대상으로 주말을 보낸 방법에 대해 설문조사를 하였다. 다음 표는 조사 항목과 집계 결과의 일부이다. 이 중 쇼핑을 했지만 영화를 보지 않은 사람은 영화를 보았지만 쇼핑을 하지 않은 사람의 3배였다. 영화를 보았지만 쇼핑을 하지 않은 사람은 몇 명인가?

구분	네	아니오
쇼핑	220명	130명
영화 관람	90명	260명

① 55명　　　　　② 65명　　　　　③ 75명
④ 85명　　　　　⑤ 95명

13. 다음은 1차 에너지 소비와 관련된 자료이다. 이에 대한 설명으로 옳은 것을 〈보기〉에서 모두 고르면?

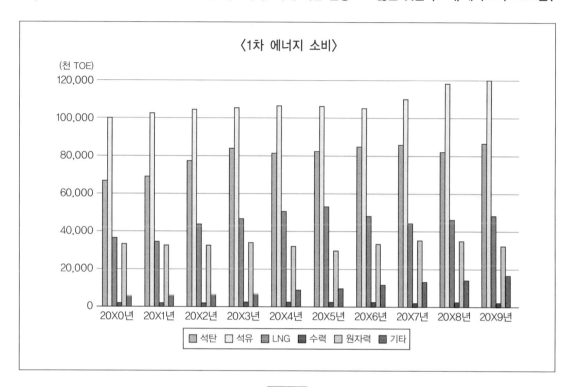

〈보기〉

㉠ 20X0년부터 20X9년까지 석탄 에너지 소비량은 1번 감소한다.
㉡ 매년 1차 에너지 소비량의 차이가 가장 작은 두 에너지 종류는 LNG와 원자력이다.
㉢ 석탄, 석유, LNG, 원자력은 20X0년부터 20X9년까지 1차 에너지 소비량 순위에 변화가 없다.
㉣ 20X3년부터 20X9년까지 매년 석탄 소비량은 원자력 소비량의 2배 이상이다.
㉤ 20X0년부터 20X9년까지 매년 수력 에너지 소비량이 가장 적다.

① ㉠, ㉢ ② ㉠, ㉣ ③ ㉡, ㉣
④ ㉢, ㉣ ⑤ ㉣, ㉤

14. 다음은 K 그룹의 채용에 지원서를 접수한 지원자 수와 비율에 대한 자료이다. 〈보기〉 중 이에 대한 설명으로 옳지 않은 것은 모두 몇 개인가? (단, 필요한 경우 소수점 아래 둘째 자리에서 반올림한다)

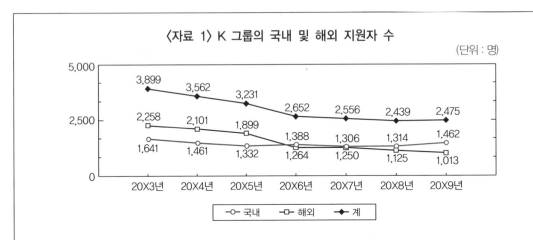

〈자료 1〉 K 그룹의 국내 및 해외 지원자 수

(단위 : 명)

〈자료 2〉 K 그룹의 국내 및 해외 지원자 비율

(단위 : %)

구분	20X3년	20X4년	20X5년	20X6년	20X7년	20X8년	20X9년
국내	42.1	41.0	41.2	52.3	51.1	53.9	(A)
해외	57.9	59.0	58.8	47.7	48.9	46.1	(B)
합계	100.0	100.0	100.0	100.0	100.0	100.0	100.0

보기

㉠ 전체 지원자 수에서 해외 지원자의 비율은 전반적으로 감소하는 추세이다.
㉡ 20X9년 전체 지원자 대비 국내 지원자의 비율은 약 59.1%에 해당한다.
㉢ 20X3년 대비 20X9년 전체 지원자 수는 1,424명 감소하였다.
㉣ 20X5년 대비 20X6년 전체 지원자 수는 약 25% 감소하였다.
㉤ (A)는 (B)보다 약 18.2%p 높다.

① 1개 ② 2개 ③ 3개
④ 4개 ⑤ 5개

15. 다음 중 자료에 대한 설명으로 옳은 것은? (단, 세계 석유 수출량 합과 석유 수입량의 합은 같다고 가정한다)

〈세계 석유 생산 · 수출 · 수입 현황〉

(단위 : %)

순위	국가명	생산	국가명	수출	국가명	수입
1	사우디	13.2	사우디	18.7	미국	17.6
2	미국	13.1	러시아	11.7	중국	15.7
3	러시아	12.3	UAE	6.6	인도	9.7
4	캐나다	5.1	이라크	6.6	일본	8.4
5	중국	5.0	나이지리아	5.9	한국	6.4
6	이라크	4.0	캐나다	5.5	독일	4.5
7	이란	3.9	쿠웨이트	5.3	스페인	3.1
8	UAE	3.7	베네수엘라	4.8	이탈리아	3.0
9	쿠웨이트	3.7	앙골라	4.3	프랑스	2.8
10	베네수엘라	3.3	카자흐스탄	3.4	네덜란드	2.8
	그 외 국가	32.7	그 외 국가	27.2	그 외 국가	26.0
	계	100	계	100	계	100

① 미국은 자국 수요 이상을 생산한다.

② 사우디는 자국 수요 이상을 생산한다.

③ 세 가지 지표 모두 상위 2개국의 비중이 '그 외 국가'의 비중보다 크다.

④ 전체에서 상위 5개국에 대한 의존도는 생산 > 수출 > 수입 순이다.

⑤ 모든 국가의 석유 수출 기준이 국제유가(WTI)를 따를 때, 석유 최대 생산국의 수출액은 두 번째로 많이 생산하는 국가의 수출액의 약 1.6배이다.

1회 기출예상문제 2회 기출예상문제 3회 기출예상문제 4회 기출예상문제 5회 기출예상문제 6회 기출예상문제 인성검사 면접가이드

[16 ~ 17] 다음은 2020년 주요국의 국가별 설비용량 및 발전량을 나타낸 자료이다. 이어지는 질문에 답하시오.

〈2020년 국가별 설비용량 및 발전량〉

구분	설비용량 순위	설비용량 (천kW)	발전량 (GWh)	1인당 설비용량 (kW)	총인구 (백만 명)
미국	1위	845,312	3,743,010	3.1	273
중국	2위	298,768	1,233,141	0.2	1,247
일본	3위	253,544	1,066,130	2.0	126
러시아	4위	214,300	846,000	1.5	146
프랑스	5위	122,377	494,008	2.1	59
독일	6위	119,158	551,400	1.5	82
캐나다	7위	110,952	557,633	3.6	31
인도	8위	103,445	493,968	0.1	1,027
이탈리아	9위	73,851	265,657	1.3	57
영국	10위	73,305	366,798	1.2	59
브라질	11위	65,209	321,588	0.4	172
한국	12위	51,587	262,152	1.1	47

※ 1인당 설비용량 = $\dfrac{설비용량}{총인구}$

※ 1인당 전력소비량 = $\dfrac{발전량}{총인구}$

16. 다음 중 자료를 올바르게 이해하지 못한 것은?

① 설비용량 대비 가장 많은 발전량을 보이는 국가는 우리나라이다.

② 1인당 설비용량은 미국보다 캐나다가 더 많다.

③ 설비용량이 더 큰 국가는 발전량도 더 많다.

④ 설비용량의 순위와 발전량의 순위가 같지 않은 국가는 모두 5개국이다.

⑤ 우리나라보다 설비용량은 크지만 1인당 설비용량이 더 작은 국가는 모두 3개국이다.

17. 발전량 전부를 소비했다고 가정할 때, 우리나라와 미국의 1인당 전력소비량 차이는 몇 kWh인가? (단, 소수점 아래 첫째 자리에서 반올림한다)

① 8,053kWh   ② 8,081kWh   ③ 8,133kWh

④ 8,371kWh   ⑤ 8,583kWh

[18 ~ 19] 다음 자료를 보고 이어지는 질문에 답하시오.

〈논벼(쌀) 생산비〉

(단위 : 원, kg, %)

구분	20X8년	20X9년	20X9년	
			전년 대비 증감	전년 대비 증감률
10a당 논벼 생산비	674,340	691,374	17,034	2.5
직접생산비	440,821	447,775	6,954	1.6
간접생산비	233,519	243,598	10,079	4.3
20kg당 쌀 생산비	24,025	25,322	1,297	5.4
10a당 쌀 생산량	539	527	−12	−2.2

〈연도별 논벼(쌀) 생산비 추이〉

(단위 : kg, 천 원)

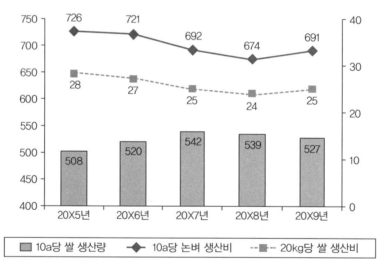

18. 위 자료에 대한 보고서의 내용으로 적절하지 않은 것은?

- ① 20X9년의 10a당 논벼 생산비는 69만 1,374원으로 전년 대비 2.5%(1만 7,034원) 증가하였으며, 이는 직접생산비의 노동비, 간접생산비의 토지용역비 등의 증가에 기인한 것으로 파악되었다.
  - 노동비 : (20X8) 161,636원 →(20X9) 167,910원(6,274원, 3.9%)
  - 토지용역비 : (20X8) 224,534원 →(20X9) 235,411원(10,877원, 4.8%)
- ② 20X9년의 20kg당 쌀 생산비는 2만 5,322원으로 전년 대비 5.4%(1,297원) 증가하였으며, 이는 10a당 논벼 생산비 증가(2.5%) 및 10a당 쌀 생산량 감소(−2.2%)에 기인한 것으로 파악되었다.
  - 재배면적 감소 및 모내기 시기의 가뭄, 잦은 강수 등 기상의 영향
- 한편 ③ 10a당 논벼 생산비와 20kg당 쌀 생산비는 20X5년부터 20X9년까지 매년 점차 감소하는 추이를 나타내는 것으로 파악되었다. 그러나 ④ 10a당 쌀 생산량은 20X7년을 정점으로 조금씩 감소하여 대책이 필요한 것으로 보고되었다.
- 그러나 ⑤ 20X5년 대비 20X9년의 쌀 생산비와 생산량은 저비용과 고효율을 이루어 낸 성과를 보이고 있다.

---

19. 논벼의 수익성을 다음과 같이 나타낼 때, ㉠, ㉡에 들어갈 수치를 구하면?

(단위 : 원, %, %p)

구분	20X8년	20X9년	20X9년	
			전년 대비 증감	전년 대비 증감률
총수입(a)	856,165	974,553	118,388	13.8
생산비(b)	674,340	691,374	17,034	2.5
경영비(c)	426,619	㉠	6,484	1.5
순수익(a-b)	181,825	283,179	101,354	55.7
순수익률*	21.2	29.1	7.9	
소득(a-c)	429,546	541,450	111,904	26.1
소득률*	㉡	55.6	5.4	

* 순수익률(%)$=\dfrac{순수익}{총수입}\times100$　　　* 소득률(%)$=\dfrac{소득}{총수입}\times100$

	㉠	㉡		㉠	㉡		㉠	㉡
①	413,605	45.8	②	413,605	50.2	③	423,804	45.8
④	433,103	48.6	⑤	433,103	50.2			

20. 주택용 복지할인 요금제에 관한 다음 안내를 참고할 때, 〈보기〉의 A와 B의 경우에 해당되는 전기요금은 각각 얼마인가? (단, 언급되지 않은 비용 및 공제 사항은 고려하지 않는다)

〈주택용 복지할인 요금제〉

• 주택용 복지할인 요금제란?

사회적으로 보호를 필요로 하는 고객(저소득층, 장애인 등)의 주택용 누진제로 인한 과도한 요금 부담을 경감하고자 주거용 전력에 대해 전기요금을 할인하여 주는 제도입니다.

• 대상별 할인내용

구분	대상		할인내용	
			기타 계절	여름철(6 ~ 8월)
장애인, 상이유공자, 독립유공자	주택용, 일반용		월 16천 원 한도	월 20천 원 한도
기초생활수급자	생계 · 의료	주택 일반	월 16천 원 한도	월 20천 원 한도
	주거 · 교육		월 10천 원 한도	월 12천 원 한도
	심야		갑 31.4%, 을 20%	
차상위계층	주택용, 일반용		월 8천 원 한도	월 10천 원 한도
	심야		갑 29.7%, 을 18%	
3자녀 이상, 대가족	주택용		30% (월 16천 원 한도)	
출산가구 (3년간)	주택용		30% (월 16천 원 한도)	
생명유지장치	주택용		30%	
사회복지시설	주택용, 일반용		30%	
	심야		갑 31.4%, 을 20%	

보기

〈A, B의 전기 사용 현황〉

구분	기본요금	전력량 요금	비고
A	7,200원	58,250원	• 기초생활수급자 • 10월 주간 생계용 전력 사용
B	7,200원	73,340원	• 3자녀 가구 • 7월 주택용 전력 사용

	A	B		A	B		A	B
①	38,450원	58,540원	②	38,450원	64,540원	③	49,450원	58,540원
④	49,450원	64,540원	⑤	65,450원	80,540원			

21. A 기업 보안정보처는 〈조건〉에 따라 8월 7 ~ 12일 출장을 갈 두 명의 직원을 선정하고자 한다. 다음 중 선정될 두 명의 직원은?

〈A 기업 출장 직원 후보〉

직원	직급	외국어 능력	비고
갑	과장	영어, 불어	8. 1 ~ 8. 5 휴가
을	과장	중국어, 스페인어	8. 13 ~ 8. 18 휴가
병	대리	불어, 스페인어	8. 4 ~ 8. 6 휴가
정	사원	영어, 일본어	8. 3 ~ 8. 8 휴가
무	사원	영어, 불어	8. 17 연차
기	대리	스페인어	
임	사원	불어, 스페인어	

조건

• 대리나 과장이 반드시 한 명 포함되어야 하며, 같은 직급이 포함되어서는 안 된다.
• 영어, 불어, 스페인어를 할 수 있는 직원이 반드시 포함되어야 한다.
• 출장비로 과장은 일당 300,000원, 대리는 250,000원, 사원은 200,000원을 지급한다(2박 3일이면 3일치의 일당을 지급).
• 총 출장비는 3,000,000원을 넘지 않아야 한다.

① 갑, 병
② 을, 병
③ 병, 정
④ 무, 기
⑤ 무, 임

22. 다음 계통한계가격에 대한 설명을 참고할 때, 제시된 경우에 형성되는 전력시장가격 ㉠, ㉡, ㉢은?

전력시장에서 전력시장기구(Pool)란 Pool이 웅덩이라는 뜻을 지니고 있듯이 거래를 한 곳에서 모아서 처리하는 형태의 거래시장으로, 전력거래가 이루어지도록 하는 시장 메커니즘을 의미한다. 그리고 계통한계가격은 거래시간별로 봤을 때 발전기에 적용하는 전력시장가격(원/kWh)으로, 발전기의 변동비 중에서 가장 높은 가격으로 결정된다. 즉, 가격이 저렴한 발전기부터 운영하게 되면 밤에는 전력소모가 적은 만큼 계통한계가격이 낮고, 낮에는 전력소모가 많은 만큼 더 많은 발전기를 돌리다 보니 계통한계가격이 밤보다는 높다는 것을 생각해 볼 수 있다. 그러면 현재 전력거래소에서는 가격거래가 어떻게 이루어지고 있을까?

전력거래소는 과거 수요실적자료 등을 바탕으로 수요를 예측하고, 발전회사로부터 제공받은 연간 표준발전기 공사비와 매월 연료비 단가의 자료를 통해 발전비용을 산정하고 발전계획을 수립한다. 그리고 발전회사는 공급가능용량을 전력거래소와 입찰하고 전력거래소는 발전공급가능용량을 통해 시장가격과 가동 발전기를 선정한 후 발전회사에 결과를 통보해 주는 과정을 거치고 있다. 그리고 우리나라 전력시장의 시장가격은 일반상품의 가격이 수요와 공급의 균형점에서 결정되는 것처럼 전력수요곡선(하루 전에 예측된 전력수요)과 공급곡선(공급입찰에 참여하는 발전기들로 형성)이 만나는 점에서 시장가격이 매 시간 단위로 결정되는 방식을 취하고 있다.

예를 들어, A, B, C 세 발전기와 하나의 전력거래소가 있고 각 발전회사는 변동비와 공급가능용량을 다음 표와 같이 제시하였다고 가정한다.

발전기	변동비(원/kWh)	공급가능용량(kWh)
A	10	100
B	20	70
C	30	40

이때 시장 상황에 의해 100kWh의 전력이 필요한 경우의 전력시장가격은 (㉠)원/kWh, 110kWh의 전력이 필요한 경우는 (㉡)원/kWh, 200kWh의 전력이 필요한 경우는 (㉢)원/kWh가 된다.

	㉠	㉡	㉢
①	10원	20원	10원
②	10원	20원	30원
③	20원	20원	30원
④	20원	30원	20원
⑤	20원	30원	30원

23. M 교육연수원 전산팀은 사이트 구조에 대한 요청사항을 모두 반영하여 사이트 맵을 개편했다. 다음 중 요청사항으로 볼 수 없는 것은?

〈기존 사이트 맵〉

연수원 소개	연수 안내 및 신청	알림마당
• 원훈 및 연혁 • 연수원 시설 • 수영장 안내 • 셔틀버스 안내 • 찾아오시는 길	• 연수 운영계획 • 연수 신청	• 공지사항 • 강사풀 • 홍보 자료실 • 특수분야연수 • 개인정보처리현황 • 분실물 안내
정보마당	참여마당	나의 학습방
• 연수 자료실 • 행정 자료실 • 과거 이수증 발급(2018년 이전)	• FAQ • Q&A • 강사 추천 • 정보공개	• 수강과정 • 연수 도움방 • 이수증 발급(2018년 이후) • 영수증 출력

〈사이트 맵 개편안〉

소개마당	안내마당	알림마당
• 원훈 및 연혁 • 연수원 시설 – 수영장 안내 • 찾아오시는 길 – 셔틀버스 안내	• 연수 운영 계획 • 연수 신청 – 집합연수 – 원격연수 – 특수분야연수	• 공지사항 • 개인정보처리현황 • 분실물 안내
정보마당	참여마당	학습마당
• 연수 자료실 • 행정 자료실 • 홍보 자료실 • 강사 관련 자료실 – 강사 추천 – 우수 강사 인력풀	• 자주 묻는 질문 • 질의응답 • 민원처리 절차 및 소요시간 • 정보공개	• 수강과정 • 연수 도움방 • 이수증 발급 – 2018년 이전 – 2018년 이후 • 영수증 출력

① 카테고리 제목에 전체적으로 통일감이 있으면 좋겠어요.

② 2018년 이전과 이후의 이수증 발급을 한 카테고리 안에서 찾을 수 있게 해 주세요.

③ 영문으로 되어 있는 메뉴를 한글로 풀어 쓰면 어떤 메뉴인지 더 잘 알 수 있을 거 같아요.

④ 각 메뉴별로 흩어져 있는 자료실 항목을 '정보마당'에서 모두 확인할 수 있으면 좋겠어요.

⑤ 연수 자료실과 연수 도움방을 한 카테고리에서 확인할 수 있으면 좋겠어요.

[24 ~ 25] 다음 자료를 보고 이어지는 질문에 답하시오.

〈○○전자매장 할인 행사〉

• 할인 행사는 11월 1일부터 11월 30일까지 한 달간 진행한다.
• 할인 제품은 TV, 냉장고, 세탁기, 컴퓨터이다.
• 제품 할인은 일정한 순서에 따라 돌아가며 진행된다.
• 두 가지 이상의 제품을 같은 날 할인 판매할 수 없다.
• 한 제품당 2일 연속으로 할인하며, 2일간 할인 행사 후 다음 하루는 어떠한 할인도 진행되지 않는다.
• 11월 1일 할인 제품은 세탁기이고, 첫 번째 수요일에는 TV를 할인 판매한다.
• 컴퓨터 할인 행사는 냉장고보다 먼저 진행된다.
• 휴무일이 할인 행사 예정일이라면 해당 행사를 휴무일 전날 혹은 다음날 하루만 진행한다.
• 할인 행사가 진행되지 않는 날이 휴무일이라면 다음 날 바로 다음 제품의 할인 행사를 실시한다.

〈11월 달력〉

일	월	화	수	목	금	토
				1	2	3
4	5	6	7	8	9	10
11	12	13	14	15	16	17
18	19	20	21	22	23	24
25	26	27	28	29	30	

※ ○○전자매장의 휴무일은 매월 세 번째 수요일이며, 한 달에 한 번만 쉰다.

24. 위 내용을 토대로 할 때 11월 할인 판매 일정에 관한 설명 중 옳지 않은 것은?

① 11월 21일에는 어떠한 제품도 할인 받을 수 없다.

② 11월 마지막 날은 컴퓨터의 할인 판매가 이루어지는 날이다.

③ 이벤트 기간 중 TV는 4일간 할인된 가격으로 구입할 수 있다.

④ 11월 두 번째 일요일 할인 이벤트 품목은 냉장고이다.

⑤ 세탁기, 컴퓨터, TV, 냉장고 순으로 할인 판매가 이루어진다.

25. ○○전자매장은 12월부터 다음과 같이 할인 행사를 진행한다. 12월 할인 판매 일정에 관한 설명으로 옳은 것은?

〈12월 할인 행사〉
- 12월의 할인 행사 품목은 TV, 냉장고, 세탁기, 컴퓨터, 에어컨 5개이고 TV, 냉장고, 세탁기, 컴퓨터의 할인 순서는 11월과 동일하다.
- 에어컨 할인 행사는 하루씩만 진행되며 바로 다음날 다른 제품의 할인 행사를 진행한다.
- 12월 1일 할인 제품은 에어컨이고 나머지 사항은 11월 할인 행사 운영 방식과 동일하다.

---

① 셋째 주 토요일에는 냉장고가 할인 판매된다.

② 12월 31일에는 에어컨의 할인 판매가 이루어진다.

③ 12월 24일에는 어떠한 제품도 할인 받을 수 없다.

④ 이벤트 기간 중 세탁기는 4일간 할인된 가격으로 구입할 수 있다.

⑤ 휴무일 전날에는 컴퓨터의 할인 판매가 이루어진다.

[26 ~ 27] 다음 자료를 바탕으로 이어지는 질문에 답하시오.

〈자료 1〉 20X8년 일자리 안정자금

- 일자리 안정자금이란?

  최저임금 인상에 따른 소상공인 및 영세중소기업의 경영부담을 완화하고 노동자의 고용불안을 해소하기 위한 지원사업입니다.

- 지원 대상 기업

  – 30인 미만 고용사업주(단, 공동주택 경비·청소원은 30인 이상 고용사업주도 지원 가능)

  ※ 제외 ⅰ) 고소득 사업주(과세소득 5억 원 초과)

  ⅱ) 임금체불 명단 공개 중인 사업주

  ⅲ) 공공기관, 국가로부터 인건비 재정지원을 받고 있는 사업주

  ⅳ) 당해 연도 최저임금을 준수하지 않는 사업주

- 지원 요건(지원 대상 근로자)

  대상 기업의 근로자 중 아래의 요건을 충족한 근로자에 대해 인건비 중 일부를 사업주에게 지원

  ⅰ) 월평균 보수액 190만 원 미만 근로자(단, 배우자, 사업주의 직계존비속은 제외)

  ⅱ) 1개월 이상 고용을 유지하고 있는 근로자

〈자료 2〉 20X9년 달라지는 일자리 안정자금

- 지원 대상이 확대되었습니다.

  55세 이상 고령자를 고용하고 있는 경우 고용규모가 30인 이상 300인 미만이면 지원 가능합니다(단, 공동주택 경비·청소원을 포함한 기업, 사회적기업, 장애인활동지원기관, 자활기업, 노인돌봄서비스제공기관, 노인장기요양기관의 경우 기업 규모와 상관없이 지원 가능).

- 월평균 보수액 기준이 확대되었습니다.

  월평균 보수액 210만 원 이하 근로자에게 일자리 안정자금이 지원됩니다.

- 5인 미만 사업장은 근로자 1인당 2만 원이 추가로 지원됩니다.

  5인 미만 사업장의 경우 노동자 1인당 15만 원, 5인 이상 사업장의 경우 노동자 1인당 13만 원이 지원됩니다.

- 20X9년 최저임금 기준이 반영됩니다.

  월평균 보수액을 월평균 근로시간으로 나눈 금액이 20X9년 최저임금(8,350원)보다 적은 근로자가 있는 사업장은 지원이 불가능합니다.

26. 다음은 20X9년 일자리 안정자금 지원신청 내역이다. 이 중 20X8년 대비 20X9년에 새롭게 지원 대상 기업이 될 수 있는 사업주는? (단, 최저임금 기준은 모두 충족하며, 20X8년과 20X9년에 모두 신청했다고 가정한다)

	고용 규모	과세소득	업종	비고
①	30명	5억 원	소매업	–
②	310명	3억 원	노인돌봄서비스	–
③	4명	2억 원	소매업	–
④	15명	5억 원	유치원	국가 인건비 재정지원
⑤	29명	5억 5천만 원	운수업	–

27. 다음 일자리 안정자금 지원신청 세부내용을 바탕으로 사업주가 받을 수 있는 지원금은 얼마인가?

〈20X9년 일자리 안정자금 지원신청 세부내용〉

1. 기업 정보
   - 업종 : 장애인활동지원기관
   - 과세소득 : 4억 9천만 원
   - 55세 이상 고용

2. 고용인 정보

성명	20X8년 월평균 보수액	20X9년 월평균 보수액	20X9년 월평균 근로시간	비고
김○○	1,800,000원	1,800,000원	200시간	
윤○○	2,000,000원	2,100,000원	209시간	
송○○	2,000,000원	2,000,000원	200시간	사업주의 직계 비속
이○○	2,400,000원	2,500,000원	209시간	
최○○	1,600,000원	1,650,000원	209시간	

① 13만 원   ② 26만 원   ③ 36만 원
④ 49만 원   ⑤ 지원 불가능

[28 ~ 29] 다음 자료는 신입사원들의 부서배치를 위한 평가 결과이다. 이어지는 질문에 답하시오.

〈신입사원 평가 점수〉   (단위 : 점)

구분	1차 평가	2차 평가	3차 평가	희망 부서
A	9	7	4	재무회계팀
B	8	7	6	총무인사팀
C	4	7	6	전산관리팀
D	9	5	7	홍보마케팅팀
E	8	8	4	영업관리팀
F	8	5	7	총무인사팀
G	9	6	5	재무회계팀

※ 각 평가는 10점 만점이다.

〈부서별 결원 현황〉   (단위 : 명)

부서	결원 수
경영기획팀	1
총무인사팀	1
재무회계팀	1
영업관리팀	2
전산관리팀	2
홍보마케팅팀	1

28. 다음 기준에 따라 A ~ G 중 핵심인재로 선정되는 신입사원은?

⟨핵심인재 선정 기준⟩

- 1차 평가 점수의 70%, 2차 평가 점수의 30%, 3차 평가 점수의 100%를 반영한다.
- 1차, 2차 평가 환산 점수의 합이 8점 이상인 인원에게는 3차 평가 점수의 30%를 가산점으로 부여한다.
- 1 ~ 3차 평가 환산 점수의 합이 가장 높은 사람이 핵심인재로 선정된다. 단, 차순위자와의 총점 차이가 0.3점 이내인 경우에는 1위, 2위 모두를 핵심인재로 선정한다.
- 1 ~ 3차 평가에서 환산 전 4점 이하를 받은 적이 있는 사람은 선정 대상에서 제외한다.

---

① B   ② B, D   ③ B, F
④ B, G   ⑤ D, G

29. 28의 기준을 적용하되 환산 전 4점 이하를 받은 사람도 포함하여 최종 점수 합계가 높은 순으로 희망 부서에 배치한다. 이때 부서의 결원이 이미 채워진 경우, 차순위자는 희망부서로 배치되지 못한다. 다음 중 희망 부서로 배치되지 못한 사원은?

① A, B   ② A, D   ③ B, E
④ E, F   ⑤ E, G

[30 ~ 31] 다음은 A 영어학원의 강의 시간표에 대한 자료이다. 이어지는 질문에 답하시오.

〈7 ~ 8월 강좌 예상 일정〉

강좌명	개설 가능 요일	강좌명	개설 가능 요일
종합반	매일	문법반	월, 화, 목
회화반 A	수, 금	청취반	화, 목
회화반 B	매일	작문반	월, 수, 금
회화반 C	화, 목, 금	비즈니스 영어반	월, 목
독해반	매일		

〈강의 개설 주의사항〉

• 모든 강의는 2개월 단위로 이루어진다.
• 모든 강의는 입문 - 초급 - 중급 - 고급 4단계로 이루어져 있다.
• 2개월이 지난 뒤 강의 수준은 이전보다 한 단계 높은 수준으로 바뀌어 개설되며, 고급 강의가 개설된 다음에는 입문 강의가 개설된다.
• 종합반은 2개 시간대를 묶어서 개설한다.
• 직장인 대상인 비즈니스 영어반은 밤 8시 이후에 개설되어야 한다.
• 모든 강의는 주 2회 이상 개설되어야 한다.
• 시간대 구분은 변경되지 않는다.

〈5 ~ 6월 시간표〉

구분	월	화	수	목	금
16 : 00 ~ 16 : 50	종합반 (초급)	회화반 B (고급)	종합반 (초급)	회화반 B (고급)	종합반 (초급)
17 : 00 ~ 17 : 50		작문반 (초급)		작문반 (초급)	
19 : 00 ~ 19 : 50	회화반 C (초급)	회화반 A (중급)	회화반 C (초급)	회화반 A (중급)	회화반 C (초급)
20 : 00 ~ 20 : 50	문법반 (중급)	독해반 (고급)	문법반 (중급)	독해반 (고급)	문법반 (중급)
21 : 00 ~ 21 : 50	청취반 (입문)	비즈니스반 (입문)	청취반 (입문)	비즈니스반 (입문)	청취반 (입문)

30. 다음은 위 자료를 토대로 작성된 7 ~ 8월 시간표이다. 잘못 기재된 부분을 바르게 지적한 것은?

구분	월	화	수	목	금
16 : 00 ~ 16 : 50	종합반 (중급)	회화반 C (중급)	종합반 (중급)	회화반 C (중급)	종합반 (중급)
17 : 00 ~ 17 : 50		독해반 (입문)		독해반 (입문)	
19 : 00 ~ 19 : 50	작문반 (중급)	청취반 (초급)	작문반 (중급)	청취반 (초급)	작문반 (중급)
20 : 00 ~ 20 : 50	비즈니스반 (초급)	회화반 B (입문)	회화반 B (입문)	비즈니스반 (초급)	회화반 B (입문)
21 : 00 ~ 21 : 50	문법반 (초급)	문법반 (초급)	회화반 A (고급)	문법반 (초급)	회화반 A (고급)

① 청취반과 작문반의 요일을 바꾸어야 한다.
② 문법반은 고급 강좌를 개설하여야 한다.
③ 회화반 A는 입문 강좌를 개설하여야 한다.
④ 비즈니스반 강좌는 문법반 강좌와 시간대를 바꾸어야 한다.
⑤ 독해반은 초급 강좌를 추가로 개설해야 한다.

31. 다음 7 ~ 8월의 강사 일정표를 참고할 때, 30에 제시된 시간표에 대한 적절한 변경 사항은?

강사명	가능한 강의	가능한 시간대
김재희	독해, 회화	월, 화, 목 17 : 00 ~ 22 : 00
권아인	문법, 비즈니스	화, 수, 금 20 : 00 이후
최선규	청취, 회화	화, 목 16 : 00 ~ 20 : 00
이승우	작문, 비즈니스	매일 19 : 00 이후
신민기	회화, 종합	월 16 : 00 ~ 19 : 00/수, 금 16 : 00 ~ 22 : 00

① 강사 일정과 일치하므로 변경할 필요 없다.
② 화, 목요일의 청취반 강좌와 화, 목요일의 독해반 강좌의 시간대를 바꾸어야 한다.
③ 수, 금요일의 작문반 강좌와 월, 목요일의 문법반 강좌의 시간대를 바꾸어야 한다.
④ 월, 목요일의 문법반 강좌와 수, 금요일의 회화반 A 강좌의 시간대를 바꾸어야 한다.
⑤ 화, 목요일의 회화반 C 강좌와 화, 목요일의 문법반 강좌의 시간대를 바꾸어야 한다.

32. 총무팀에서는 A4용지와 토너를 구매하기 위하여 P사, Q사로부터 비용에 대한 자료를 받아 다음과 같이 정리하였다. 〈조건〉과 〈업체별 비용〉을 보고 판단한 내용으로 적절하지 않은 것은?

조건

• 총무팀은 A4용지 130권과 토너 65개를 구입해야 한다.
• A4용지와 토너는 모두 한 공급처에서 구입한다.
• 총무팀에서는 비용이 저렴한 업체에서 구입한다.

〈업체별 비용〉

구분	P사	Q사
A4용지	• 1,000원/권 • 15권 1세트 • 세트 구입만 가능	• 1,100원/권 • 개별 구입 가능
토너	• 25,000원/개 • 개별 구입 가능	• 24,000원/개 • 4개 1세트 • 세트 구입만 가능
할인혜택	• 총 구매 금액 150만 원 이상 시 총 구매 금액의 2% 할인	• A4용지 10만 원 이상 구매 시 A4용지 구매 금액의 5% 할인 • 총 구매 금액 150만 원 이상 시 총 구매 금액의 3% 할인 • 중복할인 가능

① 두 공급처의 최종 구매 금액 차이는 1만 원 이하이다.
② 할인이 적용되지 않을 경우 토너의 가격은 Q사가 더 저렴하다.
③ 총무팀에서는 Q사와의 거래를 선택할 것이다.
④ 어느 공급처를 선택해도 두 물품 중 최소 한 종류는 계획한 수량보다 많이 구매하게 된다.
⑤ 총 구매 금액에 대한 할인에 의해서 선택하게 될 공급처가 바뀌게 된다.

33. A 공사는 채용 조건에 따른 점수가 가장 높은 사원을 채용할 예정이다. 〈A 공사 지원자 명단〉에서 합격자는 누구인가?

〈A 공사 지원자 명단〉

구분	토익	한국사능력 검정시험 1급	컴퓨터활용능력 1급	관련 실무경험 (인턴 포함)	경력/신입
A	780점	無	無	2회	경력
B	930점	有	無	1회	경력
C	900점	有	有	1회	신입
D	680점	有	有	2회	신입
E	720점	無	有	3회	경력

〈A 공사 채용 조건〉

1. 한국사능력검정시험 1급 : 5점
2. 토익 점수
   - 700점 미만 : 점수 없음.
   - 700점 이상 : 5점
   - 800점 이상 : 8점
   - 900점 이상 : 10점
3. 경력자 : (경험 횟수×2)점
   ※ 단, 실무경험이 2회 이상인 경우에만 가산함.
4. 동점자 존재 시 컴퓨터활용능력 1급 소지자를 우선 선별한 뒤, 실무 경험이 많은 순으로 선별함.

① A   ② B   ③ C
④ D   ⑤ E

[34 ~ 35] ○○공사 김 사원은 출장을 위해 필요한 카드를 선정하고자 한다. 이어지는 질문에 답하시오.

〈출장 일정〉

날짜	출발지	도착지	업무 내용
2. 8.(토)	인천	독일	출국
2. 9.(일)	–	–	환영만찬 참석
2. 10.(월)	–	–	회의 참석
2. 11.(화)	독일	인천	귀국

〈출장 예산〉

항목		금액
교통비	항공권(왕복)	1,800,000원
	현지 렌트비(1일)	100,000원
숙박비(1일)		250,000원
식비(1일)		70,000원
출장 관련 교육비		100,000원

※ 단, 현지 렌트비와 식비의 경우 2. 9. ~ 2. 10.에만 지출된다.

〈카드별 할인 혜택〉

카드	할인 혜택
A	항공권 10% 할인
B	항공권 5% 할인, 외식업체(식비) 20% 할인
C	항공권 5% 할인, 호텔 등 숙박업소 10% 할인
D	호텔 등 숙박업소 20% 할인, 직장인 배움터(각종 교육비) 35% 할인
E	직장인 배움터(각종 교육비) 100% 할인

34. 위 자료를 바탕으로 김 사원이 선택할 〈출장 예산〉에 대한 할인금액이 가장 큰 카드는?

① A   ② B   ③ C

④ D   ⑤ E

35. 다음 카드 연회비와 할인 혜택을 적용한 출장 예산이 저렴한 카드와 그 출장 비용은?

카드	연회비
A	40,000원
B	5,000원
C	10,000원
D	할인받는 금액의 20%
E	연회비 없음

	카드	출장 비용		카드	출장 비용		카드	출장 비용
①	D	2,842,000원	②	D	2,845,000원	③	C	2,835,000원
④	C	2,845,000원	⑤	A	2,845,000원			

[36 ~ 37] A 카페는 기존 제품에 추가할 신제품을 출시하기 위해 신제품 수요조사를 실시했다. 이어지는 질문에 답하시오.

〈A 카페의 기존 제품〉

카테고리	제품명	가격	재료
커피	아메리카노	4,100원	원두, 물
	카페라테	4,500원	원두, 우유
	바닐라라테	4,800원	원두, 바닐라시럽, 우유
그 외 음료	녹차라테	5,100원	녹차파우더, 우유
	핫초코	5,100원	초콜렛파우더, 우유
	딸기셰이크	5,500원	생딸기, 우유, 딸기시럽
케이크	치즈케이크	4,500원	밀가루, 치즈, 버터
	티라미수	5,000원	밀가루, 치즈, 버터, 초콜렛파우더
	생크림케이크	4,500원	밀가루, 계란, 버터, 생딸기, 생크림
기타 음식	바닐라브레드	6,000원	밀가루, 계란, 바닐라시럽
	아포가토	5,000원	아이스크림, 원두, 물

〈신제품 수요조사 결과〉

카테고리	제품명	선호 인원 (명)	출시 전 테스트 여부	재료
커피	모카라테	10	○	원두, 우유, 초콜렛드리즐
	아인슈페너	15	×	원두, 물, 바닐라크림
	코코넛커피	13	×	원두, 코코넛파우더, 우유
그 외 음료	망고주스	8	×	망고원액, 물
	밀크티라테	16	×	밀크티파우더, 우유, 밀크티시럽
	딸기주스	10	○	생딸기, 얼음, 물, 딸기시럽
케이크	초코케이크	20	×	밀가루, 계란, 버터, 초콜렛파우더
	당근케이크	7	×	밀가루, 계란, 호두, 당근
기타 음식	에그타르트	9	×	타르트지, 계란, 버터, 설탕
	딸기샌드위치	12	○	생딸기, 식빵, 생크림

〈신제품의 재료비 및 예상가격〉

카테고리	제품명	재료비	예상가격
커피	모카라테	2,000원	5,000원
	아인슈페너	3,000원	6,000원
	코코넛커피	2,500원	6,000원
그 외 음료	망고주스	1,500원	5,000원
	밀크티라테	2,000원	5,500원
	딸기주스	3,000원	6,000원
케이크	초코케이크	3,300원	5,800원
	당근케이크	2,700원	5,500원
기타 음식	에그타르트	1,500원	2,500원
	딸기샌드위치	3,000원	3,500원

※ 단, 제품 가격은 해당 회사가 벌어들이는 수입이며 이윤은 수입에서 재료비를 차감해 구한다.

〈점수 부여 기준〉
• 수요 예측 : 선호 인원이 10명 이하는 5점, 11 ~ 15명은 7점, 16명 이상은 10점 부여
• 테스트 여부 : 출시 전 테스트했을 경우 5점 부여
• 예상가격 : 가장 낮은 가격의 제품이 10점, 가격이 높아질수록 −1점 부여(동일 가격은 동점)
• 차별성 : 기존 제품과 재료가 2개 이상 겹치지 않으면 5점 부여

36. A 카페는 점수가 높은 세 가지의 신제품을 출시할 예정이다. 점수 비교 결과 동점인 경우 선호 인원과 예상가격을 곱한 예상수입이 높은 제품을 선택할 때, A 카페가 출시하게 될 신제품은?

① 밀크티라테, 딸기샌드위치, 모카라테
② 모카라테, 망고주스, 딸기샌드위치
③ 아인슈페너, 망고주스, 에그타르트
④ 코코넛커피, 밀크티라테, 초코케이크
⑤ 밀크티라떼, 당근케이크, 딸기샌드위치

37. 기존 제품 중 가격의 합이 가장 높은 카테고리와 가장 낮은 카테고리에서 각각 가장 높은 이윤이 예상되는 신제품을 한 가지씩 출시할 예정이다. 출시되는 신제품을 1개씩 판매할 때 얻을 수 있는 이윤은? (단, 이윤이 동일할 경우 예상가격이 더 높은 제품을 출시한다)

① 3,000원
② 3,500원
③ 4,000원
④ 4,500원
⑤ 5,000원

[38 ~ 39] 다음은 B 사원이 탕비실 물품을 주문하기 위해 조사한 직원별 선호도와 제품별 가격이다. 이어지는 질문에 답하시오.

〈자료 1〉 직원별 탕비실 제품 선호도

구분	1순위	2순위	3순위	4순위
A 사원	티백 세트	커피믹스	커피캡슐	찻잔
B 사원	원두	커피머신	티팟	찻잔
C 사원	찻잔	티백 세트	티팟	쟁반
D 사원	원두	커피캡슐	쟁반	커피믹스
E 사원	커피머신	커피믹스	원두	물통

〈자료 2〉 제품별 가격

제품	가격(원)	제품	가격(원)
원두	25,000	쟁반	8,500
커피머신	199,000	물통	10,000
티팟	20,000	티백 세트	15,500
커피캡슐	28,000	종이컵	13,000
찻잔	12,000	커피믹스	22,000

38. 위 자료와 〈조건〉에 따라 구매하게 되는 물품의 조합은?

조건

- 물품은 총 세 개 구입한다.
- 제품에 대한 직원의 선호도 조사 결과 1순위부터 차례대로 4점, 3점, 2점, 1점을 부여한다. 단, 물품을 주문하는 직원의 선호도에는 2배의 가중치를 부여한다.
- 가격이 10,000원 이하인 경우 6점, 10,000원 초과 20,000원 이하인 경우 4점, 20,000원 초과 30,000원 이하인 경우 3점, 30,000원 초과인 경우 2점을 부여한다.
- 선호도 점수와 가격 점수를 모두 더하여 가장 높은 점수를 획득한 물품을 구입한다.
- 총점이 동점인 경우 더 많은 직원들로부터 선호도 점수를 얻은 물품을 구입한다.

① 원두, 티팟, 찻잔
② 쟁반, 티백 세트, 티팟
③ 원두, 커피머신, 찻잔
④ 찻잔, 커피믹스, 커피캡슐
⑤ 커피캡슐, 물통, 종이컵

39. 위 자료와 〈조건〉을 반영할 때, 최소 물품 구입비용은?

조건

- 각 직원은 1인당 50,000원의 제한금액 내에서 물품을 구매할 수 있다.
- 주문하는 직원이 원하는 물품은 제한금액 상관없이 구매할 수 있다.
- 4순위까지의 선호도를 반영하여 구매하되, 제한금액을 초과하는 물품은 제외한다.
  ㉐ 2순위까지의 금액 총합에 3순위의 물품 가격을 추가했을 때 제한금액을 초과하는 경우, 3순위 물품은 제외한다. 단, 4순위의 물품 가격을 더한 결과 제한금액을 초과하지 않는 경우 4순위 물품은 구매할 수 있다.
- 제품 주문은 한 번에 처리한다.
- 주문할 때 같은 물품을 2개 이상 구매하면 10%가 할인된다.
- 한 개만 구매하는 상품 중 가장 저렴한 물품은 사은품으로 제공된다.

① 398,700원
② 400,500원
③ 402,400원
④ 410,900원
⑤ 433,500원

[40 ~ 41] 인재개발팀 김 사원은 해외 파견지 관련 업무를 수행하고 있다. 다음 자료를 보고 이어지는 질문에 답하시오.

〈자료 1〉 해외 파견지

1. 파견지별 시기 및 언어

사무소	파견시기	언어	사무소	파견시기	언어
북경	3월 초	중국어	두바이	7월 중순	아랍어
상해	2월 중순	중국어	멕시코	4월 초	스페인어
하노이	6월 중순	베트남어	프놈펜	5월 초	크메르어
모스크바	4월 말	러시아어	마드리드	5월 중순	스페인어

2. 파견 기간 : 파견시기로부터 5개월 동안
3. 파견 인원 : 파견지당 1명

〈자료 2〉 파견 희망자 명단

구분	직급	파견 적합성	근속 기간	역량 평가	영어 능력	1순위	2순위	비고
A	6급	80	26개월	60	70	멕시코	프놈펜	스페인 유학 경험
B	5급	80	46개월	80	80	하노이	마드리드	4월부터 복직
C	6급	70	32개월	60	50	두바이	마드리드	아랍에미리트 유학 경험
D	7급	100	27개월	90	80	하노이	마드리드	
E	5급	100	32개월	90	100	상해	북경	3월부터 파견 가능
F	5급	70	24개월	90	70	상해	멕시코	
G	6급	50	24개월	70	70	모스크바	두바이	12월부터 유학휴직
H	6급	80	42개월	80	80	마드리드	모스크바	
I	6급	70	25개월	70	60	멕시코	프놈펜	캄보디아 근무 경험

〈자료 3〉 파견대상자 선정 규칙

1. 지원자격
   1) 근속기간 및 직급 : 근속 기간이 3년 이상이거나 직급이 6급 이상인 직원
   2) 1)에 해당하면서 파견적합성 점수가 60점 이상인 직원
   3) 파견 희망지에 파견되는 기간 동안 휴직 및 기타 결격사유가 없는 직원
      (단, 2개 희망지 중 하나라도 파견 가능한 경우는 결격사유로 보지 않는다)

2. 파견지 배정 조건
- 총 파견 점수가 높은 직원부터 희망지를 고려하여 먼저 배정한다.
- 총 파견 점수가 같은 경우 영어능력이 높은 직원, 직급이 높은 직원, 근속기간이 긴 직원 순으로 배정한다.
  * 총 파견점수 산출방법 : 파견적합성 점수(30%)＋영어능력 점수(30%)＋역량평가 점수(40%)

40. 위 자료를 토대로 파견 희망자들의 파견지와 배정결과를 정리했을 때, 다음 중 파견대상자와 파견지역이 바르게 짝지어지지지 않은 것은? (단, 파견 희망지로 파견되기 위해서는 파견기간 동안 휴직 및 결격 사유가 없어야 한다)

① B − 하노이 ② C − 두바이 ③ E − 북경
④ F − 멕시코 ⑤ I − 프놈펜

41. 다음 〈조건〉에 따라 파견지역을 다시 배정하였을 때 파견대상자와 파견지역이 바르게 짝지어진 것을 모두 고르면?

─── 조건 ───

- 파견국 현지 경험이 있는 직원이 1명인 경우, 우선적으로 해당 파견국에 배정한다.
- 현지 경험이 있는 직원이 많을 경우 해당 파견국에 파견을 희망하는 사람을 배정한다.
- 위 조건을 모두 고려한 경우에도 적격자가 없을 경우 파견을 보류한다.

ㄱ A − 마드리드 ㄴ C − 두바이
ㄷ H − 상해 ㄹ I − 프놈펜

① ㄱ, ㄴ ② ㄱ, ㄴ, ㄷ ③ ㄱ, ㄴ, ㄹ
④ ㄴ, ㄷ, ㄹ ⑤ ㄷ, ㄹ

[42 ~ 43] 다음 자료를 보고 이어지는 질문에 답하시오.

자동차 제조 전문 기업 K사의 기술개발팀 D 대리는 B 컨벤션센터에서 열리는 T사의 전기자동차 특허기술 세미나에 참석하게 되었다.

〈T사 전기자동차 특허기술 세미나 일정〉

시간　＼　날짜	8월 23일	8월 24일	8월 25일	8월 26일	8월 27일
09 : 00 ~ 12 : 00	개회식	전기자동차 배터리 이슈	드라이빙 익스피리언스	전기자동차 충전 인프라	T사 부설 연구소 안내
12 : 00 ~ 14 : 00	점심식사				
14 : 00 ~ 18 : 00	특허의 이해와 활용	안전 기술	전기자동차와 사회문제	특허전략 A to Z	폐회식
18 : 00 ~ 20 : 00	환영회	저녁 만찬	와인 파티	저녁 만찬	–

〈K사 정문 → B 컨벤션센터 버스 시간표〉

날짜	버스 번호	출발시간	도착시간	소요시간	가격(원)	비고
8월 23일	101	07 : 00	08 : 00	1시간	40,000	경유 없음
	102	18 : 00	20 : 00	2시간	29,000	E시 경유
8월 24일	201	07 : 00	08 : 30	1시간 30분	45,000	E시 경유
8월 25일	301	08 : 30	13 : 00	4시간 30분	20,000	E, F시 경유
8월 26일	401	06 : 00	09 : 10	3시간 10분	30,000	E시 경유
	402	15 : 00	18 : 00	3시간	35,000	F시 경유

1회 기출예상문제

2회 기출예상문제

3회 기출예상문제

4회 기출예상문제

5회 기출예상문제

6회 기출예상문제

인성검사

면접가이드

〈출장 비용 기준〉

1. 점심 및 저녁식사 비용, K사로 돌아오는 교통편은 세미나를 주최하는 T사에서 전액 제공하므로 출장 비용에 포함되지 않는다.
2. 세미나 주최 측의 보안 요청에 의해 한 사람이 동일한 숙소에 2박 이상 체류하는 것을 금지한다.
3. 숙소는 B 컨벤션센터와 가까운 다음 네 곳으로 제한한다.

숙소	조식비(원)	숙박비(원)	B 컨벤션센터와의 거리(도보)
그랜드 호텔	3,000	32,000	20분
호텔 주성	2,500	29,500	10분
호텔 에어포트	4,000	31,500	15분
포스타 호텔	4,500	35,000	5분

42. D 대리는 세미나 일정 중 다음 주제의 세미나에 반드시 참석해야 한다는 Y 팀장의 지시를 받아 숙박을 고려한 출장 일정을 계획하고 있다. D 대리가 세미나에 참석하기 위해 필요한 최소 출장비용은? (단, 숙박 시 조식은 먹는다고 가정한다)

〈필수 참여 세미나 목록〉
- 전기자동차 배터리 이슈
- 전기자동차와 사회문제
- 특허전략 A to Z, 특허의 이해와 활용 중 택 1

① 96,000원   ② 107,000원   ③ 110,000원
④ 112,000원   ⑤ 124,000원

43. M 사원은 Y 팀장으로부터 다음의 업무 요청 메일을 받아 답장을 작성하고 있다. 다음 중 옳지 않은 내용은? (단, 비용은 고려하지 않으며 교통수단은 버스만 이용 가능하다)

보내는 사람	기술개발팀 Y 팀장
받는 사람	기술개발팀 M 사원

이번 전기차 특허기술 세미나의 강의를 위해 출장 교통편과 숙박 예약을 요청하고자 메일을 발송합니다.

먼저 교통편의 경우 아침 8시 이전에 자사 정문에서 출발하는 버스를 탑승할 수 있도록 예약 부탁합니다. 단, 장시간 버스를 타지 않는 것이면 좋겠습니다. 또한 숙박의 경우, 내가 맡은 강의 일정에 맞추어 B 컨벤션센터와 가장 가까운 숙소로 예약하면 됩니다.

그리고 M 사원의 업무 일정을 확인하여 보조강사로 참여가 가능한 날짜를 알려 주기 바랍니다. M 사원이 보조강사로 참여할 강의는 제가 맡은 안전 기술, 드라이빙 익스피리언스, 전기자동차 충전 인프라 강의입니다. 보조강사로 참여하게 된다면, 세미나 전에 E시에 근무하는 J 연구원을 만나 관련 자료를 받아 와야 합니다.

M 사원이 보조강사로 참석하는 경우, 도착시간과 출장 일정을 확인해야 하니 세미나 일정과 버스 시간표를 참고하여 탑승할 버스와 숙박 일정을 알려 주기 바랍니다.

보내는 사람	기술개발팀 M 사원
받는 사람	기술개발팀 Y 팀장

보내 주신 메일에 대해 답변 드립니다.

① 우선 팀장님의 세미나 참석을 위해 교통편은 8월 24일 201번 버스로 예약해 두었습니다. 숙박의 경우 세미나 보안정책을 고려하여, 첫날에는 ② 세미나 장소에서 도보로 가장 가까운 '포스타 호텔'을 이용하시고, 둘째 날에는 ③ 세미나 장소에서 두 번째로 가까운 '호텔 에어포트'을 이용하시기 바랍니다.

또한 문의 주신 보조강사건과 관련하여 업무 일정을 검토한 결과 '안전 기술', '전기자동차 충전 인프라' 강의에 참석이 가능합니다. 이를 위해 ④ 저는 24일과 25일에 B 컨벤션센터 인근 숙소를 이용할 예정입니다. 또한 ⑤ 출발 당일인 24일에는 팀장님과 동일한 버스를 탑승한 후, 자료를 받기 위해 E시에서 담당 연구원을 만날 예정입니다.

44. 다음 중 Windows 탐색기에서 파일이나 폴더를 선택하는 방법으로 틀린 것은?

① 폴더 내의 모든 항목을 선택하려면 Ctrl+A 키를 누른다.

② 선택한 항목 중에서 하나 이상의 항목을 제외하려면 Ctrl 키를 누른 상태에서 제외할 항목을 클릭한다.

③ 모든 항목을 한꺼번에 삭제하려면 Ctrl+Z를 누른다.

④ 연속되어 있지 않은 파일이나 폴더를 선택하려면 Ctrl 키를 누른 상태에서 각 항목을 클릭한다.

⑤ 연속되는 여러 개의 파일이나 폴더 그룹을 선택하려면 첫째 항목을 클릭한 다음 Shift 키를 누른 상태에서 마지막 항목을 클릭한다.

45. 다음 컴퓨터 단축키와 그 기능으로 옳지 않은 것은 몇 개인가?

ⓐ Ctrl+E : 검색창 열기
ⓑ Alt+↓ : 탐색기나 익스플로어에서 뒤로가기
ⓒ F1 : 도움말 출력하기
ⓓ F3 : 선택한 파일이나 폴더의 이름 바꾸기
ⓔ F11 : 전체창 전환하기

---

① 0개   ② 1개   ③ 2개
④ 3개   ⑤ 4개

46. 다음 중 개인정보 보호법에서 정의하는 개인정보에 해당하는 사례는?

〈개인정보 보호법〉

제1장 총칙

제1조(목적) 이 법은 개인정보의 처리 및 보호에 관한 사항을 정함으로써 개인의 자유와 권리를 보호하고, 나아가 개인의 존엄과 가치를 구현함을 목적으로 한다.

제2조(정의) 이 법에서 사용하는 용어의 뜻은 다음과 같다.

　1. "개인정보"란 살아 있는 개인에 관한 정보로서 다음 각 목의 어느 하나에 해당하는 정보를 말한다.

　　가. 성명, 주민등록번호 및 영상 등을 통하여 개인을 알아볼 수 있는 정보

　　나. 해당 정보만으로는 특정 개인을 알아볼 수 없더라도 다른 정보와 쉽게 결합하여 알아볼 수 있는 정보. 이 경우 쉽게 결합할 수 있는지 여부는 다른 정보의 입수 가능성 등 개인을 알아보는 데 소요되는 시간, 비용, 기술 등을 합리적으로 고려하여야 한다.

　　다. 가목 또는 나목을 제1호의2에 따라 가명처리함으로써 원래의 상태로 복원하기 위한 추가 정보의 사용·결합 없이는 특정 개인을 알아볼 수 없는 정보(이하 "가명정보"라 한다)

---

① 돌아가신 할아버지의 주민등록번호

② 직장인 1,000명을 개별 설문하여 얻은 직장인 평균 소득

③ 택시 블랙박스(CCTV)에 촬영된 승객 얼굴

④ 거래하는 회사의 사업자등록번호

⑤ 회사 설립등기에 기재된 임원진들의 성명

[47 ~ 50] 다음 설명을 참고하여 이어지는 질문에 답하시오.

〈명령어〉

명령어	설명
printin( )	괄호 안의 값을 출력함. 단, " " 안의 값은 문자 그대로 출력함.
i, j, k	변수
Var 변수=숫자	변수의 초기값을 설정함.
변수 += 숫자	변수의 값을 오른쪽 숫자만큼 증가시킴.
변수 -= 숫자	변수의 값을 오른쪽 숫자만큼 감소시킴.
While 〈조건문〉 〈수행할 명령 1〉 〈수행할 명령 2〉 ⋮ end while 〈수행할 명령 3〉	〈조건문〉이 참인 동안 반복하여 〈조건문〉 아래의 명령들을 차례대로 수행하며, 〈조건문〉이 거짓이면 end while 아래의 명령으로 넘어감.

예시

```
Var i=0
While (i < 3)
        i += 1
        printin(i"번 시도했습니다.")
end while
```

〈결과값〉
1번 시도했습니다.
2번 시도했습니다.
3번 시도했습니다.

47. 다음 명령을 수행했을 때 출력될 결과값은?

```
Var i=1
While (i < 3)
          Printin("Go")
          i += 1
end while
printin("Stop")
```

① Go

② Go
   Stop

③ Go
   Go

④ Go
   Go
   Stop

⑤ Go
   Go
   Stop
   Stop

48. 다음 명령을 수행했을 때 출력될 결과값은?

```
Var i=0
Var j=4
While (i < 4)
          j += 1
          i += 1
end while
printin(j)
```

① 7　　　　　　　② 8　　　　　　　③ 9

④ 10　　　　　　⑤ 11

49. 다음 명령을 수행했을 때 출력될 결과값이 다음과 같다고 할 때, ㉠에 들어갈 명령어는? (단, "No Enter for this page"는 이 페이지 내에서는 줄띄우기를 하지 않고 결과값을 한 줄로 나타내라는 의미의 명령어이다)

```
No Enter for this page
Var i=0
While ( ㉠ )
        i += 1
        printin("@" * i)
end while
```

〈결과값〉
@@@@@@@@@@

① i < 3　　　　　　　② i < 4　　　　　　　③ i > 4
④ i < 5　　　　　　　⑤ i=5

50. 다음 명령을 수행한 결과값이 아래와 같다고 할 때, ⓐ, ⓑ에 들어갈 명령어는? (단, "No Enter for this page"는 이 페이지 내에서는 줄띄우기를 하지 않는다는 의미의 명령어이다)

```
No Enter for this page
(    ⓐ    )
Var j=0
While (i < 4 & ⓑ )
                printin("*")
                j += 1
        end while
        printin("#")
        i += 1
end while
```

〈결과값〉
#*#*#*#

	ⓐ	ⓑ		ⓐ	ⓑ		ⓐ	ⓑ
①	Var i=1	i < j	②	Var i=1	j < i	③	Var i=1	j=i
④	Var i=0	i < j	⑤	Var i=0	j < i			

5회 기출예상문제

01. 다음 중 풍력발전단지 조성에 따른 지역 주민들의 의견을 추론한 것으로 적절하지 않은 것은?

지난해 9월 12일 경상북도 경주시에서 리히터 규모 5.8의 지진이 발생했다. 이 지진은 1978년 우리나라 지진 관측 이래 가장 강력한 지진으로 알려지고 있다. 불국사, 석굴암 등 유네스코 세계유산이 즐비해 있고 한편으로는 양남면 일대에 대규모의 월성원자력발전단지가 운영되고 있는 지역적 특성상 지진에 대한 공포와 우려는 타 지역에 비해 적지 않았다. 특히 2013년 일본 후쿠시마 원전이 리히터 규모 9.0의 강진으로 핵연료가 유출되고 폭발이 일어나는 등 사고가 발생하면서 경주시의 입장에서 신재생에너지에 대한 관심은 더욱 높을 수밖에 없었다. 그 대안으로 경주시가 선택한 것은 바로 풍력과 태양광 발전이었다.

경주지역에는 지난 2012년 16.8MW 규모의 양북면 장항리 풍력발전단지가 조성된 이래 현재는 양남면 효동리에 20.7MW 규모의 풍력단지가 조성 중이며, 강동면 왕신리에 7.05MW, 천북면 화산리 공단 내에 7.05MW 규모의 풍력단지가 계속해서 조성되고 있다. 뿐만 아니라 감포읍 대본리에 12.5MW, 산내면 내일리에 8MW 규모의 풍력단지도 조성될 예정이다. 경주지역에 풍력단지 조성은 앞으로도 계속될 전망이다. 최근 국내 유수의 증권사 중 하나인 S 증권이 1,200억 원 규모의 경주풍력발전 프로젝트파이낸싱(PF) 주선을 완료해 향후 경주지역에 추가 풍력단지 조성이 전망되고 있다. 경주지역에 대규모 풍력단지가 조성되고 있는 것은 전국적인 현상의 하나로 받아들여지고 있다.

특히 지난 2010년에는 경주 서한 ENP가 일본 N사와 향후 5년간 1억 5천만 달러를 투자, 경주에 풍력발전기용 베어링 생산 공장 건립을 목적으로 MOU를 체결하는 등 풍력과 관련된 투자를 유치하며 에너지클러스터가 활성화되고 있다. 더군다나 세계문화유산인 불국사 · 석굴암, 보문관광단지, 경주 풍력발전단지 등으로 이어지는 관광벨트는 첨단과 전통이 어우러진 관광자원으로 자리를 잡아 가고 있다.

원전에 이어 경주 곳곳에 대규모 풍력발전단지가 들어서거나 발전계획이 발표되면서 이를 반대하는 목소리도 높다. 경주풍력발전은 토함산(석굴암 2km 이격)과 인접한 조항산에 1단계 7기의 풍력발전기를 설치해 가동 중이며, 최근 2단계 사업으로 9기의 풍력발전기 설치를 위한 개발행위 허가를 경주시로부터 받은 뒤 현재 공사를 하고 있다. 이러한 상황을 두고 환경단체와 인근지역 주민들은 정부가 신재생에너지 사용을 법으로 정해 의무사용량이 부과되고 이를 매년 늘려 가야 하는 것에 따른 형식적인 사업이라고 지적했다.

특히 경주지역의 경우 타 지역과는 달리 이미 지역 내에 대규모 원전이 있어 송전탑이 산재해 있는데 굳이 또 거대한 풍력발전기라는 대형 구조물을 추가할 필요가 없다는 이유를 들어 반대하고 있다.

① 발전시설로 인해 숲이나 임야 등의 훼손이 심화될 수 있다.

② 문화유산을 보존해야 할 지역의 자연경관 파괴가 우려된다.

③ 세계문화유산으로 등록된 세계적인 경주관광의 이미지가 훼손될 수 있다.

④ 외지인들과의 격리가 심화되어 도시의 고립화가 진행될 수 있다.

⑤ 풍력발전으로 인해 신재생에너지가 다량으로 생산되기보다는 의무사용량을 채우기 위한 형식적인 사업으로 전락할 수 있다.

02. 다음 글을 읽고 A ~ E가 제안한 내용 중 적절하지 않은 것은?

저소득 가구의 주거면적이 넓어지고 가구원 수가 늘어난 현실을 반영해 에너지바우처를 활용한 지원 수준을 확대해야 한다는 지적이 나왔다. 에너지경제연구원이 최근 발표한 '저소득층 지원을 위한 가정용 냉난방 에너지 소비행태 분석' 보고서에 따르면 중위소득 30%와 국토교통부의 최저주거기준을 적용했을 때 저소득 가구가 실제 쓰는 에너지(난방) 비용 대비 지원 수준이 50 ~ 80%에 그치는 것으로 분석됐다.

가구원 수별로 보면 1인 가구는 지원액이 실제 비용의 88.7% 수준이었고 2인 가구는 67.9%, 3인 가구는 59.9%로 추산됐다. 4인 가구의 경우 지원액은 3인 가구와 동일하지만 실제 에너지 비용은 3인 가구보다 많아 비용 대비 지원액 수준이 51.8%에 불과했다. 연구진은 "일반적으로 저소득 가구에 대한 현물지원은 발생한 비용 전액이 아니라 조금 낮은 수준으로 지원하는 것이 적절하다."며 1인 가구에 대한 지원 수준이 적절하다고 평가했다. 다만 "가구원 수가 추가될수록 에너지 비용과 지원액 사이의 차이가 확대됐다."면서 2인 이상 가구에 대한 지원 규모 조정이 필요하다고 지적했다. 연구진은 또 "현재는 3인 이상 가구에 대해 가구원 수와 관계없이 동일한 금액을 지원하고 있으나 4인이나 5인 이상 가구로 구분을 확대하는 방안을 검토해야 한다."고 덧붙였다.

연구진은 중위소득 50%와 최저주거기준보다 20% 넓은 면적을 기준으로 했을 때 에너지 비용 필요액과 부족액도 함께 계산했다. 소득 기준을 교육급여 대상 수준으로 맞추고 실제 가구의 주거면적이 최저주거기준보다 넓다는 점을 반영해야 한다고 본 것이다. 이 경우 가구별 에너지 비용 대비 지원액 수준은 1인 가구 77.8%, 2인 가구 59.5%, 3인 가구 52.6%, 4인 가구 45.5%로 중위소득 30% 및 최저주거기준을 적용했을 때보다 최대 10%p 이상 낮아졌다. 연구진은 가구당 지원 부족액을 에너지바우처 지급액 조정을 통해 해결하는 것이 가장 합리적이라고 제언했다. 에너지바우처가 가구원 수를 고려해 지원에 차등을 두고 있어서다.

에너지 지원 기준을 '중위소득 50%와 최저주거기준 20% 확대'로 적용할 경우 에너지바우처 지급액을 조정하는 데 추가로 들어가는 예산은 290 ~ 320억 원으로 추산됐다. 연구진은 "이 정도 규모는 현재 에너지 및 자원사업 특별회계 재정수지 상황을 고려할 때 부담이 되지 않는다."며 "다만 현재의 에너지바우처 사업 예산 규모에 비하면 큰 폭의 증액이 필요하므로 2 ~ 3년에 걸쳐 단계적으로 증액하는 방안을 고려할 필요가 있다."고 말했다.

한편 에너지정보통계센터 P 센터장은 "지난해 에너지 소비는 1998년 이후 처음으로 감소한 것으로 나타났다. 올해 에너지 소비는 1.3% 감소할 것"이라고 전망했다.

① A : 에너지바우처 사업 예산 규모를 고려할 때 저소득 가구에 대해서는 발생한 비용의 전부를 지원하는 현물지원 방식이 적합합니다.
② B : 연구진의 지적에 따라 제도를 개선하면 가구원 수가 증가함에 따라 에너지바우처 지급액이 증가하는 구간이 확대될 것입니다.
③ C : 저소득층 대상 에너지바우처 지원 수준이 현실 변화를 반영하지 못하고 대응성이 떨어진다는 지적이 있습니다.
④ D : 저소득층에 대한 지원 기준인 중위소득과 주거면적 수준을 현실화하여 비용 대비 지원금액 비율을 조정할 필요가 있습니다.
⑤ E : 가구원 수가 늘어날수록 제도 도입의 목적과 현실의 괴리가 크게 나타나는 상황입니다.

[03 ~ 04] ○○공사 김 사원은 환경에 대한 글을 읽고 있다. 이어지는 질문에 답하시오.

식물이나 동물들이 대량으로 땅속에 묻혀 탄화 과정을 거치면 석탄이나 석유가 된다. 인류는 짧게는 수천만 년, 길게는 수억 년에 걸쳐 만들어진 석유와 석탄을 아주 짧은 시간에 써 버리고 있다. 화석연료가 급격히 감소하는 것도 문제이지만, 화석연료가 기후변화에 영향을 미쳐 지구온난화가 가속화되는 등 환경문제를 일으키는 것도 매우 심각하다. 지구환경을 감안해 2050년까지 온실가스 배출량을 현재의 절반으로 줄이려면 화석연료 사용량을 1900년 이전 수준으로 줄여야 한다.

결국 지속 가능한 에너지의 생산과 소비를 위해서는 환경에 무해하고, 안전하면서도 재생이 가능한 에너지를 개발하는 데에 눈을 돌려야 한다. 그래서 오늘날 우리는 땅속에 갇힌 에너지가 아닌, 지구에서 실시간 만들어지는 에너지를 이용하려고 노력하고 있다. 거기에는 태양열, 태양광, 수력, 풍력, 파력 등이 있다. 또한 밀물과 썰물에 의해 발생하는 조력, 땅속에서 발생하는 에너지를 이용하는 지열 등도 신재생에너지로 각광받고 있다. 이론상으로 전 세계의 사막에 6시간 내리쬐는 태양에너지를 모두 합하면 인류가 1년 동안 사용할 수 있는 에너지량이 된다. 하지만 자연에서 우리가 필요로 하는 에너지를 끄집어내는 일은 결코 쉽지 않다.

유럽연합은 사하라 사막과 아라비아 반도의 여러 지역에 태양열 발전소를 설치한 후, 그 에너지를 유럽으로 가져오는 데저텍(Desertec) 프로젝트를 계획하고 있다. 2003년에 시작된 이 프로젝트가 완료되는 2050년이 되면 일반적인 원자력발전소 약 390개의 발전량과 맞먹는 엄청난 발전 용량을 갖추게 된다. 태양광발전이 아니라 태양열발전 방식이므로 환경조건이 좋은 곳에서는 낮 동안 저장한 열을 이용하여 밤에도 발전을 할 수 있을 것이다. 또한 냉각수로 사용한 바닷물을 증류하여 얻은 물로 농사를 짓는 방안도 모색하고 있다. 하지만 천문학적인 비용 문제와 기술적 장애가 있는 이 계획이 어떻게 실현될지는 미지수이다.

신재생에너지 중 세계 여러 나라에서 가장 많이 개발, 이용되고 있는 것이 풍력에너지이다. 독일, 미국, 에스파냐 등이 풍력 선진국이며, 이들 세 나라가 세계 풍력에너지 생산량의 50% 이상을 차지한다. 덴마크도 풍력에너지 개발에 힘쓰고 있다. 덴마크의 풍력발전은 세계 풍력에너지 생산량의 3% 이상을 차지하고 있으며, 덴마크 국내 전력 소비량의 20% 정도를 차지한다. 덴마크에는 세계에서 가장 큰 해상풍력단지인 혼스 레프 풍력 공원(Horns Ref Windmill Park)이 있다. 덴마크는 풍력발전소 건설 경험을 바탕으로 세계 풍력산업시장을 점유해 나가고 있다. 덴마크는 풍력발전을 넘어 생물체를 열분해시키거나 발효시켜 메테인, 에탄올, 수소와 같은 연료, 즉 바이오매스에너지를 채취하는 방법 등을 연구해 탄소 배출 제로에도 도전하고 있다.

03. 다음 목차 중 윗글의 내용이 들어갈 수 있는 곳은?

〈환경 문제, 이대로 괜찮은가?〉

환경 위기와 극복

㉠ 지구온난화, 화석 연료의 감소로 인한 세계 경기 침체

㉡ 지속 가능한 에너지 개발, 지구에서 실시간 만들어지는 에너지 이용

㉢ 자원 결핍의 시대를 넘어 자원이 필요 없는 시대로의 도약

㉣ 지속 가능한 개발과 세계 선진국들의 연합

---

① ㉠   ② ㉡   ③ ㉢
④ ㉣   ⑤ 없다.

04. 윗글에 대한 이해로 적절하지 않은 것은?

① 데저텍 프로젝트를 통해 낮 동안 저장한 열을 이용하여 밤에도 발전을 할 수 있을 것이다.

② 데저텍 프로젝트는 사하라 사막과 아라비아 반도의 여러 지역에 태양열 발전소를 설치한 후 그 에너지를 유럽으로 가져오는 것이다.

③ 2003년에 시작된 데저텍 프로젝트가 2050년 완료되면 일반적인 원자력발전소 약 390개의 발전량과 맞먹는 발전 용량을 갖추게 된다.

④ 데저텍 프로젝트를 완성하기 위해서는 천문학적인 비용이 들어갈 수 있으며 기술적 장애가 발생할 수 있어 아직 어떻게 실현될지는 정확히 알 수 없다.

⑤ 태양열발전이 아닌 태양광발전 방식으로 건설될 예정이며 냉각수로 사용한 바닷물을 증류하여 물을 얻을 수도 있다.

[05 ~ 06] 다음은 A 공사 차량관리규칙의 일부이다. 이어지는 질문에 답하시오.

제8조(차량의 수리) 차량의 정기점검·수리는 각 차량소속기관별로 자동차종합정비사업장 또는 소형 자동차정비사업장에서 수리를 해야 하며 계약을 할 수 없을 때와 경미한 수리는 관리부서장이 지정하는 자동차부분정비사업장에서 수리를 할 수 있다.

제9조(차량운행) 차량운행관리부서에서는 차량운행을 다음 각호와 같이 한다.
1. 이사장·감사 전용차를 제외한 전 차량은 집중관리부서의 배차승인 결정에 따라 운행하여야 한다.
2. 공휴일 및 일과 시간 후의 차량운행은 금지한다. 다만 공무로 운행할 필요가 있을 때는 사용자가 일과시간 내에 차량관리부서에 허가를 득하여 사용하여야 하며 허가를 득하지 않고 사용 시 발생하는 제반사고 및 경비에 대하여는 사용자가 책임을 져야 한다.

제10조(주차관리) 차량의 주차는 훼손 또는 도난방지를 위하여 청사 내 지정주차장에 하여야 하며 업무수행상 부득이한 경우, 기관장이 별도로 지정하는 주차장에 주차할 수 있다.

제11조(유류지급) 유류지급은 예산의 범위 내에서 지급한다. 다만 타 기관 및 공단 관련협회 등에 차량을 지원하는 경우에는 유류를 지급하지 아니한다.

제12조(배차신청 및 승인) ① 차량을 사용하고자 하는 부서는 다음 각호의 사항을 명시하여 차량관리부서에 배차신청을 하여야 한다.
1. 사용차량 / 사용일시
2. 용무 / 행선지(경유지 포함)
3. 운전자 / 탑승인원
② 집중관리부서는 제1항의 규정에 의하여 차량 배차 요청사항에 대해 사용신청 순위 및 업무의 경중과 완급, 공동 사용 가능 여부를 검토하여 승인하여야 한다.
③ 승합차량 배차 시 탑승인원 및 운반 물품 등 차량이용 목적에 부합하여야 한다.
④ 각 소속기관 및 부설기관, 전담관리부서는 배차신청 및 차량운행일지를 본 규칙에서 정한 양식에 준하여 변경하여 기록할 수 있다.

제13조(차량운행일지 기록) 차량 운전자는 일일운행 기록을 차량 반납 이전에 차량운행일지에 기록·유지하여야 한다.

제14조(근무시간 후 차량관리) ① 근무시간 후에는 운전자는 차량을 지정 주차장에 입고한 후 차량 열쇠를 당직실 및 소속기관의 경우 운영관리자가 별도 지정하는 곳에 보관한다.
② 당직책임자는 차량별 열쇠의 보관 상태를 확인하고 당직 중 차량운행허가 등 선량한 차량관리 의무를 다하여야 한다.

제15조(차량 대여) 타 기관 및 관련협회가 공단 차량을 사용하고자 할 때는 차량 사용일 7일 전까지 배차신청을 하여야 하며, 본 규칙을 준수해야 한다.

05. 다음 중 위의 차량관리규칙을 바르게 이해한 것은?

① 차량 사용을 원하는 부서는 사용차량, 용무, 행선지(경유지 포함), 운전자, 탑승인원 등을 차량운행일지에 기록하여 차량관리부서에 배차신청한다.

② 차량 배차신청이 있을 경우 집중관리부서는 사용신청 순위 및 업무의 경중과 완급, 공동 사용 가능 여부 순으로 검토하여 승인하여야 한다.

③ 유류지급분이 주어진 예산의 범위를 초과한다면 초과분은 지급되지 않을 것이다.

④ 일과 시간 후 차량운행은 금지됨을 원칙으로 하나, 사용 시 발생하는 제반사고 및 경비에 대해 사용자가 책임을 진다고 하면 예외적으로 차량관리부서로부터 허가를 받을 수 있다.

⑤ 차량의 주차는 도난방지를 위해 청사 내 지정주차장에 하는 것을 원칙으로 하되, 이사장·감사 전용차는 집중관리부서가 승인한 주차장을 이용할 수 있다.

06. A 공사 배차실 김 사원은 공사 홈페이지에 올라온 질문에 답변을 달고 있다. 다음 중 옳은 것은?

Q. 근무시간 이후 부설 기관 차량 사용이 완료되면 차량을 다음 날 아침에 가져오면 되는 건가요?
A. ① 일단 차량을 주차장에 입고시키고 차량운행일지에 일일운행 기록을 기록하고, 열쇠는 운영관리자가 별도로 지정하는 곳에 보관해야 합니다.
Q. 차량 사용 용도가 특수한 경우 차량운행일지 양식이 좀 안 맞는 경우도 가끔 있던데요, 그럴 땐 어떻게 하지요?
A. ② 차량수리나 차량운행, 주차관리 등 차량의 전반적인 관리는 우리 공사의 차량관리규칙을 원칙으로 합니다. 따라서 어떤 것이든 조정 또는 변경을 원한다면 먼저 승인을 받아야 합니다.
Q. 저는 업무상 타 기관에 차량을 지원해 줘야 할 일이 있는데요, 그런 경우엔 어떻게 해야 하나요?
A. ③ 차량 사용 7일 전까지 배차신청을 하고 운전자는 차량 반납 이전에 일일운행 기록도 차량운행일지에 기록해야 합니다. 대신 유류는 우리가 지급하지 않습니다.
Q. 배차신청 시 사용 내역을 명시해야 한다고 알고 있는데요, 탑승인원까지는 명시할 필요 없겠죠?
A. ④ 사용차량과 사용일시 중 하나, 용무와 행선지 중 하나, 운전자와 탑승인원 중 하나씩만 명시하면 됩니다.
Q. 내방객 일정이 유동적이라서 차량을 주차장 이외의 장소에 잠시 주차해야 할 상황이 생겨도 반드시 지정 주차장에만 주차해야 하는 건가요?
A. ⑤ 청사 내 지정주차장이 원칙이긴 한데 기관장 지정 장소에 주차할 만한 사정이 있다면 그곳도 가능합니다. 그리고 언젠가 수리를 받을 예정이라면 자동차부분정비사업장에 일단 주차하는 것도 가능합니다.

[07 ~ 08] 다음은 라오스 소비재 시장에 대한 분석이다. 이어지는 질문에 답하시오.

〈라오스 소비환경 및 품목〉

라오스 인구는 2018년 701.3만 명을 기록하고 있으며 라오스 전역에 127.6만 가구가 있다. 라오스 인구 피라미드 형태는 저연령층이 고연령층에 비해 두터운 종형 형상을 띄고 있다.

세계은행 조사에 따르면 라오스 전체 기업체 중 중소기업 비율은 76%, 중견기업은 20.7%, 대기업은 3.3%로 중소·중견기업이 절대다수를 차지하고 있다. 중소기업 중 서비스업 종사 비율은 83%이며 이 중 소매업종이 30%에 달한다.

라오스는 아직 자국 내 제조업 기반이 미약하여 대부분의 소비재를 수입에 의존하고 있다. 주로 인접국인 태국, 중국, 베트남으로부터 수입을 하고 있으며 2018년 기준 라오스에 65백만 달러를 수출한 한국은 라오스의 5번째 주요 수입국이다.

주요 수입품목은 차량 및 부품, 경유, 전자기기, 강철제품 등이 있다. 라오스 내 디지털 전환 및 기술발전으로 통신장비 수입이 2014년 9.7백만 달러에서 2018년 210백만 달러로 급격하게 증가하였으며, 비료 제품 또한 2014년 42백만 달러에서 2018년 74백만 달러로 매년 수입이 증가하는 추세이다. 주요 소비재 품목 수입액은 2018년 가구류가 43.5백만 달러로 제일 많으며 그 다음으로는 의류가 26백만 달러, 미용·향수가 23백만 달러로 나타났다.

〈2018년 라오스 상위 10개 수입국(단위 : U$)〉

순위	수입국	2014년	2015년	2016년	2017년	2018년
1	태국	3,280,834,174	2,362,073,515	2,598,955,183	2,949,933,105	3,279,519,827
2	중국	798,347,497	786,657,433	769,746,705	817,299,429	1,381,521,127
3	베트남	441,554,268	591,286,198	432,300,078	552,252,609	693,566,331
4	일본	93,147,124	74,943,131	101,611,036	91,579,061	119,558,907
5	한국	83,293,120	49,141,771	80,858,675	53,746,030	65,061,382
6	인도네시아	14,529,292	8,686,149	55,565,468	68,613,755	42,020,736
7	호주	16,900,860	13,983,275	8,604,872	9,356,938	31,030,424
8	싱가포르	9,439,984	8,009,500	25,049,441	35,277,367	28,217,492
9	벨기에	23,024,503	16,587,693	2,426,670	13,972,963	22,969,739
10	홍콩	27,978,399	23,759,197	20,219,270	16,758,207	21,502,675

〈2018년 라오스 상위 10개 소비재 수입품목(단위 : U$)〉

순위	수입품목	수입금액	순위	수입품목	수입금액
1	가구	43,558,759	6	의료기기	20,405,140
2	의류	26,473,165	7	철제 주방용품	15,361,017
3	미용 · 향수	22,692,617	8	가공식품	12,544,042
4	의약품	28,228,825	9	기타 주방용품	13,385,322
5	주류	35,862,862	10	스포츠용품	5,250,588

〈한국 제품 시장진입 여건〉

라오스 소비재 제품의 대부분은 저소득층 소비자에 초점을 맞춘 태국 및 중국 제품이다. 따라서 기존 제품과의 경쟁을 위해 저가 라인의 제품으로 소비자에 어필할 필요가 있다. 라오스 유통시장의 제품은 차별성이 없어 라오스 소비자는 대체로 인근 태국에서 월 1회 정도 고품질 또는 차별화된 제품을 쇼핑하는 경우가 많다. 코로나19로 소비자의 인접국 이동이 어려운 상황에서 고품질의 한국 제품은 지금이 진입 적기일 수 있다.

태국 제품의 라오스 점유율이 높은 이유는 저가 및 문화적 인접성도 있으나, 바이어에 대한 사후 마케팅 지원도 강점으로 꼽힌다. 태국 업체는 홍보물 제공, 판촉행사, 광고뿐만 아니라 A/S에 대한 지원이 가능하기 때문에 태국 제품을 선호하는 경향이 있으며, 한국 제품에 대한 선택을 주저하는 경우도 많다고 한다.

07. 자료를 보고 회의에서 제시한 의견으로 적절하지 않은 것은?

① A : 라오스 소비재 시장의 특성을 고려할 때, 4P 전략으로 접근하면 Price(가격)에 가장 중점을 두어야 합니다.

② B : 라오스가 수입하는 소비재의 특성상 자본재보다 구매주기가 짧을 것을 예측할 수 있습니다.

③ C : 태국 및 중국 제품과 같이 저가이지만 상대적으로 고품질인 제품으로 시장을 공략해야 합니다.

④ D : 라오스의 인구통계학적 특성상 고령화사회에 접어든 다른 선진국들에 수출할 때와는 다른 마케팅이 필요하겠어요.

⑤ E : 한국의 뛰어난 사후적 지원서비스가 다른 국가 기업들과 비교할 때 강점으로 작용해 현재의 이미지를 구축했으므로 이를 놓치지 않고 지속적으로 관리하는 방안이 필요합니다.

08. 자료를 분석한 내용으로 옳지 않은 것을 〈보기〉에서 모두 고르면?

보기

ㄱ 2018년 라오스의 소비재 수입품목에서 7위 품목 수입액은 2위 품목 수입액의 60% 이하이다.

ㄴ 호주는 2018년에 라오스의 상위 7번째 수입국이었지만 2017년에는 상위 10번째 수입국이었다.

ㄷ 2016 ~ 2018년 동안 전년 대비 라오스의 수입액 규모가 지속적으로 증가한 국가는 태국과 베트남이다.

ㄹ 라오스 전체 기업체 중 중소기업이고 서비스업에 종사하며 소매업종인 기업이 차지하는 비율은 약 19%이다.

① ㄱ, ㄴ   ② ㄱ, ㄷ   ③ ㄱ, ㄹ

④ ㄴ, ㄷ   ⑤ ㄷ, ㄹ

09. 다음 글을 읽고 제기할 수 있는 반론으로 옳지 않은 것은?

인류가 생존하기 위해 꼭 필요한 것이 있다면 숨 쉴 공기, 마실 물과 먹을 음식이다. 숨 쉴 공기가 없으면 아무도 5분을 넘게 살 수 없으며 마실 물이 없으면 5일을 넘기기가 어렵고 먹을 음식이 없으면 5주를 넘기기 어렵다. 이 세 가지는 생존을 위한 필요조건이고 이것이 충족되면 '생존'의 차원을 넘어서 '삶'을 위한 조건, 즉 쾌적한 환경과 편리한 문명의 혜택 및 마음의 풍요를 위한 문화생활을 찾게 된다.

18세기 말 영국에서 시작된 산업혁명 이후 인류는 눈부신 과학 기술의 발전과 산업화의 결과로 풍요로운 물질문명의 혜택을 누리게 되었다. 하지만 산업화로 말미암아 도시가 비대해지고 화석 에너지 및 공업용수의 사용이 급속히 늘어나 대기 오염, 식수원 오염 및 토양 오염을 유발하여 쾌적하지 못한 삶의 질을 저하시키는 수준의 환경오염이 초래되었다. 급기야는 1940 ~ 1950년대를 전후하여 공업 선진국의 몇몇 도시에서는 이미 대기 오염에 의한 인명 사고가 발생하기 시작하였다. 대표적인 것은 1952년 12월 영국에서 발생했던 런던 스모그 사건이다. 이로 인하여 4,000여 명이 사망하였다고 하니 정말 끔찍한 일이 아닐 수 없다. 이 사건은 환경오염이 삶의 질 차원을 넘어서 인류 생존의 문제로 악화되고 있음을 시사해 주는 대표적인 사건으로 기록되었다.

실험실에서 미생물을 배양할 때, 어느 때까지는 자라다가 일정 시간이 지나면 먹이 고갈과 노폐물의 축적으로 성장을 멈추고 끝내는 사멸한다는 것은 익히 알려진 사실이다. 인류라고 예외일 수는 없다. 만약 인류의 생산 활동의 부산물인 대기 오염, 수질 오염 및 토양 오염을 그대로 방치할 경우 환경 문제는 환경오염의 차원을 넘어 '환경 파괴'로 치닫게 될 것이다. 그 다음의 결과야 불을 보듯 뻔하지 않은가?

20세기 후반에 와서는 측정 기술의 발달에 힘입어 지구 생태계의 보호막인 대기의 오존층이 인류가 발명한 염화불화탄소(CFC ; Chloro Fluoro Carbon, 프레온)라는 합성 물질에 의하여 파괴되고 있고 대기 중에 탄산가스와 메탄 등의 온실 기체가 꾸준히 증가하고 있다는 사실이 밝혀졌다. 슈퍼컴퓨터를 이용한 기후 예측 모델에 따르면 대기 중의 탄산가스 농도가 현재와 같은 추세로 증가할 경우 2030년 경에는 지구의 평균 기온이 2 ~ 5도 상승하게 되고 그 결과 해수면이 50 ~ 60센티미터 상승할 것으로 예측되고 있다.

이러한 지구 환경의 위기에 대비하여 1992년 6월 브라질 리우에서 개최된 환경과 개발에 관한 유엔 회의에서는 '환경적으로 건전하고 지속 가능한 발달' 만이 인류가 나아가야 할 방향임을 천명하였다. 앞으로 성장 위주의 개발 정책은 국제 사회에서 용납되지 않을 것이며 '환경 보전과 조화를 이루는 개발', 즉 환경적으로 건전하고 지속 가능한 발달의 실현이 21세기에 인류가 추구해야 할 과제가 될 것이다.

① 인류는 환경에 적응하는 동물이다. 지구의 평균 기온과 해수면 상승이 발생한다고 하더라도 그에 적응하여 살아가는 데 지장이 없을 것이다.

② '환경적으로 건전하고 지속 가능한 발달'은 국제 사회의 모든 국가가 협력할 때에만 가능하다. 강대국이 자의적으로 협력을 거부하고 성장을 추구한다면 통제방법이 없다.

③ 슈퍼컴퓨터를 이용한 날씨 예측 시스템은 매우 부정확하여 내일 날씨도 파악하기 힘들다. 장기 기후 예측도 초기값과 포함된 변수에 큰 영향을 받기 때문에 미래의 해수면 상승 정도는 과장되게 예측되었을 수 있다.

④ 1940 ~ 1950년대의 심각한 대기오염 사태와 미생물 배양실험의 경우는 아주 협소한 부분의 근거에 불과하다. 전 지구적 환경 파괴에는 이를 직접 적용할 수 없다.

⑤ 환경 보전과 조화를 이루는 개발을 하려면 추가적인 비용과 노력이 소요된다. 이 과정에서 최종적인 환경 파괴는 줄어들지라도 산업의 전 과정을 고려했을 때 발전이 더딘 결과가 나타날 수 있다.

10. 다음 중 글의 흐름에 맞게 (가) ～ (바) 문단을 바르게 배열한 것은?

생명체는 수많은 세포로 이뤄져 있다. 세포핵의 염색체에는 유전정보를 저장하는 DNA가 들어있다. 사람의 유전정보를 담은 DNA는 약 30억 개의 염기로 구성된다. 이들 염기의 배열순서에 따라 생명 활동에 필요한 단백질이 만들어진다. 유전체(게놈)는 DNA에 포함된 30억 개 염기의 배열순서(염기서열) 전체를 밝힌 것이다. 사람마다 유전체는 일부 차이가 있다.

(가) 정밀의학 생명공학기업 마크로젠과 분당서울대병원 공동 연구팀은 국제 컨소시엄 '게놈아시아 100K 이니셔티브'를 통해 진행한 아시아인 유전체 분석 결과를 국제학술지 '네이처' 4일자(현지 시간)에 발표했다. 이는 아시아인에게 발생하는 질병 관련 원인을 규명하는 연구에 큰 도움을 줄 것으로 기대된다.

(나) 분석 결과 아시아에 거주하는 약 142개 종족은 기존 연구에서 밝혀진 것보다 훨씬 더 다양한 유전적 특성이 있는 것으로 나타났다. 연구진은 이를 바탕으로 아시아인들 사이에서도 민족별로 주요 약물에 대한 반응이 다르다는 사실을 규명했다. 예를 들어 심혈관 질환 환자에게 주로 처방 되는 항응고제 '와파린'은 특정 유전 변이를 가진 환자에게 알레르기 등 약물 부작용을 일으킬 수 있다. 이번 연구 결과 와파린의 경우 한국인, 중국인, 일본인, 몽골인과 같은 북아시아 조상을 가진 사람들이 예민하게 반응할 가능성이 클 것으로 예측됐다.

(다) 과학자들은 특정 인종이나 국가, 민족을 대상으로 표준유전체지도를 구축하고 있다. 표준유전체지 도를 만들면 특정 질병이 있는 환자의 유전체와 비교해 염기서열이 어떻게 다른지 알아낼 수 있 다. 염기서열이 달라져 변이가 생긴 단백질을 밝혀내 질병의 원인이나 약물 효능 등을 면밀히 분 석한다. '인간 게놈 프로젝트(HGP)'로 2003년 인간 표준게놈지도를 만든 이유다. 개인 맞춤형 치 료법을 제시하는 이른바 '정밀의학'도 유전체 분석이 밑바탕이다.

(라) 이번 연구는 아시아를 포함한 총 64개국 219개 종족(아시아 142개 종족)의 샘플을 대상으로 이 뤄졌다. 지금까지 공개된 아시아인 유전체 데이터 중에서 가장 많은 지역과 종족을 포함한다. 국 가별로 보면 한국인 152명을 비롯해 인도에서 598명, 말레이시아 156명, 인도네시아 68명, 필리 핀 52명, 일본 35명, 러시아 32명 등 총 1,739명의 유전체가 분석됐다.

(마) 그러나 처음 만들어진 인간 표준게놈지도는 주로 백인의 유전체를 분석한 것이어서 인종별 특징 을 담지 못했다. 전 세계 인구 77억 명 중 58%인 45억 명에 달하는 아시아인에게 적용하기 어려 웠다. 인종별·민족별로 나타나는 유전체 정보가 다르기 때문이다.

(바) 마크로젠은 2016년 10월 세계 최고 정밀도의 아시아인 표준 유전체를 완성해 네이처에 발표한 바 있다. 2016년 연구가 한 사람의 유전체를 정밀하게 분석해 표준 유전체를 구축한 것이라면 이 번 연구는 각 지역별, 민족별로 다른 특성을 보이는 아시아인들의 유전체 패턴을 완성한 것이다.

① (가)-(라)-(나)-(다)-(마)-(바) ② (가)-(라)-(나)-(마)-(다)-(바)
③ (다)-(가)-(마)-(라)-(나)-(바) ④ (다)-(마)-(가)-(라)-(나)-(바)
⑤ (다)-(마)-(가)-(라)-(바)-(나)

11. ○○공사는 〈조건〉에 따라 현재 채용을 진행 중이다. 채용된 신입사원이 팀에 배정되는 경우의 수는 몇 가지인가?

──── 조건 ────

- 현재 진행 중인 채용을 통해 입사한 신입사원들은 인사팀, 총무팀, 마케팅팀에 배정된다.
- 각 팀에는 적어도 1명의 신입사원이 배정된다.
- 입사하는 신입사원의 수는 3명 이상 10명 이하이다.
- 경우의 수를 계산할 때 신입사원 간 구분은 하지 않으며, 각 팀에 배정되는 인원수만 고려한다.

① 90가지   ② 120가지   ③ 150가지
④ 180가지   ⑤ 210가지

12. A 씨가 집에서 회사까지 이동하는 데 소비하는 휘발유는 몇 ℓ인가?

〈부피 단위환산〉

cm³	m³	ℓ
1	0.000001	0.001
1,000	0.001	1
1,000,000	1	1,000

──── 정보 ────

- A 씨의 집에서 회사까지의 거리는 90km이다.
- A 씨의 승용차는 12m 이동 시 8cm³의 휘발유를 소비한다.

① 3ℓ   ② 6ℓ   ③ 30ℓ
④ 60ℓ   ⑤ 300ℓ

1회 기출예상문제 / 2회 기출예상문제 / 3회 기출예상문제 / 4회 기출예상문제 / 5회 기출예상문제 / 6회 기출예상문제 / 인성검사 / 면접가이드

13. 다음은 A 요양병원의 병원비에 관한 자료이다. 제시된 요양병원 환자들이 부담하는 1개월 병원비 총합은?

〈급여진료비의 본인부담률〉

종별	대상구분	본인부담률		종별	대상구분	본인부담률	
		진료비	식대			진료비	식대
건강보험	일반	20%	50%	보호1종	일반	0%	20%
	중증	5%	50%		중증	0%	10%
	희귀난치	10%	50%		희귀난치	0%	10%
차상위1종	일반	0%	30%	보호2종	일반	20%	20%
	중증	0%	30%		중증	10%	5%
	희귀난치	0%	30%		희귀난치	10%	5%
차상위2종	일반	15%	30%	보호2종장애	일반	10%	20%
	중증	5%	30%		중증	5%	5%
	희귀난치	10%	30%		희귀난치	5%	5%
차상위 2종장애	일반	15%	20%				
	중증	5%	20%				
	희귀난치	10%	20%				

조건

- A 요양병원의 병원비는 급여진료비, 식대, 비급여진료비, 간병비로 이루어진다.
- 비급여진료비와 간병비는 정해진 금액을 납부해야 하며, 급여진료비와 식대는 환자의 종별과 대상구분에 따라 본인부담률이 달라진다.
- 급여진료비는 월 1,000,000원이다.
- 장애가 있는 경우 비급여진료비의 50%는 국가가 부담한다.
- 식대는 월 300,000원이며 매일 식사가 제공된다.
- 간병인은 하루 8시간 일하고, 시급 8,000원을 받으며 월 20회 출근한다.

환자	종별/대상구분	비급여진료비	간병인 사용여부
S	보호2종/일반	300,000원	O
L	차상위2종장애/일반	280,000원	X
K	차상위1종/희귀난치	–	X
J	건강보험/중증	–	O

① 3,500,000원　　　　② 3,610,000원　　　　③ 3,760,000원

④ 3,900,000원　　　　⑤ 4,150,000원

14. 다음은 동일한 상품군을 판매하는 백화점과 TV홈쇼핑의 상품군별 판매수수료율에 대한 자료이다. 이에 대한 설명으로 옳은 것을 〈보기〉에서 모두 고르면?

〈표 1〉 백화점 판매수수료율 순위

(단위 : %)

판매수수료율 상위 5개			판매수수료율 하위 5개		
순위	상품군	판매수수료율	순위	상품군	판매수수료율
1	셔츠	33.9	1	디지털기기	11.0
2	레저용품	32.0	2	대형가전	14.4
3	잡화	31.8	3	소형가전	18.6
4	여성정장	31.7	4	문구	18.7
5	모피	31.1	5	신선식품	20.8

〈표 2〉 TV홈쇼핑 판매수수료율 순위

(단위 : %)

판매수수료율 상위 5개			판매수수료율 하위 5개		
순위	상품군	판매수수료율	순위	상품군	판매수수료율
1	셔츠	42.0	1	여행패키지	8.4
2	여성정장	39.7	2	디지털기기	21.9
3	진	37.8	3	유아용품	28.1
4	남성정장	37.4	4	건강용품	28.2
5	화장품	36.8	5	보석	28.7

보기

㉠ 백화점, TV홈쇼핑 모두 셔츠 상품군의 판매수수료율이 전체 상품군 중 가장 높다.
㉡ 백화점, TV홈쇼핑 모두 상위 5개 상품군의 판매수수료율이 30%를 넘어섰다.
㉢ 잡화 상품군과 모피 상품군의 판매수수료율은 TV홈쇼핑이 백화점보다 더 낮다.
㉣ 여행패키지 상품군의 판매수수료율은 백화점이 TV홈쇼핑의 2배 이상이다.

① ㉠, ㉡
② ㉠, ㉣
③ ㉢, ㉣
④ ㉠, ㉡, ㉣
⑤ ㉠, ㉢, ㉣

[15 ~ 16] 다음 자료를 보고 이어지는 질문에 답하시오.

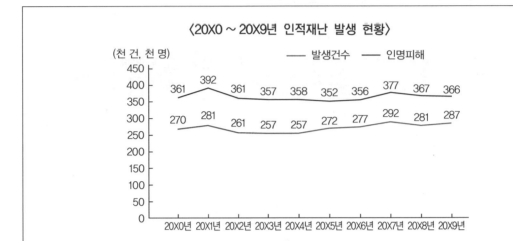

〈20X0 ~ 20X9년 인적재난 발생 현황〉

(천 건, 천 명)　　　　── 발생건수　── 인명피해

발생건수: 361, 392, 361, 357, 358, 352, 356, 377, 367, 366
인명피해: 270, 281, 261, 257, 257, 272, 277, 292, 281, 287

〈20X9년 주요 유형별 인적재난 피해 현황〉

(단위 : 건, 명)

구분	발생건수	인명피해	사망
교통사고	221,711	346,620	5,229
화재	43,875	1,862	263
등산	4,243	3,802	90
물놀이, 익사 등	2,393	1,322	489
해양	1,750	219	38
추락	2,699	2,383	189
농기계	918	925	90
자전거	4,188	3,865	36
전기(감전)	581	581	46
열차	277	275	124
환경오염	4,216	4,093	115
전체	286,851	365,947	6,709

15. 다음 중 자료에 대한 설명으로 옳지 않은 것은?

① 인적재난 발생건수는 20X3년에서 20X4년까지 최저 수준을 기록하였다.

② 20X7년 인적재난 발생건수는 전년 대비 약 7% 증가하였다.

③ 20X7년 인적재난 인명피해는 전년 대비 약 5.9% 증가하였다.

④ 인적재난 발생건수는 20X0년 약 27만 건에서 20X1년 약 28만 건으로 증가하였다.

⑤ 인적재난 인명피해는 20X0 ~ 20X9년 10년 동안 꾸준히 35만 명 이상을 기록하였다.

16. 20X9년 전체 인적재난 중 교통사고의 발생 비율과 인명피해 비율은? (단, 소수점 아래 둘째 자리에서 반올림한다)

	발생 비율	인명피해 비율		발생 비율	인명피해 비율
①	77.3%	94.7%	②	77.3%	91.7%
③	75.3%	98.7%	④	75.3%	94.7%
⑤	73.3%	91.7%			

[17 ~ 18] 다음은 우리나라의 에너지 수입액 및 수입의존도에 대한 자료이다. 이어지는 질문에 답하시오.

〈에너지 수입액〉

(단위 : 백만 달러)

구분	2017년	2018년	2019년	2020년
총수입액	435,275	323,085	425,212	524,413
에너지 수입 합계	141,475	91,160	121,654	172,490
석탄	12,809	9,995	13,131	18,477
석유	108,130	66,568	90,902	129,346
천연가스	19,806	13,875	17,006	23,859
우라늄	729	722	615	807

※ 총수입액은 에너지 수입액을 포함한 국내로 수입되는 모든 제품의 수입액을 의미함.

〈에너지 수입의존도〉

(단위 : %)

구분	2017년	2018년	2019년	2020년
원자력발전 제외한 수입의존도	96.4	96.4	96.5	96.4
원자력발전 포함한 수입의존도	29.0	83.4	84.4	84.7

※ 에너지 수입의존도는 1차 에너지 공급량 중 순수입 에너지가 차지하는 비중을 의미함.

17. 다음 중 자료에 대한 설명으로 옳은 것은?

① 2017 ~ 2020년 동안 에너지의 수입 합계는 2017년에 가장 컸다.

② 2017 ~ 2020년 동안 천연가스의 수입액은 꾸준히 증가하고 있다.

③ 2017 ~ 2020년 동안 우라늄의 수입액은 매년 백만 달러 미만의 작은 폭으로 변화하였다.

④ 2018년에 비해 2020년에 총수입액 중 에너지 수입 합계의 비중이 늘어났다.

⑤ 2017 ~ 2020년 동안 석탄, 석유, 천연가스, 우라늄의 수입액 증감 추이는 동일하다.

18. 다음 중 자료에 대한 설명으로 옳지 않은 것은?

① 2017년 총수입액 중 에너지 수입 합계의 비중은 30% 이상이다.

② 2018년 에너지 수입의존도 중 원자력발전의 수입의존도는 13.0%이다.

③ 2018년에 에너지 수입 합계가 급격하게 감소했고, 그 이후로는 다시 꾸준히 증가하고 있다.

④ 원자력 에너지는 수입에 의존하지 않고 자국 내에서 공급하는 비중이 높다.

⑤ 우리나라는 에너지를 만들 수 있는 1차 자원을 대부분 자국 내에서 공급하지 못하고 있다.

1회 기출예상문제

2회 기출예상문제

3회 기출예상문제

4회 기출예상문제

5회 기출예상문제

6회 기출예상문제

인성검사

면접가이드

[19 ~ 20] 다음 자료를 보고 이어지는 질문에 답하시오.

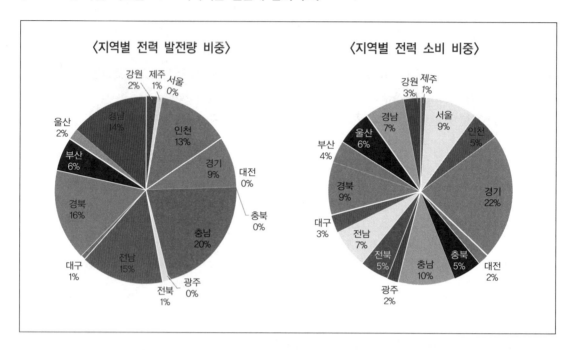

19. 전력 발전량과 소비의 총량이 동일하다고 가정할 때, 자료에 대한 설명으로 옳지 않은 것은?

① 전력 발전량과 소비량이 동일한 지역은 한 군데뿐이다.

② 지역별 전력 소비량의 과반을 자체적으로 충당할 수 있는 지역은 8군데이다.

③ 경남은 자체 소비 후 대구와 광주가 추가로 소비할 수 있는 양의 전력을 발전한다.

④ 자체 소비 후 잉여 전력이 존재하는 지역의 수는 전력이 부족한 지역의 수보다 적다.

⑤ 자체 소비 후 추가로 필요로 하는 전력이 세 번째로 많은 지역은 전북이다.

20. 전력 발전량보다 소비의 총량이 2배 많다고 가정할 때, 전력 발전량과 소비의 총량이 동일한 경우와 비교하여 에너지 자급자족이 가능한 지역에서 불가능한 지역으로 바뀌는 지역은?

① 전남, 경북, 경남   ② 제주, 인천, 충남   ③ 인천, 부산, 경남

④ 부산, 제주, 경북   ⑤ 충남, 전남, 부산

21. ○○투자회사에서 신규 펀드를 만들려고 한다. 펀드의 성과 예상치가 ⓐ ~ ⓓ와 같을 때, 반드시 거짓인 내용은?

○○투자회사에서 신규 펀드에 포함할 자산군은 국내 주식, 원자재, 부동산이다. 각 자산군은 서로 상관관계가 낮다. 투자 실패의 원인은 단 한 가지로 가정하고 투자의 예상 결과를 다음과 같이 정리했다.

〈투자 예상 결과〉
ⓐ 국내 주식에 투자하고, 원자재에 투자하고, 부동산에 투자했을 때, 손실의 위험성이 높다.
ⓑ 국내 주식에 투자하지 않고, 원자재에 투자하고, 부동산에 투자했을 때, 손실의 위험성이 높다.
ⓒ 국내 주식에 투자하지 않고, 원자재에 투자하지 않고, 부동산에 투자했을 때, 손실의 위험성이 낮다.
ⓓ 국내 주식에 투자하고, 원자재에 투자하고, 부동산에 투자하지 않았을 때, 손실의 위험성이 높다.

① ⓒ, ⓓ만을 고려한다면 원자재 투자가 손실 위험성을 높이는 원인일 수 있다.
② ⓑ, ⓒ만을 고려한다면 펀드 손실의 주원인은 원자재 투자일 것이다.
③ ⓑ, ⓓ만을 고려한다면 원자재 투자는 펀드 손실의 주원인이 아니다.
④ ⓐ, ⓑ만을 고려한다면 펀드 손실의 주원인이 무엇인지 알 수 없다.
⑤ ⓐ, ⓒ만을 고려한다면 펀드 손실의 주원인은 국내 주식 투자나 원자재 투자에 있을 것이다.

22. ○○기업 직원 A ~ D는 퇴근 후 자격증 스터디를 진행하기 위해 학습할 자격증을 〈자격증 선호 순위〉와 〈자격증 선정 기준 및 조건〉을 고려하여 정하려고 한다. 〈보기〉 중 옳은 내용은 몇 개인가?

〈자격증 선호 순위〉

구분	사무자동화산업기사	컴퓨터활용능력1급	토익스피킹7등급	SPA 6급	HSK 5급
A	1	2	5	4	3
B	4	1	3	2	5
C	3	5	4	2	1
D	2	4	5	3	1

〈자격증 선정 기준 및 조건〉

자격증 선정 기준	1. 1순위가 가장 많은 자격증으로 선정한다. 2. 5순위가 가장 적은 자격증으로 선정한다. 3. 1순위에 5점, 2순위에 4점, 3순위에 3점, 4순위에 2점, 5순위에 1점을 부여하며, 합산 점수가 가장 높은 자격증으로 선정한다. 4. 1순위에 5점, 2순위에 4점, 3순위에 3점, 4순위에 2점, 5순위에 1점을 부여하며, 합산 점수가 동점인 경우 1순위가 더 많은 자격증을 선정한다.
조건	• B는 SPA 6급이 선정되면 스터디에서 나간다. • C는 토익스피킹 7등급이 선정되면 스터디에서 나간다. • C가 스터디에서 나가면 D도 나간다.

보기

㉠ 기준 1과 기준 4 중 어느 것을 따르더라도 동일한 자격증이 선정된다.
㉡ 기준 2에 따르면 사무자동화산업기사나 SPA 6급이 학습할 자격증으로 선정될 수 있다.
㉢ 기준 3에 따르면 아무도 스터디에서 나가지 않는다.
㉣ 기준 1 ~ 4 중 어떤 기준을 따를 때, 팀에 2명만 남게된다.

① 0개   ② 1개   ③ 2개
④ 3개   ⑤ 4개

23. 다음 ○○공사의 사회 공헌활동에 대한 설명으로 옳은 것을 〈보기〉에서 모두 고르면?

〈사회 공헌활동 유형〉

지역사회 활동	→	• 김장, 연탄배달, 도시락배달, 급식 · 배식활동, 헌혈 캠페인 • 1사 1촌 자매결연, 지역특산물 판매, 온누리 상품권 구입, 지역축제 자원봉사 • 농촌 일손 돕기, 장수사진 촬영, 치매극복 전국 걷기대회
교육문화 활동	→	• 어린이 전기안전 교육, 방송직업 체험, 방과 후 학습 도우미 • 문화체험 도우미, 신입사원 장애우 돌봄, 직원가족 초청 행사 • 대학생 서포터즈 운영
환경보호 활동	→	• 매봉산 숲 돌보미 협약식 체결 및 환경정화, 식목 행사 시행, 산불 감시 예방, 야생동물 먹이 주기 캠페인, 자연보호 활동

〈2018 ~ 2020년 사회 공헌활동〉

(단위 : 건, 천 원, 명, 시간)

구분	지역사회 활동				교육문화 활동				환경보호 활동			
	활동 건수	금액	활동 인원	활동 시간	활동 건수	금액	활동 인원	활동 시간	활동 건수	금액	활동 인원	활동 시간
2018년	951	131,858	4,830	17,187	105	7,152	572	2,059	785	799	10,632	29,319
2019년	1,207	201,678	7,960	23,314	157	25,012	483	1,920	1,115	927	12,983	43,936
2020년	1,071	205,728	7,115	21,753	105	11,637	409	1,499	1,157	4,298	14,001	50,217

보기

⊙ 각 세부 활동별로 활동인원과 활동시간의 증감 방향은 동일하다.

ⓒ ○○공사의 사회 공헌활동에는 ○○공사 직원들만 참여할 수 있다.

ⓒ 2019년 대비 2020년 지역사회 활동의 활동인원 감소율은 환경보호 활동의 활동인원 증가율보다
크다.

ⓔ 2020년 교육문화 활동의 활동 건수당 평균 금액은 약 110만 원으로 환경보호 활동의 활동 건수당
평균 금액의 약 30배이다.

---

① ㄱ, ㄴ   ② ㄱ, ㄷ   ③ ㄴ, ㄷ

④ ㄷ, ㄹ   ⑤ ㄱ, ㄷ, ㄹ

24. 다음의 안내문을 읽고 추론한 내용으로 적절한 것은?

〈사내 선택적 근로시간제 도입 안내〉

※ 선택적 근로시간제란 근로자가 직접 출·퇴근 시간을 자율적으로 선택할 수 있는 제도를 말함.

- 신청 접수 : 2021년 3월 1일 ~ 2021년 3월 31일
- 시행일 : 2021년 6월 1일
- 신청 방법 : 각 부처 및 인사과
  - 구내식당 등에 비치된 양식 작성 후 인사과에 개별 접수
  - 이번 접수기간 이후에는 매월 말일 신청서 접수 예정
- 상세 내용
  - 1일 근로시간은 최소 8시간을 충족하여야 함(전 직원 공통).
  - 점심 또는 저녁 식사시간 1시간은 휴게시간으로서 근로시간에 포함되지 않음. 휴게시간은 무조건 부여하므로 이를 고려하여 근로시간을 설정할 것
  - 1일 8시간, 1주 40시간을 초과하는 경우 연장 근로수당 지급(연장근무는 최대 1주 12시간)
  - 출·퇴근 시간은 자율적으로 결정하는 것을 원칙으로 하나 보안 시스템이 종료되는 24 : 00 이전 퇴근을 완료할 것
  - 출·퇴근 시간은 하루 1회씩 설정해야 하고, 하루에 출근 또는 퇴근을 반복하여 근로시간을 충족 하는 것은 불가
  - 신청서를 제출하지 않은 직원에 대하여는 기존 근무시간(09 : 00 ~ 18 : 00, 점심시간 1시간)을 적용
- 예외 부서 안내
  - 고객을 응대하는 고객센터 및 판매직 직원은 출근 시간 설정 범위를 정오 이전으로 제한
  - 디자인팀, 광고팀은 근로시간(출·퇴근 시간 포함)을 전적으로 개인이 자율적으로 선택하며, 재택 근무도 가능(단, 연장수당은 지급되지 않으며, 실적은 각 팀별 성과물로 평가)
- 기타 문의사항 : 인사과(내선 1234) 또는 선택적 근로시간제 담당자 김병현 대리

---

① 예외 부서가 아니라면 최소한 오후 3시에는 출근해야 하는군.

② 인사과 소속인 직원은 연장근무를 하더라도 연장수당을 받을 수 없겠네.

③ 판매직 직원은 시간 설정 제한이 있으므로 기존 출·퇴근 시간대로 근로하는 것이 가장 좋겠네.

④ 이 제도에 신청서를 제출하지 않으면 남들보다 더 많이 일하는 불이익을 당하겠군.

⑤ 나는 오후 2시부터 3시까지 요가수업이 있으니 오전에 출근했다가 수업을 듣고 저녁에 다시 출근하는 것도 가능하겠어.

25. ○○기업 A 씨는 업무 특성상 날씨에 민감하여 도움을 받을 기상정보 제공업체를 선정하려고 한다. 다음 〈업체 정보〉와 〈선정기준표〉를 참고하였을 때 적절하지 않은 것은? (단, 업체를 선정할 때에는 모든 기준의 총점이 가장 높은 업체를 선정한다)

〈업체 정보〉

구분		A	B	C	D
기존 DB	기상정보 종류	6개	12개	5개	2개
	수집기간	2년	4년	10년	7개월
관측기술		중	하	중	상
재난대응정책		중	하	상	중
관측정확도		상	중	하	중

〈선정기준표〉

(단위 : 점)

기존 DB(25)	기상정보 종류(10)	10개 이상	7 ~ 9개	4 ~ 6개	1 ~ 3개	0개
		10	7	4	1	0
	수집기간 (15)	10년 이상	7 ~ 9년	4 ~ 6년	1 ~ 3년	1년 미만
		15	10	7	4	1
관측기술(25)		상		중		하
		25		15		5
재난대응정책(20)		상		중		하
		20		10		5
관측정확도(30)		상		중		하
		30		15		5

① 재난대응정책 항목을 제외하면 순위가 변동된다.

② 4순위 업체는 관측기술을 한 단계 더 올려도 1순위 업체가 될 수 없다.

③ 2순위 업체가 기상정보 종류를 5개 이상 늘려도 순위에는 변동이 없다.

④ 2순위 업체와 3순위 업체의 관측정확도 점수가 바뀌면 1순위 업체가 변경된다.

⑤ 기존 DB 항목을 제외해도 1순위 업체는 변동이 없다.

[26 ~ 27] 다음 자료를 보고 이어지는 질문에 답하시오.

A 회사는 20XX년 2월 부서회의를 진행하려고 한다. 부시회의는 기획부, 재무부, 영업부, 홍보부 총 4개 부서의 부서장이 참여하도록 되어 있다. 각 부서의 업무일정을 고려하여 회의 날짜를 정하되, 최소 세 개 이상의 부서가 참여해야만 한다. 부서회의는 주말에도 진행할 수 있다.

〈2월 회의 안건 및 관련 사항〉

20XX년 2월 회의 안건	진행 순위	회의 기한	회의 시 필수 참여 부서
고객상담 대응 매뉴얼 수정	1	2월 8일까지	영업부, 홍보부
신제품 제조업체 선정	2	2월 15일까지	기획부, 재무부, 영업부
제품 광고계약	3	2월 23일까지	재무부, 홍보부

* 회의 기한 당일까지 회의가 진행될 수 있다.
* 제시된 회의 안건은 진행 순위 순서대로 각각 1회씩 회의가 이루어져야 한다.

〈각 부서별 주요 업무일정〉

기획부	• 2/8 ~ 2/13 : 신제품 디자인 • 2/19 ~ 2/20 : A 회사 정규공채 지원자 면접관
재무부	• 2/1 ~ 2/5 : 사내 법인카드 사용내역 감사 • 2/17 ~ 2/20 : 2/4분기 예산 수립 및 결재
영업부	• 2/3 ~ 2/8 : 외국 B 업체 계약 관련 해외출장 • 2/21 ~ 2/24 : 1/4분기 영업실적 집계 및 보고
홍보부	• 2/13 ~ 2/16 : 직업박람회 출장 • 2/18 ~ 2/19 : 제품 광고 문구 선정

* 각 부서의 주요 업무일정 기간에 해당 부서는 부서회의에 참석하지 못한다.
예 홍보부는 2월 19일 회의에 참석하지 못하고, 2월 20일부터는 회의에 참석할 수 있다.

26. 제시된 자료를 바탕으로 회의를 진행하려고 한다. 다음 중 옳지 않은 것은?

① 20XX년 2월 부서회의는 3번 진행된다.

② 20XX년 2월 부서회의에 모두 참여하는 부서가 있다.

③ 홍보부는 20XX년 2월 부서회의에 모두 참여할 수 있다.

④ 2월의 첫 부서회의는 1일 또는 2일에 진행되고 회의 참여 부서는 영업부, 홍보부, 기획부이다.

⑤ 회의 안건 중 '고객상담 대응 매뉴얼 수정'과 '신제품 제조업체 선정'은 같은 날에 진행될 수 없다.

27. 다음 중 부서회의가 열릴 수 없는 날은?

① 2월 14일   ② 2월 15일   ③ 2월 16일

④ 2월 21일   ⑤ 2월 22일

1회 기출예상문제

2회 기출예상문제

3회 기출예상문제

4회 기출예상문제

5회 기출예상문제

6회 기출예상문제

인성검사

면접가이드

[28 ~ 29] ○○공사 총무부 김 사원은 다음 고려사항들을 참고하여 노후 설계 시뮬레이션 교육 프로그램을 만들게 되었다. 이어지는 질문에 답하시오.

〈체계 수립 시 고려사항〉	
현재 연령과 은퇴 예상 연령	얼마나 오래 소득을 유지할 수 있는가?
기대 수명	얼마나 오래 연금을 수령할 것인가?
연평균 소득	연금을 납부하는 동안의 연평균 소득은 얼마인가?
은퇴 후 예상 생활비	가장 기본적인 생활을 유지하면서 취미활동 등 풍요로운 삶을 영위할 수 있는 수준인가?
연금 적립 금액	소득이 생긴 이후로 적립한 연금액이 얼마인가?
연금 소득대체율	은퇴 후 한 달에 받는 연금액이 국민연금을 납부한 기간 평균 월소득의 몇 퍼센트가 되는가?
예상 투자수익률	연금 기금의 투자수익률이 얼마나 높을 것인가?
예상 소득상승률	소득이 지금보다 얼마나 상승할 것인가?

※ 연금 소득대체율이 50%일 때, 평균 월소득이 100만 원이라면 연금으로 매달 50만 원을 수령하게 됨.

28. 김 사원은 〈체계 수립 시 고려사항〉을 다음과 같이 요인별로 분류하여 정리해 보았다. 이에 대한 의견으로 옳지 않은 것은?

연금 적립액에 영향을 미치는 요인	현재 연령, 은퇴 예상 연령, 연평균 소득
연금 수령액에 영향을 미치는 요인	기대 수명, 연금 기적립액, 소득대체율, 예상 투자수익률, 예상 소득상승률

① 향후 기금 고갈이 예상된다 하더라도 노동력 부족에 따라 정년을 연장한다면 기금 고갈 속도를 늦출 수 있어.

② 한계소비성향이 강한 자가 은퇴 이후에도 소비 수준을 낮추지 않고자 한다면 연금을 좀 더 납부해야 할 거야.

③ 연금 제도를 지속적으로 건전하게 유지하기 위해서 연금 기적립액 상태에 따라 소득대체율을 낮춰야 할 경우도 생길 수 있어.

④ 가입자의 현재 나이가 많은 편이라면 노후 준비가 시급하니까 연금 수령액도 증가할 거야.

⑤ 전문가들이 연금기금을 얼마나 어떻게 잘 굴릴 수 있는지도 연금 가입자들이 받게 될 금액에 영향을 미칠 수 있기 때문에 중요해.

29. 김 사원은 〈체계 수립 시 고려사항〉을 토대로 시뮬레이션 화면을 구성해 보았다. 다음 화면을 참고할 때 김 사원이 고려하지 않은 것은?

노후 설계 정보입력

▨ 고객님의 연평균 소득은 얼마인가요?

| 40,000,000 |원

▨ 고객님의 은퇴 후 예상 연간 생활비는 얼마인가요?

　　Ex. 기본적인 삶 : 집/음식/병원 ⇨ 합계 2,400만 원
　　　　풍요로운 삶 : 집/음식/병원/여행/외식/… ⇨ 합계 3,600만 원

| 24,000,000 |원

확 인

시뮬레이션 상세 결과	

기본 생활비용		120만 원×12개월=1,440만 원
여유생활비용	취미, 운동	5만 원×2회×12개월=120만 원(등산, 기타)
	차량유지비	20만 원×12개월=240만 원
	경조사 등 모임 비용	5만 원×3회×12개월=180만 원
	외식비	10만 원×1회×12개월=120만 원
	국내외 여행비	200만 원(해외)+100만 원(국내)=300만 원
	소계	960만 원
	연간 노후생활 자금	2,400만 원
	월 노후 생활비	200만 원
	총 필요자금	약 5억 원

① 연금 가입자들이 이해하기 쉬운 용어로 구성되어 있는가?
② 예상이 필요한 질문에 대해서는 판단의 기준을 함께 제공하는가?
③ 시뮬레이션 결과는 필요한 정보들이 간결하게 제시되어 있는가?
④ 결과에 제시된 정보에 대한 설명을 제시하고 있는가?
⑤ 시뮬레이션 결과가 은퇴 후 각 연령별로 제시되어 있는가?

[30 ~ 31] 다음 자료를 바탕으로 이어지는 질문에 답하시오.

<2021년도 한국국학연구원 연구직 채용공고>

1. 모집분야 및 채용인원

직종	직급	모집분야	채용인원	응시자격
연구직	부연구위원급 이상	경제학, 경영학, 통계학, 에너지자원 관련 분야	4명	모집분야 박사학위 소지자 (20X1년 상반기 취득예정자 포함)
연구직	전문연구원	경제학, 경영학, 통계학, 에너지자원 관련 분야, 국제협상 및 국제관계 관련 분야	6명	모집분야 석사학위 소지자 (20X1년 2월 취득예정자 포함)

2. 임용기간 및 조건 : 1년 근무 후 평가를 통해 정규직 임용(본원의 운영규칙 적용)

3. 전형방법
   • 부연구위원급 이상
     1차 시험 : 서류 전형(블라인드 심사), 2차 시험 : 세미나(논문 또는 연구 발표), 면접
   • 전문연구원

전형	시행방법
1. 서류	블라인드 입사지원서 심사
2. 직업기초능력 및 직무수행능력 평가	시험을 통한 직업기초능력 평가
3. 논술	논술 시험을 통한 직무수행능력 평가
4. 블라인드 면접	모집분야 관련 주제 세미나
5. 신원조사	신원조사, 신체검사, 비위면직자 조회

4. 응시 제출 서류
   −모든 제출 서류에 학교명을 삭제하며 각 1부씩 온라인 접수 시 첨부
   • 부연구위원 : 응시원서 및 자기소개서, 박사논문 요약문과 전문, 최근 4년 이내 연구실적 목록 (학위논문 제외), 박사학위증 또는 졸업(예정) 증명서
   • 전문연구원 : 응시원서 및 자기소개서, 석사논문 요약문과 전문, 공인어학성적 증명서, 최종학력 성적증명서
   • 공통 적용사항 : 취업지원대상자증명서 등 가점 관련 증명서, 재직/경력증명서는 해당자의 경우 제출

5. 응시원서 접수 기간 및 제출방법 : 2020. 11. 1. ~ 11. 30. 본원 홈페이지 온라인 접수

6. 기타사항
   • 국가유공자 등 예우 및 지원에 관한 법률, 장애인 고용촉진 및 직업재활법 해당자는 법령에 의하여 우대
   • 비수도권 지역 인재, 기초생활수급자, 연구원 소재 지역 인재의 경우 서류전형 단계에서 가점 부여(단, 가점 등 우대사항이 중복되는 경우 가점이 제일 높은 항목 한 개만 적용)

30. 다음 중 채용공고를 바르게 이해한 사람은? (단, 선택지 내용 이외의 사항은 고려하지 않는다)

① 박○○ : 경제학 박사학위를 2021년 3월에 취득하며, 부연구위원에 지원한다. 박사학위 논문을 연구실적으로 제출하였다.

② 김◇◇ : 학사 과정에서 경영학과 통계학을 전공하였다. 학사 졸업 후 경제개발 관련 연구소에서 5년 동안 근무했다. 이 경력을 살려 전문연구원에 지원했다.

③ 정◎◎ : 연구원 소재지에 거주하며 기초생활수급자이다. 어느 항목의 가점이 더 높은지 알 수 없어 이 두 가지 부분에 대한 관련 증명서를 제출하였다.

④ 류□□ : 2020년 8월에 에너지관리학 석사학위를 취득하였으며, 출신학교가 기재된 최종학력 성적증명서를 제출하였다.

⑤ 채△△ : 2020년 2월에 국제관계학 박사학위를 받았다. 학위증명서와 각종 연구실적 목록을 준비하여 부연구위원 채용에 지원하였다.

31. 〈보기〉는 국제협상 및 국제관계 연구직 채용자에게 요구되는 필요지식이다. 이에 해당하는 연구원을 선발하기 위해 담당자가 떠올릴 수 있는 생각으로 적절하지 않은 것은?

> **보기**
>
> • 에너지 국제협력 또는 개발 선행연구에 대한 지식
> • 사업성 분석 및 경영전략에 대한 이해
> • 고객 데이터 수집, 관리 및 분석, 처리 방법에 대한 이해
> • 영어 등 외국어 구사 및 활용 능력

① 국제협상 및 국제관계 분야의 연구원을 채용하는 것이지만, 에너지 자원에 대한 관심도와 직무수행과 관련된 데이터 처리능력에 대한 지식을 확인하며 심사해야 한다.

② 국제협상 및 국제관계 분야 연구직으로 채용되었더라도, 사업과 경영전략에 대한 이해 능력에 두각을 보이면 근무 평가 이후 업무 분야를 변경할 수 있음을 고려하여 채용한다.

③ 논술, 면접 전형에서 에너지 자원 문제의 동향을 얼마나 이해하고 있는지 확인한다.

④ 공인어학성적 증명서를 통해 영어 등 외국어 구사 및 활용 능력을 일차적으로 검증하고, 면접 과정에서 외국어 활용 능력을 확인해 본다.

⑤ 석사논문의 내용을 통해 에너지 국제협력 문제에 대한 이해가 충분한지를 살펴본다.

32. 다음은 해외자원개발을 위한 우리나라 공공과 민간기업 부문의 현 상황이다. 부문에 따른 〈대응 방안〉 ㉠ ~ ㉢이 올바르게 연결된 것은?

> 공공부문은 단기간 M&A, 非운영사업 투자 등 물량 위주의 사업 확대에 주력하다 보니 부채비율이 5년 동안 2배가량 증가하였으며, 이는 재무건전성을 위협하는 수준에 근접하게 되고 차입에 의존한 단기 외형확대가 반복되어 신규 투자여력을 소진하게 되었다. 또한 탐사 · 개발사업 위주 투자에 따른 단기간 개발비용 지출 규모가 급증하였고, 투자 결정과정의 폐쇄성으로 인하여 투자절차의 객관성이 부족한 상황이다.
>
> 민간부문은 자원개발 사업의 특성상 장기간 대규모 투자가 필요함에도 불구하고 글로벌 경기침체, 세제 · 융자 등 정부지원 약화로 인해 민간 투자가 위축되어 있고, 탐사 성공을 좌우하는 투자이전 단계의 유망광구 분석 · 선정, 탐사시추 위치 설정 등에 필요한 핵심 전문인력과 기술이 부족한 실정이다.

> 〈대응 방안〉
>
> ㉠ 투자 활성화를 위하여 정부의 적극적인 리스크 분담이 요구되며, 자원개발 효율성 제고를 위한 탐사역량 강화방안이 필요하다.
>
> ㉡ 선택과 집중을 통한 자원외교를 통하여 국제적 자원협력 체계를 구축하고 자원부국과의 협력사업 및 인력교류를 확대 시행해 나가야 한다.
>
> ㉢ 탐사 · 운영권 사업 확대 등 질적 역량 향상이 필요하며, 성장전략과 재무건전성을 동시에 고려한 부채관리 노력을 강화해야 한다.

	공공부문	민간부문
①	㉠	㉡
②	㉠	㉢
③	㉡	㉠
④	㉢	㉠
⑤	㉢	㉡

33. 다음은 ○○공사의 판매·관리비의 2분기 집행 내역과 3분기 배정 내역이다. 이에 대한 설명으로 옳지 않은 것은?

(단위 : 원)

항목	2분기	3분기
총 판매·관리비	236,820,000	226,370,000
직원급여	200,850,000	195,000,000
상여금	6,700,000	5,700,000
보험료	1,850,000	1,850,000
세금과 공과금	1,500,000	1,350,000
수도광열비	750,000	800,000
잡비	1,000,000	1,250,000
사무용품비	230,000	180,000
여비교통비	7,650,000	5,350,000
퇴직급여충당금	15,300,000	13,500,000
통신비	460,000	620,000
광고선전비	530,000	770,000

① 3분기에는 인건비 감소로 인하여 직접비 배정액이 감소하였다.

② 간접비는 전 분기의 5%에 조금 못 미치는 금액이 증가하였다.

③ 2분기와 3분기 모두 간접비에서 가장 큰 비중을 차지하는 항목은 보험료이다.

④ 3분기에는 직접비와 간접비 모두 2분기 집행 내역보다 더 많이 배정되었다.

⑤ 직접비와 간접비를 합산한 3분기의 예산 배정액은 전 분기보다 10% 이내로 감소하였다.

34. ○○공사는 안전을 위해 근무 중 사고를 줄이고자 직원들에게 업무 과정에서 발생하는 실수에 대한 벌점을 부여하여 인사고과에 반영하기로 하였다. 다음 중 벌점이 많은 순서와 징계 대상자를 바르게 나열한 것은? (단, 벌점 부여시기는 2020년이다)

〈벌점 부여 방식〉

근무 중 직원의 실수와 관련하여 다음과 같은 방식으로 벌점을 부여한다.

1. 경과실은 건당 5점, 중과실은 건당 15점을 부여한다.
2. 고의에 해당하는 사건은 건당 25점을 부여한다.
3. 총 벌점이 300점을 초과할 경우 징계 대상자가 된다.
4. 단, 벌점 부여시기를 포함한 최근 3년 이내 성과상여금 지급 대상자에 오른 직원의 경우에는 벌점에서 100점을 차감한다.

직원	과실		고의	비고
	경과실	중과실		
A	28	17	0	2017년 성과상여금 지급대상자
B	37	4	2	
C	31	15	1	2019년 성과상여금 지급대상자
D	35	5	2	
E	33	9	3	2020년 성과상여금 지급대상자

	벌점이 많은 순서	징계 대상자		벌점이 많은 순서	징계 대상자
①	A>C>D>B>E	A, C	②	A>C>D>B>E	A, C, D
③	C>D>A=B>E	C	④	C>D>A=B>E	C, D
⑤	C>D>A>B>E	C, D			

35. ○○기업 홍보팀 김 대리는 지면 광고를 하기 위해 다음과 같이 A ~ E 광고업체의 현수막 광고와 전단지 광고 비용을 비교하였다. 다음 중 현수막 광고 30일과 전단지 10,000부의 계약을 가장 저렴한 비용으로 체결할 수 있는 광고업체는?

광고 업체	현수막	전단지
A	• 7일 : 30만 원 • 7일 단위로 연장 가능하며 7일 연장비용은 25만 원	• 5,000부 : 30만 원 • 1,000부 단위로 추가 가능하며 1,000부 추가비용은 5만 원
B	• 처음 7일은 하루에 5만 원 • 그 이후 추가되는 날짜는 하루에 3만 원	• 처음 3,000부까지는 1,000부당 8만 원 • 그 다음 3,000부까지는(총 6,000부까지) 1,000부당 6만 원 • 그 이후는 1,000부당 4만 원
C	• 5일 단위로 계약 가능하며 5일 광고비용은 18만 원	• 2,000부 단위로 계약 가능하며 2,000부 비용은 12만 원
D	• 3일 단위로 계약 가능하며 3일 광고비용은 11만 원	• 3,000부 : 20만 원 • 1,000부 단위로 추가 가능하며 1,000부 추가비용은 5만 원
E	• 처음 10일은 하루에 4만 원 • 그 이후 추가되는 날짜는 하루에 2.5만 원	• 3,000부 단위로 계약 가능하며 3,000부 비용은 17만 원

① A   ② B   ③ C

④ D   ⑤ E

[36 ~ 37] 다음은 K사가 사무용품을 구입하기 위해 참고한 자료이다. 이어지는 질문에 답하시오.

〈직원별 사무용품 선호도〉

• 회계팀 A : 무선마우스 – 모니터 – 무선키보드

• 인사팀 B : 무선마우스 – 멀티박스 – 서랍 정리함

• 디자인팀 C : 유선키보드 – 멀티박스 – 포스트잇

• 전산팀 D : 데스크매트 – 서랍 정리함 – 유선키보드

• 디자인팀 E : 포스트잇 – 무선마우스 – 모니터

※ 직원별로 선호도가 높은 순서대로 나열함.

〈사무용품별 가격〉

제품	가격	제품	가격
데스크매트	20,000원	멀티박스	12,500원
무선마우스	50,000원	유선마우스	30,000원
무선키보드	33,000원	유선키보드	25,000원
모니터	100,000원	서랍 정리함	15,000원
포스트잇	5,000원	상품권	1,000원

36. 위 자료와 〈조건〉을 반영하여 물품을 구입할 때 최소 물품 구입비용은?

조건

- 직원의 선호도 순으로 물품을 구입하며, 각 직원당 40,000원의 제한금액 내에서 물품을 구입한다.
- 동일한 물품을 2개 이상 구입할 경우 20%가 할인된다.
- 상품권을 구매하여 물품 구입에 사용하는 경우 할인된 금액에서 10%가 더 할인된다. 단, 10% 할인을 받기 위해서는 상품권 할인이 적용된 금액 이상의 상품권을 지불해야 한다. 차액은 적립금의 형태로 지급되며 물품 구입비용과 무관하다.
- 디자인 업무를 담당하는 직원이 모니터를 구입하고자 하는 경우 제한금액을 초과해도 해당 물품을 구입할 수 있다.
- 전산 업무를 담당하는 직원이 구입하고자 하는 물품은 모두 구입하도록 한다.

① 263,000원   ② 242,000원   ③ 220,000원
④ 218,000원   ⑤ 217,000원

37. 위 자료와 〈조건〉에 따라 구입하게 되는 물품은?

조건

- 사무용품에 관한 직원의 선호도 조사 결과 1순위부터 차례대로 3점, 2점, 1점을 부여한다. 단, 디자인 업무를 맡은 직원의 선호도에는 2배의 가중치를 부여한다.
- 가격이 10,000원 이하인 경우 3점, 10,000원 초과 20,000원 이하인 경우 4점, 20,000원 초과 30,000원 이하인 경우 2점, 30,000원 초과인 경우 1점을 부여한다.
- 선호도 점수와 가격 점수를 모두 더하여 가장 높은 점수를 획득한 물품을 구입한다.
- 총점이 동점인 경우 선호도 점수가 더 높은 물품을 구입한다.

① 무선마우스   ② 포스트잇   ③ 멀티박스
④ 데스크매트   ⑤ 유선키보드

[38 ~ 39] ○○공사 회계팀은 2월 20일부터 3박 4일간 제주도에서 워크숍을 진행하기로 하였다. 이어지는 질문에 답하시오.

〈워크숍 관련 예약 내용〉

구분	가격	예약 내용
항공권	100,000원(1인 왕복)	20명
숙박	300,000원(객실당 1박)	3박 4일, 객실 3개
렌터카	50,000원(1대, 24시간)	승합차 3대, 각 72시간
해녀체험	200,000원(20인, 2시간)	해녀복 및 수경 대여료 포함

※ 회계팀은 해녀체험 시작 5일 전까지 취소하면 전액을 환불받을 수 있는 쿠폰을 가지고 있다.

〈예약 변경 및 취소 관련 규정〉

구분	기간	예약 변경 시 수수료	예약 취소 시 환불 금액
항공권	출발 15일 전	가격의 5%	가격의 90%
	출발 7일 전	가격의 10%	가격의 50%
	출발 1일 전	가격의 20%	가격의 20%
	출발 당일	가격의 30%	불가
숙박	체크인 30일 전	없음	가격의 90%
	체크인 15일 전	가격의 5%	가격의 50%
	체크인 10일 전	가격의 30%	불가
	체크인 당일	가격의 50%	불가
렌터카	수령 당일	없음	전액
해녀체험	해녀체험 20일 전	없음	전액
	해녀체험 10일 전	가격의 5%	가격의 80%
	해녀체험 3일 전	가격의 20%	가격의 50%
	해녀체험 당일	가격의 40%	불가

38. 회계팀은 갑작스러운 프로젝트 참여로 인해 워크숍을 취소하려 한다. 예약했던 모든 일정을 2월 13일에 취소하였을 때, 환불받을 수 없는 것은?

① 항공권　　　　　　　② 숙박　　　　　　　③ 렌터카
④ 해녀체험　　　　　　⑤ 없다.

39. 회계팀에서 2월 13일에 환불을 요청하였을 때, 환불받을 수 있는 최대 금액은?

① 1,200,000원　　　　② 1,450,000원　　　　③ 1,650,000원
④ 1,800,000원　　　　⑤ 1,950,000원

1회 기출예상문제
2회 기출예상문제
3회 기출예상문제
4회 기출예상문제
5회 기출예상문제
6회 기출예상문제
인성검사
면접가이드

[40 ~ 41] 다음은 협력업체 선정에 대한 자료이다. 이어지는 질문에 답하시오.

〈협력업체 신청 현황〉

구분	A	B	C	D	E
사업 기간	12년	19년	4년	9년	7년
기술 인력	4명	9명	19명	5명	11명
비용 절감	2.8%	3.2%	0.6%	2.2%	0.4%

〈협력업체 선정 기준〉

구분	배점	채점 기준	
사업 기간	30점	8년 미만	만점의 40%
		8년 이상 15년 미만	만점의 80%
		15년 이상	만점
실적	20점		
기술 인력	20점	5명 미만	만점의 30%
		5명 이상 10명 미만	만점의 50%
		10명 이상	만점
비용 절감	30점	1% 미만	만점의 30%
		1% 이상 3% 미만	만점의 70%
		3% 이상	만점
계	100점		

※ 점수가 가장 높은 업체를 선정하며 동점인 경우 사업 기간이 긴 업체를 선정한다.

40. A와 D 업체가 실적 항목에서 각각 20점, 16점을 받고 나머지 업체가 받은 실적 항목 점수가 같을 때, 위 선정 기준에 따라 선정가능성이 가장 낮은 두 업체는?

① A, C   ② A, D   ③ B, E

④ D, E   ⑤ C, E

41. 〈협력업체 선정 기준〉이 다음과 같이 바뀔 때, 협력업체로 선정될 업체는?

구분	배점	채점기준
사업 기간	40점	만점 $\times \dfrac{\text{사업 기간}}{20\text{년}}$
기술 인력	60점	만점 $\times \dfrac{\text{기술 인력}}{20\text{명}}$
계	100점	

※ 점수가 가장 높은 업체를 선정하며 동점인 경우 사업 기간이 긴 업체를 선정한다.

① A   ② B   ③ C

④ D   ⑤ E

42. ○○제약 신약개발4팀은 신약의 출시를 위해 관련 부서 담당자들과 1시간 30분 동안 회의를 진행하고자 한다. 마케팅기획팀 B 사원이 다음 자료를 참고하여 담당자 모두 참석이 가능하도록 회의실을 예약하려고 할 때, 예약 날짜와 시간으로 적절한 것은? (단, 공휴일은 제외한다)

〈신약 출시 관련 회의 참석자 업무 스케줄〉

유관부서	담당자	10월 업무 스케줄
마케팅기획팀	H 과장	4일 : 출장
	B 사원	11일 : 13 ~ 16시 외근
신약개발4팀	K 주임	16일 : 13 ~ 19시 외근
	P 사원	18일 : 출장
경영지원팀	A 과장	21 ~ 23일 : 휴가
	C 주임	29일 : 휴가
예산팀	J 과장	24일 : 출장
	P 대리	14일 : 휴가

〈회의실 사용 현황표 – 10월〉

월	화	수	목	금
	1 공휴일	2 추석	3 공휴일	4 마케팅기획팀 (13 ~ 15시)
7	8 예산팀 (11 ~ 12시)	9 한글날	10	11 법무팀 (10 ~ 12시)
14	15 부서장회의 (09 ~ 12시)	16 전산팀 (15 ~ 17시)	17 경영지원팀 (14 ~ 16시)	18
21	22	23	24	25
28	29	30 월말보고회 (13 ~ 15시)	31 워크숍 준비 (09 ~ 18시)	

※ 업무시간은 월 ~ 금요일 09 : 00 ~ 18 : 00이다.
※ 점심시간(12 : 00 ~ 13 : 00)에는 회의실을 사용할 수 없다.
※ 매주 월요일은 임원진 주례회의 진행으로 회의실을 사용할 수 없다.

	예약 날짜	예약 시간		예약 날짜	예약 시간		예약 날짜	예약 시간
①	3일	15 : 00	②	7일	10 : 00	③	10일	17 : 00
④	17일	10 : 00	⑤	22일	10 : 00			

43. Microsoft Office Excel에서 셀에 데이터를 입력하다가 Alt + Enter↵ 를 눌렀을 때 실행되는 내용은?

① 아래 끝 데이터로 이동한다.

② 위쪽 셀로 이동한다.

③ 아래쪽 셀로 이동한다.

④ 동일한 셀에서 줄 바꿈을 한다.

⑤ 작업내용을 저장한다.

44. 다음 빈칸에 들어갈 컴퓨터의 유형은?

> 일기 예보는 방대한 양의 관측 자료를 수치예보모델이라는 소프트웨어를 활용하여 앞으로의 날씨를 예측하고 이를 예보관이 대기과학 전문지식을 바탕으로 현재의 대기 상태와 지역의 기상 특성을 분석하여 최종 예보를 결정한다. 이때 만들어지는 계산 결과로 하루 약 13만 장에 육박하는 일기도를 만들어낸다. 이러한 작업이 원활하게 이루어질 수 있는 데에는 (   )가 중요한 역할을 한다.
>
> 연구 결과에 의하면 예보 정확도에 영향을 끼치는 요소는 관측 자료의 수준과 수치예보모델 성능, 예보관의 예보 능력에 따라 크게 좌우된다고 하는데 최근 이 세 가지 중 수치예보모델 성능이 차지하는 비율이 점점 높아지는 추세를 보인다.

① 대형 컴퓨터

② 랩톱 컴퓨터

③ 퍼지 컴퓨터

④ 바이오 컴퓨터

⑤ 슈퍼 컴퓨터

1회 기출예상문제　2회 기출예상문제　3회 기출예상문제　4회 기출예상문제　5회 기출예상문제　6회 기출예상문제　인성검사　면접가이드

45. Windows 파일탐색기에서 선택한 파일을 삭제하는 방법으로 옳지 않은 것을 〈보기〉에서 모두 고르면?

보기

㉠ 자판의 [Ctrl] 키와 [T] 키를 동시에 누른다.
㉡ 자판의 [Del] 키(Delete)를 누른다.
㉢ 해당 파일을 선택한 뒤 바탕화면의 휴지통 아이콘 위로 끌어서 놓는다.
㉣ 마우스 오른쪽 버튼을 클릭하여 콘텍스트 메뉴를 나타낸 뒤 삭제 메뉴를 선택한다.

① ㉠   ② ㉡   ③ ㉠, ㉢
④ ㉠, ㉣   ⑤ ㉡, ㉣

46. 다음 ㉠에 해당하는 용어는?

컴퓨터는 공업, 상업 등 각 분야에서 널리 활용될 뿐만 아니라 중요한 역할을 담당하고 있다. 공업에서는 컴퓨터를 이용하여 제품의 수주에서부터 설계, 제조, 검사, 출하에 이르기까지의 모든 제품 공정 과정을 자동화하여 생산성 향상과 원가 절감, 불량품 감소 등으로 제품의 경쟁력을 높이고 있다. 공장 자동화의 대표적인 예로는 컴퓨터 이용 설계(CAD)와 컴퓨터 이용 생산(CAM)이 있다. 또한 산업 현장에서 사람이 하기 힘든 위험한 일이나 비위생적인 작업, 정교한 일 등에 이용하고 있는 산업용 로봇도 컴퓨터를 이용한 기술 분야이다. 그리고 편의점이나 백화점 등에서 상품의 ㉠ 판매시점관리 시스템을 이용해서 매출액 계산, 원가 및 재고 관리 등에 컴퓨터가 활용되고 있다. 이러한 시스템의 도입으로 신속하고 정확하게 계산을 하며 능률적으로 관리할 수 있을 뿐만 아니라 판매 자료를 분석하여 의사 결정에 활용할 수도 있게 된 것이다.

① POS   ② QR code   ③ Barcode
④ PES   ⑤ RFID

47. ○○공사 신입사원 A 씨는 〈주택용 전기요금 자료〉를 정리하고 있다. 이를 본 선배사원은 숫자에 천 단위 구분 기호(쉼표)를 붙이고, 한글로 단위 표시를 하여 자료를 수정할 것을 조언해 주었다. 다음 중 선배사원의 조언에 따라 ㉠에 작성할 서식코드로 적절한 것은? (단, 모든 유효 숫자가 표시되어야 한다)

〈주택용 전기요금 자료〉

	A	B	C
1			
2		주택용 전기요금	
3			(단위 : 원)
4	사용량(kWh)	현행	개편 후
5	100	7350	7090
6	200	22240	17690
7	300	44390	44390
8	400	78850	65760
9	500	130260	104140
10	600	217350	136040
11			
12			

〈셀 서식〉

① #,###"원" ② #,###,, & "원" ③ #,###,"원"

④ #,###,,"원" ⑤ ###,,"원"

48. 엑셀 프로그램에서 [C6]셀에 수식을 입력한 후 [C9]셀까지 채우기핸들로 끌어 색칠된 영역에 알맞은 도서제목이 출력되게 하려고 한다. 도서번호의 오른쪽 두 숫자가 코드번호일 때, [C6]셀에 들어갈 식은?

	A	B	C	D	E
1					
2	책 이름	너는 나의 봄	어쩌면 나	새행정학	인간과 조직
3	코드번호	03	05	14	31
4					
5		도서번호	도서제목		
6		D-31			
7		D-05			
8		A-03			
9		A-14			

① =HLOOKUP(RIGHT(B6,2), $B3 : $E3, 1, 0)

② =LOOKUP(RIGHT(B6,2), B3 : E3, B$2 : E$2)

③ =VLOOKUP(RIGHT(B6,2), B3 : E3, 1, 0)

④ =LOOKUP(RIGHT(B6,2), B3 : E3, 1, 0)

⑤ =LOOKUP(RIGHT(B6,2), $B$3 : $E$3, $B$2 : $E$2)

49. 다음 설명을 읽고 MS Excel을 활용하여 〈그림〉과 같이 스파크라인을 작성하였다. 다음 중 스파크라인 작업에 대한 설명으로 옳지 않은 것은?

• 스파크라인 기능

스파크라인은 데이터 변화 추이를 셀 하나에 그래프로 그려 보여주는 기능이다. 항목을 선택한 다음 메뉴에서 '삽입 → 스파크라인'을 선택하고, 추이선을 넣을 셀 위치를 선택하면 된다. 꺾은선형, 열, 승패 등 3가지 그래프 형식을 제공한다. 스파크라인을 활용하면 셀 하나에서 해당 데이터 수치 변화를 한눈에 볼 수 있어 편리하며 셀 크기를 바꾸면 스파크라인 추이선 크기도 함께 바뀐다.

〈그림〉

지점별 1사분기 판매량			
지점명	**1월**	**2월**	**3월**
강동점	630	430	570
강서점	280	340	510
강남점	310	230	320
강북점	450	560	470
판매량 비교			

---

① 스파크라인의 최고점과 최저점을 다른 색으로 표시하고 싶은 경우 '스파크라인 도구' → '디자인'을 선택하여 원하는 표시 색을 선택한다.

② 그림과 같은 막대표시를 나타내려면 그래프 종류 중 '열'을 선택한다.

③ 스파크라인은 Default로 데이터 범위를 숨기기 할 경우 같이 사라져 복원되지 않으므로 유의해야 한다.

④ 스파크라인에 0의 값을 갖는 기준점을 만들고자 할 때에는 '스파크라인 도구' → '디자인' → '그룹' → '축' → '축 표시'의 순서로 메뉴를 선택한다.

⑤ 스파크라인을 지우고자 할 때에는 지우려는 셀을 선택 후 마우스 오른쪽 클릭을 통하여 스파크라인 지우기 메뉴를 선택한다.

50. 다음 시스템 모니터링 코드에 대한 자료를 참고할 때, 〈보기〉의 입력코드로 적절한 것은?

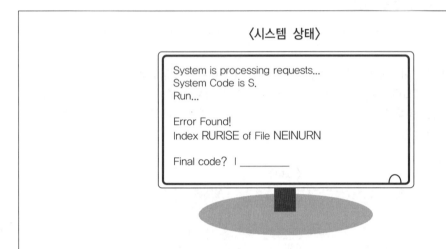

〈시스템 상태〉

System is processing requests...
System Code is S.
Run...

Error Found!
Index RURISE of File NEINURN

Final code? | _____

〈시스템 모니터링 코드 입력방법〉

항목	세부사항
Index XX of File YY	• 오류 문자 : 'Index' 뒤에 오는 문자 'XX' • 오류 발생 위치 : File 뒤에 오는 문자 'YY'
Error Value	• 오류 문자와 오류 발생 위치를 의미하는 문자에 사용된 알파벳을 비교하여 일치하는 알파벳의 개수를 확인
Final Code	• Error Value를 통하여 시스템 상태 판단

〈시스템 상태 판단기준〉

판단기준	Final code
일치하는 알파벳의 개수 = 0	Cookie
0 < 일치하는 알파벳의 개수 ≤ 1	Rose
1 < 일치하는 알파벳의 개수 ≤ 2	Banner
2 < 일치하는 알파벳의 개수 ≤ 3	Tyron
3 < 일치하는 알파벳의 개수 ≤ 4	Drexel

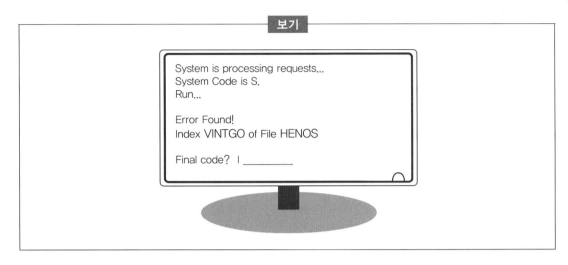

System is processing requests...
System Code is S.
Run...

Error Found!
Index VINTGO of File HENOS

Final code? I _____

① Cookie   ② Rose   ③ Banner
④ Tyron   ⑤ Drexel

6회 기출예상문제

01. 다음 글의 주제로 적절한 것은?

에너지 분권의 필요성은 크게 국가정책의 변화 방향, 지역 간의 전력 생산과 소비의 불균형 관점에서 소명되었다. 그러나 이러한 분산형 에너지 시스템으로 원활하게 전환하기 위해서는 준비사항이 많이 필요하다.

먼저 에너지 생산의 주체가 되어야 하는 지자체(광역 및 기초)가 국가가 관리하던 에너지 생산을 위한 발전소 입지 선정, 발전량 선정 등 에너지 생산 정책에 있어서 권한과 책임을 가질 수 있어야 한다. 현재 에너지 정책은 국가정책으로 국가에서 해당 지역에 발전소를 건설하기로 결정을 할 경우, 지자체에서는 반대할 권한이 없다. 이 점이 분산형 에너지 시스템의 확대에 걸림돌로 작용하고 있다.

서울특별시가 '원전 하나 줄이기' 사업 등으로 에너지 절감 및 신재생에너지 보급을 통해 에너지 자립률을 상승시키려고 노력 중이다. 경기도, 충청남도, 안산시 등에서는 에너지 자립을 위한 정책을 수립하고 있으나 집행할 권한이 아직은 부족한 실정이므로 지자체에서 직접 해당 지역의 에너지 계획을 수립하고 집행할 수 있도록 권한의 이양이 병행되어야 하며 그에 따른 행정조직 개편, 예산 등도 지자체로 이양하고 지자체에서 에너지 생산시설에 대한 허가 및 관리·감독을 이행해야 한다.

현재 산업통상자원부에서 주도하고 있는 에너지계획 및 전력수급 기본계획에 따르면 분산형 에너지 시스템으로 정책을 전환하고 있다. 이를 보다 실천적으로 진행하기 위해서는 기본적인 국가계획 수립 시에 지자체의 의견도 반영되어야 하지만 현재 지자체의 의견 수렴 창구가 없다는 점이 문제점으로 대두된다.

정부 주도의 에너지 계획 수립과 집행을 지자체가 주도하여 계획을 수립하고 집행할 수 있어야 하며, 저렴한 에너지를 안정적으로 공급하는 데 주안점을 둔 정책에서 지역 기반의 에너지 생산과 에너지 소비의 불균형을 해소하는 에너지 정책으로 탈바꿈해야 한다. 또한 원자력과 석탄화력발전의 의존도를 줄이고 LNG 복합화력 및 신재생에너지 기반의 분산전원을 확대하여 그간 대두되어 왔던 지역 간의 에너지 생산, 수송, 소비의 불균형과 지역갈등을 완화해야 한다. 이를 위해 지자체에서도 중앙과의 소통을 위한 창구를 마련할 것을 지속적으로 건의하여야 한다.

① 지역 간의 전력 생산과 소비의 불균형으로 인한 지역갈등을 완화해야 한다.
② 중앙에 집중된 에너지 권한으로 인해 에너지 불균형이 발생하고 있다.
③ 에너지 분권이 원활하게 이루어지기 위해서는 중앙의 권위적인 태도가 개선되어야 한다.
④ 에너지 불균형을 해소하기 위해서는 각 지자체가 스스로 에너지 계획을 수립해야 한다.
⑤ 에너지 분권을 위해 중앙과 지역 간의 소통창구를 마련하고 중앙에서 지역으로 권한을 위임하여야 한다.

02. (가)와 (나)에 해당하는 사례를 알맞게 연결한 것은?

최근 전 세계 데이터 사용량이 급증하면서 데이터 저장 및 전송에 필요한 데이터센터는 '전기 먹는 하마'로 불렸다. 컴퓨터와 서버, 저장장치가 사용하는 전력은 물론 장비에서 발생하는 열을 식히는 냉방장치를 가동하는 데도 엄청난 양의 전력을 사용하기 때문이다. 그러나 에릭 매서넷 미국 노스웨스턴대 기계공학부 교수 연구팀은 데이터 사용량과 데이터센터가 급증한 시기인 2010년부터 2018년까지 전세계 데이터센터 정보를 종합 분석한 결과 전력 사용량이 고작 6% 늘어나는 데 그쳤다는 분석 결과를 발표했다.

연구팀에 따르면 이 기간 동안 스마트폰이 보급되면서 모바일 데이터 사용량이 폭증하며 데이터센터 저장 용량은 26배, 서버 작업량은 6.5배 늘어났다. 반면 데이터센터 전력 사용량은 2010년 기준 194TWh에서 2018년 205TWh로 소폭 늘어나는 데 그쳤다. 증가량은 신고리 원전 3호기의 지난해 발전량 정도로 데이터센터가 늘어날수록 전력 사용량이 급증할 것이라는 예상이 빗나간 셈이다. 데이터센터의 폭증에도 전력 사용량이 크게 늘지 않은 것은 데이터센터를 운영하는 기업들이 (가) 전력 효율을 높이는 기술을 앞다퉈 도입했기 때문인 것으로 분석된다.

서버의 효율적 활용과 하드웨어 기술이 발전하고 있지만 전력 사용량을 줄이는 데는 한계가 있다. 발열을 잡기 위한 냉방장치를 가동하기 위해 전력이 필요하기 때문이다. 데이터센터가 사용하는 전력의 약 40%가 냉방하는 데 쓰인다. 기업들은 이를 줄이기 위해 (나) 다양한 방안을 모색했다.

연구팀은 앞으로 데이터센터가 2배 늘어나는 동안 전력 사용량은 현재 수준으로 유지될 것으로 전망했다. 에너지효율이 낮은 소규모 데이터센터를 연결하는 클라우드 데이터센터나 10만 대 이상의 서버를 동시에 활용해 효율을 극대화하는 하이퍼스케일 데이터센터가 속속 등장하고 있기 때문이다.

매서넷 교수는 "데이터센터의 전력 사용량이 지속적으로 줄어들 가능성이 있다고 본다."며 "데이터 수요가 증가함에 따라 정부와 데이터센터 운영기업, 소비자들을 위한 노력을 앞으로도 강화해야 할 것"이라고 말했다.

사례

㉠ 사용자가 적을 때 서버의 전원을 일부 차단하는 오토스케일 기술
㉡ 딥마인드 인공지능을 활용한 온도 및 전력 조절
㉢ 바닷속 30m 깊이에 소형 컨테이너 형태의 데이터센터
㉣ 데이터 전송 신호를 받는 수신기의 전원 스위치를 8나노초만에 차단하는 고속 수신기 기술
㉤ 강원 춘천시 고지대에 지어진 N사의 데이터센터

	(가)	(나)	(가), (나) 공통
①	㉠, ㉡	㉢, ㉣	㉤
②	㉠, ㉣	㉢, ㉤	㉡
③	㉡, ㉣	㉢, ㉤	㉠
④	㉢, ㉣	㉠, ㉤	㉡
⑤	㉢, ㉤	㉠, ㉣	㉡

03. 다음 글에 대한 이해로 옳지 않은 것은?

21세기 현대판 살롱이 부활하고 있다. 사교의 장이자, 지식 교류의 장이던 18세기 프랑스 '살롱'이나 1920년대 근대 한국의 다방처럼 오프라인 공간에서 얼굴을 마주 보고 토론과 대화를 하는 모임이 늘고 있다.

살롱은 취향 공동체의 다른 이름이다. 취향 공동체와 취미 공동체는 다르다. 취미가 여가 시간에 즐기는 거리라면, 취향은 내가 좋아하고 추구하는 그 무엇으로, 물질의 세계와 정신의 세계를 포용하는 개념이다. 살롱에서는 커피와 영화, 철학과 와인, 음악과 요리 등 다양한 분야의 취향을 기반으로 세분화된 프로그램이 생성된다.

살롱은 주로 회원제로 운영된다. 형태와 운영 방식에 따라 회비는 천차만별이다. 긴 시간을 할애하면서, 눈에 보이는 뭔가가 남지 않는데도 불구하고 많은 이들이 살롱 프로그램에 기꺼이 지갑을 연다. 경험 소비이자, 가치 소비다. 술을 마시거나 쇼핑을 하는 '물질 소비'보다 성장에 밑거름이 되는 '가치 소비'를 추구하는 이들이 많아지고 있다.

살롱은 광장과 밀실 사이에 존재한다. 광장은 나와 정반대의 취향과 의견을 가진 이들의 목소리를 어쩔 수 없이 들어야 하는 완전 개방성의 공간이고, 밀실은 배타적 속성을 지닌 폐쇄된 공간이라 할 수 있다. 반면, 살롱은 공통의 취향이라는 필터로 한 번 걸러진 이들이 모인 반(半) 개방성의 공간이다. 즉 취향은 비슷하되 다분화된 취향과 생각을 나누는 공간이다. 방향성은 같으나 결이 다른 취향에서 오는 공명을 느끼고 싶은 이들이 살롱을 찾는다.

살롱은 온라인 커뮤니티가 오프라인 공간으로 탈출한 성격을 띤다. 온라인 커뮤니티 역시 비슷한 취향과 목소리를 가진 모임이지만, 불특정 다수가 참여하는 네트워크 속성상 진정한 소통이 어렵다. 온라인에서 온기 없는 기계적인 소통에 아쉬움을 느낀 이들이 오프라인 공간에서 온기 있는 정제된 만남을 희구한다. 차가운 디지털 시대로 치달을수록 반대급부로 따스한 오프라인 공간을 찾고, SNS의 과대 포장된 콘텐츠가 많아질수록 오프라인 공간에서 진정성 있는 콘텐츠를 원하기 마련이다.

최근 살롱의 수요가 늘어난 데는 52시간 근무제의 영향이 크다. 퇴근과 동시에 제2의 직장인 살롱으로 출근하는 이들이 많아지고 있다. 평생직장의 개념이 사라지고 직장이라는 말보다 직업이라는 말이 더 일반화된 현실이 살롱 유행의 토대가 됐다. 또한 삼겹살과 소주가 지배하던 회식 문화가 서서히 사라지고 '문화 회식'을 향유하는 기업들이 늘어난 것도 살롱 유행에 한몫했다.

① 살롱은 배타적인 측면과 개방적인 측면을 모두 지닌 공간이다.

② 직장에 대한 사람들의 인식 변화가 살롱 유행에 기여했다.

③ 과거 사교와 지식 교류의 장이었던 '살롱'이 현대사회에서 토론의 장이나 취향 중심의 소모임 역할을 담당하게 되었다.

④ 온라인상 소통이 활발해짐에 따라 살롱은 시간과 공간의 제약이 있는 오프라인 살롱에서 온라인 살롱으로 대체될 것이다.

⑤ 물질보다 가치, 경험을 중시하는 최근 소비 경향은 살롱의 수요를 더욱 증대시킬 것이다.

04. 다음 글을 읽고 회의에서 제안할 수 있는 의견으로 옳지 않은 것은?

전동 킥보드가 개인 이동수단으로서 많은 관심을 받고 있는 가운데, K 모빌리티는 상대적으로 인지도가 덜한 전기자전거를 밀고 있어 눈길을 끈다. K 모빌리티가 지난해 3월 선보인 전기자전거 공유서비스 'K 바이크'는 코로나19 여파에도 공격적으로 확장하고 있다. 최근에는 G사와 협력해 전기자전거 충전·정비 거점도 추가 확보했다.

K 바이크 대당 운행 완료 수는 지난 3월부터 꾸준히 증가하고 있다. 코로나19 여파에도 바이크 1대당 하루 운행 횟수는 지난해보다 늘었다. 지난 3월의 경우 전년 대비 대당 운행 완료 수가 30.4%, 4월과 5월에는 각각 13.6%, 10%씩 증가했다. 6월에는 2%로 증가폭이 다소 낮았는데, 장맛비 등 날씨 변화를 고려하면 이 또한 주목할 만하다.

K 모빌리티는 개인형 이동수단(PM) 관련 전기자전거 서비스만 제공하고 있다. 이용자 측면을 고려한 행보라는 관측이 나오고 있다. 한 관계자는 "이용자 입장에서 봤을 때 전동 킥보드는 한 번 타본 사람이 계속 타면서 타는 행위 자체에 재미를 느끼기도 하지만 전기자전거는 말 그대로 자전거인 만큼 비교적 거부감 없이 탈 수 있는, 이용자 친화적인 면이 있다"고 말했다.

규제 측면에서도 전기자전거가 유리하다. 자전거의 경우 '자전거 이용 활성화에 관한 법률'과 같은 관련 법안이 이미 있고 전기자전거는 자전거의 하나로 분류되는 만큼 사업자 입장에선 규제로부터 비교적 자유로운 측면이 많다는 설명이다.

K 바이크는 현재 경기도 성남, 인천, 전주, 울산 등 전국 주요 도시에서 총 3,000대 규모로 운영되고 있다. 지난해 3월 시범 서비스를 시작할 당시에는 경기도 성남시와 인천광역시 연수구에서 각각 600대와 400대, 총 1,000여 대를 운영했던 것과 비교하면 운영 대수와 서비스 지역 모두 크게 늘었다.

또 다른 업계 관계자는 "전동 킥보드에 대해선 우선 안전 문제를 가장 크게 고려했을 것으로 본다."며 "그간 K 모빌리티는 하나의 플랫폼 안에서 다양한 이동수단을 제공하는, 통합이동서비스(MaaS)가 목표라고 강조해 왔는데 다양한 이동 수단을 다뤄야 하는 만큼 라스트마일(최종 목적지에 도착하기 직전에 구간) 모빌리티 수단으로 이용자에게 어떤 탈 것을 제공할지의 측면에서 봤을 때 일단 전략적으로 전기자전거를 택한 것으로 풀이된다."고 말했다.

① 이용자 입장에서 볼 때, 전기자전거가 전동 킥보드에 비해 이용친화성이 떨어지지 않을 것이라고 생각합니다.

② 아직까지 인지도가 낮은 전기자전거 공유서비스 시장은 전동 킥보드에 비해 상대적으로 경쟁이 치열하지 않을 것으로 보입니다.

③ 전기자전거 공유서비스 이용에 있어 날씨의 영향을 차단할 수 있을지가 성공의 관건이 될 것입니다.

④ 전기자전거 충전·정비 거점 수를 늘려 이용자 편의성을 높이는 것도 전기자전거 공유서비스 시장규모를 키우는데 도움을 줄 것입니다.

⑤ 규제 관점에서 바라보면 전기자전거 공유서비스 시장은 미래 성장이 기대되는 유망한 분야로 판단됩니다.

05. 다음 글을 읽고 추론할 수 있는 사실이 아닌 것은?

> DNA가 유전 정보를 암호화하고 있다는 사실이 밝혀지자 미국과 영국을 중심으로 인간의 염기서열을 파악하기 위한 연구를 시작하였다. 32억 개에 달하는 인간이 가진 모든 유전자의 염기서열을 조사하기 위한 이 연구는 1990년부터 시작하여 15년이 걸릴 것이라고 예상됐지만 생명공학 기술의 발달로 13년 만인 2003년에 완료되었다. 염기서열의 수가 워낙 방대하기 때문에 세계 각국의 유전자 센터와 대학 등에서 나누어 실시되었으며, 인간 유전자의 서열을 99.99%의 정확도로 완성하였다.
>
> 인간 게놈 프로젝트는 단지 염기서열만을 알아보는 것이 아니라 염기서열의 의미를 발견하는 것이다. 처음 과학자들은 인간이 생각하고 말을 할 수 있는 복잡한 생물이기 때문에 가지고 있는 유전자의 수가 약 10만 개라고 생각하였다. 하지만 연구가 끝나고 난 후 의미가 있는 유전자 수가 약 2만 ~ 2만 5천 개 정도에 불과하다는 것을 알게 되었다. 다른 단순한 동물들의 유전자 수와 크게 다르지 않으며, 심지어 식물이 가진 유전자보다 그 수가 적다는 것이 확인되었다.
>
> 인간 게놈 프로젝트가 완성되면 유전자와 관련된 질병을 해소하는 데 큰 도움이 될 것이라 기대되었다. 어떤 염기서열이 유전병을 일으키는지 알아낼 수 있다면 유전병을 해결하기 위한 방안까지 쉽게 접근할 수 있을 것이라는 기대감 때문이었다. 또한 인간이 어디서부터 진화되었는지 유사한 염기서열을 갖는 다른 생물들과 비교해서 인간의 기원을 밝혀낼 수 있을 것이라고 생각했다. 게놈을 분석한 결과 침팬지와 사람의 유전자가 99% 일치함에 따라 침팬지 기원설에도 확신을 얻게 되었다. 하지만 염기서열이 모두 밝혀지는 것이 장점만 있는 것은 아니다. 태아의 염기서열에서 유전병 요인이 발견될 경우 아이를 포기하는 일이 생길 수 있고, 염기서열로 사람의 우열을 가리게 될 가능성도 있다. 그리고 염기서열을 토대로 인간 복제가 가능해진다면 생명 경시 풍조가 나타나는 것도 배제할 수 없다.

① 게놈 분석 결과는 침팬지 기원설을 지지하는 근거가 될 수 있다.

② 생명공학 기술의 발달은 실제 연구 기간을 예상보다 단축할 수 있다.

③ 복잡한 생물일수록 가지고 있는 의미 있는 유전자의 수가 많다.

④ 염기서열을 모두 파악한다면 태아가 유전병 요인을 지니고 있는지 알 수 있다.

⑤ 인간 염기서열 분석 연구는 미국과 영국뿐 아니라 세계 각국에서 이루어졌다.

06. 다음 글을 참고할 때, ㉠에 들어갈 수 있는 날짜는?

전력은 특히 실시간 시장에서의 가격탄력성이 낮아 효율적인 공급을 어렵게 한다. 이에 수요반응을 통해 제한적이나마 수요의 가격탄력성을 제공함으로써 시장의 효율성을 높이려는 시도가 국내외에서 진행되고 있다. 이에 우리나라도 2014년 5월 전기사업법이 개정되어 수요반응도 전력시장 거래에 포함하게 되었다. 그러나 수요반응으로 수요가 감소하였음에도 가격이 상승하여 구매자인 판매사업자의 부담이 증가한다면, 판매사업자는 최종 소비자 부담의 증가를 이유로 수요반응의 시장참여를 반대하게 될 것이다.

〈수요 감축에 따른 SMP의 변화〉

(단위 : 원/kWh)

구분	1/7	1/9	3/6	3/8	5/15	5/17	7/9	7/11
기준수요	172.56	175.30	164.86	164.45	148.37	153.45	164.67	166.34
1MW 감축	172.89	175.30	164.86	164.47	148.37	153.45	164.73	166.31
10MW 감축	172.89	175.34	164.86	165.76	148.36	153.47	162.80	166.71
50MW 감축	172.89	175.39	164.90	164.47	148.36	153.49	164.90	166.62
100MW 감축	172.89	175.40	165.78	164.62	148.50	153.58	163.04	166.43

표는 임의의 일자에 대해 수요가 많은 13시에서 15시 사이의 수요를 단계적으로 감축하면서 일평균 가격(SMP)의 변화를 살펴본 것이다. 표에서 보여 주듯이 기준수요 대비 (　㉠　)을 제외하고는 모두 SMP가 오히려 역진성을 보여 주고 있음을 알 수 있다.

* 역진성 : 소득이 낮은 사람이 더 높은 세부담을 지게 된다는 것을 의미하며 일반적으로 '조세의 역진성'으로 사용된다. 가격의 역진성은 수요의 변동에 따른 가격의 변동이 시장 원리와 반대로 움직이는 현상을 의미한다.

① 10MW 감축 시의 1월 9일　　　　② 50MW 감축 시의 3월 6일
③ 50MW 감축 시의 5월 17일　　　　④ 100MW 감축 시의 7월 9일
⑤ 100MW 감축 시의 7월 11일

07. 다음 국가암호 공모전에 대한 Q&A 중 적절하지 않은 것은?

〈2021년도 국가암호 공모전〉

- 시행의도 : 국내 암호 기술과 관련하여 연구 성과 창출을 지원하고 국민의 암호에 대한 관심을 높이기 위함.

- 공모분야 : A. 암호 원천기술 분야(논문)
  B. 암호 기술 응용 및 활용 분야(논문)

- 일정
  - 접수기간 : 2021. 06. 01.(화) ~ 07. 31.(토)
  - 1차 서류 심사 : 2021. 08. 02.(월) ~ 08. 31.(화)
  - 2차 인터뷰 심사 : 2021. 09. 01.(수) ~ 09. 24.(금)
  - 최종 수상자 발표 : 2021. 10. 08.(금)
  - 시상식 : 2021. 10. 22.(금)

- 지원자격 : 대학생, 대학원생, 박사후과정

- 시상내역 : 총상금 5천만 원 / 총 20명 내외
  - 국가정보원장상, 국가보안기술연구소장상, 한국인터넷진흥원장상, 한국정보보호학회장상, 한국암호포럼의장상

- 제출방법 : e-mail(cryptocontest@gmail.com)로 제출
  ※ 저자 관련 정보는 별도의 표지 양식을 작성하여 논문 PDF 파일과 함께 압축하여 제출(우편 접수 불가)
  ※ 파일명 : 주저자이름.zip
  ※ 응모자격 증명서류 포함

- 제출방법 및 주의사항
  - 접수 및 문의 : cryptocontest@gmail.com
  - 제출된 응모작은 2021년 7월 31일 제출마감일까지 국내외 저널/학회에 발표되지 않은 연구결과여야 함.
  - 논문 내 소속, 이름, 감사의 말 등 저자를 짐작할 수 있는 내용 포함 불가함.
  - 제출물에 대한 지식재산권 또는 소유권은 제출자에게 있음.
  - 주관기관은 제출물의 공개 범위를 심사를 위한 목적으로 한정하여 제출물에 대한 유출방지, 비밀유지의 의무를 다함.
  - 선정된 논문은 한국암호포럼홈페이지(http : //www.kcryptoforum.or.kr)에 게시됨.

---

①	Q	제출할 때 주의해야 할 점이 따로 있나요?
	A	제출물의 파일명은 '주저자이름.zip' 형식으로 cryptocontest@gmail.com로 제출하여 주시기 바랍니다. 우편 접수는 불가하며 저자와 관련된 정보는 별도의 표지 양식을 작성하여 논문 PDF 파일과 함께 압축하여 주시면 됩니다. 또한 논문 내 저자의 정보를 유추할 수 있는 내용은 포함하지 말아주십시오.
②	Q	논문의 주제는 무엇으로 설정해야 하나요?
	A	암호이론 및 원천기술에 대한 연구나 암호 기술의 활용 및 응용 기법에 관한 연구결과와 관련하여 주제를 설정하시면 됩니다. 다만, 제출마감일까지 국내외 저널/학회에 발표되지 않은 연구결과여야 합니다.
③	Q	대학원 과정에 재학 중이지 않은데 공모전에 참여할 수 있는지 궁금합니다.
	A	지원자격은 대학생, 대학원생, 박사후과정이기 때문에 대학에 재학 중이시라면 참여 가능합니다.
④	Q	제출한 논문이 최종 선정되었는지는 시상식에 참여해야 알 수 있는 건가요?
	A	2021년 10월 8일에 최종 수상자가 발표되므로 시상식 이전에 선정 여부를 알 수 있습니다.
⑤	Q	논문이 선정되는 경우 이후 어떻게 활용되는 건가요?
	A	선정된 논문은 한국암호포럼홈페이지에 게시될 예정입니다. 또한 논문에 대한 소유권은 주관기관인 한국정보보호학회와 한국암호포럼으로 이전됩니다.

[08 ~ 09] 다음 글을 읽고 이어지는 질문에 답하시오.

4차 산업혁명의 기술 진보는 단순히 자동화, 로봇화를 의미하는 것이 아니다. 4차 산업혁명의 특징은 탈경계화와 초연결사회이며, 이는 초고속 무선통신과 클라우드 네트워크의 발전으로 가능해졌다. 또한 인공지능과 사물인터넷, 빅데이터 기술의 발전으로 인해 이러한 특징이 더욱 지능화되고 있다.

우선 초고속 무선통신과 클라우드 네트워크 등의 디지털 기술 발전으로 ㉠시간과 ㉡공간의 경계가 무너졌다. 원격 근무 또는 모바일 근무가 확대되면서 근로자는 24시간 연락체계 및 근무 환경에 놓이게 되었고 이에 따라 노동과 여가의 경계가 무너지고 있다. 이와 같은 현상은 근로자의 접속 차단 권리에 대한 논의를 촉발하고 있다. 또한 대용량 데이터의 전송 가격이 제로에 가까워지고 속도는 더욱 빨라지고 있으며, 3D프린터의 발전 등으로 인해 데이터 이동만으로 다른 지역에서 제품을 생산할 수 있게 됨에 따라 생산 체계의 글로벌화가 더욱 진전되고 있다.

다음으로 기계와 IT 등 기술 융합과 상품(서비스)의 이종 결합이 증가함에 따라 제조업과 서비스업 등 업종 및 기업 간 경계가 사라지고 있으며, 생산기술직과 사무직 간의 경계도 더욱 희미해지고 있다. 미국의 최대 가전 업체는 IT 기업임을 선언하였고, 최대 IT 기업은 자동차의 로봇 산업에 뛰어 들었다.

또한 가상과 현실의 경계가 무너지고 있다. 초연결사회는 온라인과 눈, VR, AR 등을 통해 가상공간과 현실공간이 연결된다. 4차 산업혁명의 대표 브랜드라고 할 수 있는 스마트공장이 대표적 사례이다. 스마트공장은 가상(Cyber, 소프트웨어 등 시스템)과 물리(Physical, 실제생산라인 등)가 실시간으로 통합된 가상·물리 시스템(CPS)을 기반으로 작동하여 돌발사고를 최소화하고 생산성, 품질을 향상시키는 지능형 공장이다.

그리고 기계와 상품, 사람이 데이터로 연결되어 자율성과 상호작용이 가능하다. 최근 독일 기업에 M2M(Machine to Machine)이라는 기술이 널리 퍼지면서 활발히 논의되고 있다. 기계, 센서, 컴퓨터 등 장치들 간에 자율적으로 서로 데이터를 주고받기 때문에 '소셜 기계시스템'이라고 부르기도 하는 M2M은 생산과 물류 등의 가치사슬 과정을 스스로 조정하고 최적화하는 자기조직화 시스템이다. 초연결사회로 인간의 삶과 노동, 생산 및 물류의 동시성이라는 특징을 갖는다.

08. 다음 중 4차 산업혁명이 ㉠과 ㉡의 관계에 미치는 영향과 다른 영향을 받는 관계는?

① 제조업, 서비스업   ② 노동, 여가   ③ 기술 진보, 자동화

④ 생산기술직, 사무직   ⑤ 가상, 현실

09. 다음 중 글에서 설명하는 '초연결사회'의 특징으로 보기 어려운 것은?

① 대용량 데이터   ② 스마트공장   ③ 원격 근무

④ 소셜 기계시스템   ⑤ 초고속 무선통신

1회 기출예상문제

2회 기출예상문제

3회 기출예상문제

4회 기출예상문제

5회 기출예상문제

6회 기출예상문제

인성검사

면접가이드

[10 ~ 11] 다음 글을 읽고 이어지는 질문에 답하시오.

〈생활주변방사선 안전관리법〉

제1장 총칙

제1조(목적) 이 법은 생활주변에서 접할 수 있는 방사선의 안전관리에 관한 사항을 규정함으로써 국민의 건강과 환경을 보호하여 삶의 질을 향상시키고 공공의 안전에 이바지함을 목적으로 한다.

제2장 생활주변방사선방호 종합계획의 수립 등

제5조(생활주변방사선방호 종합계획의 수립) ① 원자력안전위원회는 생활주변방사선으로부터 국민의 건강과 환경을 보호하기 위하여 관계 중앙행정기관의 장과 협의하여 5년마다 생활주변방사선방호 종합계획(이하 "종합계획"이라 한다)을 수립하여야 한다.

② 종합계획에는 다음 각호의 사항이 포함되어야 한다.

1. 생활주변방사선방호 정책의 목표와 기본방향에 관한 사항
2. 생활주변방사선으로부터의 환경 보호에 관한 사항
3. 생활주변방사선의 안전관리에 관한 현황과 전망에 관한 사항
4. 생활주변방사선에 대한 연구개발에 관한 사항
5. 원료물질, 공정부산물 및 가공제품에 대한 조사·분석에 관한 사항
6. 공정부산물의 처리·처분 또는 재활용에 관한 사항
7. 우주방사선, 지각방사선 등의 안전관리 체계 구축을 위하여 필요한 사항
8. 그 밖에 생활주변방사선의 안전관리를 위하여 필요한 사항 중 대통령령으로 정하는 사항

제6조(연도별 시행계획의 수립 등) ① 원자력안전위원회는 대통령령으로 정하는 바에 따라 관계 중앙행정기관의 장과 협의하여 매년 종합계획의 연도별 시행계획을 세우고, 이를 관계 중앙행정기관의 장에게 통보하여야 한다.

② 관계 중앙행정기관의 장은 제1항에 따라 통보된 연도별 시행계획 중 소관 업무에 관련된 사항을 추진하여야 한다.

제7조(생활주변방사선에 대한 연구개발사업의 추진) ① 원자력안전위원회는 종합계획을 효율적으로 추진하기 위하여 「기초연구진흥 및 기술개발지원에 관한 법률」 제14조 제1항 각호의 기관이나 단체와 협약을 맺어 생활주변방사선에 대한 연구개발사업을 실시하게 할 수 있다.

② 정부는 제1항에 따른 연구개발사업의 실시에 드는 비용의 전부 또는 일부를 출연할 수 있다.

제8조(안전지침의 작성·배포 등) ① 원자력안전위원회는 생활주변방사선의 안전관리를 위하여 필요한 안전지침을 작성하여 제9조의 취급자, 제15조의 제조업자 및 제18조의 항공운송사업자 등에게 배포하여야 한다.

② 제1항의 안전지침에는 다음 각호의 사항이 포함되어야 한다.

　　1. 제13조 제2항에 따른 공정부산물 처리·처분 또는 재활용의 방법·절차에 관한 사항

　　2. 제14조에 따른 원료물질 또는 공정부산물의 취급·관리 시 준수사항

　　3. 제15조에 따른 가공제품의 안전기준에 관한 사항

　　4. 우주방사선 및 지각방사선에 피폭(被曝)할 우려가 있는 사람의 안전조치에 관한 사항

③ 원자력안전위원회는 제1항에 따라 작성한 안전지침을 관계 중앙행정기관의 장에게 통보하는 등 생활주변방사선의 안전관리를 위해 이를 효율적으로 활용할 수 있는 방안을 마련하여야 한다.

10. 다음 중 글의 내용과 일치하지 않는 것은?

① 생활주변방사선 안전관리법은 일상생활에서 발생하는 방사선으로부터 국민의 안전과 환경을 보호하기 위하여 제정된 법이다.

② 원자력안전위원회는 생활주변방사선방호 종합계획에 안전관리 전망에 관한 사항도 포함하여야 한다.

③ 생활주변방사선의 안전관리를 위하여 필요한 안전지침은 법에 지정된 항공운송사업자 등에게 배포되어야 한다.

④ 원자력안전위원회는 관계 중앙행정기관의 장과 협의하여 매년 종합계획의 연도별 시행계획을 세우고 각 지역의 지방자치단체장에게 통보하여야 한다.

⑤ 원자력안전위원회는 정부로부터 비용을 출연받아 법에 명시된 기관과의 협약을 통해 생활주변방사선에 대한 연구개발사업을 실시할 수 있다.

11. 원자력안전위원회가 5년마다 수립하는 종합계획에 포함되기 어려운 것은?

① 원전 지역 주변의 방사선 격리 방법에 관한 기술 개발 현황

② 생활주변방사선을 분출하는 제품의 공정부산물 폐기방안

③ 생활 물품 제조과정에서 원재료의 방사선량에 관한 조사사항

④ 종합계획을 통해 수립되는 생활주변방사선 관련 정책의 목적

⑤ 고고도 비행 시 노출될 수 있는 방사선의 안전관리 체계 구축방안

12. 토크콘서트를 준비 중인 J사는 신청자 증가로 다음과 같이 추가 일정을 편성하였다. 추가 일정 편성 전의 기존 예산과 추가로 신청할 예산은 각각 얼마인가?

⟨토크콘서트 행사 일정⟩

구분	일시	장소	참여 인원(명)	강연자
기존	2월 04일(화) 16 : 30 ~ 18 : 00	○○아트홀 2관	60	A 가수, B 작가
	2월 11일(화) 16 : 00 ~ 18 : 00	○○아트홀 1관	100	C 시인, D 교수
	2월 18일(화) 16 : 00 ~ 18 : 00	○○아트홀 2관	60	B 작가, D 교수
	2월 25일(화) 16 : 00 ~ 18 : 00	○○아트홀 1관	100	A 가수, C 시인
추가	3월 03일(화) 16 : 00 ~ 18 : 00	○○아트홀 1관	100	B 작가, C 시인

※ 참여 인원은 강연자를 포함한 총 인원이며, 1인당 간식(생수, 음료, 약과)과 팸플릿을 제공함.
※ 강연자는 90분 행사의 경우 2명이 함께 90분간 출연, 120분 행사의 경우 1명이 60분씩 출연함.

⟨토크콘서트 행사 예산안⟩

구분		내용	비고
기존	대관료	– ○○아트홀 1관(250,000원/시간) – ○○아트홀 2관(200,000원/시간)	1시간 단위로만 대관 가능
	간식	– 생수(개당 300원) – 음료(개당 700원) – 약과(개당 1,000원)	약과는 400개 이상 주문 시 10% 할인
	출력물	– 팸플릿(디자인 비용 : 130,000원, 출력 비용 : 개당 1,500원) – 현수막(디자인 비용 : 70,000원, 출력 비용 : 개당 80,000원)	– 디자인 비용은 초기 1회에만 적용 – 모든 행사일에 동일한 디자인의 팸플릿이 배부됨. – 현수막은 동일한 디자인으로 각 관마다 1개씩 설치함.
	강연료	200,000원/시간(패널 공통)	30분 단위로 지급 가능
	총 예산	?	–
추가 신청		?	–

	기존 예산	추가 신청 예산		기존 예산	추가 신청 예산
①	4,870,000원	1,205,000원	②	5,080,000원	1,208,000원
③	5,150,000원	1,250,000원	④	5,378,000원	1,280,000원
⑤	5,537,000원	1,305,000원			

13. 다음 〈자료 1〉는 탄소포인트제 가입자 A ~ D의 에너지 사용량 감축률 현황이다. 〈자료 2〉에 따라 A ~ D가 탄소포인트를 지급받을 때, 가장 많이 지급받는 가입자와 가장 적게 지급받는 가입자를 바르게 나열한 것은?

〈자료 1〉 A ~ D의 에너지 사용량 감축률 현황

(단위 : %)

가입자 / 에너지 사용 유형	A	B	C	D
전기	−6.7	9	8.3	6.3
수도	11	−2.5	5.7	9.1
가스	14.6	17.1	9.1	4.9

〈자료 2〉 탄소포인트 지급 방식

(단위 : 포인트)

에너지 사용량 감축률 / 에너지 사용 유형	5% 미만	5% 이상 ~ 10% 미만	10% 이상
전기	0	5,000	10,000
수도	0	1,250	2,500
가스	0	2,500	5,000

※ 아래의 두 가지 조건을 모두 만족할 경우 지급받는 탄소포인트의 10%를 추가로 지급받는다.
  1) 모든 유형의 에너지 사용량 감축률의 합이 20%p를 넘는 경우
  2) 모든 유형의 에너지 사용량 감축률이 음수를 기록하지 않은 경우

※ 가입자가 지급받는 탄소포인트=전기 탄소포인트+수도 탄소포인트+가스 탄소포인트

	가장 많이 지급받는 가입자	가장 적게 지급받는 가입자
①	B	A
②	B	D
③	C	D
④	C	A
⑤	D	B

14. 다음 자료를 바탕으로 작성한 하위 자료로 올바르지 않은 것은?

〈연도별 전력수급 동향〉

(단위 : 만kW)

구분	20X3년	20X4년	20X5년	20X6년	20X7년	20X8년
최대전력 수요	7,652	8,015	7,879	8,518	8,513	9,248
설비용량	8,230	9,322	9,410	10,018	11,666	11,721
공급능력	8,071	8,936	8,793	9,240	9,610	9,957
예비전력	419	920	914	721	1,096	709
공급예비율(%)	5.5	11.5	11.6	8.5	12.9	7.7
설비예비율(%)	7.5	16.3	19.4	17.6	37.0	26.7

① 〈연도별 최대전력 수요의 전년 대비 증감률〉

(단위 : %)

20X4년	20X5년	20X6년	20X7년	20X8년
4.7	-1.7	8.1	-0.1	8.6

② 〈연도별 최대전력 수요 대비 예비전력 비중〉

(단위 : %)

20X3년	20X4년	20X5년	20X6년	20X7년	20X8년
7.5	16.3	19.4	17.6	37.0	26.7

③ 〈연도별 공급능력 변동 추이〉

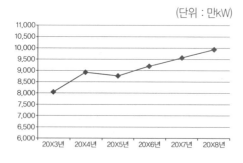

④ 〈연도별 전년 대비 설비용량 증감〉

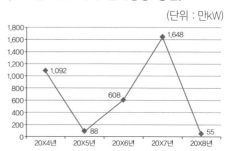

⑤ 〈연도별 최대전력 수요의 전년 대비 증감〉

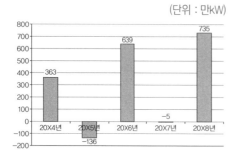

[15 ~ 16] 다음 자료를 보고 이어지는 질문에 답하시오.

〈2020년 주택형태별 에너지 소비 현황〉

(단위 : 천 TOE)

구분	연탄	석유	도시가스	전력	열에너지	기타	합계
단독주택	411.8	2,051.8	2,662.1	2,118.0	–	110.3	7,354
아파트	–	111.4	5,609.3	2,551.5	1,852.9	–	10,125
연립주택	1.4	33.0	1,024.6	371.7	4.3	–	1,435
다세대주택	–	19.7	1,192.6	432.6	–	–	1,645
상가주택	–	10.2	115.8	77.6	15.0	2.4	221
총합	413.2	2,226.1	10,604.4	5,551.4	1,872.2	112.7	20,780

* 전력 : 전기에너지와 심야전력에너지 포함
* 기타 : 장작 등 임산 연료

15. 위의 자료에 대한 해석으로 적절한 것은?

① 단독주택은 모든 유형 에너지를 소비한다.
② 모든 주택형태에서 소비되는 에너지 유형은 4가지이다.
③ 아파트는 다른 주택형태에 비해 가구당 에너지 소비량이 많다.
④ 모든 주택형태에서 가장 많이 소비한 에너지 유형은 도시가스이다.
⑤ 단독주택에서 소비한 전력 에너지량은 단독주택 전체 에너지 소비량의 30% 이상을 차지한다.

16. 아파트 전체 에너지 소비량 중 도시가스 소비량이 차지하는 비율은 몇 %인가? (단, 소수점 아래 둘째 자리에서 반올림한다)

① 53.4%   ② 55.4%   ③ 58.4%
④ 60.4%   ⑤ 62.4%

[17 ~ 18] 다음은 신재생에너지 발전차액지원제도에 대한 자료이다. 이어지는 질문에 답하시오.

- 발전차액지원제도

  신재생에너지 설비의 투자 경제성 확보를 위해 신재생에너지를 이용하여 전력을 생산한 경우 기준가격과 계통한계가격(SMP ; System Marginal Price)과의 차액을 지원하는 제도로 외국의 FIT (Feed in Tariff) 제도와 유사한 제도이다. 본 제도의 시행으로 인하여 신재생에너지 발전전원의 보급 확대와 기후환경 협약에 따른 신재생에너지 보급 확대를 유도하는 기반을 구축하게 되었고, 신재생 에너지법에서 정한 11개의 에너지원 중 태양광, 풍력, 소수력, 조력, LFG, 폐기물 발전에 대하여 기 준가격을 산정하여 의무구매 및 지원을 하고 있다.

〈신재생에너지 발전차액지원 현황〉

구분		Y년	(Y+1)년	(Y+2)년	(Y+3)년	계	시설용량
소수력	거래량 (MW)	106,009	158,851	124,189	157,512	546,561	(48,763kW) 36개소
	금액 (백만 원)	2,576	3,847	2,842	2,387	11,652	
LFG	거래량 (MW)	35,912	92,046	140,240	128,560	396,758	(30,293kW) 10개소
	금액 (백만 원)	611	1,615	1,502	957	4,685	
풍력	거래량 (MW)	1,326	18,561	29,147	103,361	152,395	(83,395kW) 4개소
	금액 (백만 원)	186	254	790	3,911	5,141	
태양광	거래량 (MW)	–	–	13	524	537	(1,338kW) 15개소
	금액 (백만 원)	–	–	8	341	349	
계	거래량 (MW)	143,247	269,458	293,589	389,957	1,096,251	(163,789kW) 65개소
	금액 (백만 원)	3,373	5,716	5,142	7,596	21,827	

17. 다음 중 자료에 대한 설명으로 옳지 않은 것은?

① 총 지원금이 가장 많은 해는 (Y+3)년이다.

② 전년 대비 (Y+3)년의 거래량 상승률은 태양광이 가장 크다.

③ 태양광을 제외하면 Y년 이후 3년간 지원금이 가장 크게 증가한 에너지원은 풍력이다.

④ Y ~ (Y+3)년의 기간 동안 거래량과 지원금 규모가 매년 지속적으로 증가한 에너지원은 풍력뿐이다.

⑤ 전체 에너지원 시설의 개소당 평균 시설용량보다 작은 개소당 평균 시설용량을 갖추고 있는 에너지원은 소수력, LFG, 태양광이다.

18. 에너지원별 개소당 평균 시설용량과 (Y+3)년의 백만 원당 거래량의 차이가 작은 순서대로 바르게 나열한 것은?

① 풍력 − 태양광 − LFG − 소수력
② 풍력 − 소수력 − 태양광 − LFG
③ 태양광 − 풍력 − 소수력 − LFG
④ 태양광 − 풍력 − LFG − 소수력
⑤ 태양광 − 소수력 − 풍력 − LFG

1회 기출예상문제
2회 기출예상문제
3회 기출예상문제
4회 기출예상문제
5회 기출예상문제
6회 기출예상문제
인성검사
면접가이드

[19 ~ 20] 다음은 일평균 외환거래량과 1인당 국민소득에 대한 자료이다. 이어지는 질문에 답하시오.

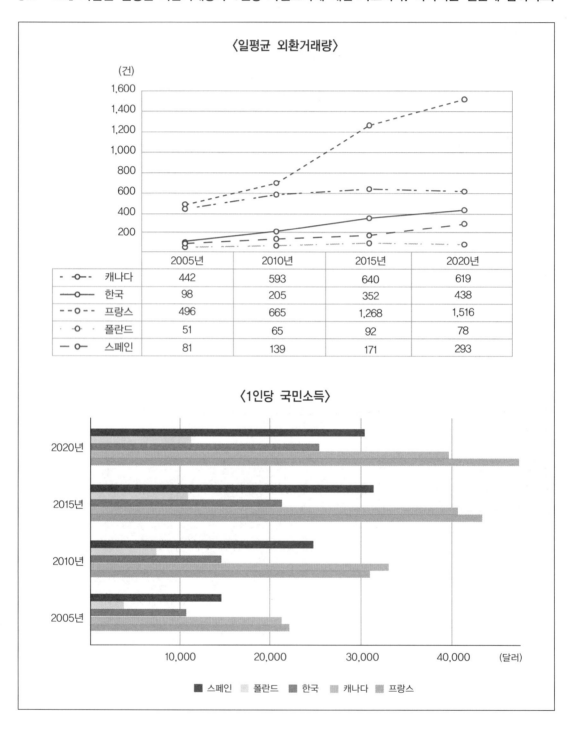

〈일평균 외환거래량〉

(건)

	2005년	2010년	2015년	2020년
캐나다	442	593	640	619
한국	98	205	352	438
프랑스	496	665	1,268	1,516
폴란드	51	65	92	78
스페인	81	139	171	293

〈1인당 국민소득〉

■ 스페인 ▨ 폴란드 ▨ 한국 ▨ 캐나다 ▨ 프랑스

19. 자료에 대한 설명으로 옳은 것을 〈보기〉에서 모두 고르면?

보기

㉠ 다섯 국가의 1인당 국민소득 합의 평균은 2005년 이후 증가하는 추세이다.

㉡ 1인당 국민소득이 큰 나라일수록 일평균 외환거래량이 크다.

㉢ 2005년 이후 캐나다의 1인당 국민소득은 다섯 국가 중에서 가장 높았다.

㉣ 위 그래프의 2015년 이후 일평균 외환거래량의 추이가 지속된다면 언젠가 대한민국의 외환거래량이 캐나다를 앞지를 것이다.

① ㉠

② ㉠, ㉡

③ ㉠, ㉣

④ ㉡, ㉣

⑤ ㉢, ㉣

20. 다음 중 자료에 대한 설명으로 옳지 않은 것은?

① 폴란드의 일평균 외환거래량과 1인당 국민소득은 매 기간 가장 작다.

② 2015년에는 프랑스의 1인당 국민소득이 가장 크다.

③ 5개국 모두 일평균 외환거래량은 조사기간 동안 꾸준히 증가하였다.

④ 일평균 외환거래량이 500건 이상 된 적이 있는 나라는 캐나다와 프랑스뿐이다.

⑤ 2020년 프랑스의 외환거래량은 스페인의 5배 이상이다.

21. 다음을 바탕으로 한 올바른 추론을 〈보기〉에서 모두 고르면?

어떤 경비업체는 보안 점검을 위탁받은 건물 내 40개의 점검 지점을 지정하여 관리하고 있다. 보안 담당자는 다음 〈규칙〉에 따라 40개 점검 지점을 방문하여 이상 여부를 기록한다.

규칙

- 1번째 점검에서는 1번 지점에서 출발하여 40번 지점까지 차례로 전 지점을 방문한다.
- 2번째 점검에서는 2번 지점에서 출발하여 한 개의 지점씩 건너뛰고 점검한다. 즉 2번 지점, 4번 지점, …, 40번 지점까지 방문한다.
- 3번째 점검에서는 3번 지점에서 출발하여 두 개의 지점씩 건너뛰고 점검한다. 즉 3번 지점, 6번 지점, …, 39번 지점까지 방문한다.
- 40번째 점검에서 모든 점검이 완료된다.

보기

㉠ 한 지점을 최대 9회 방문할 수 있다.
㉡ 2회만 방문한 지점은 총 12개이다.
㉢ 40번째 점검까지 모두 이루어지는 경우, 40번 지점은 총 8회 방문하게 된다.
㉣ 6번째 점검의 규칙을 건너뛰는 경우, 방문 횟수가 줄어드는 지점은 총 7개이다.

① ㉠, ㉡ 　　　　② ㉡, ㉢ 　　　　③ ㉠, ㉡, ㉢
④ ㉠, ㉢, ㉣ 　　　⑤ ㉠, ㉡, ㉢, ㉣

22. 아르바이트생 A ~ E 중 총 보수액이 가장 많은 사람과 세 번째로 많은 사람의 총 보수액 차이는 얼마인가?

〈아르바이트생 근무 현황〉

구분	야근일(시간)	기본급	지각
A	평일(3), 주말(3)	85만 원	3회
B	평일(1), 주말(3)	90만 원	3회
C	평일(2), 주말(2)	90만 원	3회
D	평일(5), 주말(1)	80만 원	4회
E	평일(1), 주말(5)	85만 원	4회

※ 5명의 아르바이트생은 10일간 근무했다.

〈보수액 지급 기준〉

• 기본 시급은 1만 원이다.
• 평일 야근은 기본 시급의 1.5배, 주말 야근은 기본 시급의 2배이다.
• 지각은 1회에 1만 5천 원씩 삭감한다.
• 보수액은 10일 후 지급한다.

① 10,000원   ② 15,000원   ③ 20,000원
④ 25,000원   ⑤ 30,000원

23. 다음 자료를 참고할 때, 해외 출장을 갈 직원은?

- 해외출상 일정 : 202X. 3. 10. ~ 3. 13.
- 비행기로 해당 국가에 도착하고 현지에서는 자동차로 이동하므로 팀원 모두 운전이 가능해야 함.
- 참여자 : 총 2인으로 구성하며 팀장 또는 부장이 반드시 1인 이상 포함되어야 함.
- 출장 스케줄을 처음부터 끝까지 모두 소화할 수 있는 자가 출장을 가야 함.

〈3월 스케줄〉

일	월	화	수	목	금	토
7	8 박 부장 프로젝트 회의	9	10 한 사원 사내봉사활동	11 정 사원 사내봉사활동	12 최 팀장 수여식 참여	13 한 사원 자녀 돌잔치
14	15 박 부장 프로젝트 회의	16	17 정 사원 사내봉사활동	18 윤 사원 사내봉사활동	19	20

〈직원별 특징〉

직원	특징
박 부장	운전면허 있음.
이 부장	운전면허 있음. 여권을 분실하였음.
김 팀장	운전면허 있음.
최 팀장	운전면허 있음. 임신 중으로 비행기 탑승이 어려움.
한 사원	운전면허 있음.
강 사원	운전면허 없음.
정 사원	운전면허 있음.
윤 사원	운전면허 없음.

① 박 부장, 정 사원　　　② 김 팀장, 강 사원　　　③ 박 부장, 한 사원

④ 이 부장, 윤 사원　　　⑤ 박 부장, 김 팀장

24. 다음 신입사원 공개채용 모집요강을 보고 나눈 대화 중 옳지 않은 것은? (단, A ~ E는 모두 정년에 도달하지 않았다고 가정한다)

〈2021년도 신입사원 공개채용 모집요강〉

1. 선발 인원 : 총 373명
2. 근무지
   − 전국권 지원 : 본사 및 전국 사업소(본인의 희망과 다르게 배치 가능)
   − 지역전문사원 지원 : 입사 후 해당 지역 또는 본사에서 10년간 의무근무
3. 지원자격

구분	주요내용
학력·전공	• 사무 : 학력 및 전공 제한 없음. • 전기/ICT/토목/건축/기계 : 해당 분야 전공자 또는 기사 이상 자격증 보유자 　*단, 전기 분야는 산업기사 이상
외국어	• 대상 : 영어 등 8개 외국어 • 자격기준 : 700점 이상(TOEIC 기준) ※ 2019. 11. 18. 이후 응시하고 접수마감일(2021. 10. 14.)까지 발표한 성적만 인정 ※ 고급자격증 보유자는 외국어성적 면제 ※ 해외학위자도 외국어 유효성적을 보유해야 지원 가능함.
연령	• 제한없음(단, 공사 정년에 도달한 자는 지원 불가).
병역	• 병역법 제76조에서 정한 병역의무 불이행 사실이 없는 자
기타	• 지역전문사원 지원 시 해당 권역 내 소재 학교(대학까지의 최종학력 기준, 대학원 이상 제외) 졸업(예정)·중퇴한 자 또는 재학·휴학 중인 자만 지원 가능 • 지원서 접수마감일 현재 한전 4직급 직원으로 재직 중이지 않은 자 • 2021년 12월 이후 즉시 근무 가능한 자

① 2020년 3월에 국내에서 응시한 TOEIC 800점 성적을 보유하고, 병역의무를 이행했으며 전국권에 지원한 졸업예정자 A는 예정대로 졸업하여 12월 이후 즉시 근무만 가능하다면 지원에 문제가 없을 거야.

② 한전 4직급 직원으로 재직 중인 B는 이번 공채에 지원할 수 없어.

③ 전남권 지역전문사원으로 지원한 C는 전북권 내 소재 대학을 졸업 예정이야. 비록 해당 권역 내 소재 대학은 아니지만, 근접지역이니 지원이 가능해.

④ 전기 분야에 지원한 D는 전기산업기사 자격증을 가지고 있고, TOEIC 750점을 보유하고 있으므로 지원 가능해.

⑤ 해외 유학생인 E는 전국권 사무직에 지원했고, 응시한 TOEIC 성적이 접수마감일 이전에 발표되니 700점 이상을 받는다면 지원 가능할 것으로 예상돼.

www.gosinet.co.kr gosinet

1회 기출예상문제
2회 기출예상문제
3회 기출예상문제
4회 기출예상문제
5회 기출예상문제
6회 기출예상문제
인성검사
면접가이드

[25 ~ 26] 다음은 ○○기업 문화센터 운영에 대한 자료이다. 이어지는 질문에 답하시오.

〈강좌 안내〉

강좌	요일	시간	수강료(1달 기준)
가요	수	10 : 30 ~ 12 : 00	15,000원 (직원과 가족 1인 동시 등록 시 1인당 10,000)
	금	10 : 30 ~ 12 : 00	
다이어트 댄스	화, 목	9 : 30 ~ 10 : 20	35,000원
벨리댄스	월, 수	9 : 50 ~ 10 : 40	50,000원
요가	월, 수, 금	13 : 00 ~ 14 : 00	70,000원

※ 문의 및 접수 : ○○기업 문화센터 본점, 수강료수납 : 3개월 단위

〈수강료 할인 안내〉

순번	할인 대상자	할인율	확인서류	관리명부상 표기
1	○○기업 직원	20%	신분증(전산 확인)	SM
2	○○기업 직원 가족	15%	신분증(전산 확인)	SMF
3	○○기업 고객	10%	신분증(전산 확인)	SH

※ 1인당 분기별 2개 강좌에 한함.
※ 직원과 직원 가족 1인 동시 등록 시 적용되는 할인 혜택과 별도로 수강료 할인 가능

    ⑩ 직원 A와 직원 가족인 B가 강좌를 동시 등록해 1인당 10,000원이라 할 때, A는 20% 할인받아 8,000원을, B는 15% 할인받아 8,500원을 적용받을 수 있음.

〈1월 회원관리 명부〉

회원명	분류	납부액 (원)	등록 강좌	최근 출석 기록									
				1 / 1	1 / 2	1 / 3	1 / 4	1 / 5	1 / 6	1 / 7	1 / 8	1 / 9	1 / 10
김재환	SM	252,000	(A)	휴무일	◎	□	◎	□			□	◎	□
박지수	SMF	(B)	(C)			□		□			□		□
최은주	SH	(D)	(E)		○		♣			○		○
이지우	SMF	127,500	(F)	◎	♣	◎					◎	♣
이종윤	SM	120,000	벨리댄스		○					○		○

※ 1/1은 월요일이며, 강좌별 출석 기록 표시를 서로 다른 도형 모양으로 한다.
※ 모든 회원은 자신이 듣는 강좌 수업에 100% 출석했다고 가정한다.

25. 다음 중 ○○기업 문화센터에 대한 설명으로 옳은 것은?

① 최대 3개의 강좌를 수강할 수 있다.

② 직원에 대한 할인율은 고객에 대한 할인율보다 100% 더 높다.

③ 모든 회원에게 최소 10% 할인이 적용된다.

④ 관리명부상 SMF라고 표기되어 있다면 ○○기업의 직원일 것이다.

⑤ 가요 프로그램에 혼자 등록한 직원과 가족 1인을 동반한 직원의 3개월 회비 차이는 10,000원이다.

26. 다음 중 〈1월 회원관리 명부〉의 (A) ~ (F)에 대한 설명으로 옳은 것은?

① (D)가 (B)보다 더 많다.

② (E)는 벨리댄스와 요가이다.

③ (A)와 (F)가 공통으로 포함하는 강좌는 벨리댄스이다.

④ (B)를 납부한 박지수 회원은 동시 등록 할인을 받았을 것이다.

⑤ (C)를 (A)의 강좌로 변경한다면 (B)는 250,000원을 넘는다.

[27 ~ 28] 다음 자료를 보고 이어지는 질문에 답하시오.

안녕하십니까? 이번 어린이날을 맞아 ○○시에서는 5월 한 달 동안 잔디 광장을 개방하여 행사를 진행하려 합니다. 이번 행사는 다음과 같이 다섯 개의 구역으로 나누어져 진행될 예정입니다.

〈○○시 어린이날 행사 안내〉

테마	최대 수용 인원	행사 진행 날짜	자원봉사자 수 (행사 진행 시)
무협	50명	5월 내내	5명
로봇	25명	5월 14일, 5월 20일	2명
마법	50명	5월 19일, 5월 29일	5명
숲속의 친구	30명	5월 18일, 5월 30일	3명
곰돌이	35명	5월 23일, 5월 28일	5명

• 모든 행사의 경우, 학생 10명당 최소 1명의 인솔자가 필요합니다(자원봉사자들은 모두 인솔 자격을 가지고 있습니다).
• 행사는 09 : 00 ~ 17 : 00까지 진행됩니다.
• 로봇 테마와 마법 테마의 경우 사진 촬영이 금지됩니다.
• 구내식당이 있으며, 인당 3,000원에 점심 식권을 구매하실 수 있습니다(식당 정원은 200명입니다).
• 문의사항은 ○○시청(339-9999)으로 연락 주시기 바랍니다.

〈5월 달력〉

5월						
일	월	화	수	목	금	토
1	2	3	4	5	6	7
8	9	10	11	12	13	14
15	16	17	18	19	20	21
22	23	24	25	26	27	28
29	30	31				

27. □□초등학교의 A 선생님은 위의 자료를 보고 ○○시 행사에 참여하고자 한다. 다음 A 선생님의 발언 중 적절하지 않은 것은?

① 우리 반은 총 34명이니까 우리 반 학생들이 다 함께 들어갈 수 있는 테마는 2개겠네.

② 우리 반은 총 34명이니까 자원봉사자 수가 모자란 테마가 한 곳 있으니, 다른 선생님이 인솔자로 참여하면 되겠어.

③ 별도의 문의사항이 있을 때는 339−9999로 전화하면 되겠군.

④ 로봇 테마와 마법 테마의 경우 사진 촬영이 금지되므로 아이들에게 사전 교육을 해야겠어.

⑤ 행사에 참가하는 우리 학교의 학생은 총 380명이니, 구내식당에서 식사를 할 경우 교대로 점심 식사를 해야 되겠군.

28. 다음은 □□초등학교의 학사 일정표이다. 위의 자료를 참조하여 짠 계획으로 적절하지 않은 것은?
(단, 모든 행사에 참여하되 학교 행사 기간에는 학생들이 학교를 비워 ○○시의 어린이날 행사에 참여할 수 없으며, 주말에는 행사에 참여할 수 없다)

일정	행사명
5월 5일 ~ 5월 6일	어린이날 행사
5월 8일	어버이날 행사
5월 15일 ~ 5월 16일	스승의 날 행사
5월 30일	가정의 달 행사

① 5월 중 아이들이 학교에 있는 날이 가장 많은 주는 둘째 주야.

② 5월 첫째 주에 아이들이 학교에 있는 날은 최대 3일이겠어.

③ 로봇 테마에 아이들을 데리고 갈 수 있는 날은 하루뿐이야.

④ 5월 마지막 주에는 무협 테마가 아닌 견학 일정도 잡을 수 있겠어.

⑤ 5월 셋째 주에는 최대 네 개의 테마를 견학시킬 수 있겠군.

[29 ~ 30] 다음 자료를 읽고 이어지는 질문에 답하시오.

2019년 일본 내 바이오제품·시비스 시장의 시장규모는 ⊙ 3조 685억 엔으로 2018년 대비 약 8% 증가한 것으로 나타났다. 바이오 관련 시장에서 중심이 되는 유전자조작기술을 이용하여 제조된 제품의 2019년 시장규모는 2018년 대비 ⓒ 약 3% 증가한 2조 179억 엔이었다. 바이오제품·서비스 중 유전자조작기술 제품을 제외한 바이오제품·서비스 시장 증가율은 약 6.6%로 시장규모는 1조 506 억 엔이었다.

〈2019년 일본 내 바이오제품·서비스 시장규모〉

구분	2018년	2019년
유전자조작기술 관련 제품	1조 9,313억 엔	2조 179억 엔
그 외 바이오제품·서비스	9,849억 엔	1조 506억 엔
합계	2조 9,162억 엔	3조 685억 엔

국제적으로 일본 바이오산업 시장규모는 일본 내 조사와 차이를 나타내는데, 시장조사기관 Marketline 에 따르면 2019년 일본 바이오산업 총 수익은 37.6억 달러로, ⓒ 아시아태평양지역의 바이오산업에서 가장 높은 비중인 50%를 차지하고 있으며, ⓔ 2018년에서 2019년 사이의 시장규모 증가율은 약 3%인 것으로 나타났다. 같은 기간 중국과 인도는 ⓜ 일본에 비해 총 시장규모는 작지만 대등한 규모의 비중 을 형성하며 빠른 속도로 성장하고 있는 것으로 나타났다.

〈일본 바이오산업 시장규모〉

구분	시장규모(억 달러)	연평균 증가율(%)
2015년	33.6	
2016년	33.8	
2017년	35.4	3.6
2018년	36.5	
2019년	37.6	

〈아시아태평양 국가별 바이오산업 시장규모〉

구분	2019년 시장규모(억 달러)
일본	37.6
중국	15.7
인도	6.8
한국	3.6
기타	13.7
합계	77.4

29. 위 자료의 밑줄 친 ㉠ ~ ㉤ 중 주어진 표의 내용과 일치하는 것은?

① ㉠   ② ㉡   ③ ㉢
④ ㉣   ⑤ ㉤

30. 2018년 일본 바이오산업은 '환경 및 공정분야'가 전체의 33.8%, '보건의료 분야'가 전체의 29.3% 비중을 차지했다. 이후 두 분야가 높은 성장세를 보여 2019년 산업 내 비중이 각각 5%p씩 증가했다고 할 때, 이 두 산업분야의 합계 시장규모는 얼마인가? (단, 소수점 아래 둘째 자리에서 반올림한다)

① 25.5억 달러   ② 26.3억 달러   ③ 27.5억 달러
④ 28.3억 달러   ⑤ 29.7억 달러

1회 기출예상문제
2회 기출예상문제
3회 기출예상문제
4회 기출예상문제
5회 기출예상문제
6회 기출예상문제
인성검사
면접가이드

31. H 공사의 창업지원 프로그램에 따라 A와 B는 각각 신발 생산 공장과 신발 판매점을 운영하게 되었다. 다음 상황을 참고할 때, ㉠ ~ ㉤에 들어갈 내용으로 알맞지 않은 것은?

신발을 생산하는 A는 판매점을 운영하는 B에게 신발을 납품한다. A의 신발 생산비용은 한 켤레당 2만 원이며, B가 신발을 판매하는 데에는 납품대금 외에 다른 비용은 발생하지 않는다.

A가 먼저 2, 4, 6, 8, 10만 원 중 선택한 납품가격에 따라 판매가격을 결정한다. A가 선택할 수 있는 각 납품가격에 대하여 B가 자신의 이윤을 최대화하기 위해 책정하는 판매가격과 그에 따른 판매량은 다음 표와 같다.

납품가격(만 원)	2	4	6	8	10
판매가격(만 원)	6	7	8	9	10
판매량(켤레)	4	3	2	1	0

B의 이윤을 최대화할 수 있는 판매가격은 (㉠)이고 그때의 이윤은 (㉡)이다. 그러나 A가 먼저 판매가격을 결정하기 때문에 A의 이윤을 극대화하는 방향으로 납품가격이 설정된다. A가 납품가격을 10만 원에서 8만 원으로 낮추면 A의 이윤이 (㉢)만큼 증가한다. 납품가격이 2만 원만큼 또 줄어들면, 그의 이윤은 (㉣)만큼 증가한다. 이러한 방식으로 이윤을 확인할 때, 극대화된 A의 이윤과 그때 B가 얻을 수 있는 이윤의 합은 (㉤)임을 알 수 있다.

---

① ㉠ : 6만 원

② ㉡ : 16만 원

③ ㉢ : 6만 원

④ ㉣ : 2만 원

⑤ ㉤ : 14만 원

32. ○○공사 영업팀 김 사원은 지출내역 및 신용카드별 혜택 현황을 바탕으로 법인 카드를 새로 발급받고자 한다. 11월 지출내역이 평균적인 부서 지출내역을 반영할 경우, 다음 중 가장 이득이 되는 카드는?

〈신용카드별 혜택 현황〉

카드	혜택 현황	카드	혜택 현황
A	• 버스, 지하철, KTX 요금 15% 할인(월 최대 2만 원) • 카페 사용액 20% 청구 할인 • 마트 사용액 5% 적립 • 총 할인 한도액 : 월 3만 원	B	• 버스, 지하철, 택시 요금 10% 할인 • 도서 구입비 10% 할인 • 영화 관람비 2,000원 할인(월 최대 4,000원) • 카페 사용액 10% 할인 • 총 할인 한도액 : 월 3만 원
C	• 택시, 고속버스, KTX 요금 20% 할인 • 영화 관람비 5% 할인 • 마트 사용액 15% 할인 • 전통시장 사용액 15% 할인 • 총 할인 한도액 : 월 3만 원	D	• 문구류 10% 할인(월 최대 2만 원) • 도서 구입 및 영화 관람비 10% 할인 • 카페 사용액 5% 청구 할인 • 총 할인 한도액 없음.
E	• 택시, 고속버스, 버스, 지하철 요금 15% 할인 • 영화 관람비 10% 할인 • 마트 사용액 10% 적립 • 도서 구입비 10% 할인 • 총 할인 한도액 : 월 3만 원	연회비	• A : 없음. • B : 2만 원 • C : 없음. • D : 없음. • E : 1만 원

* 할부는 고려하지 않으며 적립은 현금으로 계산한다.

〈11월 지출내역〉

분류	세부 항목	금액
교통비	KTX	15만 원
	택시	12만 원
	버스 및 지하철	10만 원
	고속버스	6만 원
식비	식당	56만 원
	카페	42만 원
	마트	30만 원
문화지출비	도서	30만 원
	영화	15만 원
사무용품	문구류	20만 원
기타		10만 원

① A 카드
② B 카드
③ C 카드
④ D 카드
⑤ E 카드

33. ○○기업 최 사원은 국내에서 열릴 OECD 진행위원회 소속으로 회의 참석자들의 숙소 예약을 담당하게 되었다. 위원장에게 전달받은 다음 내용을 토대로 예약할 때 가능한 최소 비용은?

> 위원장 : 회의 일정은 2박 3일로 회의 장소와 가까운 K 호텔에서 묵기로 결정되었습니다. 인원은 총 30명이고 식사는 아침, 점심, 저녁 모두 제공할 수 있도록 부탁드립니다. 첫째 날은 회의 이후 미리 예약한 점심을 먹고 호텔로 이동할 예정이며 마지막 날은 아침까지만 제공해 주시면 됩니다. 식사 예약에 참고해 주세요. 호텔 예약으로 배정된 예산은 총 550만 원이므로 참고하시면 되겠습니다. 첫째 날 저녁에는 연회장에서 OECD 회의 국내 개최 축하공연을 열고자 합니다. 호텔에 머무는 인원은 모두 참여하고 추가로 30명이 참여할 예정입니다. 예산에서 가능하다면 야외 연회장으로 예약해 주세요.

〈K 호텔 이용요금 안내〉

□ 연회장

회장	최대 수용인원	기본요금	추가요금
대연회장	150명	1,000,000원	
영빈관(정원)	80명	800,000원	20,000원/인
중/소 연회장	60명	500,000원	

 – 연회장 이용 고객에 숙박 이용 고객 포함 시, 기본요금으로 이용 가능
 – 기본요금＝대관료＋식사비

□ 숙박시설(2박 기준)

객실	구성	기본인원	기본요금	추가요금
스탠다드 A	침실 1, 욕실 1, 화장실 1	2명	250,000원	
스탠다드 B	침실 2, 욕실 1, 화장실 2	3명	300,000원	30,000원/인
스위트	침실 2, 욕실 2, 화장실 2	2명	400,000원	

 – 기본인원에서 최대 1인 추가 가능(스탠다드 B 객실은 제외)
 – 객실 모두 침대 추가 가능

□ 식사

구분	메뉴	기본요금	비고
조식	오늘의 메뉴	15,000원/인	조식 이외 모든 식사
일반	오늘의 메뉴	25,000원/인	일반으로 제공

 – 숙박 이용 시 기본요금 20% 할인

① 4,920,000원 ② 5,180,000원 ③ 5,220,000원

④ 5,380,000원 ⑤ 5,420,000원

34. 다음 상황과 업무를 고려할 때, 〈총괄 책임자 후보〉에서 해외공장 이전사업 책임자로 적합한 사람은?

> 현재 해외공장 이전사업이 결정됨에 따라 해당 사업의 총괄 책임자를 선발해야 한다. 이번 해외 총괄 책임자는 본 사업기간(약 4년) 동안 현지에 거주해야 하며, 공장 이전에 따라 기계를 교체하며, 추가 신규사업 발굴 및 지원, 현지팀 관리 등의 업무를 수행해야 한다. 따라서 총괄 책임자는 관련 분야 전문성 및 근무경험, 외국어 의사소통 능력, 현지 적응력 등이 요구된다.

〈총괄 책임자 후보〉

A	
주요 경력	• 기술본부 설계기획팀(4년) • 개발본부 기술개발팀(6년) • 관리부 기계품질관리팀(6년)
기타	• 영어 회화능력 우수
인사평가 결과	
– 외향적이고 친화력이 강함. – 논리적으로 전략을 수립함. – 팀워크 관리가 뛰어남. – 팀 내·외부 갈등사안 조정 뛰어남. – 변화를 수용하지 못함.	

B	
주요 경력	• 기술본부 설계기획팀(3년) • 경영지원본부 사업지원팀(8년) • 경영지원본부 경영지원팀(7년)
기타	• 영어 회화능력 부족 • 2018 우수사원 표창
인사평가 결과	
– 의사결정이 신속함. – 적응력이 빠름. – 업무 습득력이 뛰어남. – 타인에 대한 배려가 뛰어남. – 현장 근무경험이 부족함.	

C	
주요 경력	• 기술본부 설계기획팀(7년) • 개발본부 기술개발팀(6년) • 경영지원본부 경영지원팀(6년)
기타	• 영어 회화능력 중급 • 2018 우수사원 표창
인사평가 결과	
– 매뉴얼에 따라 일을 처리함. – 업무에 대한 완결성이 뛰어남. – 책임감이 강하고 성실함. – 결정이 늦어지는 경우가 있음. – 변화 상황에 대처능력이 부족함. – 융통성이 다소 부족함.	

D	
주요 경력	• 관리부 기계품질관리(8년) • 관리부 인력관리팀(6년) • 기술본부 설계기획팀(5년)
기타	• 영어 회화능력 우수 • 현지 2년 거주 경험
인사평가 결과	
– 업무 습득력이 뛰어남. – 현장 경험이 많음. – 추진력이 강하고 열정적임. – 팀원들과 상호작용 활발함. – 융통성 있고 변화를 선호함. – 자료 분석 능력이 부족함.	

① A
② B
③ C
④ D
⑤ 없다.

35. 다음은 한국전력공사의 R&D 기획역량 강화 교육프로그램에 관한 자료 및 직원 스케줄표이다. 이를 바탕으로 할 때, 해당 교육프로그램을 수강할 수 없는 사람은?

〈R&D 기획역량 강화 교육프로그램〉

　R&D란 Research and Development의 약자로, 우리말로 번역하자면 '연구개발'이라는 용어가 가장 적절하다. 한국산업기술진흥협회는 R&D를 기초연구, 응용연구, 개발연구로 구분한다. 기초연구란 지식의 진보를 목적으로 행하는 연구로, 특정 응용을 노리지 않는 것 또는 특정의 사업적 목적 없이 과학지식의 진보를 목적으로 하는 연구활동이다. 응용연구란 지식의 진보를 목적으로 행하는 연구로, 실제 응용을 직접 노리는 연구활동 또는 제품과 공정에서 특정 상업적 목적을 가지고 행하는 연구활동을 말한다. 마지막으로 개발연구란 기초연구 및 응용연구 등에 의한 기존 지식을 활용해 새로운 재료, 장치, 제품, 시스템, 공정 등의 도입 또는 개량을 목적으로 하는 연구활동을 의미한다.

　한국전력공사는 직원들의 R&D 기획역량 강화를 돕기 위해 교육프로그램의 기본과정을 R&D의 이해, R&D 기획 방법론, R&D 기획 프로세스 등 R&D 기획 전반에 대한 이해를 향상시킬 수 있는 프로그램들로 구성하였다. 이는 전직원이 수강 가능하다.

〈권역별 프로그램 일정〉

구분	일정	교육시간	교육장소
충청권	4. 6.(월) ~ 4. 7.(화)	2일 16시간	서울소재 한국산학연협회 대회의장
강원권	4. 14.(화) ~ 4. 15.(수)		
호남권	4. 16.(목) ~ 4. 17.(금)		
	4. 20.(월) ~ 4. 21.(화)		
동남권	4. 23.(목) ~ 4. 24.(금)		
	4. 27.(월) ~ 4. 28.(화)		
수도권	4. 8.(수) ~ 4. 9.(목)		

※ 단, 수도권을 제외한 권역의 경우 교육장소로 이동하는 시간을 고려해, 교육일정 전후로 1일씩이 더 소요된다.
※ 본인이 해당되는 권역 안에서만 교육프로그램을 수강할 수 있다.

〈직원 스케줄표〉

일	월	화	수	목	금	토
			1 수도권역 사내 봉사활동	2	3 수도권역 체육대회	4
5	6	7 강원권 사내 봉사활동	8	9 충청권역 사내 봉사활동	10	11
12	13	14 충청권역 체육대회	15	16	17 강원권역 체육대회	18
19	20 전국지사 팀장급 화상회의	21	22 동남권역 사내 봉사활동	23 호남권역 사내 봉사활동	24	25
26	27 호남권역 체육대회	28	29	30 동남권역 체육대회		

(위 표는 4월)

※ 단, 사원의 경우 매주 목요일 오전에 직장내성추행 방지 사원교육에 참여해야 한다.
※ 팀장의 경우 매주 금요일 정기회의에 참석해야 한다.
※ 전국지사 팀장급 화상회의에는 모든 팀장이 반드시 참여해야 한다.

① 충청권역 사원 A   ② 강원권역 팀장 B   ③ 호남권역 사원 C
④ 동남권역 팀장 D   ⑤ 수도권역 사원 E

[36 ~ 37] 다음은 같은 제품을 판매하는 A 업체와 B 업체의 제품을 동시에 광고했을 때 나타나는 월 수익을 표로 정리한 것이다. 이어지는 질문에 답하시오.

〈제품별 월 수익〉

(단위 : 억 원)

업체		B 업체		
		L 제품	M 제품	N 제품
A 업체	L 제품	(4, 3)	(−1, 2)	(5, 3)
	M 제품	(13, −2)	(11, −5)	(−9, 16)
	N 제품	(−4, 9)	(−5, 13)	(5, −9)

※ 괄호 안의 숫자는 (A 업체의 월 수익, B 업체의 월 수익)으로 A 업체와 B 업체의 광고로 인한 월 수익(억 원)을 뜻한다.
　㉠A 업체가 L 제품을 광고하고 B 업체가 M 제품을 광고하였을 때, A 업체의 월 손해는 1억 원이고, B 업체의 월 이익은 2억 원이다.

※ 각 업체는 각 홍보 제품을 선택할 때 기대되는 수익이 가장 큰 방향으로 선택한다.

〈명절별 소비자 선호 제품〉

구분	새해	설날	추석
선호 제품	L 제품	L 제품, N 제품	M 제품

※ 소비자 선호 제품은 명절별로 다르며 각 명절에 해당하는 선호 제품을 홍보 시, 수익은 50% 증가하고 손해는 50% 감소한다.

36. 다음 중 각 제품을 동시에 광고했을 때, A 업체와 B 업체가 얻게 되는 수익의 합이 가장 큰 경우는?

	A 업체	B 업체		A 업체	B 업체
①	L 제품	N 제품	②	M 제품	N 제품
③	L 제품	L 제품	④	M 제품	L 제품
⑤	N 제품	L 제품			

37. 다음 중 설날에 각 제품을 광고했을 때, A 업체와 B 업체가 얻게 되는 수익의 합이 가장 큰 경우는?

	A 업체	B 업체		A 업체	B 업체
①	M 제품	L 제품	②	L 제품	L 제품
③	M 제품	N 제품	④	L 제품	N 제품
⑤	N 제품	M 제품			

1회 기출예상문제

2회 기출예상문제

3회 기출예상문제

4회 기출예상문제

5회 기출예상문제

6회 기출예상문제

인성검사

면접가이드

[38 ~ 39] 다음은 ○○공사가 진행하는 입찰 사업의 응찰 업체 평가 기준과 평가 결과이다. 이어지는 질문에 답하시오.

〈업체 평가 기준〉

평가항목		평가내용	배점
관리능력 (70점)	기업신뢰도 (30점)	신용평가 등급	10
		행정처분 건수	10
		만족도 평가	10
	업무수행능력 (30점)	기술자 추가보유	10
		관리실적	10
		장비 추가보유	10
	사업제안서 (10점)	사업계획 적합성	5
		상생발전 지수	5
입찰가격(30점)		위탁관리 수수료 및 도급금액	30

* 관리능력 40%+입찰가격 60%를 합산하여 최종 점수로 간주함.

〈업체별 평가 결과〉

구분		A	B	C	D	E
관리능력 (70점)	기업신뢰도 (30점)	6	8	5	8	7
		8	7	7	8	7
		6	5	4	4	5
	업무수행능력 (30점)	4	7	9	5	9
		7	5	6	5	8
		7	5	5	7	5
	사업제안서 (10점)	4	3	4	4	2
		2	2	4	5	4
입찰가격(30점)		25	24	27	25	24

38. 응찰 업체 5곳 중 최고점을 받아 낙찰자로 선정될 업체는? (단, 기업신뢰도가 가장 낮은 업체와 사업계획 적합성이 가장 낮은 업체는 낙찰자로 선정될 수 없다)

① A   ② B   ③ C
④ D   ⑤ E

39. 입찰에 참가한 5개 업체의 평가 점수에 대한 분석으로 적절하지 않은 것은? (단, 38의 단서조항은 고려하지 않는다)

① 가중치를 부여하지 않은 최종 점수로는 3개의 업체가 동점을 기록한다.

② 가중치를 부여한 최종 점수에서 동점을 기록한 업체는 존재하지 않는다.

③ 3위를 차지한 업체가 낙찰자와 동점이 되기 위해서 추가로 필요한 입찰가격 점수는 1점이다.

④ 가중치를 각각 관리능력 60%와 입찰가격 40%로 바꾸는 경우 최종 낙찰업체 역시 바뀌게 된다.

⑤ 가중치를 각각 관리능력 60%와 입찰가격 40%로 바꾸는 경우 동점을 기록한 업체가 존재한다.

[40 ~ 41] 다음은 중소기업 스마트 기술개발연구 사업 공고이다. 이어지는 질문에 답하시오.

〈사업별 지원 분야 및 계획〉

사업명	분야	신규과제 추진계획			연구비
		지정공모과제	품목지정과제	자유공모과제	
신규서비스 창출	서비스 개발	2개 과제/ 4.5억 원	–	2개 과제/4.5억 원 – 연구비 : 과제 개수 따른 배분 예정 – 주관연구기관/기업	9억 원
산학연 R&D	협력 개발	1개 과제/ 1.7억 원	–	–	1.7억 원
제품·공정개선	품질 개선·공정 개발	7개 과제/ 2.24억 원	4개 과제/ 4억 원	–	6.24억 원
스마트공장 R&D	클라우드 기반 플랫폼 개발	–	1개 과제/ 2억 원	–	4.5억 원
	디지털현장 개발	1개 과제/ 2.5억 원	–	–	
합계	–	11개 과제/ 10.94억 원	5개 과제/ 6억 원	2개 과제/ 4.5억 원	21.44억 원

• 세부사업 통합(신기술·신제품 개발, 제품·공정혁신 개발, 스마트공장·산학연 R&D → 스마트 기술 개발연구에 따라 기존 세부사업의 내역사업을 기준으로 분야 구분)
– 서비스 : 신규 비즈니스모델 창출을 위한 서비스 기술 개발
– 품질공정 : 기존 제품의 품질 개선 및 공정에 따라 기술 개발
– 협력 : 협력 R&D 활성화를 통한 기술 개발
– 디지털현장 : 생산현장 노하우 디지털화
– 클라우드 기반 플랫폼 : 전 과정의 추가 관리를 위한 클라우드 기반 스마트공장 솔루션 개발 지원

〈공모과제 방식〉

공모유형	내용
지정공모과제	중소기업 스마트 기술개발연구 사업에 있어 반드시 추진하여야 하는 연구개발과제를 중소벤처기업부 장관이 지정하고, 공모에 따라 과제를 수행할 주관연구기관을 선정하는 과제
품목지정과제	중소벤처기업부 장관이 품목을 지정하되, 제시된 품목 내에서 자유공모방식으로 과제를 수행할 주관연구기관을 선정하는 과제
자유공모과제	연구개발과제와 주관연구기관을 모두 공모에 따라 선정하는 과제

40. 중소벤처기업부 장관으로부터 지정받은 품목 또는 연구과제에 대해 연구를 진행하는 경우, 다음 중 한 과제당 1.5억 원 이상 3억 원 이하의 예산에 해당되지 않는 사업은?

① 신규 서비스기술 연구 및 신규 비즈니스 모델 구축

② 제품·공정설계, 생산의 전 주기 관리를 위한 클라우드 플랫폼 개발

③ 기존 제품의 성능 및 품질 향상 등 제품경영의 강화를 위한 기술 및 공정 개발

④ 생산현장 노하우 디지털화를 위한 공장 연계형 소프트웨어 개발

⑤ 협력 R&D 활성화를 통한 기술 개발

41. 심사 결과 지정공모과제 1개와 품목지정과제 4개가 선정되었다. 이에 대한 설명으로 옳은 것은?

① 추천계획의 지정공모과제 중 7개의 과제가 포함되지 않는다.

② 중소벤처기업부 장관이 품목을 지정하는 과제 중 하나는 포함될 수 없다.

③ 품질 개선·공정 개발 및 신규서비스 창출 개발에 대한 연구과제는 모두 포함된다.

④ 중소벤처기업부 장관이 과제를 지정하는 품질 개선·공정 분야의 연구과제는 총 2개가 포함될 수 있다.

⑤ 신규서비스 창출에 관한 지정공모과제는 모두 다 포함될 수 있다.

42. 다음에서 설명하고 있는 프로그램은?

> • 표 계산 프로그램으로 문서를 작성하고 편집할 수 있다.
> • 계산 결과를 차트와 같은 다양한 형태로 표시할 수 있다.
> • 파일 간 서로를 연결시켜 내용의 복사, 이동, 연산을 할 수 있다.
> • 필요에 따라 함수를 이용하여 복잡한 계산을 할 수 있다.

① 워드프로세서　　　　　② 컴파일러　　　　　③ 스프레드시트
④ 파일 압축 유틸리티　　　⑤ 데이터베이스

43. 다음은 비트와 픽셀에 관한 설명이다. 360×480 해상도의 이미지는 몇 비트로 이루어지는가?

> 　비트는 컴퓨터에서 처리할 수 있는 정보의 최소 단위이다. 하나의 비트는 0 또는 1의 값을 가지며, 여러 개의 비트가 모이면 2의 거듭제곱 꼴의 수만큼 정보를 표현할 수 있다. 예를 들어 8개의 비트는 $2^8(=256)$개의 정보를 표현할 수 있다. 8개의 비트를 묶어 1바이트로 표현하기도 하며, 컴퓨터에서는 주로 바이트 단위로 정보를 처리한다.
> 　픽셀은 컴퓨터 또는 다른 전자 기기 등의 화면 이미지를 구성하는 최소의 단위를 일컫는다. 하나의 픽셀은 빨간색, 녹색, 파란색의 RGB 값과 투명도에 대한 정보를 담고 있으며(RGBA), 여러 개의 픽셀이 모여 이미지를 구성한다. 픽셀의 각 RGBA 값은 1바이트로 표현되며, 따라서 하나의 픽셀은 4바이트로 표현된다. 이미지의 해상도는 이미지를 이루는 픽셀의 크기를 나타내는 말로, 400×300의 해상도를 가진 이미지는 가로가 400픽셀, 세로가 300픽셀로 이루어진 이미지를 의미한다.

① 4,736,600비트　　　　② 5,529,600비트　　　　③ 5,832,600비트
④ 6,289,600비트　　　　⑤ 6,809,600비트

44. 〈정보〉를 근거로 판단할 때, 김 사원이 단축키를 사용한 결과로 옳지 않은 것은? (단, 정보 외 사항은 고려하지 않으며, '+'는 두 개 이상의 키를 동시에 누르는 것을 의미한다)

• 김 사원은 단축키를 사용하여 다음 문서를 수정하고자 한다.

> 인생은 반짝반짝 빛난다.

정보

• Shift+I : 글자를 기울인다.
• Shift+B : 글자 크기를 3pt 증가시킨다.
• Shift+Z : 글자 크기를 3pt 감소시킨다.
• Tab+B : 글자를 지운다.
• Tab+I : 글자에 취소선을 긋는다.
• Enter+B+I : 글자에 밑줄을 친다.
• Space+Z : 바로 이전 상태로 되돌린다.

※ 단축키를 사용하기 위해서는 마우스를 사용하여 단축키를 적용하고 싶은 글자를 지정해야 한다(단, Space+Z 키는 제외).

※ 취소선 : 글자의 중앙 부분에 긋는 가로선 ⑩ 취소선

---

① '반짝반짝'만 지정 후, [Tab+B] : 인생은 빛난다.
② 전체 문장 지정 후, [Tab+I] : 인생은 반짝반짝 빛난다.
③ 전체 문장 지정 후, [Tab+I]를 누른 후, [Space+Z] : 인생은 반짝반짝 빛난다.
④ 전체 문장 지정 후, [Enter+B+I] : 인생은 반짝반짝 빛난다.
⑤ 전체 문장 지정 후, [Tab+I]를 누른 후, [Shift+B] : *인생은 반짝반짝 빛난다.*

45. A 기업 보안팀은 다음과 같이 정보보안과 관련된 교육 자료를 만들어 공유하고자 한다. ㉠에 들어갈 용어로 적절한 것은?

(㉠)은/는 인간과 로봇을 구별해 주는 보안 도구로서 문자를 왜곡시켜서 기계가 읽지 못하도록 한다. 초기에는 스팸이나 로봇을 막기 위해 사용됐지만 최근에는 고문서 복원부터 이미지 인식 도구까지 그 쓰임새가 다양해졌다.

《(㉠)의 형태》

위 영어 알파벳을 순서대로 입력해 주세요. 대소문자는 구분하지 않습니다.

입력 　 취소

---

① 튜터(TUTOR)　　　　② 캡차(CAPTCHA)　　　　③ 코드(CODE)

④ 스캔(SCAN)　　　　⑤ 스팸(SPAM)

46. MS Excel을 활용해 작성한 다음 자료에 대한 설명으로 옳은 것은 몇 개인가?

	A	B	C	D	E
1	급여 현황				
2					단위 : 만 원
3	사번	직책	기본급	수당	급여총액
4	10107	과장	250	50	300
5	10311	과장	190	50	240
6	10203	사원	150	30	180
7	10201	사원	145	30	175
8	10313	과장	195	50	245
9	10102	부장	300	70	370
10	10209	사원	160	30	190
11	10112	과장	200	50	250

보기

㉠ 수당이 50만 원인 사람의 급여총액을 구하기 위해서 사용되는 함수는 DSUM 함수이다.
㉡ 수식 '=SUM(E4 : CHOOSE(2, E6, E7, E8))'을 입력할 경우 얻게 되는 값은 895이다.
㉢ 과장 직책의 기본급 평균을 구하기 위해서는 '=DAVERAGE(A3 : E11, C3, B3 : B4)'를 입력해야 한다.
㉣ 급여총액이 높은 직원부터 순서대로 순위를 매기고자 할 때 사번이 10107인 과장의 급여총액 순위를 구하는 식은 '=RANK(E4, $E$4 : $E$11, 0)'이다.

① 0개 　② 1개 　③ 2개
④ 3개 　⑤ 4개

[47 ~ 50] 다음은 A 기업의 생산 공장 현황 및 A 기업에서 생산하는 전자 제품의 시리얼 넘버 부여 방식이다. 이어지는 질문에 답하시오.

〈A 기업의 생산 공장 현황〉

생산 공장	생산 현황			비고
	휴대폰	노트북	태블릿 PC	
경기	전체 생산	14인치 제외 전체 생산	8.9인치 제외 전체 생산	분홍색, 파란색 태블릿 PC 미생산
충북	미생산	전체 생산	8.9인치 제외 전체 생산	
경남	4.7인치 제외 전체 생산	15인치, 16인치 생산	전체 생산	2020년 이후 15인치 노트북 미생산
전북	전체 생산	미생산	미생산	
중국	전체 생산	전체 생산	전체 생산	
베트남	미생산	전체 생산	전체 생산	2020년 이후 6.3인치 휴대폰 생산

〈시리얼 넘버 부여 방식〉

제품 코드				색상 코드		생산 공장 코드		생산일 코드	고유 코드
제품 종류		세부 사항							
CP	휴대폰	M	4.7인치	K	검정	01	경기	YYMMDD 형태의 연월일 6자리	제품 종류에 상관없이 생산 공장 및 생산일마다 출고 순으로 0000부터 9999까지 부여
		L	5.5인치						
		P	6.3인치	W	하양	02	충북		
LT	노트북	M	14인치			03	경남		
		L	15인치	G	회색				
		P	16인치			04	전북		
		X	17인치	B	파랑				
TC	태블릿 PC	M	8.9인치			05	중국		
		L	10.5인치	R	분홍	06	베트남		
		P	12.5인치						

예 2019년 3월 8일 경기 공장에서 150번째로 출고된 5.5인치 검정색 휴대폰
→ CPLK011903080149

---

47. 시리얼 넘버 LTPR031910150341에 대한 설명으로 옳은 것은?

① 해외의 모든 공장에서 이 제품과 같은 종류의 제품을 생산한다.

② 이 제품은 생산된 공장 내에서 당일 341번째로 출고된 전자 제품이다.

③ 이 제품과 같은 공장에서 생산된 제품 중에는 4.7인치 휴대폰이 있다.

④ 이 제품이 생산된 날로부터 1년 후에는 해당 공장에서 이 제품을 더 생산하지 않는다.

⑤ 이 제품의 다른 크기로는 8.9인치와 12.5인치가 있다.

48. 다음은 전자 제품 판매점 B의 A 기업 제품 시리얼 넘버 현황이다. 시리얼 넘버가 TCLW05190 1221438인 제품보다 늦게 출고되었으며, 화면 크기가 더 큰 제품은 몇 개인가? (단, 제품 종류를 고려하지 않은 화면 크기를 가정한다)

LTPR031910150341	CPPK041904171204	LTPG011907070361	LTLK031904280360
LTLK061903202054	TCLK011812070055	CPPK051905082569	TCPK061810151842
CPMW051908113973	TCMG061809182989	CPLK011806200124	LTPB021811190437
TCLK031902090266	LTPK021901150610	LTMW051901222884	CPLW031903010244
LTLB011905250149	LTXK021810300493	TCMR051905144503	LTXW051905313317

① 5개   ② 6개   ③ 7개

④ 8개   ⑤ 9개

49. 다음은 전자 제품 판매점 C의 A 기업 제품 시리얼 넘버 현황이다. 시리얼 넘버가 잘못된 것은 몇 개인가?

LTPG011907070361	TCMR051905144503	CPLK041902271174	LTXK032001040086
TCLR011811260475	CPMB051812084197	CPMK031909140228	LTLG051908311857
LTMK021809180646	CPLW031806161034	TCPK032001060650	CPMW051908113973
TCLW061910104897	CPPW062001100935	LTMW051901222884	CPPR011807230249
TCPB061905292563	LTLK051907052429	TCMW021808070701	CPLG061910171525

① 5개   ② 6개   ③ 7개

④ 8개   ⑤ 9개

50. 2020년 1월 1일을 기준으로 생산일 코드와 고유 코드를 제외한 나머지 시리얼 넘버의 가능한 조합은 몇 가지인가?

① 120가지   ② 140가지   ③ 201가지

④ 281가지   ⑤ 320가지

인성검사란? 개개인이 가지고 있는 사고와 태도 및 행동 특성을 정형화된 검사를 통해 측정하여 해당 직무에 적합한 인재인지를 파악하는 검사를 말한다.

인성검사의 이해

🖂 1 인성검사, 왜 필요한가?

채용기업은 지원자가 '직무적합성'을 지닌 사람인지를 인성검사와 NCS기반 필기시험을 통해 판단한다. 인성검사에서 말하는 인성(人性)이란 그 사람의 성품, 즉 각 개인이 가지는 사고와 태도 및 행동 특성을 의미한다. 인성은 사람의 생김새처럼 사람마다 다르기 때문에 몇 가지 유형으로 분류하고 이에 맞추어 판단한다는 것 자체가 억지스럽고 어불성설일지 모른다. 그럼에도 불구하고 기업들의 입장에서는 입사를 희망하는 사람이 어떤 성품을 가졌는지 정보가 필요하다. 그래야 해당 기업의 인재상에 적합하고 담당할 업무에 적격한 인재를 채용할 수 있기 때문이다.

지원자의 성격이 외향적인지 아니면 내향적인지, 어떤 직무와 어울리는지, 조직에서 다른 사람과 원만하게 생활할 수 있는지, 업무 수행 중 문제가 생겼을 때 어떻게 대처하고 해결할 수 있는지에 대한 전반적인 개성은 자기소개서를 통해서나 면접을 통해서도 어느 정도 파악할 수 있다. 그러나 이것들만으로 인성을 충분히 파악할 수 없기 때문에 객관화되고 정형화된 인성검사로 지원자의 성격을 판단하고 있다.

채용기업은 필기시험을 높은 점수로 통과한 지원자라 하더라도 해당 기업과 거리가 있는 성품을 가졌다면 탈락시키게 된다. 일반적으로 필기시험 통과자 중 인성검사로 탈락하는 비율이 10% 내외가 된다고 알려져 있다. 물론 인성검사를 탈락하였다 하더라도 특별히 인성에 문제가 있는 사람이 아니라면 절망할 필요는 없다. 자신을 되돌아보고 다음 기회를 대비하면 되기 때문이다. 탈락한 기업이 원하는 인재상이 아니었다면 맞는 기업을 찾으면 되고, 경쟁자가 많았기 때문이라면 자신을 다듬어 경쟁력을 높이면 될 것이다.

🖂 2 인성검사의 특징

우리나라 대다수의 채용기업은 인재개발 및 인적자원을 연구하는 한국행동과학연구소(KIRBS), 에스에이치알(SHR), 한국사회적성개발원(KSAD), 한국인재개발진흥원(KPDI) 등 전문기관에 인성검사를 의뢰하고 있다.

이 기관들의 인성검사 개발 목적은 비슷하지만 기관마다 검사 유형이나 평가 척도는 약간의 차이가 있다. 또 지원하는 기업이 어느 기관에서 개발한 검사지로 인성검사를 시행하는지는 사전에 알 수 없다. 그렇지만 공통으로 적용하는 척도와 기준에 따라 구성된 여러 형태의 인성검사지로 사전 테스트를 해 보고 자신의 인성이 어떻게 평가되는가를 미리 알아보는 것은 가능하다.

인성검사는 필기시험 당일 직무능력평가와 함께 실시하는 경우와 직무능력평가 합격자에 한하여 면접과 함께 실시하는 경우가 있다. 인성검사의 문항은 100문항 내외에서부터 최대 500문항까지 다양하다. 인성검사에 주어지는 시간은 문항 수에 비례하여 30 ~ 100분 정도가 된다.

문항 자체는 단순한 질문으로 어려울 것은 없지만 제시된 상황에서 본인의 행동을 정하는 것이 쉽지만은 않다. 문항 수가 많을 경우 이에 비례하여 시간도 길게 주어지지만 단순하고 유사하며 반복되는 질문에 방심하여 집중하지 못하고 실수하는 경우가 있으므로 컨디션 관리와 집중력 유지에 노력하여야 한다. 특히 같거나 유사한 물음에 다른 답을 하는 경우가 가장 위험하다.

🔢 3 인성검사 척도 및 구성

❶ 미네소타 다면적 인성검사(MMPI)

MMPI(Minnesota Multiphasic Personality Inventory)는 1943년 미국 미네소타 대학교수인 해서웨이와 매킨리가 개발한 대표적인 자기 보고형 성향 검사로서 오늘날 가장 대표적으로 사용되는 객관적 심리검사 중 하나이다. MMPI는 약 550여 개의 문항으로 구성되며 각 문항을 읽고 '예(YES)' 또는 '아니오(NO)'로 대답하게 되어 있다.

MMPI는 4개의 타당도 척도와 10개의 임상척도로 구분된다. 500개가 넘는 문항들 중 중복되는 문항들이 포함되어 있는데 내용이 똑같은 문항도 10문항 이상 포함되어 있다. 이 반복 문항들은 응시자가 얼마나 일관성 있게 검사에 임했는지를 판단하는 지표로 사용된다.

구분	척도명	약자	주요 내용
타당도 척도 (바른 태도로 임했는지, 신뢰할 수 있는 결론인지 등을 판단)	무응답 척도 (Can not say)	?	응답하지 않은 문항과 복수로 답한 문항들의 총합으로 빠진 문항을 최소한으로 줄이는 것이 중요하다.
	허구 척도 (Lie)	L	자신을 좋은 사람으로 보이게 하려고 고의적으로 정직하지 못한 답을 판단하는 척도이다. 허구 척도가 높으면 장점까지 인정받지 못하는 결과가 발생한다.
	신뢰 척도 (Frequency)	F	검사 문항에 빗나간 답을 한 경향을 평가하는 척도로 정상적인 집단의 10% 이하의 응답을 기준으로 일반적인 경향과 다른 정도를 측정한다.
	교정 척도 (Defensiveness)	K	정신적 장애가 있음에도 다른 척도에서 정상적인 면을 보이는 사람을 구별하는 척도로 허구 척도보다 높은 고차원으로 거짓 응답을 하는 경향이 나타난다.
임상척도 (정상적 행동과 그렇지 않은 행동의 종류를 구분하는 척도로, 척도마다 다른 기준으로 점수가 매겨짐)	건강염려증 (Hypochondriasis)	Hs	신체에 대한 지나친 집착이나 신경질적 혹은 병적 불안을 측정하는 척도로 이러한 건강염려증이 타인에게 어떤 영향을 미치는지도 측정한다.
	우울증 (Depression)	D	슬픔·비관 정도를 측정하는 척도로 타인과의 관계 또는 본인 상태에 대한 주관적 감정을 나타낸다.
	히스테리 (Hysteria)	Hy	갈등을 부정하는 정도를 측정하는 척도로 신체 증상을 호소하는 경우와 적대감을 부인하며 우회적인 방식으로 드러내는 경우 등이 있다.
	반사회성 (Psychopathic Deviate)	Pd	가정 및 사회에 대한 불신과 불만을 측정하는 척도로 비도덕적 혹은 반사회적 성향 등을 판단한다.
	남성-여성특성 (Masculinity-Feminity)	Mf	남녀가 보이는 흥미와 취향, 적극성과 수동성 등을 측정하는 척도로 성에 따른 유연한 사고와 융통성 등을 평가한다.

편집증 (Paranoia)	Pa	과대 망상, 피해 망상, 의심 등 편집증에 대한 정도를 측정하는 척도로 열등감, 비사교적 행동, 타인에 대한 불만과 같은 내용을 질문한다.
강박증 (Psychasthenia)	Pt	과대 근심, 강박관념, 죄책감, 공포, 불안감, 정리정돈 등을 측정하는 척도로 만성 불안 등을 나타낸다.
정신분열증 (Schizophrenia)	Sc	정신적 혼란을 측정하는 척도로 자폐적 성향이나 타인과의 감정 교류, 충동 억제불능, 성적 관심, 사회적 고립 등을 평가한다.
경조증 (Hypomania)	Ma	정신적 에너지를 측정하는 척도로 생각의 다양성 및 과장성, 행동의 불안정성, 흥분성 등을 나타낸다.
사회적 내향성 (Social introversion)	Si	대인관계 기피, 사회적 접촉 회피, 비사회성 등의 요인을 측정하는 척도로 외향성 및 내향성을 구분한다.

❷ 캘리포니아 성격검사(CPI)

CPI(California Psychological Inventory)는 캘리포니아 대학의 연구팀이 개발한 성검사로 MMPI와 함께 세계에서 가장 널리 사용되고 있는 인성검사 툴이다. CPI는 다양한 인성 요인을 통해 지원자가 답변한 응답 왜곡 가능성, 조직 역량 등을 측정한다. MMPI가 주로 정서적 측면을 진단하는 특징을 보인다면, CPI는 정상적인 사람의 심리적 특성을 주로 진단한다.

CPI는 약 480개 문항으로 구성되어 있으며 다음과 같은 18개의 척도로 구분된다.

구분	척도명	주요 내용
제1군 척도 (대인관계 적절성 측정)	지배성(Do)	리더십, 통솔력, 대인관계에서의 주도권을 측정한다.
	지위능력성(Cs)	내부에 잠재되어 있는 내적 포부, 자기 확신 등을 측정한다.
	사교성(Sy)	참여 기질이 활달한 사람과 그렇지 않은 사람을 구분한다.
	사회적 자발성(Sp)	사회 안에서의 안정감, 자발성, 사교성 등을 측정한다.
	자기 수용성(Sa)	개인적 가치관, 자기 확신, 자기 수용력 등을 측정한다.
	행복감(Wb)	생활의 만족감, 행복감을 측정하며 긍정적인 사람으로 보이고자 거짓 응답하는 사람을 구분하는 용도로도 사용된다.
제2군 척도 (성격과 사회화, 책임감 측정)	책임감(Re)	법과 질서에 대한 양심, 책임감, 신뢰성 등을 측정한다.
	사회성(So)	가치 내면화 정도, 사회 이탈 행동 가능성 등을 측정한다.
	자기 통제성(Sc)	자기조절, 자기통제의 적절성, 충동 억제력 등을 측정한다.
	관용성(To)	사회적 신념, 편견과 고정관념 등에 대한 태도를 측정한다.
	호감성(Gi)	타인이 자신을 어떻게 보는지에 대한 민감도를 측정하며, 좋은 사람으로 보이고자 거짓 응답하는 사람을 구분한다.
	임의성(Cm)	사회에 보수적 태도를 보이고 생각 없이 적당히 응답한 사람을 판단하는 척도로 사용된다.

제3군 척도 (인지적, 학업적 특성 측정)	순응적 성취(Ac)	성취동기, 내면의 인식, 조직 내 성취 욕구 등을 측정한다.
	독립적 성취(Ai)	독립적 사고, 창의성, 자기실현을 위한 능력 등을 측정한다.
	지적 효율성(Le)	지적 능률, 지능과 연관이 있는 성격 특성 등을 측정한다.
제4군 척도 (제1~3군과 무관한 척도의 혼합)	심리적 예민성(Py)	타인의 감정 및 경험에 대해 공감하는 정도를 측정한다.
	융통성(Fx)	개인적 사고와 사회적 행동에 대한 유연성을 측정한다.
	여향성(Fe)	남녀 비교에 따른 흥미의 남향성 및 여향성을 측정한다.

❸ SHL 직업성격검사(OPQ)

OPQ(Occupational Personality Questionnaire)는 세계적으로 많은 외국 기업에서 널리 사용하는 CEB 사의 SHL 직무능력검사에 포함된 직업성격검사이다. 4개의 질문이 한 세트로 되어 있고 총 68세트 정도 출제되고 있다. 4개의 질문 안에서 '자기에게 가장 잘 맞는 것'과 '자기에게 가장 맞지 않는 것'을 1개씩 골라 '예', '아니오'로 체크하는 방식이다. 단순하게 모든 척도가 높다고 좋은 것은 아니며, 척도가 낮은 편이 좋은 경우도 있다.

기업에 따라 척도의 평가 기준은 다르다. 희망하는 기업의 특성을 연구하고, 채용 기준을 예측하는 것이 중요하다.

척도	내용	질문 예
설득력	사람을 설득하는 것을 좋아하는 경향	– 새로운 것을 사람에게 권하는 것을 잘한다. – 교섭하는 것에 걱정이 없다. – 기획하고 판매하는 것에 자신이 있다.
지도력	사람을 지도하는 것을 좋아하는 경향	– 사람을 다루는 것을 잘한다. – 팀을 아우르는 것을 잘한다. – 사람에게 지시하는 것을 잘한다.
독자성	다른 사람의 영향을 받지 않고, 스스로 생각해서 행동하는 것을 좋아하는 경향	– 모든 것을 자신의 생각대로 하는 편이다. – 주변의 평가는 신경 쓰지 않는다. – 유혹에 강한 편이다.
외향성	외향적이고 사교적인 경향	– 다른 사람의 주목을 끄는 것을 좋아한다. – 사람들이 모인 곳에서 중심이 되는 편이다. – 담소를 나눌 때 주변을 즐겁게 해 준다.
우호성	친구가 많고, 대세의 사람이 되는 것을 좋아하는 경향	– 친구와 함께 있는 것을 좋아한다. – 무엇이라도 얘기할 수 있는 친구가 많다. – 친구와 함께 무언가를 하는 것이 많다.
사회성	세상 물정에 밝고 사람 앞에서도 낯을 가리지 않는 성격	– 자신감이 있고 유쾌하게 발표할 수 있다. – 공적인 곳에서 인사하는 것을 잘한다. – 사람들 앞에서 발표하는 것이 어렵지 않다.

겸손성	사람에 대해서 겸손하게 행동하고 누구라도 똑같이 사귀는 경향	- 자신의 성과를 그다지 내세우지 않는다. - 절제를 잘하는 편이다. - 사회적인 지위에 무관심하다.
협의성	사람들에게 의견을 물으면서 일을 진행하는 경향	- 사람들의 의견을 구하며 일하는 편이다. - 타인의 의견을 묻고 일을 진행시킨다. - 친구와 상담해서 계획을 세운다.
돌봄	측은해 하는 마음이 있고, 사람을 돌봐 주는 것을 좋아하는 경향	- 개인적인 상담에 친절하게 답해 준다. - 다른 사람의 상담을 진행하는 경우가 많다. - 후배의 어려움을 돌보는 것을 좋아한다.
구체적인 사물에 대한 관심	물건을 고치거나 만드는 것을 좋아하는 경향	- 고장 난 물건을 수리하는 것이 재미있다. - 상태가 안 좋은 기계도 잘 사용한다. - 말하기보다는 행동하기를 좋아한다.
데이터에 대한 관심	데이터를 정리해서 생각하는 것을 좋아하는 경향	- 통계 등의 데이터를 분석하는 것을 좋아한다. - 표를 만들거나 정리하는 것을 좋아한다. - 숫자를 다루는 것을 좋아한다.
미적가치에 대한 관심	미적인 것이나 예술적인 것을 좋아하는 경향	- 디자인에 관심이 있다. - 미술이나 음악을 좋아한다. - 미적인 감각에 자신이 있다.
인간에 대한 관심	사람의 행동에 동기나 배경을 분석하는 것을 좋아하는 경향	- 다른 사람을 분석하는 편이다. - 타인의 행동을 보면 동기를 알 수 있다. - 다른 사람의 행동을 잘 관찰한다.
정통성	이미 있는 가치관을 소중히 여기고, 익숙한 방법으로 사물을 대하는 것을 좋아하는 경향	- 실적이 보장되는 확실한 방법을 취한다. - 낡은 가치관을 존중하는 편이다. - 보수적인 편이다.
변화 지향	변화를 추구하고, 변화를 받아들이는 것을 좋아하는 경향	- 새로운 것을 하는 것을 좋아한다. - 해외여행을 좋아한다. - 경험이 없더라도 시도해 보는 것을 좋아한다.
개념성	지식에 대한 욕구가 있고, 논리적으로 생각하는 것을 좋아하는 경향	- 개념적인 사고가 가능하다. - 분석적인 사고를 좋아한다. - 순서를 만들고 단계에 따라 생각한다.
창조성	새로운 분야에 대한 공부를 하는 것을 좋아하는 경향	- 새로운 것을 추구한다. - 독창성이 있다. - 신선한 아이디어를 낸다.
계획성	앞을 생각해서 사물을 예상하고, 계획적으로 실행하는 것을 좋아하는 경향	- 과거를 돌이켜보며 계획을 세운다. - 앞날을 예상하며 행동한다. - 실수를 돌아보며 대책을 강구하는 편이다.

치밀함	정확한 순서를 세워 진행하는 것을 좋아하는 경향	- 사소한 실수는 거의 하지 않는다. - 정확하게 요구되는 것을 좋아한다. - 사소한 것에도 주의하는 편이다.
꼼꼼함	어떤 일이든 마지막까지 꼼꼼하게 마무리 짓는 경향	- 맡은 일을 마지막까지 해결한다. - 마감 시한은 반드시 지킨다. - 시작한 일은 중간에 그만두지 않는다.
여유	평소에 릴랙스하고, 스트레스에 잘 대처하는 경향	- 감정의 회복이 빠르다. - 분별없이 함부로 행동하지 않는다. - 스트레스에 잘 대처한다.
근심·걱정	어떤 일이 잘 진행되지 않으면 불안을 느끼고, 중요한 일을 앞두면 긴장하는 경향	- 예정대로 잘되지 않으면 근심·걱정이 많다. - 신경 쓰이는 일이 있으면 불안하다. - 중요한 만남 전에는 기분이 편하지 않다.
호방함	사람들이 자신을 어떻게 생각하는지를 신경 쓰지 않는 경향	- 사람들이 자신을 어떻게 생각하는지 그다지 신경 쓰지 않는다. - 상처받아도 동요하지 않고 아무렇지 않은 태도를 취한다. - 사람들의 비판에 크게 영향받지 않는다.
억제력	감정을 표현하지 않는 경향	- 쉽게 감정적으로 되지 않는다. - 분노를 억누른다. - 격분하지 않는다.
낙관적	사물을 낙관적으로 보는 경향	- 낙관적으로 생각하고 일을 진행시킨다. - 문제가 일어나도 낙관적으로 생각한다.
비판적	비판적으로 사물을 생각하고, 이론·문장 등의 오류에 신경 쓰는 경향	- 이론의 모순을 찾아낸다. - 계획이 갖춰지지 않은 것이 신경 쓰인다. - 누구도 신경 쓰지 않는 오류를 찾아낸다.
행동력	운동을 좋아하고, 민첩하게 행동하는 경향	- 동작이 날렵하다. - 여가를 활동적으로 보낸다. - 몸을 움직이는 것을 좋아한다.
경쟁성	지는 것을 싫어하는 경향	- 승부를 겨루게 되면 지는 것을 싫어한다. - 상대를 이기는 것을 좋아한다. - 싸워 보지 않고 포기하는 것을 싫어한다.
출세 지향	출세하는 것을 중요하게 생각하고, 야심적인 목표를 향해 노력하는 경향	- 출세 지향적인 성격이다. - 곤란한 목표도 달성할 수 있다. - 실력으로 평가받는 사회가 좋다.
결단력	빠르게 판단하는 경향	- 답을 빠르게 찾아낸다. - 문제에 대한 빠른 상황 파악이 가능하다. - 위험을 감수하고도 결단을 내리는 편이다.

4 인성검사 합격 전략

❶ 포장하지 않은 솔직한 답변

"다른 사람을 험담한 적이 한 번도 없다.", "물건을 훔치고 싶다고 생각해 본 적이 없다."

이 질문에 당신은 '그렇다', '아니다' 중 무엇을 선택할 것인가? 채용기업이 인성검사를 실시하는 가장 큰 이유는 '이 사람이 어떤 성향을 가진 사람인가'를 효율적으로 파악하기 위해서이다.

인성검사는 도덕적 가치가 빼어나게 높은 사람을 판별하려는 것도 아니고, 성인군자를 가려내기 위함도 아니다. 인간의 보편적 성향과 상식적 사고를 고려할 때, 도덕적 질문에 지나치게 겸손한 답변을 체크하면 오히려 솔직하지 못한 것으로 간주되거나 인성을 제대로 판단하지 못해 무효 처리가 되기도 한다. 자신의 성격을 포장하여 작위적인 답변을 하지 않도록 솔직하게 임하는 것이 예기치 않은 결과를 피하는 첫 번째 전략이 된다.

❷ 필터링 함정을 피하고 일관성 유지

앞서 강조한 솔직함은 일관성과 연결된다. 인성검사를 구성하는 많은 척도는 여러 형태의 문장 속에 동일한 요소를 적용해 반복되기도 한다. 예컨대 '나는 매우 활동적인 사람이다'와 '나는 운동을 매우 좋아한다'라는 질문에 '그렇다'고 체크한 사람이 '휴일에는 집에서 조용히 쉬며 독서하는 것이 좋다'에도 '그렇다'고 체크한다면 일관성이 없다고 평가될 수 있다.

그러나 일관성 있는 답변에만 매달리면 '이 사람이 같은 답변만 체크하기 위해 이 부분만 신경 썼구나'하는 필터링 함정에 빠질 수도 있다. 비슷하게 보이는 문장이 무조건 같은 내용이라고 판단하여 똑같이 답하는 것도 주의해야 한다. 일관성보다 중요한 것은 솔직함이다. 솔직함이 전제되지 않은 일관성은 허위 척도 필터링에서 드러나게 되어 있다. 유사한 질문의 응답이 터무니없이 다르거나 양극단에 치우치지 않는 정도라면 약간의 차이는 크게 문제되지 않는다. 중요한 것은 솔직함과 일관성이 하나의 연장선에 있다는 점을 명심하자.

❸ 지원한 직무와 연관성을 고려

다양한 분야의 많은 계열사와 큰 조직을 통솔하는 대기업은 여러 사람이 조직적으로 움직이는 만큼 각 직무에 걸맞은 능력을 갖춘 인재가 필요하다. 그래서 기업은 매년 신규채용으로 입사한 신입사원들의 젊은 패기와 참신한 능력을 성장 동력으로 활용한다.

기업은 사교성 있고 활달한 사람만을 원하지 않는다. 해당 직군과 직무에 따라 필요로 하는 사원의 능력과 개성이 다르기 때문에, 지원자가 희망하는 계열사나 부서의 직무가 무엇인지 제대로 파악하여 자신의 성향과 맞는지에 대한 고민은 반드시 필요하다. 같은 질문이라도 기업이 원하는 인재상이나 부서의 직무에 따라 판단 척도가 달라질 수 있다.

❹ 평상심 유지와 컨디션 관리

역시 솔직함과 연결된 내용이다. 한 질문에 오래 고민하고 신경 쓰면 불필요한 생각이 개입될 소지가 크다. 이는 직관을 떠나 이성적 판단에 따라 포장할 위험이 높아진다는 뜻이기도 하다. 긴 시간 생각하지 말고 자신의 평상시 생각과 감정대로 답하는 것이 중요하며, 가능한 건너뛰지 말고 모든 질문에 답하도록 한다. 300 ~ 400개 정도 문항을 출제하는 기업이 많기 때문에, 끝까지 집중하여 임하는 것이 중요하다.

특히 적성검사와 같은 날 실시하는 경우, 적성검사를 마친 후 연이어 보기 때문에 신체적 · 정신적으로 피로한 상태에서 자세가 흐트러질 수도 있다. 따라서 컨디션을 유지하면서 문항당 7 ~ 10초 이상 쓰지 않도록 하고, 문항 수가 많을 때는 답안지에 바로바로 표기하자.

02 인성검사 연습

인성검사 유형

- **TYPE A** : 예 / 아니오 선택 유형
- **TYPE B** : 문항군 개별 항목 선택 유형
- **TYPE C** : 둘 중 가장 가까운 문항 선택 유형
- **TYPE D** : 개별 항목 선택 후 가장 가깝다 / 가장 멀다 선택 유형

TYPE A 예 / 아니오 선택 유형

| 01~24 | 제시된 항목이 자신의 성향에 해당된다고 생각하면 '예', 해당되지 않는다면 '아니오'를 선택하는 유형이다. 비슷한 문항이 반복되기 때문에 일관성을 유지해야 한다.

※ 질문에 해당된다고 생각하면 '예', 해당되지 않는다면 '아니오'를 선택하시오.

번호	질문	예 / 아니오	
		YES	NO
1	소리를 지르거나 물건을 부수고 싶어진다.		
2	한 가지 일에 집중하기 힘들다.		
3	나는 개인적 사정으로 타인에게 피해를 주는 사람을 이해할 수 없다.		
4	요즘 같은 세상에서는 누구든 믿을 수 없다.		
5	나는 새로운 집단에서 친구를 쉽게 사귀는 편이다.		
6	곤경을 모면하기 위해 꾀병을 부린 적이 있다.		
7	나는 자주 무력감을 느낀다.		
8	일단 화가 나면 냉정을 잃는다.		
9	나는 다른 사람을 챙기는 태도가 몸에 배여 있다.		
10	나는 내가 하고 싶은 일은 꼭 해야 한다.		
11	나는 부지런하다는 말을 자주 듣는다.		
12	나는 사람들에게 잘 보이기 위해 마음에 없는 거짓말을 한다.		
13	내가 인정받기 위해서 규칙을 위반한 행위를 한 적이 있다.		
14	모르는 사람과 있을 때 내가 먼저 말을 거는 일은 거의 없다.		
15	나는 몸이 좋지 않더라도 내 일에 최선을 다 한다.		
16	남이 나에게 친절을 베풀면 대개 숨겨진 이유가 무엇인지 생각해 본다.		

1회 기출액상문제
2회 기출액상문제
3회 기출액상문제
4회 기출액상문제
5회 기출액상문제
6회 기출액상문제
인성검사
면접가이드

17	나는 난처한 상황에 처하면 다른 사람에게 먼저 말을 건다.		
18	나는 감정을 표현하는 것이 자연스럽다.		
19	중요한 일은 먼저 한다.		
20	나는 새로운 방식을 좋아한다.		
21	나는 다른 사람들의 눈에 띄지 않게 조용히 살고 싶다.		
22	나는 누군가 내 의견을 반박하면 물러서지 않고 논쟁을 벌인다.		
23	나는 할 말은 반드시 하는 사람이다.		
24	나는 주어진 일에 최선을 다해 완수하려고 한다.		

📩 TYPE B 문항군 개별 항목 선택 유형

| 01~23 | 제시된 항목에 대해 자신의 성향에 따라 '① 매우 그렇지 않다 ~ ⑤ 매우 그렇다' 가운데 해당하는 것을 선택한다. 문항 수가 많고 답변하기 어려운 항목이 있기 때문에 자신의 가치관이나 신념을 바탕으로 개별 항목을 선택한다.

※ 제시된 항목을 읽고 본인에게 해당되는 부분을 선택하시오.

① 매우 그렇지 않다   ② 그렇지 않다   ③ 보통이다   ④ 그렇다   ⑤ 매우 그렇다

01. 항상 사람들에게 정직하고 솔직하다.　　　　　　　　　　　　① ② ③ ④ ⑤

02. 여러 사람들이 어울리는 장소는 매우 불편하다.　　　　　　　　① ② ③ ④ ⑤

03. 내가 한 행동에 대해 절대 후회하지 않는다.　　　　　　　　　① ② ③ ④ ⑤

04. 사소한 절차를 어기더라도 일을 빨리 진행하는 것이 우선이다.　① ② ③ ④ ⑤

05. 어차피 누군가가 해야 할 일이라면 내가 먼저 한다.　　　　　　① ② ③ ④ ⑤

06. 정해진 원칙과 계획대로만 일을 진행해야 실수를 하지 않는다.　① ② ③ ④ ⑤

07. 언제나 모두의 이익을 생각하면서 일한다.　　　　　　　　　　① ② ③ ④ ⑤

08. 누구와도 어렵지 않게 어울릴 수 있다.   ① ② ③ ④ ⑤

09. 비록 나와 관계없는 사람일지라도 도움을 요청하면 도와준다.   ① ② ③ ④ ⑤

10. "악법도 법이다."라는 말을 이해할 수 없다.   ① ② ③ ④ ⑤

11. 누군가가 나를 조종하는 것 같다.   ① ② ③ ④ ⑤

12. 제품별로 선호하는 브랜드가 있다.   ① ② ③ ④ ⑤

13. 내 주위 사람들은 나의 감정을 잘 알아채지 못한다.   ① ② ③ ④ ⑤

14. 항상 다니는 익숙한 길을 선호한다.   ① ② ③ ④ ⑤

15. 갈등은 부정적인 결과를 초래하기 때문에 피하는 것이 좋다.   ① ② ③ ④ ⑤

16. 문제 해결을 위해서 기발한 아이디어를 제공하는 편이다.   ① ② ③ ④ ⑤

17. 실패가 예상되는 일은 시작하지 않는다.   ① ② ③ ④ ⑤

18. 조직의 문화는 따라야 한다고 생각한다.   ① ② ③ ④ ⑤

19. 조직은 개인의 성장을 위해 물질적인 보상을 아낌없이 해 주어야 한다.   ① ② ③ ④ ⑤

20. 요즘에는 무슨 일이든 결정을 잘 내리지 못한다.   ① ② ③ ④ ⑤

21. 다른 사람들이 내 이야기를 하고 있는 것을 느낀다.   ① ② ③ ④ ⑤

22. 나는 돈보다는 시간이 중요하다.   ① ② ③ ④ ⑤

23. 다른 사람이 잘못하는 것을 보면 지적하는 편이다.   ① ② ③ ④ ⑤

1회 기출예상문제
2회 기출예상문제
3회 기출예상문제
4회 기출예상문제
5회 기출예상문제
6회 기출예상문제
인성검사
면접가이드

🙂 TYPE C 둘 중 가장 가까운 문항 선택 유형

| 01~15 | 제시된 2개의 문항을 읽고 자신에게 해당된다고 생각하는 것을 선택하는 유형이다.

※ 제시된 항목을 읽고 본인에게 해당되는 것을 선택하시오.

01. ① 의견을 자주 표현하는 편이다.
② 주로 남의 의견을 듣는 편이다.

①	②

02. ① 정해진 틀이 있는 환경에서 주어진 과제를 수행하는 일을 좋아한다.
② 새로운 아이디어를 활용하여 변화를 추구하는 일을 하고 싶다.

①	②

03. ① 실제적인 정보를 수집하고 이를 체계적으로 적용하는 일을 하고 싶다.
② 새로운 아이디어를 활용하여 변화를 추구하는 일을 하고 싶다.

①	②

04. ① 계획을 세울 때 세부일정까지 구체적으로 짜는 편이다.
② 계획을 세울 때 상황에 맞게 대처할 수 있는 여지를 두고 짜는 편이다.

①	②

05. ① 한 가지 일에 몰두한다.
② 멀티태스킹이 가능하다.

①	②

06. ① 외향적인 성격이라는 말을 듣는다.
② 내향적인 성격이라는 말을 듣는다.

①	②

07. ① 일을 선택할 때는 인간관계를 중시한다.
② 일을 선택할 때는 일의 보람을 중시한다.

①	②

08. ① 사람들은 나에 대해 합리적이고 이성적인 사람이라고 말한다.
　　② 사람들은 나에 대해 감정이 풍부하고 정에 약한 사람이라고 말한다.

①	②

09. ① 신속한 의사결정을 선호하는 편이다.
　　② 시간이 걸려도 여러 가지 면을 고려한 의사결정을 선호하는 편이다.

①	②

10. ① 인성보다는 능력이 중요하다.
　　② 능력보다는 인성이 중요하다.

①	②

11. ① SNS 활동을 즐겨한다.
　　② SNS는 인생의 낭비라고 생각한다.

①	②

12. ① 미래를 위해 돈을 모아야 한다고 생각한다.
　　② 현재를 즐기기 위해 나에게 투자해야 한다고 생각한다.

①	②

13. ① 인류의 과학 발전을 위해 동물 실험은 필요하다.
　　② 인류를 위한 동물 실험은 없어져야 한다.

①	②

14. ① 외계인이 있다고 생각한다.
　　② 외계인은 상상의 허구라고 생각한다.

①	②

15. ① 능력이 있는 선배를 보고 자극을 느낀다.
　　② 능력이 있는 후배를 보고 자극을 느낀다.

①	②

🚅 TYPE D 개별 항목 선택 후 가장 가깝다 / 가장 멀다 선택 유형

| 01~10 | 4개 내외의 문항군으로 구성된 항목에서 자신이 동의하는 정도에 따라 '매우 그렇지 않다 ~ 매우 그렇다' 중 해당하는 것을 선택한 후, 자신과 가장 가까운 것과 가장 먼 것을 하나씩 선택하는 유형이다.

※ 제시된 항목에 대해 각각 '매우 그렇지 않다 ~ 매우 그렇다' 중 선택한 후, 네 항목 중 자신과 가장 가까운 것을 하나, 가장 먼 것을 하나 선택하시오.

01. 1.1 내 분야에서 전문성에 관한 한 동급 최강이라고 생각한다.
    1.2 규칙적으로 운동을 하는 편이다.
    1.3 나는 사람들을 연결시켜 주거나 연결해 달라는 부탁을 주변에서 많이 받는 편이다.
    1.4 다른 사람들이 생각하기에 관련 없어 보이는 것을 통합하여 새로운 아이디어를 낸다.

L 가장 멀다 / M 가장 가깝다
1 (매우 그렇지 않다) / 5 (매우 그렇다)

	L	M	1	2	3	4	5
1.1	○	○	○	○	○	○	○
1.2	○	○	○	○	○	○	○
1.3	○	○	○	○	○	○	○
1.4	○	○	○	○	○	○	○

02. 2.1 모임을 주선하게 되는 경우가 자주 있다.
    2.2 나는 학창시절부터 리더역할을 많이 해 왔다.
    2.3 새로운 아이디어를 낸다.
    2.4 변화를 즐기는 편이다.

L 가장 멀다 / M 가장 가깝다
1 (매우 그렇지 않다) / 5 (매우 그렇다)

	L	M	1	2	3	4	5
2.1	○	○	○	○	○	○	○
2.2	○	○	○	○	○	○	○
2.3	○	○	○	○	○	○	○
2.4	○	○	○	○	○	○	○

03. 3.1 혼자서 생활해도 밥은 잘 챙겨먹고 생활리듬이 많이 깨지 않는 편이다.
    3.2 다른 나라의 음식을 시도해 보는 것이 즐겁다.
    3.3 나 스스로에 대해서 높은 기준을 제시하는 편이다.
    3.4 "왜?"라는 질문을 자주 한다.

L 가장 멀다 / M 가장 가깝다
1 (매우 그렇지 않다) / 5 (매우 그렇다)

	L	M	1	2	3	4	5
3.1	○	○	○	○	○	○	○
3.2	○	○	○	○	○	○	○
3.3	○	○	○	○	○	○	○
3.4	○	○	○	○	○	○	○

04. 4.1 대화를 주도한다.
    4.2 하루에 1~2시간 이상 자기 계발을 위해 시간을 투자한다.
    4.3 나 스스로에 대해서 높은 기준을 세우고 시도해 보는 것을 즐긴다.
    4.4 나와 다른 분야에 종사하는 사람들을 만나도 쉽게 공통점을 찾을 수 있다.

L 가장 멀다 / M 가장 가깝다
1 (매우 그렇지 않다) / 5 (매우 그렇다)

	L	M	1	2	3	4	5
4.1	○	○	○	○	○	○	○
4.2	○	○	○	○	○	○	○
4.3	○	○	○	○	○	○	○
4.4	○	○	○	○	○	○	○

05. 5.1 자신감 넘친다는 평가를 주변으로부터 듣는다.
    5.2 다른 사람들의 눈에는 상관없어 보일지라도 내가 보기에 관련이 있으면 활용해서 할 수 있는 일에 대해서 생각해 본다.
    5.3 다른 문화권 중 내가 잘 적응할 수 있다고 생각하는 곳이 있다.
    5.4 한 달 동안 사용한 돈이 얼마인지 파악할 수 있다.

L 가장 멀다 / M 가장 가깝다
1 (매우 그렇지 않다) / 5 (매우 그렇다)

	L	M	1	2	3	4	5
5.1	○	○	○	○	○	○	○
5.2	○	○	○	○	○	○	○
5.3	○	○	○	○	○	○	○
5.4	○	○	○	○	○	○	○

06. 6.1 내 분야의 최신 동향 혹은 이론을 알고 있으며, 항상 업데이트하려고 노력한다.
    6.2 나는 설득을 잘하는 사람이다.
    6.3 현상에 대한 새로운 해석을 알게 되는 것이 즐겁다.
    6.4 새로운 기회를 만들기 위해서 다방면으로 노력을 기울인다.

L 가장 멀다 / M 가장 가깝다
1 (매우 그렇지 않다) / 5 (매우 그렇다)

	L	M	1	2	3	4	5
6.1	○	○	○	○	○	○	○
6.2	○	○	○	○	○	○	○
6.3	○	○	○	○	○	○	○
6.4	○	○	○	○	○	○	○

07. 7.1 한 달 동안 필요한 돈이 얼마인지 파악하고 있다.
    7.2 업무나 전공 공부에 꼭 필요한 분야가 아니더라도 호기심이 생기면 일정 정도의 시간을 투자하여 탐색해 본다.
    7.3 어디가서든 친구들 중에서 내가 제일 적응을 잘하는 편이다.
    7.4 대개 어떤 모임이든 나가다 보면 중심 멤버가 돼 있는 경우가 많다.

L 가장 멀다 / M 가장 가깝다
1 (매우 그렇지 않다) / 5 (매우 그렇다)

	L	M	1	2	3	4	5
7.1	○	○	○	○	○	○	○
7.2	○	○	○	○	○	○	○
7.3	○	○	○	○	○	○	○
7.4	○	○	○	○	○	○	○

08. 8.1 어떤 모임에 가서도 관심사가 맞는 사람들을 금방 찾아낼 수 있다.
    8.2 잘 모르는 것이 있으면 전문서적을 뒤져서라도 알아내야 직성이 풀린다.
    8.3 나와 함께 일하는 사람들을 적재적소에서 잘 이용한다.
    8.4 상대방의 욕구를 중요하게 생각하며 그에 맞추어 주려고 한다.

L 가장 멀다 / M 가장 가깝다
1 (매우 그렇지 않다) / 5 (매우 그렇다)

	L	M	1	2	3	4	5
8.1	○	○	○	○	○	○	○
8.2	○	○	○	○	○	○	○
8.3	○	○	○	○	○	○	○
8.4	○	○	○	○	○	○	○

09. 9.1 극복하지 못할 장애물은 없다고 생각한다.
    9.2 생활패턴이 규칙적인 편이다.
    9.3 어디에 떨어트려 놓아도 죽진 않을 것 같다는 소리를 자주 듣는다.
    9.4 내 분야의 전문가가 되기 위한 구체적인 계획을 가지고 있다.

L 가장 멀다 / M 가장 가깝다
1 (매우 그렇지 않다) / 5 (매우 그렇다)

	L	M	1	2	3	4	5
9.1	○	○	○	○	○	○	○
9.2	○	○	○	○	○	○	○
9.3	○	○	○	○	○	○	○
9.4	○	○	○	○	○	○	○

10. 10.1 누구보다 앞장서서 일하는 편이다.
    10.2 내가 무엇을 하면 처져 있을 때 기분이 전환되는지 잘 알고 있다.
    10.3 일어날 일에 대해서 미리 예상하고 준비하는 편이다.
    10.4 동문회에 나가는 것이 즐겁다.

L 가장 멀다 / M 가장 가깝다
1 (매우 그렇지 않다) / 5 (매우 그렇다)

	L	M	1	2	3	4	5
10.1	○	○	○	○	○	○	○
10.2	○	○	○	○	○	○	○
10.3	○	○	○	○	○	○	○
10.4	○	○	○	○	○	○	○

면접이란? 지원자가 보유한 직무 관련 능력 및 직무적합도와 더불어 인품, 언행 등을 직접 만나 평가하는 것을 말한다.

3
파트

한국전력공사
면접가이드

NCS 면접의 이해

※ 능력중심 채용에서는 타당도가 높은 구조화 면접을 적용한다.

1 면접이란?

일을 하는 데 필요한 능력(직무역량, 직무지식, 인재상 등)을 지원자가 보유하고 있는지를 다양한 면접기법을 활용하여 확인하는 절차이다. 자신의 환경, 성취, 관심사, 경험 등에 대해 이야기하여 본인이 적합하다는 것을 보여 줄 기회를 제공하고, 면접관은 평가에 필요한 정보를 수집하고 평가하는 것이다.

- 지원자의 태도, 적성, 능력에 대한 정보를 심층적으로 파악하기 위한 선발 방법
- 선발의 최종 의사결정에 주로 사용되는 선발 방법
- 전 세계적으로 선발에서 가장 많이 사용되는 핵심적이고 중요한 방법

2 면접의 특징

서류전형이나 인적성검사에서 드러나지 않는 것들을 볼 수 있는 기회를 제공한다.

- 직무수행과 관련된 다양한 지원자 행동에 대한 관찰이 가능하다.
- 면접관이 알고자 하는 정보를 심층적으로 파악할 수 있다.
- 서류상의 미비한 사항과 의심스러운 부분을 확인할 수 있다.
- 커뮤니케이션, 대인관계행동 등 행동·언어적 정보도 얻을 수 있다.

3 면접의 평가요소

❶ 인재적합도

해당 기관이나 기업별 인재상에 대한 인성 평가

❷ 조직적합도

조직에 대한 이해와 관련 상황에 대한 평가

❸ 직무적합도

직무에 대한 지식과 기술, 태도에 대한 평가

4 면접의 유형

구조화된 정도에 따른 분류

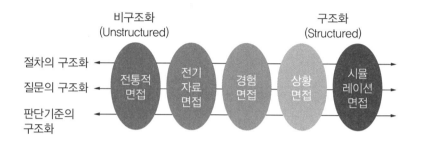

❶ 구조화 면접(Structured Interview)

사전에 계획을 세워 질문의 내용과 방법, 지원자의 답변 유형에 따른 추가 질문과 그에 대한 평가역량이 정해져 있는 면접 방식(표준화 면접)

- 표준화된 질문이나 평가요소가 면접 전 확정되며, 지원자는 편성된 조나 면접관에 영향을 받지 않고 동일한 질문과 시간을 부여받을 수 있음.
- 조직 또는 직무별로 주요하게 도출된 역량을 기반으로 평가요소가 구성되어, 조직 또는 직무에서 필요한 역량을 가진 지원자를 선발할 수 있음.
- 표준화된 형식을 사용하는 특성 때문에 비구조화 면접에 비해 신뢰성과 타당성, 객관성이 높음.

❷ 비구조화 면접(Unstructured Interview)

면접 계획을 세울 때 면접 목적만 명시하고 내용이나 방법은 면접관에게 전적으로 일임하는 방식(비표준화 면접)

- 표준화된 질문이나 평가요소 없이 면접이 진행되며, 편성된 조나 면접관에 따라 지원자에게 주어지는 질문이나 시간이 다름.
- 면접관의 주관적인 판단에 따라 평가가 이루어져 평가 오류가 빈번히 일어남.
- 상황 대처나 언변이 뛰어난 지원자에게 유리한 면접이 될 수 있음.

NCS 구조화 면접 기법

※ 능력중심 채용에서는 타당도가 높은 구조화 면접을 적용한다.

 1 경험면접(Behavioral Event Interview)

면접 프로세스

안내	지원자는 입실 후, 면접관을 통해 인사말과 면접에 대한 간단한 안내를 받음.

⌄

질문	지원자는 면접관에게 평가요소(직업기초능력, 직무수행능력 등)와 관련된 주요 질문을 받게 되며, 질문에서 의도하는 평가요소를 고려하여 응답할 수 있도록 함.

⌄

세부질문	• 지원자가 응답한 내용을 토대로 해당 평가기준들을 충족시키는지 파악하기 위한 세부질문이 이루어짐. • 구체적인 행동·생각 등에 대해 응답할수록 높은 점수를 얻을 수 있음.

- **방식**

  해당 역량의 발휘가 요구되는 일반적인 상황을 제시하고, 그러한 상황에서 어떻게 행동했었는지(과거경험)를 이야기하도록 함.

- **판단기준**

  해당 역량의 수준, 경험 자체의 구체성, 진실성 등

- **특징**

  추상적인 생각이나 의견 제시가 아닌 과거 경험 및 행동 중심의 질의가 이루어지므로 지원자는 사전에 본인의 과거 경험 및 사례를 정리하여 면접에 대비할 수 있음.

- **예시**

지원분야		지원자		면접관	(인)
경영자원관리 조직이 보유한 인적자원을 효율적으로 활용하여, 조직 내 유·무형 자산 및 재무자원을 효율적으로 관리한다.					
주질문					
A. 어떤 과제를 처리할 때 기존에 팀이 사용했던 방식의 문제점을 찾아내 이를 보완하여 과제를 더욱 효율적으로 처리했던 경험에 대해 이야기해 주시기 바랍니다.					
세부질문					
[상황 및 과제] 사례와 관련해 당시 상황에 대해 이야기해 주시기 바랍니다. [역할] 당시 지원자께서 맡았던 역할은 무엇이었습니까? [행동] 사례와 관련해 구성원들의 설득을 이끌어 내기 위해 어떤 노력을 하였습니까? [결과] 결과는 어땠습니까?					

기대행동	평점
업무진행에 있어 한정된 자원을 효율적으로 활용한다.	① − ② − ③ − ④ − ⑤
구성원들의 능력과 성향을 파악해 효율적으로 업무를 배분한다.	① − ② − ③ − ④ − ⑤
효과적 인적/물적 자원관리를 통해 맡은 일을 무리 없이 잘 마무리한다.	① − ② − ③ − ④ − ⑤

척도해설

1 : 행동증거가 거의 드러나지 않음	2 : 행동증거가 미약하게 드러남	3 : 행동증거가 어느 정도 드러남	4 : 행동증거가 명확하게 드러남	5 : 뛰어난 수준의 행동증거가 드러남

관찰기록 :

총평 :

※ 실제 적용되는 평가지는 기업/기관마다 다름.

2 상황면접(Situational Interview)

면접 프로세스

안내 지원자는 입실 후, 면접관을 통해 인사말과 면접에 대한 간단한 안내를 받음.

질문
- 지원자는 상황질문지를 검토하거나 면접관을 통해 상황 및 질문을 제공받음.
- 면접관의 질문이나 질문지의 의도를 파악하여 응답할 수 있도록 함.

세부질문
- 지원자가 응답한 내용을 토대로 해당 평가기준들을 충족시키는지 파악하기 위한 세부질문이 이루어짐.
- 구체적인 행동·생각 등에 대해 응답할수록 높은 점수를 얻을 수 있음.

- **방식**
  직무 수행 시 접할 수 있는 상황들을 제시하고, 그러한 상황에서 어떻게 행동할 것인지(행동의도)를 이야기하도록 함.
- **판단기준**
  해당 상황에 맞는 해당 역량의 구체적 행동지표
- **특징**
  지원자의 가치관, 태도, 사고방식 등의 요소를 평가하는 데 용이함.

• 예시

지원분야		지원자		면접관	(인)

유관부서협업
타 부서의 업무협조요청 등에 적극적으로 협력하고 갈등 상황이 발생하지 않도록 이해관계를 조율하며 관련 부서의 협업을 효과적으로 이끌어 낸다.

주질문

당신은 생산관리팀의 팀원으로, 2개월 뒤에 제품 A를 출시하기 위해 생산팀의 생산 계획을 수립한 상황입니다.
그러나 원가가 곧 실적으로 이어지는 구매팀에서는 최대한 원가를 줄여 전반적 단가를 낮추려고 원가절감을 위한 제안을 하였으나, 연구개발팀에서는 구매팀이 제안한 방식으로 제품을 생산할 경우 대부분이 구매팀의 실적으로 산정될 것이므로 제대로 확인도 해보지 않은 채 적합하지 않은 방식이라고 판단하고 있습니다. 당신은 어떻게 하겠습니까?

세부질문

[상황 및 과제] 이 상황의 핵심적인 이슈는 무엇이라고 생각합니까?
[역할] 당신의 역할을 더 잘 수행하기 위해서는 어떤 점을 고려해야 하겠습니까? 왜 그렇게 생각합니까?
[행동] 당면한 과제를 해결하기 위해서 구체적으로 어떤 조치를 취하겠습니까? 그 이유는 무엇입니까?
[결과] 그 결과는 어떻게 될 것이라고 생각합니까? 그 이유는 무엇입니까?

척도해설

1 : 행동증거가 거의 드러나지 않음	2 : 행동증거가 미약하게 드러남	3 : 행동증거가 어느 정도 드러남	4 : 행동증거가 명확하게 드러남	5 : 뛰어난 수준의 행동증거가 드러남

관찰기록 :

총평 :

※ 실제 적용되는 평가지는 기업/기관마다 다름.

3 발표면접(Presentation)

면접 프로세스

안내
• 입실 후 지원자는 면접관으로부터 인사말과 발표면접에 대해 간략히 안내받음.
• 면접 전 지원자는 과제 검토 및 발표 준비시간을 가짐.

발표
• 지원자들이 과제 주제와 관련하여 정해진 시간 동안 발표를 실시함.
• 면접관은 발표내용 중 평가요소와 관련해 나타난 가점 및 감점요소들을 평가하게 됨.

질문응답
• 발표 종료 후 면접관은 정해진 시간 동안 지원자의 발표내용과 관련해 구체적인 내용을 확인하기 위한 질문을 함.
• 지원자는 면접관의 질문의도를 정확히 파악하여 적절히 응답할 수 있도록 함.
• 응답 시 명확하고 자신있게 전달할 수 있도록 함.

- 방식

  지원자가 특정 주제와 관련된 자료(신문기사, 그래프 등)를 검토하고, 그에 대한 자신의 생각을 면접관 앞에서 발표하며, 추가 질의응답이 이루어짐.

- 판단기준

  지원자의 사고력, 논리력, 문제해결능력 등

- 특징

  과제를 부여한 후, 지원자들이 과제를 수행하는 과정과 결과를 관찰·평가함. 과제수행의 결과뿐 아니라 과제수행 과정에서의 행동을 모두 평가함.

 4 토론면접(Group Discussion)

면접 프로세스

안내
- 입실 후, 지원자들은 면접관으로부터 토론 면접의 전반적인 과정에 대해 안내받음.
- 지원자는 정해진 자리에 착석함.

토론
- 지원자들이 과제 주제와 관련하여 정해진 시간 동안 토론을 실시함(시간은 기관별 상이).
- 지원자들은 면접 전 과제 검토 및 토론 준비시간을 가짐.
- 토론이 진행되는 동안, 지원자들은 다른 토론자들의 발언을 경청하여 적절히 본인의 의사를 전달할 수 있도록 함. 더불어 적극적인 태도로 토론면접에 임하는 것도 중요함.

마무리 (5분 이내)
- 면접 종료 전, 지원자들은 토론을 통해 도출한 결론에 대해 첨언하고 적절히 마무리 지음.
- 본인의 의견을 전달하는 것과 동시에 다른 토론자를 배려하는 모습도 중요함.

- 방식

  상호갈등적 요소를 가진 과제 또는 공통의 과제를 해결하는 내용의 토론 과제(신문기사, 그래프 등)를 제시하고, 그 과정에서의 개인 간의 상호작용 행동을 관찰함.

- 판단기준

  팀워크, 갈등 조정, 의사소통능력 등

- 특징

  면접에서 최종안을 도출하는 것도 중요하나 주장의 옳고 그름이 아닌 결론을 도출하는 과정과 말하는 자세 등도 중요함.

1회 기출예상문제
2회 기출예상문제
3회 기출예상문제
4회 기출예상문제
5회 기출예상문제
6회 기출예상문제
인성검사
면접가이드

5 역할연기면접(Role Play Interview)

- 방식
  기업 내 발생 가능한 상황에서 부딪히게 되는 문제와 역할을 가상적으로 설정하여 특정 역할을 맡은 사람과 상호작용하고 문제를 해결해 나가도록 함.
- 판단기준
  대처능력, 대인관계능력, 의사소통능력 등
- 특징
  실제 상황과 유사한 가상 상황에서 지원자의 성격이나 대처 행동 등을 관찰할 수 있음.

 6 집단면접(Group Activity)

- 방식
  지원자들이 팀(집단)으로 협력하여 정해진 시간 안에 활동 또는 게임을 하며 면접관들은 지원자들의 행동을 관찰함.
- 판단기준
  대인관계능력, 팀워크, 창의성 등
- 특징
  기존 면접보다 오랜 시간 관찰을 하여 지원자들의 평소 습관이나 행동들을 관찰하려는 데 목적이 있음.

03 면접 최신 기출 주제

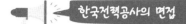 한국전력공사의 면접

한국전력공사의 면접은 1차 직무면접과 2차 종합면접으로 이루어진다. 직무면접은 전공지식을 위주로 직무수행 능력을 평가하며 실무진 4명과 지원자 3 ~ 4명으로 30 ~ 40분 동안 진행된다. 종합면접은 자기소개서를 기반 으로 인성과 조직적합도를 평가하며 임원진 4 ~ 5명과 지원자 1명으로 약 10 ~ 15분 동안 진행된다.

 ## 1 2020년 한국전력공사 면접 기출

❶ 2020년 하반기

직무면접

1. 지원한 직무를 위해 준비한 경험을 토대로 자기소개하시오.
2. 차단기와 단로기의 차이점을 말해 보시오.
3. 차단기의 종류를 말해 보시오.
4. 페런티 현상의 문제점과 해결방안을 말해 보시오.
5. 단절권의 장점을 말해 보시오.
6. ess에 대해 설명하고 그 활용을 말해 보시오.
7. 배전이랑 송전 중 희망하는 직무는?
8. 배전(송전)이 하는 일이 무엇인가?
9. 깨진유리창이론에 대해 말해 보시오.
10. 하인리히법칙에 대해 말해 보시오.
11. 공유경제란 무엇인가? 앞으로 공유경제가 증가할지, 혹은 감소할지 말해 보시오.
12. 현재 기후변화에 관한 가장 주된 아젠다는?
13. 다른 지원자와 차별화된 본인만의 강점을 말해 보시오.
14. 책임감을 발휘한 경험을 말해 보시오.
15. 한국전력공사의 가치를 5개 말해 보시오.

종합면접

1. 자기소개를 하시오(1분).
2. 가장 어려웠던 경험을 말해 보시오.
3. 면접 중 가장 어려웠던 전형은 무엇인가?

4. (아르바이트 경험이 있는 경우) 성공적인 고객 응대 경험이 있는가?
5. 원리원칙과 융통성 중 하나를 선택하고 그 이유를 말해 보시오.
6. 리더가 무엇이라고 생각하는가?

❷ 2020년 상반기

직무면접

1. 카르히호프 법칙에 대해 설명하시오.
2. 패러데이 법칙을 설명하고 변압기 원리를 패러데이 법칙과 연계해서 설명하시오.
3. PT, CT, MOF에 대해 설명하시오.
4. 과도안정도, 정태안정도, 동태안정도를 설명하고 안정도 향상 대책을 말해 보시오.
5. 변압기 보호방법을 말해 보시오.
6. 피뢰기 구비조건을 말해 보시오.
7. 역섬락에 대해 설명하시오.
8. 변압기 OLTC에 대해 설명하시오.
9. 전압조정장치와 주파수조정장치에 대해 설명하시오.
10. 분로리액터와 전력용콘덴서를 설명하시오.
11. 절연협조에 대해 설명하시오.
12. 변전소에는 어떤 설비가 있는가?
13. 전봇대라고 알려진 전주는 무엇으로 이루어져 있는가?
14. 선로정수 3가지를 설명하시오.
15. 해상풍력발전에 대해 설명하시오.

종합면접

1. 자기소개를 하시오(1분).
2. 지원동기를 말해 보시오.
3. 팔로우십과 리더십에 대해 말해 보시오.
4. 같이 일하기 싫은 사람의 유형과 그 이유를 말해 보시오.
5. 다른 사람과 같이 일할 때 자신의 단점은 무엇인가?
6. 갈등 경험을 말하고, 개인과 조직 간 의견 차이가 있을 때 대처방법을 말해 보시오.
7. 마지막으로 할 말이 있는가?

2 2019년 한국전력공사 면접 기출

❶ 2019년 하반기(3차)

직무면접

1. 임피던스에 대해 설명하시오.
2. VV결선 시 이용률에 대해 설명하시오.
3. 고조파에 대한 정의와 사례, 그에 대한 대책에 대해 말해 보시오.
4. 가공전선로와 지중전선로의 차이는 무엇인가?
5. 주파수가 떨어지면 어떻게 해야 하는가?
6. 전선의 종류를 말해 보시오.

종합면접

1. 자기소개를 하시오(1분).
2. 지원동기를 말해 보시오.
3. 한국전력공사에 입사한다면 입사 준비 중인 후배들에게 무엇을 공부하라고 할 것인가?
4. 자기 자신을 주변에서 무엇이라고 설명하는지 3가지로 표현해 보시오.
5. 나이 많은 기술진들이 매뉴얼대로 일하지 않을 때 감독으로서 어떻게 행동할 것인가?
6. 마지막으로 할 말이 있는가?

❷ 2019년 중반기(2차)

직무면접

1. 하프브릿지와 풀브릿지의 원리에 대해 설명해 보시오.
2. 평균값과 실효값에 대해 설명해 보시오.
3. 직류의 경우 실효값과 평균값은 어떤 관계가 있는가?
4. 전선의 허용전류에 대해 설명해 보시오.
5. 우리나라의 송진 방식에 대해 설명해 보시오.
6. 공칭전압과 최대전압에 대해 설명해 보시오.
7. 리액터는 능동소자인가 수동소자인가?
8. 오피앰프의 특징에 대해 설명해 보시오.
9. 지중설비방식에 대해 설명해 보시오.
10. 전선의 경세석 측면에 대해 말해 보시오.
11. 한전에서 하는 스마트계량기에 대해 말해 보시오.
12. 효율적인 전력 측정 방법에 대해 말해 보시오.

1회 기출예상문제 2회 기출예상문제 3회 기출예상문제 4회 기출예상문제 5회 기출예상문제 6회 기출예상문제 인성검사 면접가이드

종합면접

1. 자기소개를 하시오(1분).
2. 지원동기를 말해 보시오.
3. 한전과 가장 알맞다고 생각하는 인재상은?
4. 양심을 지키기 위해 손해를 감수한 적이 있는가?
5. 한전에서 어떤 직무에 배정을 받고 싶은가?
6. 스트레스를 어떻게 해결하는가?
7. 본인이 해당되는 인재상과 그렇게 생각하게 된 계기가 된 롤모델이 있는지?
8. 본인이 어떤 지역을 담당하는 책임자라면 그 지역이 재난으로 정전 등 큰 피해가 발생했을 때 어떻게 대처할 것인지 말해 보시오.
9. 강원도 산불이 발생한 원인을 말해 보시오.

❸ 2019년 상반기(1차)

직무면접

1. 키르히호프 법칙에 대해 말해 보시오.
2. 중첩의 원리를 설명해 보시오.
3. 변압기를 병렬운전하는 이유와 그 조건을 말해 보시오.
4. 역률이란 무엇인지, 그리고 역률을 개선하는 방법을 설명해 보시오.
5. 최근 분산형 전원(마이크로그리드)이 주목받고 있는데, 이를 시설할 때 고려해야할 점은 무엇인가?
6. 회선 데이터그램 장단점과 일반회선과의 차이를 설명해 보시오.
7. 전기요금은 어떻게 형성되는가?

종합면접

1. 자기소개를 하시오(1분).
2. 지원동기를 말해 보시오.
3. 프로젝트 경험을 말해 보시오.
4. 보안이 중요한 이유는 무엇인가?
5. 빅데이터에 대해 말해 보시오.
6. 단체 활동을 하면서 실수했던 경험이 있는가?
7. 주변 사람들이 자신을 어떻게 생각하는가?
8. 살면서 실패했던 경험 혹은 극복한 경험이 있는가?
9. 최근 읽은 책은 무엇인가?
10. 한전의 장점은 무엇이라고 생각하는가?
11. 자신이 좋아하는 사람 유형을 말해 보시오.

12. 좌우명은 무엇인가?

13. 입사 후 자기계발 계획이 있는가?

14. 졸업작품은 무엇을 했는가?

15. 가장 행복했던 경험과 어려웠던 경험을 말해보시오.

16. 선택한 직렬 외에 다른 직무를 선택한다면 어떤 부서로 가고 싶은가?

17. 본사에 근무를 하다 고향으로 갈 수 있는 기회가 생겼는데, 팀장이 가지 말라고 한다면 어떻게 할 것인가?

3 2018년 한국전력공사 면접 기출

직무면접

1. 수전단의 전력이 고정되어있을 때 역률이 낮아지면 어떻게 되는가?

2. 접지할 수 있는 기기의 종류에는 무엇이 있고 어떤 역할을 하는가?

3. 피뢰기의 접시방식이 어떻게 되는가?

4. 변압기가 절연을 할 때 어떤 것이 사용되는가?

5. 옥측전선로의 구성과 사용재료를 말해 보시오.

6. 지중전선로의 구성과 사용재료를 말해 보시오.

7. 가공지선이 어떤 식으로 절연을 하는지 설명하시오.

8. 전압의 최댓값, 평균값, 실효값의 정의를 말해 보시오.

9. 실효값을 최댓값으로 구하는 방법을 말해 보시오.

10. 동기기와 유도기의 차이점에 대해 설명하시오.

11. 유효접지가 무엇인가?

12. Y델타에 대해 장단점과 특징을 설명하시오.

13. 피상전력, 유효전력, 무효전력에 대해 설명하시오.

14. 각 전력의 단위와 식에 대해 설명하시오.

15. 전선의 종류와 구성 재료를 말해 보시오.

16. 변압기의 원리와 법칙에 대해 설명하시오.

17. GIS에 대해 설명하시오.

18. 페란티 효과에 대해 설명하시오.

직무면접—사서직

1. 과거 업무 수행 시 힘들었던 민원 문제와 처리방식은 무엇인가?

2. 방문했던 도서관 중 좋았던 사례를 말해 보시오.

3. 한전 도서관에서 하고 싶은 일이 무엇인가?

종합면접

1. 자기소개를 하시오(1분).
2. 지원동기를 말해 보시오.
3. 최근에 읽은 한전 신문기사를 본인만의 의견을 덧붙여 말하시오.
4. 본인의 영어 실력은 어떤가?
5. 인간관계에서 어떤 것을 제일 중시하는가?
6. 감명 깊게 읽은 책은 무엇인가?
7. 한전에 자신의 전공으로 어떤 도움을 줄 수 있는지 말해 보시오.
8. 인생에서 가장 행복했던 일은 무엇인지 말해 보시오.
9. 전공이나 전공 외에 어떤 노력을 하고 있는가?
10. 한전에 들어오기 위해 어떤 실무적 노력을 하고 있는가?
11. 자신의 목표와 회사의 이익이 갈릴 경우 무엇을 우선시할 것인가?
12. 갈등상황이 발생했을 경우 어떻게 해결할 것인가?
13. 쉬는 날 일상을 어떻게 보내는가?
14. 본인의 장단점 또는 가장 잘 할 수 있는 것(강점)과 관련된 경험이 있는가?
15. 4차 산업혁명에 관련된 한전의 사업영역, 직무에 대해 말해 보시오.
16. 관심 있는 직무와 관련된 경험이나 경력을 말해 보시오.
17. 업무에 임할 때 가장 중요하게 생각하는 것은 무엇인가?
18. 팀 동료와 관계 악화를 어떻게 해결할 것인가?
19. 상사의 부당한 지시에 어떻게 대처할 것인가?
20. 자신이 가장 열정적으로 한 일은 무엇인가?
21. 적성에 맞지 않는 일이 주어졌을 때 어떻게 대처했는가?
22. 이전 직장에서 동료와의 갈등이 있었는가?
23. 입사 후 상사의 부당한 지시가 있다면 어떻게 대처할 것인가?
24. 입사 후 어떤 계획이 있는가? 어떤 부서에서 근무하고 싶은가?
25. 한전의 사업 관련 정보를 어디서 어떻게 얻었는가? 한전에서 어떤 업무를 맡고 싶은가?
26. 한전이 앞으로 무엇을 중요시해야 하는가?
27. 자신의 단점과 그 단점이 한전에 미칠 영향을 말하고, 단점을 고치기 위해 노력하고 있는 점을 말해 보시오.

한국전력공사

1회 기출예상문제

성명표기란

수험번호

※ 검사문항 : 1~50

문번	답란	문번	답란	문번	답란	문번	답란
1	① ② ③ ④ ⑤	16	① ② ③ ④ ⑤	31	① ② ③ ④ ⑤	46	① ② ③ ④ ⑤
2	① ② ③ ④ ⑤	17	① ② ③ ④ ⑤	32	① ② ③ ④ ⑤	47	① ② ③ ④ ⑤
3	① ② ③ ④ ⑤	18	① ② ③ ④ ⑤	33	① ② ③ ④ ⑤	48	① ② ③ ④ ⑤
4	① ② ③ ④ ⑤	19	① ② ③ ④ ⑤	34	① ② ③ ④ ⑤	49	① ② ③ ④ ⑤
5	① ② ③ ④ ⑤	20	① ② ③ ④ ⑤	35	① ② ③ ④ ⑤	50	① ② ③ ④ ⑤
6	① ② ③ ④ ⑤	21	① ② ③ ④ ⑤	36	① ② ③ ④ ⑤		
7	① ② ③ ④ ⑤	22	① ② ③ ④ ⑤	37	① ② ③ ④ ⑤		
8	① ② ③ ④ ⑤	23	① ② ③ ④ ⑤	38	① ② ③ ④ ⑤		
9	① ② ③ ④ ⑤	24	① ② ③ ④ ⑤	39	① ② ③ ④ ⑤		
10	① ② ③ ④ ⑤	25	① ② ③ ④ ⑤	40	① ② ③ ④ ⑤		
11	① ② ③ ④ ⑤	26	① ② ③ ④ ⑤	41	① ② ③ ④ ⑤		
12	① ② ③ ④ ⑤	27	① ② ③ ④ ⑤	42	① ② ③ ④ ⑤		
13	① ② ③ ④ ⑤	28	① ② ③ ④ ⑤	43	① ② ③ ④ ⑤		
14	① ② ③ ④ ⑤	29	① ② ③ ④ ⑤	44	① ② ③ ④ ⑤		
15	① ② ③ ④ ⑤	30	① ② ③ ④ ⑤	45	① ② ③ ④ ⑤		

한국전력공사

2회 기출예상문제

※ 검사문항 : 1~50

성명표기란

수험번호

(주민등록 앞자리 생년제외) 월일

문번	답란	문번	답란	문번	답란	문번	답란
1	① ② ③ ④ ⑤	16	① ② ③ ④ ⑤	31	① ② ③ ④ ⑤	46	① ② ③ ④ ⑤
2	① ② ③ ④ ⑤	17	① ② ③ ④ ⑤	32	① ② ③ ④ ⑤	47	① ② ③ ④ ⑤
3	① ② ③ ④ ⑤	18	① ② ③ ④ ⑤	33	① ② ③ ④ ⑤	48	① ② ③ ④ ⑤
4	① ② ③ ④ ⑤	19	① ② ③ ④ ⑤	34	① ② ③ ④ ⑤	49	① ② ③ ④ ⑤
5	① ② ③ ④ ⑤	20	① ② ③ ④ ⑤	35	① ② ③ ④ ⑤	50	① ② ③ ④ ⑤
6	① ② ③ ④ ⑤	21	① ② ③ ④ ⑤	36	① ② ③ ④ ⑤		
7	① ② ③ ④ ⑤	22	① ② ③ ④ ⑤	37	① ② ③ ④ ⑤		
8	① ② ③ ④ ⑤	23	① ② ③ ④ ⑤	38	① ② ③ ④ ⑤		
9	① ② ③ ④ ⑤	24	① ② ③ ④ ⑤	39	① ② ③ ④ ⑤		
10	① ② ③ ④ ⑤	25	① ② ③ ④ ⑤	40	① ② ③ ④ ⑤		
11	① ② ③ ④ ⑤	26	① ② ③ ④ ⑤	41	① ② ③ ④ ⑤		
12	① ② ③ ④ ⑤	27	① ② ③ ④ ⑤	42	① ② ③ ④ ⑤		
13	① ② ③ ④ ⑤	28	① ② ③ ④ ⑤	43	① ② ③ ④ ⑤		
14	① ② ③ ④ ⑤	29	① ② ③ ④ ⑤	44	① ② ③ ④ ⑤		
15	① ② ③ ④ ⑤	30	① ② ③ ④ ⑤	45	① ② ③ ④ ⑤		

3회 기출예상문제

감독관
확인란

성명표기란

수험번호

문번	답란	문번	답란	문번	답란	문번	답란
1	① ② ③ ④ ⑤	16	① ② ③ ④ ⑤	31	① ② ③ ④ ⑤	46	① ② ③ ④ ⑤
2	① ② ③ ④ ⑤	17	① ② ③ ④ ⑤	32	① ② ③ ④ ⑤	47	① ② ③ ④ ⑤
3	① ② ③ ④ ⑤	18	① ② ③ ④ ⑤	33	① ② ③ ④ ⑤	48	① ② ③ ④ ⑤
4	① ② ③ ④ ⑤	19	① ② ③ ④ ⑤	34	① ② ③ ④ ⑤	49	① ② ③ ④ ⑤
5	① ② ③ ④ ⑤	20	① ② ③ ④ ⑤	35	① ② ③ ④ ⑤	50	① ② ③ ④ ⑤
6	① ② ③ ④ ⑤	21	① ② ③ ④ ⑤	36	① ② ③ ④ ⑤		
7	① ② ③ ④ ⑤	22	① ② ③ ④ ⑤	37	① ② ③ ④ ⑤		
8	① ② ③ ④ ⑤	23	① ② ③ ④ ⑤	38	① ② ③ ④ ⑤		
9	① ② ③ ④ ⑤	24	① ② ③ ④ ⑤	39	① ② ③ ④ ⑤		
10	① ② ③ ④ ⑤	25	① ② ③ ④ ⑤	40	① ② ③ ④ ⑤		
11	① ② ③ ④ ⑤	26	① ② ③ ④ ⑤	41	① ② ③ ④ ⑤		
12	① ② ③ ④ ⑤	27	① ② ③ ④ ⑤	42	① ② ③ ④ ⑤		
13	① ② ③ ④ ⑤	28	① ② ③ ④ ⑤	43	① ② ③ ④ ⑤		
14	① ② ③ ④ ⑤	29	① ② ③ ④ ⑤	44	① ② ③ ④ ⑤		
15	① ② ③ ④ ⑤	30	① ② ③ ④ ⑤	45	① ② ③ ④ ⑤		

한국전력공사

4회 기출예상문제

성명표기란

수험번호

수험생 유의사항

※ 답안은 반드시 컴퓨터용 사인펜으로 보기와 같이 바르게 표기해야 합니다.
〈보기〉 ① ② ③ ● ⑤
※ 성명표기란 위 칸에는 성명을 한글로 쓰고 아래 칸에는 성명을 정확하게 표기하십시오. (맨 왼쪽 칸부터 성과 이름은 붙여 씁니다)
※ 수험번호/월일 위 칸에는 아라비아 숫자로 쓰고 아래 칸에는 숫자와 일치하게 표기하십시오.
※ 월일은 반드시 본인 주민등록번호의 생년월일을 제외한 월 두 자리, 일 두 자리를 표기하십시오.
(예) 1994년 1월 12일 → 0112

주민등록 앞자리 생년제외 월일

※ 검사문항 : 1~50

문번	답란	문번	답란	문번	답란	문번	답란
1	① ② ③ ④ ⑤	16	① ② ③ ④ ⑤	31	① ② ③ ④ ⑤	46	① ② ③ ④ ⑤
2	① ② ③ ④ ⑤	17	① ② ③ ④ ⑤	32	① ② ③ ④ ⑤	47	① ② ③ ④ ⑤
3	① ② ③ ④ ⑤	18	① ② ③ ④ ⑤	33	① ② ③ ④ ⑤	48	① ② ③ ④ ⑤
4	① ② ③ ④ ⑤	19	① ② ③ ④ ⑤	34	① ② ③ ④ ⑤	49	① ② ③ ④ ⑤
5	① ② ③ ④ ⑤	20	① ② ③ ④ ⑤	35	① ② ③ ④ ⑤	50	① ② ③ ④ ⑤
6	① ② ③ ④ ⑤	21	① ② ③ ④ ⑤	36	① ② ③ ④ ⑤		
7	① ② ③ ④ ⑤	22	① ② ③ ④ ⑤	37	① ② ③ ④ ⑤		
8	① ② ③ ④ ⑤	23	① ② ③ ④ ⑤	38	① ② ③ ④ ⑤		
9	① ② ③ ④ ⑤	24	① ② ③ ④ ⑤	39	① ② ③ ④ ⑤		
10	① ② ③ ④ ⑤	25	① ② ③ ④ ⑤	40	① ② ③ ④ ⑤		
11	① ② ③ ④ ⑤	26	① ② ③ ④ ⑤	41	① ② ③ ④ ⑤		
12	① ② ③ ④ ⑤	27	① ② ③ ④ ⑤	42	① ② ③ ④ ⑤		
13	① ② ③ ④ ⑤	28	① ② ③ ④ ⑤	43	① ② ③ ④ ⑤		
14	① ② ③ ④ ⑤	29	① ② ③ ④ ⑤	44	① ② ③ ④ ⑤		
15	① ② ③ ④ ⑤	30	① ② ③ ④ ⑤	45	① ② ③ ④ ⑤		

한국전력공사

5회 기출예상문제

감독관 확인란

성명표기란

수험번호

수험생 유의사항

(주민등록 앞자리 생년제외) 월일

※ 검사문항 : 1~50

문번	답란
1	① ② ③ ④ ⑤
2	① ② ③ ④ ⑤
3	① ② ③ ④ ⑤
4	① ② ③ ④ ⑤
5	① ② ③ ④ ⑤
6	① ② ③ ④ ⑤
7	① ② ③ ④ ⑤
8	① ② ③ ④ ⑤
9	① ② ③ ④ ⑤
10	① ② ③ ④ ⑤
11	① ② ③ ④ ⑤
12	① ② ③ ④ ⑤
13	① ② ③ ④ ⑤
14	① ② ③ ④ ⑤
15	① ② ③ ④ ⑤

문번	답란
16	① ② ③ ④ ⑤
17	① ② ③ ④ ⑤
18	① ② ③ ④ ⑤
19	① ② ③ ④ ⑤
20	① ② ③ ④ ⑤
21	① ② ③ ④ ⑤
22	① ② ③ ④ ⑤
23	① ② ③ ④ ⑤
24	① ② ③ ④ ⑤
25	① ② ③ ④ ⑤
26	① ② ③ ④ ⑤
27	① ② ③ ④ ⑤
28	① ② ③ ④ ⑤
29	① ② ③ ④ ⑤
30	① ② ③ ④ ⑤

문번	답란
31	① ② ③ ④ ⑤
32	① ② ③ ④ ⑤
33	① ② ③ ④ ⑤
34	① ② ③ ④ ⑤
35	① ② ③ ④ ⑤
36	① ② ③ ④ ⑤
37	① ② ③ ④ ⑤
38	① ② ③ ④ ⑤
39	① ② ③ ④ ⑤
40	① ② ③ ④ ⑤
41	① ② ③ ④ ⑤
42	① ② ③ ④ ⑤
43	① ② ③ ④ ⑤
44	① ② ③ ④ ⑤
45	① ② ③ ④ ⑤

문번	답란
46	① ② ③ ④ ⑤
47	① ② ③ ④ ⑤
48	① ② ③ ④ ⑤
49	① ② ③ ④ ⑤
50	① ② ③ ④ ⑤

잘라서 활용하세요.

gosinet (주)고시넷

한국전력공사

6회 기출예상문제

성명표기란

수험번호

문번	답란	문번	답란	문번	답란	문번	답란
1	① ② ③ ④ ⑤	16	① ② ③ ④ ⑤	31	① ② ③ ④ ⑤	46	① ② ③ ④ ⑤
2	① ② ③ ④ ⑤	17	① ② ③ ④ ⑤	32	① ② ③ ④ ⑤	47	① ② ③ ④ ⑤
3	① ② ③ ④ ⑤	18	① ② ③ ④ ⑤	33	① ② ③ ④ ⑤	48	① ② ③ ④ ⑤
4	① ② ③ ④ ⑤	19	① ② ③ ④ ⑤	34	① ② ③ ④ ⑤	49	① ② ③ ④ ⑤
5	① ② ③ ④ ⑤	20	① ② ③ ④ ⑤	35	① ② ③ ④ ⑤	50	① ② ③ ④ ⑤
6	① ② ③ ④ ⑤	21	① ② ③ ④ ⑤	36	① ② ③ ④ ⑤		
7	① ② ③ ④ ⑤	22	① ② ③ ④ ⑤	37	① ② ③ ④ ⑤		
8	① ② ③ ④ ⑤	23	① ② ③ ④ ⑤	38	① ② ③ ④ ⑤		
9	① ② ③ ④ ⑤	24	① ② ③ ④ ⑤	39	① ② ③ ④ ⑤		
10	① ② ③ ④ ⑤	25	① ② ③ ④ ⑤	40	① ② ③ ④ ⑤		
11	① ② ③ ④ ⑤	26	① ② ③ ④ ⑤	41	① ② ③ ④ ⑤		
12	① ② ③ ④ ⑤	27	① ② ③ ④ ⑤	42	① ② ③ ④ ⑤		
13	① ② ③ ④ ⑤	28	① ② ③ ④ ⑤	43	① ② ③ ④ ⑤		
14	① ② ③ ④ ⑤	29	① ② ③ ④ ⑤	44	① ② ③ ④ ⑤		
15	① ② ③ ④ ⑤	30	① ② ③ ④ ⑤	45	① ② ③ ④ ⑤		

※ 검사문항 : 1~50

(주민등록 앞자리 생년제외) 월일

수험생 유의사항

※ 답안은 반드시 컴퓨터용 사인펜으로 보기와 같이 바르게 표기해야 합니다.
　〈보기〉 ① ② ③ ❹ ⑤
※ 성명표기란 위 칸에는 성명을 한글로 쓰고 아래 칸에는 성명을 정확하게 표기하십시오. (맨 왼
　쪽 칸부터 성과 이름은 붙여 씁니다)
※ 수험번호/월일 위 칸에는 아라비아 숫자로 쓰고 아래 칸에는 숫자와 일치하게 표기하십시오.
※ 월일은 반드시 본인 주민등록번호의 생년월일 제외한 월 두 자리, 일 두 자리를 표기하십시오.
　(예) 1994년 1월 12일 → 0112

SOC_NCS

고용보건복지_NCS

금융_NCS

저마다의 일생에는,

특히 그 일생이 동터 오르는 여명기에는

모든 것을 결정짓는 한 순간이 있다.

그 순간을 다시 찾아내는 것은 어렵다.

그것은 다른 수많은 순간들의 퇴적 속에

깊이 묻혀있다.

   - 장 그르니에, 섬 LES ILES

NCS
직업기초능력평가

고시넷 NCS 2021
기출예상 실전모의고사 문제집
한국
전력공사

사무/전기/건축/ICT
직무능력검사

■ NCS 직업기초능력평가
의사소통/수리/문제해결/자원관리/정보

■ 인성·인재상·조직적합도검사
한전 인재상 및 핵심가치 등

정답과 해설

gosinet
(주)고시넷

모듈형, 피셋형, 피듈형이 뭐야?

피듈형 초록이 통합 기본서

핵심이론 & 대표 유형

워크북 핵심 이론
교과서 밖 유형
- NCS 직업기초능력평가 정복-

고시넷 NCS 2021

기출예상 실전모의고사
문제집

한국
전력공사

■ NCS 직업기초능력평가
의사소통/수리/문제해결/자원관리/정보

■ 인성·인재상·조직적합도검사
한전 인재상 및 핵심가치 등

정답과 해설

gosinet
(주)고시넷

정답과 해설

1회 기출예상문제

문제 16쪽

01	④	02	③	03	⑤	04	③	05	②
06	⑤	07	⑤	08	③	09	⑤	10	②
11	②	12	④	13	④	14	②	15	③
16	③	17	①	18	③	19	③	20	④
21	②	22	④	23	④	24	④	25	⑤
26	③	27	②	28	③	29	③	30	④
31	①	32	③	33	①	34	③	35	④
36	②	37	③	38	③	39	⑤	40	④
41	④	42	③	43	③	44	①	45	③
46	③	47	②	48	⑤	49	①	50	⑤

01 문서이해능력 세부 내용 이해하기

| 정답 | ④

| 해설 | 2문단에서 '용량별로 50MW 이하는 리튬이온배터리, NaS, RFB 등의 전지 산업이, 50MW 이상은 CAES 및 양수발전시스템과 같은 대형 발전 산업으로 시장을 형성할 것으로 예상된다.'고 언급하고 있다.

02 문서작성능력 문맥에 맞게 문단 배열하기

| 정답 | ③

| 해설 | 우선 스마트그리드의 정의에 대해 설명하는 (다)가 제시되고 스마트그리드의 장점을 소개하는 (가)가 이어지는 것이 자연스럽다. 다음으로 (마)에서 정전 최소화, 분산형 전원체제로의 전환, 신재생에너지 활용도 증대, 환경문제 해소 등의 다양한 장점을 추가로 소개하고, (라)를 통해 이러한 장점으로 인한 세계 및 한국의 스마트그리드 추진 현황에 대해 설명한 후, (나)에서 한국의 향후 계획에 대해 서술하며 글을 마무리 하는 것이 적절하다. 따라서 글의 순서는 (다)-(가)-(마)-(라)-(나)이다.

03 문서이해능력 자료를 읽고 의견 제시하기

| 정답 | ⑤

| 해설 | MZ 세대 뿐만 아니라 50 ~ 60대 소비층인 오팔 세대가 새로운 소비층으로 급부상하고 있는 소비 트렌드에 따라, 소비연령층에 대한 개선안으로는 두 세대를 모두 포용할 수 있는 폭넓은 서비스를 제공하는 것을 강조해야 한다.

04 문서이해능력 자료를 읽고 의견 제시하기

| 정답 | ③

| 해설 | 마지막 문단을 보면 공인인증제도가 폐지돼도 기존의 공인인증서는 이용기관 및 이용자 선택에 따라 일반 전자서명 중 하나로 사용할 수 있다고 하였으므로 새로운 전자서명 방식으로 완전히 대체되어 이용자 편의성이 낮아진다고 보기는 어렵다.

| 오답풀이 |

① 국제통용 평가기준에 맞춘 신기술 전자서명 평가 · 인정 제도를 마련하여 국제시장을 선도하는 전자서명 기술 개발 · 이용이 촉진될 것을 기대할 수 있다.

② 공인전자서명의 우월한 법적 효력이 폐지되면서 공인 · 사설 인증서 차별이 없어지고 전자서명시장에서 자율경쟁이 촉진된다.

05 문서작성능력 글의 내용에 맞게 제목 작성하기

| 정답 | ②

| 해설 | 제시된 기사문은 울산시가 부유식 해상풍력 생산에 적절하며, 그린뉴딜 사업으로 2030년까지 6GW 이상의 부유식 해상풍력발전단지를 조성하겠다는 내용을 담고 있다. 따라서 제목으로 ②가 적절하다.

06 문서이해능력 세부 내용 이해하기

| 정답 | ⑤

| 해설 | 1문단에서 울산시는 '수심 200m 이내 넓은 대륙붕과 연중 평균풍속 초속 8m 이상 우수한 자연조건, 신고리

원전이나 울산화력 등의 발전소와 연결된 송·배전망 인프라, 여기에 미포산업단지 등 대규모 전력 소비처, 세계적인 조선해양 플랜트 산업 기반'을 가지고 있어 부유식 풍력발전 생산에 유리하다고 하였다. 3문단에서 부유식 해상풍력 클러스터는 조성을 검토하고 있다고 언급하였다.

07 문서이해능력 세부 내용 이해하기

| 정답 | ⑤

| 해설 | 2문단을 보면 20 ~ 30대의 설문조사 결과만 주어져 있으므로 전체 직장인의 비율은 알 수 없다.

| 오답풀이 |

① 직장인들이 하는 공부는 크게 업무 역량 강화를 위한 공부와 자기계발 및 개인적인 목표를 위한 공부로 나눌 수 있다.

② 20 ~ 30대는 어학과 업무 전문성을 높이기 위한 공부, 중년층은 사회, 경제, 문화 전반의 트렌드 등을 공부한다.

③ 중년층은 실직이나 은퇴 후를 대비한 자격증 공부를 우선시한다.

④ 학습 장소와 방식은 집, 백화점 문화센터 등 다양하다.

08 문서작성능력 효과적인 전달방법 파악하기

| 정답 | ③

| 해설 | 샐러던트의 공부에 관한 정보를 제시한 후 효과적이고 성공적인 공부를 위한 두 가지 방안을 제시하고, 더 나아가 괴테의 말을 인용하여 공부의 필요성을 역설하고 있다. 그러나 필자가 미래지향적인 방향을 제시하고 있다고 보기는 어렵다.

09 문서작성능력 내용에 알맞은 그래프 파악하기

| 정답 | ⑤

| 해설 | ⓒ 1문단에서 2020년 러시아 화장품 시장 매출은 2,080억 루블로 7년 전 대비 2배 성장했다고 하였으므로 적절하다.

ⓔ 2문단에서 페이스 스킨케어 제품이 19%, 향수 18%, 색조 화장품 15%, 헤어 제품 11%, 샤워 제품 9%, 바디케어 제품 5%라고 언급하였으므로 적절하다.

| 오답풀이 |

㉠ 화장품 수입국 비중 및 동향은 언급되지 않았다.

ⓛ 러시아 헤어 제품 매출 규모는 언급되지 않았다.

10 문서이해능력 자료를 읽고 의견 제시하기

| 정답 | ②

| 해설 | 저가 대중브랜드 선호가 뚜렷해졌으며 코로나19로 경제 내 불확실성이 증가함에 따라 한동안 저가 코스메틱이 인기를 끌 것이 예상되는 상황이다. 따라서 핸드크림, 마스크팩 등 대중적인 제품군에서 프리미엄 브랜드로 경쟁하는 것은 적절하지 않다.

| 오답풀이 |

① 코로나19 유행으로 인해 화장품 구매에 대한 관심은 줄었으나 온라인 거래가 증가하고 있으므로 온라인 판매에 주력하는 것이 합리적이다. 향수의 경우 제품 특성상 온라인 구매로는 시향이 어렵기 때문에 그와 관련된 판매전략이 요구된다.

③ 온라인과 SNS를 통한 정보 수집 및 구매가 늘어나는 상황에서 온라인 판매전략을 수립하는 것이 중요하다.

④, ⑤ 고가 살균제의 인기가 끝난 이후에는 항균 효과가 있는 코스메틱이 성장할 것으로 전망되므로 적절하다.

11 도표분석능력 자료의 수치 계산하기

| 정답 | ②

| 해설 | P는 저압, Q는 고압의 전력을 사용하므로 다음과 같이 전기요금을 산출할 수 있다.

〈P의 전기요금〉

- 기본요금 : 1,300kWh 사용이므로 7,200원

- 전력량 요금 : $(200 \times 90) + (200 \times 180) + (600 \times 279) + (300 \times 720) = 437,400$(원)

→ $7,200 + 437,400 = 444,600$(원)

www.gosinet.co.kr
gosinet

1회 기출예상문제
2회 기출예상문제
3회 기출예상문제
4회 기출예상문제
5회 기출예상문제
6회 기출예상문제

⟨Q의 전기요금⟩

• 기본요금 : 180kWh 사용이므로 720원

• 전력량 요금 : $180 \times 72 = 12,960$(원)

• 200kWh 이하 사용에 따른 필수사용량 보장공제 −2,500원

→ $720 + 12,960 - 2,500 = 11,180$(원)

12 도표분석능력 자료의 수치 계산하기

|정답| ④

|해설| 각 병원에서의 본인부담금과 임산부 진료비 감면내역은 다음과 같다.

구분	본인부담금 (임산부 진료비 지원 혜택 적용 전)	임산부 진료비 감면내역
H 병원	$(410,000-120,000)$ $\times \frac{30}{100} + 120,000 \times \frac{60}{100}$ $= 159,000$(원)	• 초기임신 중 출혈, 산후풍 $\left\{ (360,000-120,000) \right.$ $\times \frac{30}{100} + 120,000 \times \frac{60}{100} \Big\}$ $\times \frac{50}{100} = 72,000$(원)
A 병원	$(470,000-80,000)$ $\times \frac{30}{100} + 80,000 \times \frac{60}{100}$ $= 165,000$(원)	• 양수검사 $150,000 \times \frac{30}{100} \times \frac{50}{100}$ $= 22,500$(원)
C 병원	$(655,000-90,000)$ $\times \frac{40}{100} + 90,000 \times \frac{50}{100}$ $= 271,000$(원)	• 초음파, 임당검사 $\left\{ (360,000-60,000) \right.$ $\times \frac{40}{100} + 60,000 \times \frac{50}{100} \Big\}$ $\times \frac{50}{100} = 75,000$(원)
합계	595,000원	169,500원

따라서 외국인 임산부 A의 본인부담금은 595,000−169,500=425,500(원)이다.

13 도표분석능력 자료의 수치 계산하기

|정답| ④

|해설| 평점 총합이 27점인 '바'가 1위이며, '나'와 '라'가 24점으로 동일하나 근무성적 점수에 따라 '나'가 2위, '라'가

3위가 된다. 다음으로 '가', '사', '아'의 총합이 22점으로 동일하므로 조직 기여도 점수가 가장 낮은 '사'가 6위, 직급이 높은 '아'가 4위, '가'가 5위가 된다. 이어서 총합 19점인 '다'가 7위, 18점인 '마'가 8위이다. 순위에 따른 지급률과 등급에 따른 상여금을 고려하여 계산하면 다음과 같다.

사원	평점 합	순위	등급	상여급 지급액 (단위 : 만 원)	1월 직급
가	22	5	B	100	계약직
나	24	2	S	450	5
다	19	7	B	300	5
라	24	3	A	260	6
마	18	8	B	400	4
바	27	1	S	150	6
사	22	6	B	400	4
아	22	4	A	−	3

따라서 성과상여금을 가장 많이 받는 '나'와 가장 적게 받는 '가'의 차이는 350만 원이다.

14 도표분석능력 자료의 수치 계산하기

|정답| ②

|해설| 13의 해설을 참고하면 1월 기준 6급 ~ 4급 사원의 수는 6명이고, 이 중 5급 이하의 사원은 4명이다. 따라서 5급 이하의 두 사원이 팀을 옮길 확률은 $\frac{_4C_2}{_6C_2} = \frac{6}{15}$ $= \frac{2}{5}$ 이다.

15 도표분석능력 빈칸에 들어갈 수치 계산하기

|정답| ③

|해설| ⟨표 1⟩의 가로줄의 합과 ⟨표 2⟩의 가로줄의 합은 각각 ⟨표 3⟩의 합계와 같다는 사실을 이용하면 쉽게 구할 수 있다. 계산이 복잡하면 끝자리를 먼저 비교함으로써 빠르게 계산 가능하다.

ⓒ $48,472 - (12,025 + 4,255 + 4,553 + 5,001 + 4,408 + 12,285) = 5,945$

따라서 ⓒ에 들어갈 숫자는 5,945이다.

www.gosinet.co.kr $g$osinet

1회 기출예상문제

2회 기출예상문제

3회 기출예상문제

4회 기출예상문제

5회 기출예상문제

6회 기출예상문제

| 오답풀이 |

① $41,572-(10,071+18,725+191+9,856+290+2,316)$
$=123$

② $41,776-(9,803+19,624+164+100+9,623+299)$
$=2,163$

④ 12월 합계가 주어져 있지 않으므로 〈표 1〉로부터 12월 합계인 ⓔ를 먼저 구하면 47,824이다.
$47,824-(10,878+4,977+4,158+4,059+4,169+$
$14,969)=4,614$

⑤ $(10,514+17,965+188+643+16,003+300+2,211)$
$=47,824$

16 [도표분석능력] 자료의 수치 분석하기

| 정답 | ③

| 해설 | 양수의 평균 전력거래량은 $(300+266+290+299$
$+313+306)÷6≒296$(GWh)로 300GWh 이하이다.

| 오답풀이 |

① 2020년 9월 총 전력거래량은 41,776GWh로 전월 대비
$\dfrac{48,472-41,776}{48,472}×100≒13.8(\%)$ 감소하였다.

② 증가, 감소, 감소, 증가, 증가로 동일하다.

④ 2020년 10월 양수와 LNG의 전력거래량 합은 $290+$
$9,856=10,146$(GWh)로 원자력의 전력거래량인 10,071
GWh보다 많다.

⑤ 가장 많이 거래된 월은 8월, 가장 적게 거래된 월은 10월로, 전력거래량 차이는 $4,408-3,549=859$(GWh)
이다.

17 [도표분석능력] 빈칸에 들어갈 항목 나열하기

| 정답 | ①

| 해설 | 2015년 대비 2020년의 에너지공급량 증가율을 구하면 다음과 같다.

• (가) : $\dfrac{2,216-2,215}{2,215}×100≒0.05(\%)$

• (나) : $\dfrac{3,066-2,629}{2,629}×100≒16.62(\%)$

• (다) : $\dfrac{1,741-1,526}{1,526}×100≒14.09(\%)$

• (라) : $\dfrac{721-623}{623}×100≒15.73(\%)$

• 그 외 국가 : $\dfrac{4,280-4,139}{4,139}×100≒3.41(\%)$

따라서 2015년 대비 2020년의 에너지공급량 증가율이 가장 큰 (나)가 중국이고, '그 외 국가'보다 작은 (가)가 미국이다.

(나)와 (라)의 2005년 대비 2020년 에너지공급량 증가율을 구하면 다음과 같다.

• (다) : $\dfrac{1,741-1,038}{1,038}×100≒67.7(\%)$

• (라) : $\dfrac{721-354}{354}×100≒103.7(\%)$

따라서 (라)는 중동, (다)는 중국 외 아시아이다.

18 [도표분석능력] 자료의 수치 분석하기

| 정답 | ③

| 해설 | 권역별 1차 에너지 공급량의 시기별 증감 추이는 다음과 같다.

구분	2010년	2015년	2020년
유럽(OECD)	+	−	−
미국	+	−	+
중국	+	+	+
중국 외 아시아	+	+	+
중동	+	+	+
그 외 국가	+	+	+

따라서 유럽과 미국을 제외한 전 권역에서 1차 에너지 공급량의 시기별 증감 추이는 동일하다.

19 [도표분석능력] 빈칸에 들어갈 항목 나열하기

| 정답 | ③

| 해설 | 〈보고서〉에서 경복궁과 창덕궁의 유료 관람객 수는 매년 무료 관람객 수의 2배 이상이었다고 했으므로, ㉠과 ㉣이 이에 해당한다. 또한 유료 관람객을 내국인과 외국인

으로 나누어 분석해보면, 창덕궁의 내국인 유료 관람객 수는 매년 증가하였다고 했으므로, ㉠과 ㉣의 내국인 유료 관람객 수를 계산해 보면 ㉠과 ㉣의 문화유적지 명칭을 알 수 있다.

(단위 : 천 명)

구분	㉠의 내국인 유료 관람객 수	㉣의 내국인 유료 관람객 수
2016년	673−299=374	1,704−773=931
2017년	739−352=387	2,029−1,191=838
2018년	1,001−327=674	2,657−1,103=1,554
2019년	1,120−443=677	2,837−1,284=1,553
2020년	1,287−587=700	3,309−1,423=1,886

위의 표를 보면 ㉠의 내국인 유료 관람객 수가 매년 증가한 것을 알 수 있다. 그러므로 ㉠은 창덕궁, ㉣은 경복궁이 된다.

〈보고서〉에서 덕수궁과 종묘의 유료 관람객 수와 무료 관람객 수는 각각 2016년보다 2020년에 감소한 것으로 나타났다고 했으므로 ㉡과 ㉢이 이에 해당한다. 특히 종묘는 전체 관람객 수가 매년 감소하였다고 했으므로 아래 표를 참조하면 ㉢이 매년 관람객 수가 감소한 것을 알 수 있다. 그러므로 ㉢은 종묘, ㉡은 덕수궁이다.

(단위 : 천 명)

문화유적지	관람료	2016	2017	2018	2018	2020
㉡	유료	779	851	716	749	615
	무료	688	459	381	434	368
	합계	1,467	1,310	1,097	1,183	983
㉢	유료	370	442	322	275	305
	무료	618	344	168	148	111
	합계	988	786	490	423	416

20 문제처리능력 조건에 맞는 구매 방법 찾기

| 정답 | ④

| 해설 | 희연이는 티셔츠 2장, 레깅스 하나 총 3개의 상품을 구매하고자 한다. 첫 구매 할인쿠폰과 스토어 찜 할인쿠폰은 중복 사용할 수 없으므로 2번에 나누어 주문하는 것이

더 많은 금액을 할인받을 수 있는 방법이다. 이때 브랜드데이 할인쿠폰을 티셔츠에 적용하면 2,000원을 할인받을 수 있지만, 레깅스에 적용하면 5,000원을 할인받을 수 있으므로 레깅스에 적용해야 한다.

i) 스토어 찜 할인쿠폰을 레깅스 구매에 사용하는 경우
첫 구매 할인쿠폰은 티셔츠를 구매할 때 적용한다. 따라서 레깅스는 총 5,000+1,000=6,000(원) 할인받을 수 있으며 티셔츠는 5,000원 할인받는다.

ii) 스토어 찜 할인쿠폰을 티셔츠 구매에 사용하는 경우
첫 구매 할인쿠폰은 레깅스를 구매할 때 적용한다. 따라서 티셔츠는 1,000원 할인받고 레깅스는 총 5,000+5,000=10,000(원) 할인받는다.

두 경우 모두 총 구매금액은 45,000−11,000=34,000(원)으로 동일하다. 티셔츠 2장의 가격이 20,000원으로 스토어 찜 할인쿠폰을 티셔츠 2장 또는 레깅스 하나에 모두 적용 가능하기 때문이다. 따라서 티셔츠와 레깅스를 별도로 주문할 때 34,000원으로 가장 저렴하게 구매할 수 있다.

21 문제처리능력 국가별 정책 이해하기

| 정답 | ②

| 해설 | 이스라엘에 대한 설명이다. 대만은 모든 외국인의 입국이 금지됨이 원칙이다. 다만 영주권이 있거나 외교 또는 사업 등 예외적인 경우에 한하여 허가 하에 입국할 수 있다.

| 오답풀이 |

① 중국인이 사업상 출장을 위해 대만에 입국하는 경우 입국 후 2주간 건강상태 모니터링에 동의해야 한다.

③ 한국 국적자는 제3국 교민을 포함하여 일본 방문 시 주한일본대사관에서 새로 비자를 발급받아야 한다.

22 문제처리능력 내년도 사업 예측하기

| 정답 | ④

| 해설 | 독일 ◇◇사업은 $\frac{89+98+95+96+98}{5}=95.2$ (점)으로 A 등급이다. 김 부장이 독일 ◇◇사업에 99점을 부여하는 경우 평가자들 중 최고점을 부여하는 것이 되어 점수의 평균을 구하는 과정에서 제외된다. 따라서 독일

◇◇사업의 평균 점수는 $\dfrac{89+98+95+96}{4}=94.5$(점)으로 B 등급이 된다.

23 문제처리능력 질문에 답변하기

| 정답 | ④

| 해설 | 주희는 영어 실력이 뛰어나고 아이들을 좋아하므로 데미 페어나 오페어를 추천하는 것이 적절하다.

24 사고력 로직트리 분석하기

| 정답 | ④

| 해설 | ⓒ 예산과 인적자원의 활용에 관한 내용이 들어가야 한다. 유통 단계 축소는 개발역량과 관련이 없는 내용이다.

ⓜ 시장 포화상태로 인해 시장 진입 여부를 검토할 필요성이 있다. 따라서 디자인을 개선한다는 내용은 적절하지 않다.

25 문제처리능력 자료를 바탕으로 질의응답하기

| 정답 | ⑤

| 해설 | 수강신청은 4월에 해야 하나, 강의 자체는 5월 1일부터 시작인 것으로 안내되어 있으므로 4월 출장 일정 때문에 수강하지 못한다는 것은 옳지 않다.

| 오답풀이 |

① 우선순위 요건은 수강 신청자가 많을 경우에 판단하는 것이므로 수강신청 상황에 따라 아무 요건에도 해당되지 않더라도 수강이 가능할 수 있다.

② 수출입 절차, 글로벌 비즈니스, 수출입회계와 세무 등은 모두 무역실무와 관련 있는 과정으로 볼 수 있다.

③ 이용대상은 중소 협력기업의 임직원으로 한정되어 있으므로 학생은 수강할 수 없다.

④ 승인여부가 개별 SMS(문자 서비스 등)로 안내된다고 하였으므로 홈페이지를 확인할 필요는 없다.

26 문제처리능력 회의실 임대료 구하기

| 정답 | ③

| 해설 | K사가 지불해야 할 임대료와 기타 비용을 계산해 보면 다음과 같다.

- 6월 : 소회의실 1 또는 소회의실 2
  $136,000+68,000+20,000=224,000$(원)
- 8월 : 빔 프로젝터를 이용해야 하므로 별실 임대
  $400,000+30,000+10,000=440,000$(원)
- 10월 : 소회의실 1과 소회의실 2
  $(136,000+68,000)\times2=408,000$(원)
- 12월 : 대회의실 360,000원

따라서 회의실 임대료는 8월 - 10월 - 12월 - 6월의 순으로 많다.

27 문제처리능력 안내문 이해하기

| 정답 | ②

| 해설 | 무통장 입금은 반드시 회의실 담당자와 통화 후 입금해야 한다고 나와있으므로 ②는 준수사항을 바르게 숙지한 경우이다.

| 오답풀이 |

① 책상이나 의자 등의 추가 또는 이동 배치는 승인되지 않는다.

③ 도시락 반입은 금지되어 있다.

④ 안내문은 지정된 위치에만 부착할 수 있고 맞이방 및 연결통로에는 부착할 수 없다.

⑤ 회의실 이용시간은 오전 9시부터로 예약시간 30분 전부터 입실이 가능하다. 따라서 가장 빠른 입실 가능 시간은 오전 8시 30분이다.

28 문제처리능력 이익 계산하기

| 정답 | ③

| 해설 | 각 제품의 발주 1회당 이익은 다음과 같다(1회 발주당 총수익-생산비용).

- A 제품 : $800\times(5-1)-2,000=1,200$(만 원)

- B 제품 : $1,200 \times (6-1) - 4,000 = 2,000$(만 원)
- C 제품 : $1,000 \times (4-1) - 1,500 = 1,500$(만 원)
- D 제품 : $1,400 \times (7-1) - 6,500 = 1,900$(만 원)

총 영업일은 $(5 \times 9) - 4 = 41$(일)이므로 A 제품은 9번, B 제품은 7번, C 제품은 11번, D 제품은 6번 발주한다. 다만 마지막 발주 건의 경우 수익을 얻는 날이 적어서 1회당 총수익을 모두 얻지 못함에 주의해야 한다. 마지막 발주 건에서 A 제품은 4일, B 제품은 1일, C 제품은 3일, D 제품은 1일만큼의 수익을 얻지 못하므로 이를 빼서 계산한다.

- A 제품 : $1,200 \times 9 - 800 \times 4 = 7,600$(만 원)
- B 제품 : $2,000 \times 7 - 1,200 = 12,800$(만 원)
- C 제품 : $1,500 \times 11 - 1,000 \times 3 = 13,500$(만 원)
- D 제품 : $1,900 \times 6 - 1,400 = 10,000$(만 원)

따라서 8 ~ 9월 동안 가장 많은 이익을 낼 수 있는 제품은 C이다.

29 　문제처리능력　 발생 이익 산출하기

| 정답 | ③

| 해설 | 28과 푸는 방법은 같으나 발주 간격이 각각 8일, 6일로 변경되므로 1회 발주당 순이익이 달라진다는 것에 주의해야 한다. 8월 한 달만 고려해야 하므로 영업일은 22일이다. A 제품은 3번, D 제품은 4번 발주한다. 발주 횟수만큼 모두 이익이 발생한다고 가정하였으므로 마지막 발주건도 1회당 순이익으로 계산해야 한다.

- A 제품 : $(800 \times 7 - 2,000) \times 3 = 10,800$(만 원)
- D 제품 : $(1,400 \times 5 - 6,500) \times 4 = 2,000$(만 원)

따라서 8월 한 달간 발생하는 A와 D 제품의 순이익의 합은 12,800만 원이다.

30 　문제처리능력　 자료를 읽고 추론하기

| 정답 | ④

| 해설 | 영아 할인은 성인 1명당 1명에 한해 무료가 적용되므로 영아 3명 모두 만 2세 미만이라 하여도 2명까지만 할인 적용이 된다.

| 오답풀이 |

① 부부 둘 다 만 65세 이상이므로 경로 할인 대상이다.

② 2급 장애인의 동반 보호자는 1인까지 동급 할인을 받을 수 있다.

③ 학생증을 지참하지 않았으므로 학생 할인은 받지 못한다. 따라서 10%의 일반 단체 할인만 받을 수 있다.

⑤ 15인 이상인 경우 일반 단체 할인이 적용되어 10% 할인을 받을 수 있다.

31 　문제처리능력　 자료를 참고하여 경비 산출하기

| 정답 | ①

| 해설 | 전원 2박 숙박인 점에 주의하여 인원별로 요금을 계산해 보면 다음과 같다.

- 64세 교수 : 3,500,000원
- 60세 이하 교수 2명 : $935,000 \times 2 = 1,870,000$(원)
- 4학년 학생 5명 : $420,000 \times 5 \times 0.8 = 1,680,000$(원)
- 3학년 학생 10명 : $(370,000 \times 9 + 770,000 \times 1) \times 0.8 = 3,280,000$(원)
- 2학년 학생 5명 : $370,000 \times 5 \times 0.8 = 1,480,000$(원)
- 1학년 학생 3명 : $370,000 \times 3 = 1,110,000$(원)
- 조교 2명 : $770,000 \times 0.8$(장애인 동반 보호자 1인 동급 할인) $+ 420,000 = 1,036,000$(원)

요금의 총합은 13,956,000원인데 15인 이상이므로 10% 할인이 적용되어 $13,956,000 \times 0.9 = 12,560,400$(원)이 된다.

32 　예산관리능력　 카드별 혜택 계산하기

| 정답 | ③

| 해설 | 카드별 혜택을 계산하면 다음과 같다.

- A 카드
  전월 실적이 350만 원 미만이므로 혜택이 없다.
- B 카드
  연회비 12만 원을 월 분할 납부 : $-10,000$원
  서점 10% 할인 : $215,000 \times 0.1 = 21,500$(원)
  ➡ 할인금액 2만 원 한도

www.gosinet.co.kr gosinet

1회 기출예상문제

2회 기출예상문제

3회 기출예상문제

4회 기출예상문제

5회 기출예상문제

6회 기출예상문제

주유소 1% 할인 : 380,000×0.01=3,800(원)

식당 14시 이전 결제건 1% 할인 : 1,300,000×0.01
=13,000(원)

식당 18 ~ 22시 결제건 2% 할인 : 850,000×0.02
=17,000(원)

따라서 −10,000+20,000+3,800+13,000+17,000
=43,800(원)의 혜택을 받는다.

• C 카드

식당 18 ~ 22시 결제건 3% 할인 : 850,000×0.03
=25,500(원)

대중교통비 10% 할인 : 79,000×0.1=7,900(원)

주유소 5% 할인 : 380,000×0.05=19,000(원)

따라서 25,500+7,900+19,000=52,400(원)의 혜택을
받는다.

• D 카드

식당 14시 이전 결제건 1% 할인 : 1,300,000×0.01
=13,000(원)

서점 5% 할인×215,000×0.05=10,750(원)

주유소 3% 할인 : 380,000×0.03=11,400(원)

따라서 13,000+10,750+11,400=35,150(원)의 혜택을
받는다.

따라서 김 사원이 선택할 카드는 C 카드이다.

33 시간관리능력 워크숍 날짜 선정하기

|정답| ①

|해설| 〈조건〉에 따라 가능하지 않은 날짜를 지우면 다음
과 같다.

〈12월〉

일	월	화	수	목	금	토
		~~1~~	~~2~~	~~3~~	4	5
~~6~~	~~7~~	~~8~~	~~9~~	~~10~~	~~11~~	~~12~~
~~13~~	**14**	**15**	~~16~~	**17**	**18**	~~19~~
~~20~~	21	22	23	24	25 (공휴일)	~~26~~
~~27~~	~~28~~	~~29~~	~~30~~	~~31~~		

〈1월〉

일	월	화	수	목	금	토
					~~1~~	~~2~~
~~3~~	~~4~~	~~5~~	~~6~~	~~7~~	~~8~~	~~9~~

따라서 워크숍을 진행할 수 있는 날짜는 12월 14 ~ 15일,
12월 17 ~ 18일이다.

34 인적자원관리능력 성과급 지급 순위 정하기

|정답| ④

|해설| 각 직원의 평가점수를 구하면 다음과 같다.

구분	성실성 점수	효율성 점수	가점	평가점수
팀장 A	90	85	5	127
사원 B	90	90	1	127
사원 C	75	100		125
사원 D	85	95		127
사원 E	90	80		118

따라서 평가점수는 A, B, D가 127점으로 동일하게 가장
높다. 이중 효율성 점수가 높은 D가 성과급 지급 순위가 가
장 높다.

35 인적자원관리능력 성과급 지급액 구하기

|정답| ④

|해설| 34의 해설을 참고하면 E의 경우 평가점수가 118점
으로 120점 미만이므로 격리 사유에 해당하여 성과급 지급
대상에서 제외된다. A ~ D에게 적용되는 기준 금액을 정
리하면 다음과 같다.

• A : 3,500,000×0.25=875,000(원)

• B ~ D : 3,000,000×0.2=600,000(원)

성과급 지급 순위는 D−B−A−C이므로 성과가중치를 적
용하여 최종 성과급 지급액을 도출하면 다음과 같다.

• D : 600,000×1.5=900,000(원)

• B : 600,000×1.4=840,000(원)

- A : 875,000×1.3=1,137,500(원)
- C : 600,000×1.2=720,000(원)

따라서 성과급 총액은 3,597,500원이다.

36 물적자원관리능력 조건에 맞는 도서와 비용 구하기

|정답| ②

|해설| 직원들의 선호도 및 조건을 반영하여 구입하게 되는 도서의 목록은 다음과 같다.

구분	A	B	C	D	E
1 순위	강자와 약자	인생을 바꾸는 성공 습관	월간 패션	건축으로 보는 해외 도시	–
2 순위	미래에 나는 어디에 있는가	미국 주식 투자법	건축으로 보는 국내 도시	무작정 회화하기	–
3 순위	독서 길라잡이	–	–	잘 쉬는 방법	월간 K-pop
계	52,500	43,000	36,500	56,000	9,000

따라서 최소 도서 구입비는 52,500+43,000+36,500+56,000+9,000=197,000(원)이며 E가 구입하는 도서는 월간 K-pop이다.

37 물적자원관리능력 조건에 맞는 도서와 비용 구하기

|정답| ④

|해설| 각 분야의 선호도 점수와 가격 점수는 다음과 같다.

구분	선호도 점수	가격 점수	총점
자기계발서	26	11	37
외국어 수험서	10	11	21
인문교양서	28	8	36
경제서적	10	9	19
잡지	16	16	32

이에 따라 자기계발서의 모든 도서를 구매하게 되며, 그 결과 14,000+12,000+25,000=51,000(원)의 구입비가 든다.

38 물적자원관리능력 조건에 맞는 휴가지 정하기

|정답| ③

|해설| 총 점수를 구하면 다음과 같다.

구분	필리핀 +1	베트남 +1	태국 +1	제주도	괌
맛	2	5+2	3	4	2
1인 교통비	4	6	7	8+2	2
분위기	3	2	5+5	1	4
거리	3	4	2	5	1
방문횟수	4	3	2	1	5+3
총점	17	23	25	21	17

따라서 태국이 최종 휴가지로 결정된다.

39 물적자원관리능력 조건에 맞는 휴가지 정하기

|정답| ⑤

|해설| 최 이사의 요구사항이었던 분위기가 가장 좋은 곳인 태국을 제외하고, 팀장을 제외한 주임과 사원의 요구사항만 반영하여 의사결정한 결과는 다음과 같다.

구분	필리핀 +1	베트남 +1	제주도	괌
맛	2	5+2	4	2
1인 교통비	4	6	8+2	2
분위기	3	2	1	4
거리	3	4	5	1
방문횟수	4	3	1	5
총점	17	23	21	14

따라서 총점이 가장 낮은 휴가지는 괌이다.

40 시간관리능력 일정표 작성하기

|정답| ④

|해설| 대표이사의 석식 시간은 따로 정해지지 않았으며 공항에 도착한 후 인천공항 라운지에서 요기를 한 뒤 기내식을 먹는다고 했다.

1회 기출예상문제

2회 기출예상문제

3회 기출예상문제

4회 기출예상문제

5회 기출예상문제

6회 기출예상문제

41 시간관리능력 출발시간 정하기

|정답| ④

|해설| 저녁 10시(22시)로 예약되어 있는 런던행 비행기에 탑승하기 위해서는 출발 3시간 전(19시)까지 공항에 도착해야 한다고 했다. 그리고 본사에서 공항까지 1시간 정도 걸린다고 했으므로 적어도 18시에 회사에서 출발해야한다.

42 정보처리능력 보안 관련 용어 알기

|정답| ②

|해설| 제로 트러스트 보안의 기본 전략은 기업 내·외부를 막론하고 적절한 인증 절차를 통해 신원이 파악되기 전까지 네트워크에 대한 모든 접속을 차단하는 것이다.

|오답풀이|

① 폼재킹 : 사용자의 결제 정보 양식을 탈취하는 범죄이다.

③ 크립토재킹 : 일반인 PC를 암호화폐 채굴에 이용하는 신종 사이버 범죄이다.

④ 랜섬웨어 : 사용자 컴퓨터 시스템에 침투하여 중요 파일에 대한 접근을 차단하고 금품을 요구하는 악성 프로그램이다.

⑤ 웹 스키밍 : 온라인 결제거래를 하는 클라이언트에 삽입한 코드를 변조하여 신용카드 정보 등 금융 결제 정보를 탈취하는 공격이다.

43 컴퓨터활용능력 단축키 이해하기

|정답| ③

|해설| 기호나 문자표를 불러올 수 있는 '문자표 입력' 단축키는 Ctrl＋F10이다.

|오답풀이|

① 용지의 서식이나 편집 작업을 할 수 있는 '편집 용지' 단축키이다.

② '표 만들기' 단축키이다.

④ 글자의 크기, 색, 위치, 음영 등을 조절하는 '글자 모양' 단축키이다.

⑤ 줄 간격, 한글 정렬, 문단 간격 등의 문단 모양을 변경할 수 있는 '문단 모양' 단축키이다.

44 정보처리능력 플래시메모리 이해하기

|정답| ①

|해설| 플래시메모리는 전원을 끄면 데이터를 상실하는 DRAM, SRAM과 다르게 전원이 꺼져도 저장된 정보가 사라지지 않는 비휘발성 메모리이다.

|오답풀이|

② SRAM : 정적 램(SRAM)이란 전원 공급이 계속되는 동안에는 저장된 내용을 계속 기억하고 소용량의 메모리나 캐시메모리에 주로 사용된다.

③ DRAM : 흔히 컴퓨터의 메인 메모리로 사용되며 동적램(DRAM)이라 하고, 속도가 빠르고 대용량 저장이 가능하지만 데이터가 일정 시간이 지나면 사라지기 때문에 다시 기록해야 한다.

④ 광메모리 : 광디스크를 컴퓨터 프로그램이나 데이터의 기억에 활용한 기억매체를 말한다.

⑤ X-ROM : 능동영역 형태를 X자로 만든 읽기전용 기억장치(ROM) 회로를 말한다.

45 컴퓨터활용능력 검색 연산자 활용하기

|정답| ③

|해설| 쉼표(,)나 세미콜론(;)을 구분자로 하여 여러 단어를 찾을 수 있다.

46 컴퓨터활용능력 엑셀 수식 입력하기

|정답| ③

|해설| ROUNDUP 함수는 올림, ROUND 함수는 반올림하는 함수이다. '=ROUND(수, 자릿수)'의 형태로 사용되며 자릿수는 소수 첫째 자리가 1, 소수 둘째 자리가 2, … 일의 자리가 −1, 십의 자리가 −2, 백의 자리가 −3이다. 따라서 [C2]셀에 들어갈 수식은 '=ROUND(B2, −3)'이다.

47 컴퓨터활용능력 엑셀 수식 입력하기

| 정답 | ②

| 해설 | IF 함수의 용법은 '=IF(조건, 조건이 참일 때 값, 조건이 거짓일 때 값)'이다. 초과를 나타내는 기호는 >이고, 이상을 나타내는 기호는 >=이다. 인상률 10%가 들어 있는 셀은 채우기핸들을 사용할 때 주소가 변경되면 안 되므로 절대주소화하여 $B$7로 나타낸다. 엑셀은 %를 자동으로 인식하기 때문에 100으로 나누지 않아야 한다. 따라서 'IF(C2>70000, D2+D2*$B$7, D2)'를 입력하면 된다.

48 컴퓨터활용능력 HTML 언어 활용하기

| 정답 | ⑤

| 해설 | ⑩ ⟨br⟩은 줄을 바꿀 때 사용하는 것으로 제시된 표에는 여러 줄에 걸쳐서 입력된 내용이 없다.

⑭ ⟨u⟩, ⟨/u⟩는 내용에 밑줄을 치는 것으로 사용하지 않는다.

49 컴퓨터활용능력 HTML 언어 활용하기

| 정답 | ①

| 해설 | 표를 시작해(⟨table⟩) 첫 번째 행을 만들어(⟨tr⟩) 그 첫 번째 열(⟨td⟩)에 'NCS 영역'을 입력하고(⟨/td⟩), 두 번째 열을 시작해(⟨td⟩) '하위 영역'을 입력한다(⟨/td⟩⟨/tr⟩). 또 행을 만들어(⟨tr⟩) 첫 번째 열(⟨td⟩)에 굵은 글씨(⟨b⟩)로 '정보능력'를 입력하고(⟨/td⟩), 두 번째 열을 시작해(⟨td⟩) 밑줄 친(⟨u⟩) '컴퓨터활용능력'를 입력(⟨/td⟩⟨/tr⟩)한 뒤 표를 마친다(⟨/table⟩).

50 컴퓨터활용능력 HTML 언어 활용하기

| 정답 | ⑤

| 해설 | 2행 2열의 '좌우 바람'에 밑줄을 표시하기 위해 '⟨td⟩⟨u⟩좌우 바람⟨/u⟩이 설정되어 있는가?⟨/td⟩'로 입력해야 한다.

2회 기출예상문제 문제 64쪽

01 ④	02 ③	03 ②	04 ④	05 ④
06 ⑤	07 ③	08 ④	09 ②	10 ④
11 ④	12 ③	13 ③	14 ⑤	15 ②
16 ②	17 ③	18 ①	19 ④	20 ①
21 ②	22 ⑤	23 ①	24 ③	25 ⑤
26 ④	27 ①	28 ⑤	29 ②	30 ⑤
31 ④	32 ③	33 ⑤	34 ④	35 ③
36 ⑤	37 ②	38 ②	39 ⑤	40 ④
41 ⑤	42 ②	43 ⑤	44 ①	45 ①
46 ④	47 ①	48 ②	49 ①	50 ③

01 문서이해능력 필자의 의견 파악하기

| 정답 | ④

| 해설 | A는 용량요금의 인상이 필요함을 언급하고 있으며, 이것은 복합발전기 도입에 따른 가격 정상화가 필요하다는 의미를 포함하고 있다. 반면, B는 공급 상승에 따른 시장가격 하락이 뒤따라야 함에도 불구하고 용량요금을 인상하는 것은 시장원리에 반하는 행위라고 주장하고 있다. 따라서 A는 공급자의 입장, B는 수요자의 입장에서 각각의 주장을 펼치고 있다고 볼 수 있다.

02 문서이해능력 세부 내용 이해하기

| 정답 | ③

| 해설 | ㉠ 맥스웰은 전기와 자기를 통합하는 네 개의 방정식을 만들었고, 인류는 이 네 개의 식으로 전기와 자기에 관련된 수많은 현상을 모두 이해할 수 있게 되었다.

㉢ 맥스웰의 방정식은 전력력과 자기력의 상호관계를 설명하는 수학적 정리이다.

㉣ 전기와 자기가 서로를 만드는 관계에 있다는 것은 패러데이의 유도법칙이다.

| 오답풀이 |

㉡ 전자기 현상에 대해 알아낸 사람은 패러데이지만, 수학적인 방식을 이용해 전자기 현상을 하나의 법칙으로 만들어 낸 사람은 맥스웰이다.

03 문서작성능력 문맥에 맞게 문단 배열하기

| 정답 | ②

| 해설 | (라)는 광통신에 대해 설명하고 광통신의 한계를 극복할 수 있는 애벌랜치 광다이오드, 즉 중심소재에 대해 제시한다. 다음으로 애벌랜치 광다이오드에 대해 설명하는 (나)가 이어져 전자와 양공 쌍의 개수가 애벌랜치 광다이오드의 성능에 영향을 미침을 설명하고, (가)는 그 뒤에 이어져 흡수층에서 생성된 전자에 의해 충돌 이온화가 반복적으로 나타남을 설명한다. (마)에서는 그 결과에 따라 전자 수가 크게 증가하는 현상인 '애벌랜치 증배'가 발생한다고 언급하므로 (가)의 뒤에 자연스럽게 연결된다. 마지막으로, (다)에서는 '한편'이라는 접속어로 화제를 전환해 검출 가능한 빛의 파장대역에 대해 설명하고 있으며 이는 앞서 언급한 내용과는 구별된다. 따라서 (라)-(나)-(가)-(마)-(다)의 순서로 문단을 배열하는 것이 적절하다.

04 문서이해능력 세부 내용 파악하기

| 정답 | ④

| 해설 | 신재생에너지 비용과 전기료 분리 부과 방안은 환경 관련 비용을 별도로 부과하여 깨끗한 에너지로의 전환에 대한 소비자들의 인식을 높이자는 취지이지, 신재생에너지를 사용함에 따라 부과되는 요금에 대한 경각심을 심어 주려는 것은 아니다.

| 오답풀이 |

① 한국전력공사는 이미 지난해부터 여름철에 주택용 전기료를 상시로 할인하는 중이며 다양한 복지할인 제도 또한 운영 중이므로, 추가완화방안은 한국전력공사에게 부담이 될 수 있다.

② 전기요금이 고정된 상태에서 저유가 시기에는 연료비가 감소해 대규모 흑자를 내고, 고유가 시기에는 적자를 내는 일을 반복해 온 상태에서 연료비 연동제를 도입하면 유가에 따른 실적 변동성을 줄일 수 있다.

③ 연료비 연동제를 도입할 시, 코로나19로 인한 경기침체와 유가 하락으로 인해 소비자들은 전기요금 인하 혜택을 볼 수 있음에 따라 평균 전기요금이 지금보다 낮았을 것이다.

⑤ 한국전력공사는 여름철에 주택용 전기료 누진제 완화제도를 시행한다. 누진 단계별 구간이 확대, 즉 단계의 수가 줄어들면 가구 월평균 전기요금 부담이 줄어든다.

05 문서이해능력 글을 바탕으로 내용 추론하기

| 정답 | ④

| 해설 | 인류가 바람을 에너지원으로 사용한 지는 1만 년, 풍차를 사용한 지는 3,000년이 넘었고 풍력발전이 시작된 지는 100년이 넘었다고 제시되어 있지만 풍력발전이 인류사에 있어 가장 오래된 에너지라는 언급은 없다.

| 오답풀이 |

① '그러나 온실가스와 같은 환경문제가 대두되자'라고 제시되어 있다. 이를 통해 앞 문장에서 말한 화력발전이 온실가스 배출과 같은 환경문제를 일으킨다는 것을 알 수 있다.

② '그동안 생산비용이 저렴하고 사용하기 편리한 화력발전에 밀려 그다지 빛을 보지 못했다'고 제시되어 있다. 이를 통해 화력발전이 풍력발전보다 전력생산 비용이 낮다는 점을 알 수 있다.

③ '온실가스로부터 지구를 지키지 못하면 인류의 미래를 보장할 수 없을지도 모른다는 위기감이 부상하면서 신개념에너지에 대한 관심이 높아지고 있다'고 제시되어 있다. 이를 통해 환경오염에 자유로운 신재생에너지에 대한 관심이 높아지고 있다는 것을 알 수 있다.

⑤ '이로부터 자유로운 풍력발전이 차세대 에너지로 주목받게 되었고 이에 힘입어 풍력발전은 변신을 거듭하고 있다'고 제시되어 있다. 이를 통해 신재생에너지는 화력발전이 야기하는 환경문제로부터 자유롭다는 것을 알 수 있다.

06 문서이해능력 문단별 중심내용 파악하기

| 정답 | ⑤

| 해설 | (마) 풍력발전에 제트기류를 이용하면 많은 전기에너지를 얻을 수 있을 것이라고 설명하고 있다. 따라서 제트기류를 이용한 풍력발전의 한계가 아닌 '제트기류를 이용한 풍력발전의 가능성'이 중심내용으로 적절하다.

| 오답풀이 |

① (가) - 온실가스의 위험에서 자유로운 신재생에너지에 대한 관심이 높아졌으며 그중 풍력발전이 새로운 대안으로 떠오르고 있음을 말하고 있으므로 적절하다.

② (나) - 풍력발전은 바람의 운동에너지를 회전에너지로 변환하고 발전기를 통해 전기에너지를 얻는 기술이라고

1회 기출예상문제
2회 기출예상문제
3회 기출예상문제
4회 기출예상문제
5회 기출예상문제
6회 기출예상문제

설명하고 있다. 따라서 바람의 운동에너지를 이용한 풍력발전의 설계는 중심내용으로 적절하다.

③ (다) - 풍력발전기는 최빈 풍속에 따라 설계하며 높은 고도일수록 바람이 일정한 풍속과 빈도로 불기 때문에 풍력발전기는 높이 있을수록 좋다고 말하고 있으므로 적절하다.

④ (라) - 고고도풍을 이용하는 방법은 비행선, 연 등에 발전기를 달아 하늘에 띄우는 것이라며, 고고도풍의 이용 방법에 대해 자세히 설명하고 있으므로 적절하다.

07 문서작성능력 글의 내용에 맞게 제목 작성하기

|정답| ③

|해설| 제시문에서는 호주의 카셰어링 비즈니스 시장이 급성장하고 있는 상황에 대해 소개하며, 이와 같은 현상이 일어난 배경을 설명한 후 향후 전망까지 제시하고 있다. 따라서 제목으로는 ③이 적절하다.

|오답풀이|

① 4차 산업혁명에 관한 내용은 제시되어 있지 않다.

② 미래 산업의 향방까지 제시되어 있지는 않다.

④ 호주가 다민족 국가, 이민자의 나라라는 점은 호주 카셰어링 비즈니스 시장의 성장 배경 중 하나로, 전체를 아우르는 제목으로는 적절하지 않다.

⑤ 카셰어링 비즈니스는 공유경제의 하위 개념이나, 제시문은 공유경제보다는 카셰어링 비즈니스를 중심적으로 다루고 있다.

08 문서작성능력 글의 서술방식 파악하기

|정답| ④

|해설| 호주에서 카셰어링 비즈니스가 급성장한 현상을 설명하고 이 현상의 원인을 도심으로의 인구 유입, 높은 물가, IT 환경 발달 등의 구체적인 근거를 들어 분석하고 있으므로, 논지 전개 방식으로 ④가 가장 적절하다.

09 문서이해능력 자료를 읽고 의견 제시하기

|정답| ②

|해설| 코로나 바이러스로 인해 가구 구매방식에서도 온라

인 구매가 보편화될 것으로 예상된다. 따라서 오프라인 구매를 전제로 매장의 가구 재고가 충분함을 홍보하는 것은 적절하지 않다.

10 문서이해능력 자료를 바탕으로 추론하기

|정답| ④

|해설| 제시된 자료를 통해 홈케이션족들이 늘어남에 따라 아웃도어 가구의 판매량이 급증했음을 알 수 있다. 높은 내구성과 보관의 편의성을 앞세운 캐비닛은 아웃도어 가구의 특징들과 관련이 없다.

11 도표분석능력 비용 계산하기

|정답| ④

|해설| 공장별 연간 생산비용을 구하면 다음과 같다.

• A 공장
$\{(250 \times 1,400) + (350 \times 1,300) + (300 \times 1,300) + (75 \times 1,600)\} \times 3 = 3,945,000$(원)

• B 공장
$(250 + 350 + 300 + 75) \times 1,400 \times 3 = 4,095,000$(원)

• C 공장
$\{(250 \times 1,400) + (350 \times 1,200) + (300 \times 1,200) + (75 \times 4,000)\} \times 3 = 4,290,000$(원)

• D 공장
$\{(250 \times 1,500) + (350 \times 1,000) + (300 \times 1,000) + (75 \times 1,800)\} \times 3 = 3,480,000$(원)

• E 공장
$\{(250 \times 1,400) + (350 \times 1,100) + (300 \times 1,100) + (75 \times 1,900)\} \times 3 = 3,622,500$(원)

따라서 D 공장이 선정된다.

12 기초연산능력 여성추천보조금 계산하기

|정답| ③

|해설| 전국지역구총수의 100분의 30은 $250 \times 0.3 = 75$(개)이므로 A ~ D 정당 모두 제2호에 해당한다. 또한, 전국지역구총수의 100분의 15는 $250 \times 0.15 = 37.5$(개), 100분의

5는 250×0.05=12.5(개)이므로 A, B 정당은 가목, C, D 정당은 나목에 해당한다.

직전 실시한 임기만료에 의한 국회의원선거의 선거권자 총수에 100원을 곱한 금액은 0.3×100=30(억 원)으로, 이 금액의 100분의 50인 15억 원이 총액이 된다. 이를 바탕으로 각 정당이 지급받을 금액을 계산하면 다음과 같다.

- A 정당
  $(15 \times 0.5 \times 0.4) + (15 \times 0.5 \times 0.4) = 6$(억 원)
- B 정당
  $(15 \times 0.5 \times 0.3) + (15 \times 0.5 \times 0.3) = 4.5$(억 원)
- C 정당
  $(15 \times 0.3 \times 0.2) + (15 \times 0.3 \times 0.2) = 1.8$(억 원)
- D 정당
  $(15 \times 0.3 \times 0.1) + (15 \times 0.3 \times 0.1) = 0.9$(억 원)

13 　도표분석능력　자료의 수치 분석하기

| 정답 | ③

| 해설 | ⓒ 비수도권의 전기요금 변동률이 수도권의 전기요금 변동률보다 높은 연도는 20X2년, 20X5년으로 2개 년이다.

ⓒ 수도권과 비수도권의 전기요금 변동률 차이가 가장 크게 나타나는 연도는 6.48−5.28=1.2(%p)의 차이가 나는 20X9년이다.

| 오답풀이 |

㉠ 20X5년에는 전년 대비 전기요금 변동률이 감소하였다.

㉣ 변동률 차이가 가장 큰 해는 수도권은 2.88−1.38=1.5(%p)인 20X4년, 비수도권은 5.28−4.31=0.97(%p)인 20X9년이다.

14 　도표분석능력　자료의 수치 분석하기

| 정답 | ⑤

| 해설 | 전월 대비 아파트 실거래 가격지수 증가분은 당월 실거래 가격지수에서 전월 실거래 가격지수를 빼서 구할 수 있다. (가) 지역과 (나) 지역의 전월 대비 가격지수의 월별 증가분은 다음 표와 같다.

구분	(가)	(나)	격차
2월	1.1	1.6	0.5
3월	0.8	1.6	0.8
4월	0.7	1.3	0.6
5월	0.4	1.0	0.6
6월	0.8	0.6	0.2
7월	0.2	0.5	0.3
8월	1.1	1.7	0.6
9월	1.2	2.4	1.2
10월	3.7	6.2	2.5
11월	3.7	6.3	2.6
12월	1.1	3.1	2.0

따라서 둘 사이의 격차가 가장 큰 달은 11월이다.

| 오답풀이 |

① (가)와 (나) 모두 매월 지속적으로 아파트 가격이 증가하였다.

② 가격지수가 가장 많이 올랐으나, 절대적인 가격이 가장 많이 올랐는지는 알 수 없다.

③ 123.2−103.2=20(%p) 상승하였다.

④ (나) 지역의 7월 아파트 실거래 가격은 100,000,000× 1.066=106,600,000(원)이다.

15 　도표분석능력　자료의 수치 계산하기

| 정답 | ②

| 해설 | 우선 평가항목의 총 점수가 12점 이하인 직원은 승진대상에서 제외된다는 조건에 따라 1번(11점), 5번(9점), 11번(10점), 16번(9점)이 제외된다.

남은 13명 중 4급 승진자 4명을 무작위로 선발하는 경우의 수는 $_{13}C_4 = \dfrac{13 \times 12 \times 11 \times 10}{4 \times 3 \times 2 \times 1} = 715$(가지)이며, 이 중 근무지역이 안산인 승진자와 부평인 승진자의 인원수가 같기 위해서는 각 지역별로 2명씩이 선발되는 경우를 구해야 한다. 13명 중 근무지가 안산인 직원은 8명, 부평인 직원은 5명이므로 안산에서 2명이 선발되는 경우의 수는 $_8C_2 = \dfrac{8 \times 7}{2 \times 1} = 28$(가지), 부평에서 2명이 선발되는 경우의 수는 $_5C_2 = \dfrac{5 \times 4}{2 \times 1} = 10$(가지)이다. 따라서 근무지역이 안산인

1회 기출예상문제
2회 기출예상문제
3회 기출예상문제
4회 기출예상문제
5회 기출예상문제
6회 기출예상문제

승진자와 부평인 승진자의 수가 같을 확률은 $\dfrac{28 \times 10}{715}$ $\times 100 \fallingdotseq 39(\%)$이다.

16 [도표분석능력] 자료의 수치 계산하기

|정답| ②

|해설| 해외근무를 신청한 직원은 안산 직원 3명, 부평 직원 3명으로 총 6명이고, 파견된 직원은 상반기 6개월 동안 중복파견이 불가능하므로 경우의 수는 다음과 같이 구할 수 있다.

• 전체 경우의 수 : 6!=720(가지)
• 안산 지역에서 3번 연속으로 해외파견 근무자가 선정될 경우의 수 : 안산 직원 3명을 하나로 묶어 생각하면, 4!×3!=144(가지)

따라서 안산 지역에서 3번 연속으로 해외파견 근무자가 선정될 확률은 $\dfrac{144}{720} \times 100 = 20(\%)$이다.

17 [도표분석능력] 자료의 수치 계산하기

|정답| ②

|해설| 주택용 전기요금 한시적 부담 경감방안을 시행하기 전과 후의 전기요금은 다음과 같다.

• 주택용 전기요금 한시적 부담 경감방안 시행 전
$(60.7 \times 100) + (125.9 \times 100) + (187.9 \times 20) = 22,418(원)$
• 주택용 전기요금 한시적 부담 경감방안 시행 후
$(60.7 \times 150) + (125.9 \times 70) = 17,918(원)$

따라서 전기요금 차이는 22,418−17,918=4,500(원)이다.

18 [도표분석능력] 자료의 수치 분석하기

|정답| ①

|해설| 검침일에 따라 적용되는 전력 사용기간은 다음과 같다.

① 검침일 1일 : 7월 1일 ~ 8월 31일(62일)
② 검침일 12일 : 7월 12일 ~ 9월 11일(51일)
③ 검침일 15일 : 6월 15일 ~ 8월 14일(45일)
④ 검침일 19일 : 6월 19일 ~ 8월 18일(49일)
⑤ 검침일 말일 : 6월 30일 ~ 8월 30일(61일)

따라서 검침일이 1일인 경우에 7월과 8월의 전력 사용기간이 가장 많이 포함된다.

19 [도표분석능력] 자료의 수치 분석하기

|정답| ④

|해설| ⓒ 그림의 전월비와 고용률을 기준으로 판단하면 2019년 10월 고용률이 60% 이상인 곳에서 전월비를 뺀 값이 60% 미만인 곳은 없다.

ⓔ 경기도의 2019년 1월 고용률 60.4%와 2019년 10월 고용률 62.5%는 2.1%p 차이가 나므로, 서울, 인천, 대전, 광주, 대구, 부산의 전월 대비 2019년 10월의 고용률 변동분의 합인 0.1+0.8+0.2+0.7+0.6+0.1=2.5(%p)보다 작다.

|오답풀이|

⊙ 0.1%가 아닌 0.1%p 증가하였다.

ⓒ 그림에 제시된 전국 시·도는 총 15곳이며 그중 전월비가 음수인 곳은 경기도, 충청북도, 충청남도, 전라북도로 네 곳이다. 따라서 $\dfrac{4}{15} \times 100 \fallingdotseq 26.7(\%)$이다.

20 [도표분석능력] 자료의 수치 계산하기

|정답| ①

|해설| 2019년 9월 대비 2019년 10월 고용률의 증감분이 가장 작은 곳은 전월비가 0.1 또는 −0.1인 서울, 경기도, 경상북도, 부산으로 총 4곳이다. 따라서 A=4이다.

2018년 10월 고용률을 구하면 다음과 같다.

서울	60.5+0.1=60.6(%)
부산	56%
대구	57.7+1.6=59.3(%)
인천	62.5−0.8=61.7(%)
광주	59.3−1.1=58.2(%)

대전	$59.4+1.3=60.7(\%)$
울산	59.7%
경기도	$62.5-0.7=61.8(\%)$
강원도	$63-2.8=60.2(\%)$
충청북도	$64.5-1.5=63(\%)$
충청남도	$64.4-0.6=63.8(\%)$
전라북도	$59+2.1=61.1(\%)$
전라남도	$62.6+0.6=63.2(\%)$
경상북도	$63.1+0.1=63.2(\%)$
경상남도	$61.1-0.2=60.9(\%)$

2018년 10월 고용률이 63% 이상이었던 곳은 충청북도, 충청남도, 전라남도, 경상북도로 총 4곳이다. 따라서 B=4이다.

2019년 10월 고용률이 5번째로 낮았던 곳은 대전(59.4%)이다. 대전외 2018년 10월 고용률은 60.7%이므로 이보다 낮은 고용률을 기록한 시·도는 서울, 부산, 대구, 광주, 울산, 강원도로 총 6곳이다. 따라서 C=6이다.

∴ A+B+C=14

---

21 사고력 주어진 조건으로 추론하기

|정답| ②

|해설| 우선 마지막 조건에 따라 A 부장은 반드시 출장을 가야 하며 여섯 번째 조건에 따라 F 대리도 반드시 출장을 가야 한다. 그리고 두 번째 조건과 다섯 번째 조건에 따라 E 대리는 출장을 가지 못한다. 만약 B 차장이 출장을 간다면 세 번째 조건에 따라 C 과장 역시 출장을 가야 하고, 네 번째 조건에 따라 D 과장은 출장을 가지 못한다. 만약 B 차장이 출장을 가지 않는다면 세 번째 조건에 따라 C 과장 역시 출장을 가지 못하고, 이 경우 첫 번째 조건에 부합하지 않게 된다. 따라서 출장을 가는 사람은 A 부장, B 차장, C 과장, F 대리가 된다.

---

22 사고력 주어진 조건으로 추론하기

|정답| ⑤

|해설| ㉠ 정보 2가 참이라면 회사 A에 투표를 한 투자자의 수는 3명이므로 과반수 이상이 회사 B에 투표할 수 없다. 따라서 정보 1은 거짓이 된다.

㉡ 정보 1이 참이라면 회사 B에 투표한 투자자는 적어도 3명 이상이 되며, 회사 A에 투표한 투자자는 최대 2명이 된다. 따라서 어떠한 경우에도 회사 A의 득표수는 회사 B와 회사 C의 득표수의 합을 넘을 수 없다. 따라서 정보 1이 참이라면 정보 3은 거짓이 된다.

㉢ 정보 3이 참이라면 회사 B와 회사 C에 투표한 투자자들의 합은 최대 2명이 된다. 즉 적어도 3명 이상의 투자자들은 회사 A에 투표했으므로 과반수가 회사 B에 투표할 수 없다. 따라서 정보 3이 참이라면 정보 1은 거짓이 된다.

㉣ 정보 3이 참이라면 회사 B와 회사 C에 투표한 투자자들의 합은 최대 2명이 된다. 이 경우 회사 A의 득표수는 3표일 수도, 4표일 수도 있으므로 정보 3이 참이라도 정보 2가 항상 참이 되지는 않는다.

---

23 문제처리능력 이달의 사원 선정하기

|정답| ①

|해설| ⅰ) 직전 3개월간 한 번이라도 '이달의 사원'으로 선정된 이력이 있으면 선정 대상에서 제외되므로 9월, 10월, 11월에 선정된 을과 정은 제외된다.

ⅱ) 갑, 병, 무의 점수를 계산하면 다음과 같다.

갑 : $\{(18\times15+20\times20)-(6\times5+9\times10)\}\times1.2=660$(점)

병 : $\{(22\times15+19\times20)-(8\times5+12\times10)\}\times1.2=660$(점)

무 : $\{(16\times15+25\times20)-(10\times5+15\times10)\}=540$(점)

ⅲ) 갑과 병이 동점이므로 '총 계약 건수-총 실수 건수'를 비교하면 갑은 $(18+20)-(6+9)=23$(건), 병은 $(22+19)-(8+12)=21$(건)으로 갑이 더 높다.

따라서 이달의 사원으로 선정되는 사람은 갑이다.

24 문제처리능력 특징에 따라 기술 분류하기

| 정답 | ③

| 해설 | NaS, VRB, LiB 방식은 모두 이온의 특성을 이용한 화학적 방식으로 볼 수 있으며, Flywheel 방식 또한 전기에너지 → 운동에너지 → 전기에너지의 변환을 거치는 화학적 방식의 에너지저장 기술이다. 반면 수위의 낙차를 이용한 양수발전과 압축하여 둔 공기를 가열함으로써 터빈을 돌리는 방식인 CAES는 물리적인 방식의 에너지저장 기술에 해당된다.

25 문제처리능력 목표 및 일정표 파악하기

| 정답 | ⑤

| 해설 | 홍보팀의 교육 목표와 일치하는 프로그램은 다음과 같다.

ⓒ 홍보팀 교육 목표 중 '기업 홍보 관련 보도자료 작성 기술'에 해당한다.

ⓔ 홍보팀 교육 목표 중 '실제 기업 홍보 성공 사례 분석을 통한 앞으로의 홍보전략 방안 벤치마킹'에 해당한다.

ⓜ 홍보팀 교육 목표 중 '홍보, 커뮤니케이션 업무 담당자로서 갖추어야 할 기본 역량 강화'에 해당한다.

| 오답풀이 |

ⓐ, ⓑ CSR팀 교육 목표 중 'CSR 실제 적용 사례 분석을 통한 관리 역량과 활용 방안 습득'에 해당한다.

ⓗ CSR팀 교육 목표 중 '고객사 및 외부 기관의 CSR 관련 심사, 회계감사, 평가 등에 대한 대응 방안 습득'에 해당한다.

26 문제처리능력 안내문 이해하기

| 정답 | ⑤

| 해설 | 주민등록표상 가구원수가 5인 이상인 주거용 고객의 경우 주택용 복지할인의 대상이 된다. 戊의 경우, 5인의 가족과 거주 중이긴 하나 주민등록표상 가구원은 3인이므로 주택용 복지할인의 대상인 대가족에 해당한다고 볼 수 없다.

| 오답풀이 |

① 주민등록표상 출생일로부터 3년 미만인 영아가 포함된 가구의 경우 출산가구로서 주택용 복지할인의 대상이 된다. 2019년 3월에 출산한 경우 현재시점인 2021년 1월에 출생일이 3년 미만이므로 대상이 됨을 알 수 있다.

② 호흡기장애 또는 희귀 난치성질환으로 산소발생기, 인공호흡기 등 생명유지장치를 사용하는 가구는 주택용 복지할인의 대상이 된다.

③ "독립유공자 예우에 관한 법률"에 의한 독립유공자 및 그 유족 또는 가족 중 독립유공자증 소지자는 주택용 복지할인의 대상이 된다.

④ "국민기초생활보장법"에서 정한 차상위계층으로 ② "국민건강보험법" 시행령 별표2 제3호 라목에 의하여 지원받는 자는 주택용 복지할인의 대상이 된다.

27 문제처리능력 안내문 이해하기

| 정답 | ①

| 해설 | 전기요금 납기일을 놓쳐도 '미납 전기요금 추가출금제도'에 의해 추가출금 기회가 있다는 사실을 안내하고 있다.

| 오답풀이 |

② 공휴일 등 금융기관 비영업일에 따라 출금일이 변동될 수 있어 정기 납기일로부터 '약' 10일 후라고 안내되어 있다.

③ 신용카드 자동납부는 할인이 적용되지 않는다.

④ '미납요금 완납 시 별도의 신청절차 없이 보류가 해제된다'고 안내되어 있다.

⑤ 신용카드 자동납부의 경우 대상이 별도로 지정되어 있으며 계약전력 20kW 이하 고객에게만 해당된다.

28 문제처리능력 자료에 따라 일정 이해하기

| 정답 | ⑤

| 해설 | B 국가와의 업무 미팅이 완료된 이후에 C 국가와의 미팅에 대한 사전 회의가 진행될 수 있으므로, 가능한 날짜는 19일, 20일, 21일, 24일로 나흘이다. C 국가 바이어와의

미팅에는 재무부, 기획부, 영업부가 반드시 참석해야 하는데 8월 20일, 8월 21일에는 기획부, 영업부의 업무일정이 있으므로 진행할 수 있는 날은 19일 수요일 또는 24일 월요일이다.

29 문제처리능력 회의 날짜 정하기

| 정답 | ②

| 해설 | 8월 18일 이후에 회의 신행이 가능한 날을 날력으로 나타내면 다음과 같다.

일	월	화	수	목	금	토
						1
2	3	4	5	6	7	8
9	10	11	12	13	14	15
16	17	18	⑲	2̶0̶	2̶1̶	22
2̶3̶	㉔	25	26	27	28	29
30	31					

따라서 제시된 선택지 중 8월 19일에만 C 국가 바이어와의 업무 미팅을 위한 사전 회의가 진행될 수 있다.

30 문제처리능력 자료를 읽고 질의응답하기

| 정답 | ⑤

| 해설 | 주민에 대한 보호조치는 '적색비상'이 발령된 경우에 해당하는 대응조치로, 안전상태로의 복구기능이 저하되어 원자력시설의 주요 안전기능에 큰 손상이 추가적으로 발생한 상태인 '청색비상'에는 해당하지 않는다.

| 오답풀이 |

③ '청색비상' 시 백색비상 대응조치를 수행하므로 원자력사업자 비상대응시설을 운영할 수 있다.

31 예산관리능력 프로젝트 수익 계산하기

| 정답 | ④

| 해설 | 먼저 10일 동안 친환경·초저가, 고안전성의 ESS 개발과 플라즈마 응용 친환경 발전기술 개발을 동시에 진행한다(14명, 총 수익 4억 원). 그다음 15일 동안 VR을

활용한 교육훈련 플랫폼 및 콘텐츠 개발을 진행하고(12명, 총 수익 3억 3천만 원), 남은 5일 동안 SF6 Free 친환경 가스차단기 개발을 진행한다면(12명, 총 수익 1억원) 30일 동안 8억 3천만 원의 수익을 벌어들일 수 있다.

32 시간관리능력 시간관리 매트릭스 활용하기

| 정답 | ③

| 해설 | 문제의 일반적인 일처리 순서는 긴급하고 중요한 일을 우선하고, 긴급하지 않지만 중요한 일, 긴급하지만 중요하지 않은 일을 순차적으로 진행하는 것이다. 따라서 연장·야근·휴일 수당 정리 및 관리－2021년도 인사업무 수행계획서 작성－신입사원 제출 서류 확인 및 정리－인사변동, 고충업무 처리－노무 관련 업무처리－업무메일 확인 순서로 처리하는 것이 일반적이다.

| 오답풀이 |

① 두 업무의 중요도는 같으나 [2021년도 인사업무 수행계획서 작성]이 더 긴급한 업무이므로 먼저 수행하는 것이 좋다.

② 일처리 순서는 고정된 것이 아니라 일반적인 것이므로 상황에 따라 변경될 수 있다.

④ 타 업무의 진행을 감안하여 업무 시간을 유동적으로 조절해야 한다.

⑤ [연장·야근·휴일 수당 정리 및 관리] 업무가 더 중요하고 긴급한 업무이므로 옳다.

33 예산관리능력 교통수단 선택하기

| 정답 | ⑤

| 해설 | 먼저 편도 5시간 이상이 소요되는 자동차 1 방법은 제외한다. 또한 왕복 비용이 40만 원 이상인 방법을 제외하고 남은 두 방법의 지수를 구하면 다음과 같다.

• 열차 1 － 열차 2 : 2＋3＋3＋3＝11
• 열차 2 － 비행기 2 : 3＋3＋5＋2＝13

따라서 지수의 합이 높은 ⑤가 가장 적절하다.

34 예산관리능력 숙소 선정하기

| 정답 | ④

| 해설 | 각 숙소의 총점을 계산하면 다음과 같다.

구분	방문자 리뷰	요금	접근성	위생	시설	총점
베네치아 리조트	2.5	4	4.5	0	2.5	13.5
아르떼 호텔	3.5	2	2.5	5	4	17
하야루비	3	5	5	3	3	19
씨원리조트	4.5	3	3	3	3.5	17
마리나 앤 리조트	4.5	1	3.5	5	5	19

하야루비와 마리나 앤 리조트의 총점이 19점으로 동일하기 때문에 둘 중 한 곳을 결정하기 위해서는 추가 조건이 필요하다.

| 오답풀이 |

① 베네치아 리조트의 총점이 13.5점으로 가장 낮다.

② 방문자 리뷰의 영향력은 0.3+0.6=0.9, 시설의 영향력은 0.6+0.8=1.4, 접근성의 영향력은 0.3, 요금의 영향력은 1로 시설의 영향력이 가장 크다.

③ 총점이 가장 높은 숙소는 19점의 하야루비와 마리나 앤 리조트이다.

⑤ 위생의 영향력이 0으로 가장 작다.

35 예산관리능력 고객별 손해배상액 계산하기

| 정답 | ③

| 해설 | 소파의 내용연수등급은 5등급, 물품사용일수는 246일이므로 배상비율 70%가 적용된다. 따라서 손해배상액은 486,900×0.7=340,830(원)이다.

| 오답풀이 |

① 내용연수등급 2등급, 물품사용일수 415일, 배상비율 40% : 55,000×0.4=22,000(원)

② 내용연수등급 1등급, 물품사용일수 103일, 배상비율 60% : 19,200×0.6=11,520(원)

④ 내용연수등급 3등급, 물품사용일수 730일, 배상비율 30% : 189,000×0.3=56,700(원)

⑤ 내용연수등급 4등급, 물품사용일수 503일, 배상비율 60% : 1,590,000×0.6=954,000(원)

36 예산관리능력 출장 규정 적용하기

| 정답 | ⑤

| 해설 | 숙박비를 지출하지 않은 인원수는 계산식에 의해 5-{(30,000×3)÷50,000}=5-1.8=3.2이며 소수점 이하는 올림해야 하므로 4인이 숙박비를 지출하지 않은 것이 된다. 따라서 20,000×4=80,000(원)을 지급하여야 한다.

| 오답풀이 |

① 장기체재 20일 중 2일은 출장이 이루어진 일수이므로 이를 제외한 18일이 장기체재 일수로 기산된다. 따라서 15일간은 70,000원, 3일간은 1할이 감액된 63,000원을 지급받게 된다. 이를 계산하면 (70,000×15)+(63,000×3)=1,050,000+189,000=1,239,000(원)이 된다.

② 제13조 제1항의 전철구간에 있어서 철도운임 외에 전철요금이 따로 책정되어 있는 때에는 철도운임에 갈음하여 전철요금을 지급할 수 있다는 규정에 따라 3,500원이 국내여비로 지급된다.

③ 부득이한 사정으로 숙박비가 초과 지출되었으므로 제13조 제4항에 의해 상한액인 50,000원의 10분의 3이 추가된 65,000원까지 지급될 수 있다. 따라서 추가로 35,000원이 더 지급되어야 한다.

④ 제13조 제3항에 의해 사후 미사용 사유를 명시하도록 규정되어 있다.

37 시간관리능력 최단거리 구하기

| 정답 | ②

| 해설 | 5곳의 관광지 중 4곳을 최단거리로 들러야 하는데, 모든 관광지는 한 번씩만 가므로 J 박물관을 먼저 가는 코스는 선택할 수 없다. 따라서 A 쇼핑몰이나 교회 중 하나를 가장 먼저 방문하는 경우를 나누어 생각해 보면 다음과 같다.

- 호텔−A−J−M−R−호텔

  $15+16+6+12+24=73(km)$

- 호텔−교회−J−M−R−호텔

  $13+22+6+12+24=77(km)$

R 광장을 가장 먼저 방문해 반대방향으로 이동하는 경우도 있으나 거리가 같으므로 따로 계산하지 않는다. 따라서 최단거리로 이동한 경우는 총 73km를 이동하였다.

기준 유형	고객 충성도	고객 만족도	표적 소비자
쿠폰	1순위(5점)	4순위(2점)	3순위(3점)
1+1 이벤트	5순위(1점)	1순위(5점)	4순위(2점)
세트메뉴	3순위(3점)	2순위(4점)	5순위(1점)
신메뉴 할인	4순위(2점)	2순위(4점)	1순위(5점)
무한리필	2순위(4점)	5순위(1점)	1순위(5점)

가중치를 반영하여 총점을 계산하면 다음과 같다.

- 쿠폰 : $(5×2)+(2×3)+3=19(점)$
- 1+1 이벤트 : $(1×2)+(5×3)+2=19(점)$
- 세트메뉴 : $(3×2)+(4×3)+1=19(점)$
- 신메뉴 할인 : $(2×2)+(4×3)+5=21(점)$
- 무한리필 : $(4×2)+(1×3)+5=16(점)$

따라서 가장 높은 점수를 받은 신메뉴 할인이 선택된다.

38 예산관리능력 총 연료비 구하기

| 정답 | ②

| 해설 | 각 관광지 간 이동거리를 해당 도로의 연비로 나누어 구한 휘발유 사용량에 휘발유 가격 1,500원을 곱하면 총 연료비 사용 금액이 나온다.

$$\frac{15}{10}+\frac{16}{13}+\frac{6}{15}+\frac{12}{13}+\frac{24}{13}=5.9(L)$$

따라서 총 연료비는 $5.9×1,500=8,850(원)$이다.

39 시간관리능력 조건에 맞는 유형 선택하기

| 정답 | ⑤

| 해설 | 쿠폰, 세트메뉴, 신메뉴 할인에는 기간의 제약이 없고, 1+1 이벤트는 한 달 동안 진행 가능하다. 무한리필은 일주일 동안 진행 가능하므로 선택될 수 없다.

40 물적자원관리능력 점수 계산하기

| 정답 | ④

| 해설 | '가능 기간'을 제외하고 순위와 점수를 매기면 다음과 같다.

41 물적자원관리능력 프로모션 유형 선택하기

| 정답 | ⑤

| 해설 | 〈경쟁사 프로모션 현황〉의 기간을 보면 A(쿠폰), C(신메뉴 할인), D(세트메뉴)가 같은 기간에 프로모션을 진행함을 알 수 있다. 따라서 시너지 효과를 고려하면 다음과 같다.

기준 유형	고객 충성도	고객 만족도	표적 소비자	합계
쿠폰	★★☆☆☆ (3순위, 3점)	★★★☆☆ (3순위, 3점)	직장인 (3순위, 3점)	9점
1+1 이벤트	★☆☆☆☆ (5순위, 1점)	★★★★★ (1순위, 5점)	주부 (4순위, 2점)	8점
세트메뉴	★★★☆☆ (2순위, 4점)	★★☆☆☆ (4순위, 2점)	학생 (5순위, 1점)	7점
신메뉴 할인	★★☆☆☆ (4순위, 2점)	★★★★☆ (2순위, 4점)	모든 고객 (1순위, 5점)	11점
무한리필	★★★★☆ (1순위, 5점)	★☆☆☆☆ (5순위, 1점)	모든 고객 (1순위, 5점)	11점

따라서 선택지 중 최종 선택될 유형은 신메뉴 할인과 무한리필 중 고객 충성도가 더 높은 무한리필이다.

42 정보능력 컴퓨터 시스템 파악하기

| 정답 | ②

| 해설 | 분산컴퓨터란 협동적으로 일을 하는 분리된 많은 컴퓨터 설비를 갖춘 한 조직 내의 컴퓨터들을 분산하여 배치한 방식이다.

| 오답풀이 |

① 그린컴퓨터 : 환경 보호 기능을 강화한 컴퓨터이다.

③ 모빌컴퓨터 : 노트북이나 개인정보단말기(PDA) 등 개인 휴대용 컴퓨터에 무선정보통신 기능을 결합한 컴퓨터 시스템이다.

④ 클라우드 컴퓨팅 : 인터넷상의 서버를 통하여 데이터 저장, 네트워크, 콘텐츠 사용 등 IT 관련 서비스를 한번에 사용할 수 있는 컴퓨팅 환경이다.

⑤ 그리드 컴퓨팅 : 모든 컴퓨팅 기기를 하나의 초고속 네트워크로 연결하여, 컴퓨터의 계산능력을 극대화한 차세대 디지털 신경망 서비스이다.

43 정보처리능력 분석 방법 파악하기

| 정답 | ⑤

| 해설 | 마르코프 분석은 시간의 경과에 따라 상태가 확률적으로 변화하는 과정과 그 결과에 대해 분석하는 방법이다.

| 오답풀이 |

① 단순회귀 분석 : 하나의 종속변수와 하나의 독립변수 사이의 관계를 분석하는 경우이다.

② 다중회귀 분석 : 하나의 종속변수와 여러 독립변수 사이의 관계를 규명하고자 하는 경우이다.

③ ABC 분석 : 관리대상을 A, B, C 그룹으로 나누고 A 그룹을 관리대상으로 선정하여 관리노력을 집중함으로써 관리의 효과를 높이는 분석 방법이다.

④ Z 차트 : 월별 실적, 누계 실적, 이동 합계 실적 등 3가지 꺾은선을 하나의 차트에 표시한 것이다.

44 컴퓨터활용능력 엑셀 이해하기

| 정답 | ①

| 해설 | 총 20,000개의 데이터 중에서 B 업체의 데이터만

을 추출해 내기 위해서는 '필터'를 실행하여야 한다. 엑셀에서 '자동필터'를 실행시키는 단축키는 Ctrl+Shift+L이다.

| 오답풀이 |

② Ctrl+I : 기울임 글꼴

③ F4 : 마지막 작업 반복

④ Alt+F8 : 매크로 생성

⑤ Shift+F3 : 함수 마법사

45 컴퓨터활용능력 단축키 이해하기

| 정답 | ①

| 해설 | 바이오스 모드에서 설정된 내용을 저장하려면 F10을, 저장하지 않고 빠져나오려면 ESC를 누르면 된다.

46 정보이해능력 ISBN 이해하기

| 정답 | ④

| 해설 | 제시된 ISBN-13 코드의 항목 번호는 한 자리이고, 출판사 번호는 두 자리 이상의 수이므로 항목 번호가 바뀌면 유효하지 않은 ISBN-13 코드가 된다.

| 오답풀이 |

① 항목 번호가 한 자리이기 때문에 다른 숫자로 바뀌면 확인 숫자도 반드시 바뀐다.

② 항목 번호가 한 자리이기 때문에 0~9의 숫자로 최대 10권의 책이 등록될 수 있다.

③ 979-11-954321-4-( )의 경우, 확인 숫자는 $(9+9+1+5+3+1)+(7+1+9+4+2+4)\times3=28+81=$ 109로 1이 된다.

⑤ GS1 접두어는 세 자리, 국가 번호는 두 자리이기 때문에 위치가 바뀌면 유효하지 않은 ISBN-13 코드가 된다.

47 정보이해능력 ISBN 이해하기

| 정답 | ①

| 해설 | ISBN-13 코드 979-11-372-0449-5를 검증식에 대입하면 다음과 같다.

$(9+9+1+7+0+4+5)+(7+1+3+2+4+9)\times 3$
$=35+26\times 3=113$

따라서 적절하지 않은 ISBN-13 코드이다.

| 오답풀이 |

② $(9+8+9+3+2+4+7)+(7+8+5+7+1+8)\times 3$
$=42+36\times 3=150$

③ $(9+9+1+6+1+0+8)+(7+1+7+1+0+6)\times 3$
$=34+22\times 3=100$

④ $(9+8+9+7+0+2+2)+(7+8+8+8+3+7)\times 3$
$=37+41\times 3=160$

⑤ $(9+9+1+6+4+3+2)+(7+1+4+1+7+2)\times 3$
$=34+22\times 3=100$

48 정보이해능력 ISBN 이해하기

| 정답 | ②

| 해설 | 세 ISBN-13 코드를 검증식에 대입하면 다음과 같다.

$(9+8+9+9+0+0+C)+(7+8+A+7+B+2)\times 3$
$=(35+C)+(24+A+B)\times 3$
$=3\times A+3\times B+C+107$ ················· ㉠

$(9+9+1+0+0+1+B)+(7+1+4+3+A+C)\times 3$
$=(20+B)+(15+A+C)\times 3$
$=3\times A+B+3\times C+65$ ················· ㉡

$(9+8+9+9+9+7+2)+(7+8+5+C+B+A)\times 3$
$=53+(20+A+B+C)\times 3$
$=3\times A+3\times B+3\times C+113$ ··········· ㉢

이때 ㉠, ㉡, ㉢의 값은 모두 10의 배수이다. 따라서 다음을 얻을 수 있다.

$3\times A+3\times B+C=(10의\ 배수)+3$
$3\times A+B+3\times C=(10의\ 배수)+5$
$3\times A+3\times B+3\times C=(10의\ 배수)+7$

이를 만족하는 A, B, C의 값은 각각 6, 1, 2이다. 따라서 A+B+C=9이다.

49 정보이해능력 ISBN 이해하기

| 정답 | ①

| 해설 | ISBN-13 코드 978-89-954321-4-3에서 GS1

접두어를 생략한 확인 숫자를 제외한 숫자는 89-954321-4이다. 확인 숫자를 j라고 하면 다음을 만족한다.

$10\times 8+9\times 9+8\times 9+7\times 5+6\times 4+5\times 3+4\times 2+3\times 1+2\times 4+j=326+j=(11의\ 배수)$

따라서 326+j를 11의 배수로 만드는 한 자리 자연수는 4이다.

50 정보처리능력 문의사항 이해하기

| 정답 | ③

| 해설 | 7번 문의사항을 보면 비밀번호 분실에 대해 문의를 하고 있다. 따라서 비밀번호 분실 시 찾는 방법에 대해 알려 주는 것이 적절한 답변이다. 아이디 분실에 대한 문의사항은 올라와 있지 않다.

| 오답풀이 |

① 6번 문의사항에 대한 답변 내용이다.

② 8번 문의사항에 대한 답변 내용이다.

④ 4번 문의사항에 대한 답변 내용이다.

⑤ 1, 2번 문의사항에 대한 답변 내용이다.

③ 글로벌 IT기업인 IBM, 구글, 애플의 헬스케어 사업 추진 전략에 대한 설명이다.

④ 병원과 같은 물리적 공간의 제약을 벗어나 환자들이 연속적인 관리를 받을 수 있다.

3회 기출예상문제

문제 110쪽

01	①	02	⑤	03	⑤	04	④	05	②
06	②	07	⑤	08	⑤	09	①	10	③
11	③	12	③	13	④	14	④	15	③
16	①	17	⑤	18	④	19	③	20	③
21	③	22	⑤	23	③	24	③	25	①
26	②	27	④	28	③	29	③	30	④
31	③	32	③	33	③	34	③	35	③
36	②	37	③	38	②	39	⑤	40	④
41	①	42	③	43	⑤	44	①	45	④
46	③	47	⑤	48	⑤	49	①	50	①

01 문서작성능력 문맥에 맞게 문단 나열하기

|정답| ①

|해설| 정부가 실시한 정책을 간략히 설명하며 시작하는 (다)에 이어 그 내용을 상세히 설명하는 (마)가 다음에 오는 것이 적절하며, 이러한 정책의 시행이 전력수급에 문제가 없었음을 설명하는 (가), 이에 따라 석탄발전을 더 줄여야 한다는 필요성이 부각되고 있다는 (나), 이와 관련한 전문가의 향후 정책 방향에 대한 의견인 (라)가 순서대로 이어지는 것이 적절하다.

02 문서이해능력 세부 내용 파악하기

|정답| ⑤

|해설| 마지막 문단에서 헬스케어와 디지털 분야 간 결합을 통해 혁신적인 변화가 진행 중이지만 빠른 시일 내에 급격한 전환이 이루어지기는 어렵다고 말하고 있다.

|오답풀이|

① 헬스케어 사업과 기존 사업을 연계하여 기존의 사업 기반을 동시에 강화할 수 있다고 판단하기 때문에 쉽게 사업을 중단하지 않을 것이다.

② 신기술이 발전됨에 따라 기업(공급 측면)이 헬스케어 사업을 성장시키고자 하며 병원·소비자·보험사 등(수요 측면)이 새로운 IT기술 도입을 필요로 하는 점을 기반으로 헬스케어 IT사업이 성장하고 있다.

03 문서이해능력 세부 내용 파악하기

|정답| ⑤

|해설| 글은 신재생에너지의 보급 활성화를 위한 필자의 의견 제시로 이루어져 있다. 전반부에서는 신재생에너지 공급의무화제도인 RHO, 후반부에서는 신재생에너지 의무할당제도인 RPS에 대한 설명과 적용 시의 전망 등이 이어지고 있다. 글에서는 두 가지 제도를 모두 신재생에너지의 보급 활성화 방안으로 제시하고 있으며, 둘 중 어느 하나를 보다 더 확대해야 한다는 의견을 제시하는 것은 아니다.

|오답풀이|

① 사업 경제성이 악화되는 환경에서 의무할당제도 불이행에 따른 과징금 등은 큰 부담으로 작용한다고 언급되어 있다.

② RHO와 RPS의 적용 확대를 위해 필자는 4세대 지역난방 모델을 전반부와 후반부에 모두 언급하여 설명하고 있다.

③ 2035년 목표에서는 온실가스 감축 수단의 비중으로 신재생에너지보다 타 에너지에 대한 의존도가 더 높을 것으로 전망하고 있다.

④ RHO는 공급의무화제도이며 RPS는 발전사업자와 판매사업자에게 적용하는 발전 또는 판매 의무화제도이므로, 각각 공급과 사용 측면의 정책이라고 할 수 있다.

04 문서이해능력 성격이 같은 소재 파악하기

|정답| ④

|해설| ⓒ, ⓒ은 B 기업이 필름을 만들던 기술과 노하우를 활용하여 새롭게 개발한 제품을 말하는 것이며, ⓜ은 D 기업이 광산업에서 쌓은 기술을 바탕으로 스카치테이프를 만들고 그 후 접착제에 대한 연구를 바탕으로 개발한 것이다. 따라서 ⓒ, ⓒ, ⓜ은 모두 기존의 기술을 바탕으로 새롭게 개발된 제품을 나타내는 것이므로 성격이 같다.

05 문서이해능력 자료 읽고 질의응답하기

| 정답 | ②

| 해설 | 희망키움통장Ⅰ의 경우 3년 후 받게 되는 최대 금액
은 2,757만 원이다. 2,664만 원의 경우는 매월 10만 원씩
적립하고 근로소득장려금으로 평균 64만 원을 지원받는다
고 가정할 때의 금액으로 최대 액수가 아니다.

| 오답풀이 |

① 매월 30만 원을 지원해 주므로 3년 후에 총 30×36＝
1,080(만 원)을 지원받게 된다.

④ 7월 1일이 수요일이므로 11일은 토요일, 12일은 일요일
이다.

06 문서이해능력 문단의 중심 내용 파악하기

| 정답 | ②

| 해설 | 제시글을 세 문단으로 나누면, 다섯째 줄의 '~ 더욱
뜻깊습니다.'까지를 첫 번째 문단으로, 열셋째 줄의 '~
다양화하고 있습니다.'까지를 두 번째 문단으로, 나머지를
세 번째 문단으로 구분할 수 있다.

첫 번째 문단에서는 A 기업이 세계적인 기업 순위 내에 들
었다는 사실과 세계적인 신용평가사로부터의 긍정적인 평
가 결과 등 세계적인 성과를 거둔 기업이라는 내용으로부
터 '글로벌 기업'이 핵심 메시지임을 알 수 있다. 두 번째
문단에서는 A 기업의 다양한 사업모델과 미래 에너지 전환
을 주도하는 신산업의 내용으로부터 '에너지 신산업을 통한
새로운 미래'라는 메시지를 파악할 수 있다. 세 번째 문단
에서는 지역사회 발전과 중소기업과의 동반 성장을 통해
'상생하는 에너지 세상'을 만들고자 하는 점이 핵심 메시지
이다.

07 문서작성능력 홍보자료 작성 요령 파악하기

| 정답 | ⑤

| 해설 | 보도자료의 제목으로는 읽는 이가 제목만 보고도 전
체 내용이나 취지, 성격을 알 수 있도록 내용을 최대한 포
괄하면서 가능한 20자 이내로 압축해 표현하는 것이 바람
직하다. 따라서 긴 제목을 통해 많은 내용을 담으려고 하기
보다는 여러 키워드를 포괄하는 상위 핵심 어구를 통해 홍
보 효과를 높일 수 있다.

| 오답풀이 |

① 통계수치를 내세우면 신뢰도가 높아져 글의 가치를 제
고할 수 있다.

08 문서이해능력 세부 내용 파악하기

| 정답 | ⑤

| 해설 | 출판 콘텐츠에서 5번째로 콘텐츠 이용 비중이 높은
경로와 영화 콘텐츠에서 4번째로 콘텐츠 이용 비중이 높은
경로는 P2P/웹하드로 동일하다.

| 오답풀이 |

① 무료(불법) 콘텐츠 이용 비율이 높은 경로 1 ～ 3순위가
음악은 UGC－모바일 앱－포털 내 커뮤니티 공간 순이
고 방송은 UGC－모바일 앱－P2P/웹하드 순으로 동일
하지 않다.

② 합법 저작물 이용 사례는 콘텐츠별 사례 수에 각 경로
비율을 곱한 값과 같다.

• 음악 : 834×0.627≒523(건)
• 영화 : 884×0.691≒611(건)
• 방송 : 531×0.684≒363(건)
• 출판 : 117×0.496≒58(건)
• 웹툰 : 408×0.809≒330(건)
• 게임 : 400×0.766≒306(건)

따라서 합법 저작물 이용 사례는 영화가 가장 많다.

③ 영화의 경우 각종 웹사이트를 통한 무료(불법)콘텐츠 이
용 비율이 가장 낮다.

④ 영화는 IPTV, 방송은 TV가 차지하는 비중이 가장 높다.

09 문서이해능력 세부 내용 파악하기

| 정답 | ①

| 해설 | 고급 해산물에 대한 수요를 대상으로 하므로 프리미
엄 이미지를 구축함이 적절하다. 따라서 프리미엄 식자재
마트, 호텔, 고급 레스토랑 등을 공략해 고급 이미지를 구
축해야 한다.

|오답풀이|

② 코로나19로 인한 사회적 거리두기 흐름과 맞게 대형 마트보다는 온라인 플랫폼 중심의 유통망을 구축함이 적절하다.

③ 베트남인들은 바다에서 포획된 자연산 해산물이 영양 가치가 더 높다고 선호하며, 건강에 도움이 된다는 특정 수산물의 경우 더욱 프리미엄으로 취급하는 경향이 있다.

④ 프리미엄 해산물에 대한 베트남인들의 수요가 증가하고 있으므로 고급 해산물 위주로 판매하는 것이 적절하다.

⑤ 최근 유행하는 먹방 트렌드를 이용하여 젊은 층을 공략하는 것도 방법이 될 수 있다.

10 문서작성능력 자료에 적절한 그래프 추가하기

|정답| ③

|해설| 제시문의 내용은 베트남의 수산물 수입 현황에 관한 것이므로 베트남의 수산물 수출 규모는 관련이 없다.

|오답풀이|

① 해산물에 대한 소비자들의 관심 확대와 관련된다.

② 삶의 질 향상으로 인한 수산물 소비품목의 확대와 관련된다.

④ 프리미엄 해산물 시장의 확대와 관련한 내용이다.

⑤ 한국산 수산물의 수출 증감률과 관련된다.

11 기초연산능력 학생 요금을 지불한 인원 구하기

|정답| ③

|해설| 해당 달의 첫째 주 수요일이 k일이면 수요일의 날짜를 모두 더한 값은 $k+(k+7)+(k+14)+(k+21)=4k+42=58$, $k=4$이다. 즉 4, 11, 18, 25일은 수요일, 19일은 목요일이므로 평일 요금으로 계산해야 한다. 성인 요금을 낸 사람을 x명, 학생 요금을 낸 사람을 y명으로 두면 다음과 같이 정리할 수 있다.

$x+y=7$

$5,000x+4,000y=30,000$ $5x+4y=30$

$\therefore x=2, y=5$

따라서 학생 요금을 지불하고 입장한 사람은 5명이다.

12 기초연산능력 주행 및 주유 기록 분석하기

|정답| ③

|해설| A와 B의 주행 및 주유 기록을 정리하면 다음과 같다.

• A

기름을 50% 채우는 데 4만 원 ➡ 기름을 가득 채우는 데 8만 원

350km를 달리는 데 기름탱크의 60% 사용 ➡ 남은 250km를 달리는 데 기름탱크의 $\dfrac{300}{7}$% 사용

따라서 A는 주유비로 총 40,000(50% 주유)+48,000(60% 주유)+$\dfrac{240,000}{7}\left(\dfrac{300}{7}\%\right.$ 주유$\left.\right)$≒122,286(원)을 지불했다.

• B

550km를 달렸을 때 기름이 10% 이하로 남음 ➡ 100%는 최대 $\dfrac{5,500}{9}$km 주행 가능

250km를 달리는 데 30,000원어치 기름 필요 ➡ 800km를 달리는 데 96,000원어치 기름 필요

따라서 B는 주유비로 총 96,000원을 지불했다.

㉠ 주유비로 A는 약 122,286원, B는 96,000원을 지불했으므로 B가 A보다 적은 주유비를 지불했다.

㉣ 추가 주유 없이 B의 차량의 최대 주행가능거리는 $\dfrac{5,500}{9}$=611.11⋯(km)이다.

|오답풀이|

㉡ 기름탱크를 가득 채우는 데 A의 차량은 8만 원, B의 차량은 최대 $\dfrac{5,500}{9}\times\dfrac{30,000}{250}$≒73,333(원)이 든다. 따라서 기름탱크의 용량은 A의 차량이 더 크다.

㉢ A의 차량은 600km를 달리는 데 기름탱크의 $\dfrac{720}{7}$%(약 102.9%)만큼의 기름이 필요하므로 추가 주유가 필요하다.

13 도표분석능력 자료의 수치 분석하기

|정답| ④

|해설| 가정 내 대기전력 감소를 위해 노력한다고 응답한 비율을 계산하면 다음과 같다.

- 20X8년 남자 : 22.9+52.0=74.9(%)
- 20X9년 남자 : 23.8+50.3=74.1(%)
- 20X8년 여자 : 34.1+49.7=83.8(%)
- 20X9년 여자 : 32.4+50.0=82.4(%)

따라서 남자와 여자 모두 20X8년 대비 20X9년에 가정 내 대기전력 감소를 위해 노력한다는 비율이 감소하였다.

| 오답풀이 |

① 가정 내 대기전력 감소를 위해 노력한다고 응답한 비율이 가장 높은 연령층은 20X8년의 경우 65세 이상 집단으로 43.6+43.9=87.5(%)였으며, 20X9년의 경우 60 ~ 64세 집단으로 41.4+44.3=85.7(%)였다.

② 여성과 남성의 인구수가 제시되지 않았으므로 조사기간 동안 가정 내 대기전력 감소를 위해 노력하는 여자가 남자보다 많았는지는 알 수 없다.

③ 20X8년 20 ~ 29세 집단에서 가정 내 대기전력 감소를 위해 노력한다고 응답한 비율은 19.7+50.2=69.9(%)로 70%를 넘지 못하였다.

⑤ 여성과 남성의 인구수가 제시되지 않았으므로 응답자 수는 알 수 없다.

14 도표분석능력 자료의 수치 계산하기

| 정답 | ④

| 해설 | 주어진 〈산출공식〉과 자료를 바탕으로 직원 A ~ E의 탄소포인트를 구하여 정리하면 다음 표와 같다.

직원	주행 시간 (분)	총 공회전 시간(분)	공회전 발생률(%)	탄소 포인트	공회전 시 연료소모량 (cc)	탄소 포인트
A	200	20	$\frac{20}{200}\times100=10$	100	400	0
B	30	15	$\frac{15}{30}\times100=50$	50	300	25
C	50	10	$\frac{10}{50}\times100=20$	80	200	50
D	25	5	$\frac{5}{25}\times100=20$	80	100	75
E	50	25	$\frac{25}{50}\times100=50$	50	500	0

따라서 탄소포인트 총합의 순서는 D(155)＞C(130)＞A(100)＞B(75)＞E(50)가 된다.

15 도표분석능력 자료의 수치 분석하기

| 정답 | ③

| 해설 | ㉡ 20X4년부터 원자력발전소에서 전기결함으로 인한 사고·고장은 1건, 2건, 2건, 1건, 2건, 2건으로 매년 발생하고 있다.

㉣ 20X4 ~ 20X9년 중 원자력발전소에서 기계결함으로 인한 사고·고장이 가장 많았던 해는 20X6년으로 9건이다.

| 오답풀이 |

㉠ 원자력발전소에서 발생하는 사고·고장 건수는 20X6년이 22건으로 가장 많았다.

㉢ 원자력발전소에서 발생하는 사고·고장의 원인 중 기계결함이 가장 많았던 해는 20X6 ~ 20X8년이다.

16 도표분석능력 자료의 수치 분석하기

| 정답 | ①

| 해설 | 의사결정트리를 왼쪽에서 오른쪽으로 읽으며 최종적으로 해당되는 칸의 평균 점수를 파악한다.

① 취업준비를 하면서 사회적 관계망이 없는 집단 : 4.71

② 농림어업직에 종사하면서 사회적 관계망이 없는 집단 : 5.72

③ 사무직에 종사하면서 사회적 관계망이 없고 농촌에 거주하는 집단 : 6.47

④ 서비스·판매직에 종사하면서 사회적 관계망이 없고 이혼한 집단 : 5.01

⑤ 육아를 하면서 가구소득이 106.1만 원 미만이고 사회적 관계망이 없는 집단 : 5.10

따라서 평균 점수가 가장 낮은 집단은 ①이다.

17 도표작성능력 자료의 지표 파악하기

| 정답 | ⑤

| 해설 | 직업군에 따른 구분은 되어 있으나 고용형태(정규직, 비정규직 등)에 대한 정보는 자료에 주어지지 않았다.

1회 기출예상문제 2회 기출예상문제 3회 기출예상문제 4회 기출예상문제 5회 기출예상문제 6회 기출예상문제

18 도표분석능력 자료의 수치 분석하기

| 정답 | ④

| 해설 | 〈자료 1〉의 단위는 1원이 아니라 1천 원이다. 일반용 전력판매수입이 가장 적은 때인 5월의 판매수입이 9억 5,185만 6천 원이므로 100만 원 아래로 떨어진 적이 없다.

| 오답풀이 |

③ 산업용 – 일반용 – 주택용 – 교육용으로 동일하였다.

⑤ 산업용 전력판매수입은 7월이 2,963,120천 원으로 가장 많았다. 7월 주택용 전력판매수입은 677,098천 원으로 8월, 2월, 1월에 이어 4번째로 많다.

19 도표분석능력 자료의 수치 계산하기

| 정답 | ③

| 해설 | 용도별 20X6년 대비 20X7년 전력판매수입의 변화율을 구하면 다음과 같다.

• 주택용 : $\dfrac{7,437-8,270}{8,270}\times100≒-10.1(\%)$

• 일반용 : $\dfrac{14,515-14,164}{14,164}\times100≒2.5(\%)$

• 교육용 : $\dfrac{857-900}{900}\times100≒-4.8(\%)$

• 산업용 : $\dfrac{30,715-29,866}{29,866}\times100≒2.8(\%)$

• 농사용 : $\dfrac{820-786}{786}\times100≒4.3(\%)$

• 가로등 : $\dfrac{403-392}{392}\times100≒2.8(\%)$

• 심야용 : $\dfrac{864-906}{906}\times100≒-4.6(\%)$

따라서 20X6년 대비 20X7년 전력판매수입의 변화율이 두 번째로 큰 용도는 교육용이다.

20 도표분석능력 자료의 수치 분석하기

| 정답 | ③

| 해설 | 공연장은 20X9년에 1,024개로 전년과 동일하다.

| 오답풀이 |

①, ② 공공도서관은 20X9년에 전년 대비 $\dfrac{1,010-978}{978}\times100≒3.3(\%)$ 증가하였고, 20X8년에 전년 대비 $\dfrac{978-930}{930}\times100≒5.2(\%)$ 증가하였다.

④ 문예회관은 20X8년에 229개로 전년도 232개에 비해 감소하였다.

⑤ 20X6 ~ 20X9년의 문화예술시설 수를 구하면 다음과 같다.

• 20X6년 : 754+190+865+992+220=3,021(개)
• 20X7년 : 809+202+930+991+232=3,164(개)
• 20X8년 : 826+219+978+1,024+229=3,276(개)
• 20X9년 : 853+229+1,010+1,024+236=3,352(개)

따라서 문화예술시설 수는 지속적으로 증가했다.

21 도표작성능력 자료를 바탕으로 그래프 작성하기

| 정답 | ③

| 해설 | ⓒ 박물관 853개, 미술관 229개, 공연장 1,024개, 문예회관 236개로 수정해야 한다.

ⓔ 20X7년 100.49조 원, 20X8년 105.51조 원으로 수정해야 한다.

22 사고력 조건에 따라 추론하기

| 정답 | ⑤

| 해설 | 10명이 4개의 부서에 배정되어야 하며 인원수가 동일한 부서가 2개 있으므로 다음 세 가지로 추려진다.

1) 1명, 1명, 2명, 6명
2) 1명, 1명, 3명, 5명
3) 1명, 2명, 2명, 5명

⑤ 계통계획처의 신입사원 수가 5명일 경우, 전력수급처의 신입사원 수는 4개의 부서 중 가장 많지도, 가장 적지도 않기 때문에 2명 또는 3명이어야 한다.

| 오답풀이 |

① 3)의 경우 1명이 배정된 부서가 상생협력처일 가능성과 전력시장처일 가능성이 둘 다 존재한다.

② 3)의 경우 계통계획처의 신입사원 수를 5명으로 가정했을 때, 전력수급처와 상생협력처의 신입사원 수가 2명으로 동일할 수 있지만 항상 올바른 설명으로는 볼 수 없다.

④ 3)의 경우 상생협력처에 1명의 신입사원이 배정되었다고 가정하면 계통계획처에 배정된 신입사원의 수는 2명일 수 있다.

---

23 사고력 조건을 바탕으로 추론하기

|정답| ③

|해설| 다음과 같은 순서로 각 사원이 마신 음료와 그 가격을 유추할 수 있다.

• 첫 번째 조건에서 A는 가격이 4,000원인 음료를 주문했음을 알 수 있다.

• 두 번째 조건에서 C는 가격이 6,000원인 음료를 주문했음을 알 수 있다.

• 다섯 번째 조건에서 B는 홍차를 주문하였음을 알 수 있다. 이때 D와 E가 주문한 음료와 금액이 달라야 하고 위의 두 조건에서 A는 4,000원, C는 6,000원을 지불했으므로 B가 주문한 음료의 가격은 4,000원, D와 E가 주문한 음료는 5,000원이라 추론할 수 있다.

• 네 번째 조건에서 D는 커피 범주에 속하는 음료 중 하나를 주문하였음을 알 수 있다.

• 세 번째 조건에서 C와 E는 주스 범주에 속하는 음료를 주문하였음을 알 수 있다.

• 여섯 번째 조건에서 아메리카노와 수박 주스의 가격은 5,000원으로 동일함을 알 수 있다. 이때 D는 커피 범주의 음료, E는 주스 범주의 음료를 주문하였으므로 D는 아메리카노, E는 수박 주스를 주문했음을 추론할 수 있다.

모든 대응 관계를 표로 정리하면 다음과 같다.

사원	음료	가격
A	카페라테	4,000
B	홍차	4,000
C	자몽 주스	6,000
D	아메리카노	5,000
E	수박 주스	5,000

24 문제처리능력 성과상여금 지급 기준 이해하기

|정답| ③

|해설| 성과상여금 지급 대상은 지급기준일 현재 근무자이므로 휴직한 상태라면 성과상여금을 받을 수 없을 것이다. 따라서 성과상여금을 받기 위해서는 휴직 날짜를 성과상여금 지급일과 겹치지 않도록 조정해야 한다.

|오답풀이|

① 각주에 따라 예산범위 내, 지급등급별 인원비율 및 지급률을 10%p 범위 내 자율 조정이 가능하므로 현재 상위 약 62%인 경우, 지급인원 비율이 조정된다면 A 등급을 받을 수도 있다.

② 다태아 출산 가점은 5점 부여되므로 출산 가점을 1번 받는다.

④ 절대적인 평가점수와 관계없이 조직 내에서 상대적인 등수에 따라 성과 등급이 달라진다. 따라서 총점이 92.5점이라 하더라도 특정 등급을 확신할 수 없다.

⑤ 각주에 따라 실제 근무기간이 2개월 미만인 자는 지급 대상에서 제외된다.

---

25 문제처리능력 조건에 맞는 상품 선택하기

|정답| ①

|해설| 고객은 여러 개 통화로 예금거래가 가능하면 좋겠다고 하였으므로 ㉣은 제외되며, 5 ~ 6만 원 정도로 시작하고 싶다고 하였으므로 가입금액이 USD 100불 이상인 ㉢도 제외해야 한다. 3년 정도 두고 싶다고 하였으므로 ㉡ 상품도 적절하지 않다. 따라서 고객에게 추천할 상품은 모든 조건을 충족하는 ㉠이다.

---

26 문제처리능력 자료를 바탕으로 질의응답하기

|정답| ②

|해설| SP는 아동의 현재 감각처리 능력을 평가하는 감각통합프로파일 검사이다. 문의자의 자녀는 감각능력에는 문제가 없으므로 해당 검사를 추천하는 것은 적절하지 않다.

|오답풀이|

④ 만 3세 2개월은 38개월로 제시된 모든 발달검사 프로그램을 실시하기에 적합한 연령이다.

27 문제처리능력 행동지침 이해하기

|정답| ④

|해설| 천재지변이나 전기 고장으로 인한 정전피해에 대하여는 배상하지 않으므로 자연재해로 인한 손실에 대해서는 한전에서 배상하지 않을 것이다.

28 문제처리능력 경유차 저공해화 사업 파악하기

|정답| ③

|해설| 조기폐차 추진 대수가 아니라, 조기폐차, 매연저감장치 부착, LPG 엔진 개조, 미세먼지−질소산화물 저감장치 부착 보조금 지원 대상이 38,190대이다.

29 문제처리능력 적절한 사례 판단하기

|정답| ③

|해설| ⓒ 2005년 이전에 등록한 2.5톤 이상 경유차량에 매연저감장치를 부착하면 비용의 약 90%를 지원받을 수 있다.

|오답풀이|

㉠ 조기폐차 지원금은 차종 규모별 최대 770만 원까지 지원받을 수 있다.

ⓛ 지원대상은 수도권에 2년 이상 등록된 차량에 한하므로 대전시에 등록한 차량은 지원대상이 아니다.

30 문제처리능력 자료 분석하기

|정답| ④

|해설| 종업원 수 5인 미만의 포장처리업소는 전산신고 의무가 없을 뿐, 내부적으로 포장처리 실적에 대한 장부를 가지고 관련 정보를 관리해야 한다.

|오답풀이|

① 묶음번호는 여러 개의 이력번호를 가진 개체들을 하나로 묶어 포장처리한 경우 사용되므로 하나의 묶음번호에는 여러 개의 이력번호가 표시될 수 있다.

② 귀표가 부착되지 않은 개체는 개체식별번호를 부여받아야 도축이 가능하다고 설명하고 있으므로 귀표 부착 자체보다 관련 사항의 전산 등록 여부가 도축의 기준이 되는 것이라고 판단할 수 있다.

③ 전산 정보를 확인하여 등록정보 변경 후 도축이 가능하므로 실제와 전산 정보가 다를 경우에는 도축이 불가능하다.

⑤ '도축장에 연접한 영업장도 아닌데'라는 언급으로 보아 도축장 연접 여부가 전산 등록 의무의 판단 기준이 된다고 유추할 수 있다.

31 문제처리능력 자료 분석하기

|정답| ③

|해설| 영업자코드를 나타내는 4자리 수가 1234와 4321로 다르므로 2개의 업체가 각각 3개의 이력번호를 가진 개체를 포장처리한 것이다.

|오답풀이|

① 두 개의 묶음번호 날짜가 2017년 10월 15일과 23일로 동일하지 않다.

② 소고기를 의미하는 0과 돼지고기를 의미하는 1이 쓰인 묶음번호 내에 개체가 3개씩 있으므로 올바른 판단이다.

④ 묶음번호에서 변하지 않는 것은 맨 앞에 쓰인 L('LOT'를 의미) 1개뿐이다.

⑤ 묶음번호의 마지막 세 자리는 묶음구성일별로 중복되지 않도록 영업자가 자체적으로 부여한 일련번호이다.

32 문제처리능력 조건을 바탕으로 회의실 예약하기

|정답| ⑤

|해설| 〈회의실 예약 현황〉에 따라 회의실 이용이 가능한 것은 월요일 오전, 수요일 오후, 목요일 오후, 금요일 오전이다. 월요일 오전에는 김 부장, 유 과장 2명이 참여하지 못하고, 수요일 오후에는 유 과장, 박 대리, 최 사원 3명이 참여하지 못하며, 목요일 오후에는 김 부장, 박 대리, 최 사원 3명이 참여하지 못하고, 금요일 오전에는 박 대리 1명이 참여하지 못한다. 따라서 홍길동은 금요일 오전에 회의실을 예약할 것이다.

33 자원관리능력 로직트리 분석하기

| 정답 | ②

| 해설 | ㉠ 디자인 변경은 무선충전기능 개발과 컨트롤러 기능 개선이라는 하위 항목을 포괄하는 개념이라고 보기 어렵다.
㉢ 광고영역 추가는 관리비 절감이라는 상위항목에 포함되는 개념이라고 보기 어렵고, 기존 악성재고 폐기와 같은 개념으로 보기도 어렵다.

34 예산관리능력 조건을 만족하는 가정 찾기

| 정답 | ⑤

| 해설 | 희망 구매 단가와 발전 가능 연한은 A ~ E 가정 모두 조건을 만족하므로 나머지 세 가지 조건을 충족하는지 판단한다. 먼저 생산 설비 용량을 고려해 보면 시간당 5kW 이하여야 하므로 C 가정은 조건에 알맞지 않다. 1개월 평균 전기 생산량의 경우 A 가정은 600kW(=5×4×30), B 가정은 225kW(=5×1.5×30), D 가정은 600kW(=5×4×30), E 가정은 540kW(=5×3.6×30)로 B 가정이 조건에 알맞지 않음을 알 수 있다. 송전 거리를 고려할 경우 10km 이상이어야 하므로 A 가정과 E 가정이 알맞지 않다. 따라서 〈태양광 전기 구매 조건〉을 충족한 가정은 D뿐이다.

35 인적자원관리능력 자료를 바탕으로 직원 선발하기

| 정답 | ③

| 해설 | C 팀장은 직전 해외 파견근무 종료가 2019년 11월로 2021년 10월 기준으로 2년이 경과되지 않아 선발되지 않는다. 지원자 중 업무능력 우수자인 D 팀장은 반드시 선발되어야 하며, 동일 부서에 근무하는 2명 이상의 팀장을 선발할 수 없으므로 같은 영업부 E 팀장은 선발되지 않는다. 업무능력이 미흡한 B 과장과 G 사원도 선발될 수 없으므로 파견근무에 선발될 직원은 A 과장, D 팀장, F 사원이다.

36 예산관리능력 자료를 바탕으로 환불금액 계산하기

| 정답 | ②

| 해설 | 강습 잔여횟수는 11회, 자유이용 횟수는 3회이고 B 씨는 성인이므로 환불금액은 $280,000 \times \frac{11}{16} - 3 \times 20,000 = 132,500$(원)이다.

37 예산관리능력 주문 금액 계산하기

| 정답 | ③

| 해설 | 각 업체의 주문 금액은 [인쇄 장수(제본인 경우 권당 페이지 수×제본 권수)×장당 인쇄 비용]+[제본 권수×권당 제본비용]+[운송료(페이지 수 혹은 제본 권수×장당/권당 운송료)]로 계산한다.

• A 업체 : (1,400×200)+0(제본 없음)+(1,400×15)=301,000(원)
• B 업체 : (30×100×50)+(100×1,500)+0(운송료 무료)=300,000(원)
• C 업체 : (10×110×75)+(110×2,000)+0(운송료 무료)=302,500(원)
• D 업체 : (50×90×25)+(90×1,000)+(90×100)=211,500(원)
• E 업체 : (30×50×100)+(50×2,500)+(50×200)=285,000(원)

따라서 C 업체의 주문부터 처리해야 한다.

38 예산관리능력 주문 금액 계산하기

| 정답 | ②

| 해설 | D 업체가 종이 사이즈를 A7에서 A6로 바꾸면 장당 인쇄비용 25원, 권당 제본비용 500원, 권당 운송료 50원의 추가금액이 발생한다. 이를 계산하면 (50×90×25)+(90×500)+(90×50)=162,000(원)이다. 따라서 주문을 변경한 D 업체의 주문 금액은 211,500+162,000=373,500(원)이다.

39 예산관리능력 급여 계산하기

| 정답 | ⑤

| 해설 | 직원별 기본급과 성과급, 급여를 표로 정리하면 다음과 같다.

(단위 : 만 원)

구분	기본급	성과급	총 급여
A	400	400	800
B	350	175	525
C	450	450	900
D	430	430	860
E	290	0	290
F	380	190	570
G	500	750	1,250
H	470	470	940
I	330	165	495

따라서 직원들에게 지급한 급여의 총합은 6,630만 원이다.

40 예산관리능력 급여 지출내역 구하기

| 정답 | ④

| 해설 | 지난달보다 실적이 오른 사원은 A, C, E, F, H 5명이다. 5명의 총 급여는 **39**의 해설을 참고하면 다음과 같다.

구분	총 급여(만 원)
A	800
C	900
E	290
F	570
H	940

총 급여의 10%씩을 추가로 지급하므로 ○○기업이 추가로 지급하게 되는 금액은 80＋90＋29＋57＋94＝350(만 원)이다.

41 예산관리능력 총 급여 상승액 구하기

| 정답 | ①

| 해설 | 팀별 실적 평균을 구하면 1팀 약 4,333만 원, 2팀 약 4,433만 원, 3팀 약 3,233만 원이다. 따라서 1, 2팀은

100%, 3팀은 50%의 성과급을 지급받게 된다. 이를 정리하면 다음과 같다.

(단위 : 만 원)

구분	소속	기본급	성과급	총 급여
A	1팀	400	400	800
B	3팀	350	175	525
C	2팀	450	450	900
D	1팀	430	430	860
E	3팀	290	145	435
F	2팀	380	380	760
G	2팀	500	500	1,000
H	1팀	470	470	940
I	3팀	330	165	495

○○기업이 지급할 총 급여는 6,715만 원이므로 이번 달 지급액 6,630만 원보다 85만 원 상승할 것이다.

42 예산관리능력 신용카드 선정하기

| 정답 | ③

| 해설 | 김 사원의 총예산 내역은 1,340,000원이며, 각 카드별 할인 금액을 정리하면 아래와 같다.

카드	할인 금액
A	• 버스 및 지하철 요금 15% 할인 : 15,000원 할인 • 카페 사용액 20% 청구 할인 : 14,000원 할인 • 마트 사용액 5% 적립 : 10,000원 적립 • 총 할인금액 : 39,000원 할인 • 월회비 적용시 : 24,000원 할인
B	• 유류비 10% 할인 : 14,000원 할인 • 영화 관람비 20% 할인(월 최대 4,000원) : 4,000원 할인 • 전통시장 사용액 5% 할인 : 7,500원 할인 • 총 할인금액 : 25,500원 할인
C	• 의류비 5% 할인 : 10,000원 할인 • 영화 관람비 30% 할인 : 9,000원 할인 • 통신비 10% 적립 : 5,000원 적립 • 도서 구입비 10% 할인 : 8,000원 할인 • 총 할인금액 : 25,000원 할인(최대 할인 금액 적용)

따라서 할인혜택이 가장 많은 신용카드는 B이며, 한달 요금은 1,340,000－25,500＝1,314,500(원)이다(적립은 현금으로 계산하므로 할인되는 금액이라고 볼 수 있다).

43 정보처리능력 사이버 범죄 이해하기

|정답| ⑤

|해설| 파밍(Pharming)은 악성코드에 감염된 사용자의 PC를 조작하여 정확한 웹 페이지 주소를 입력하여도 가짜 웹 페이지로 유도하여 금융정보를 빼내는 수법이다.

|오답풀이|

① 피싱(Phishing) : 개인정보(Private data)와 낚시(Fishing)의 합성어로 불특정 다수에게 이메일을 보내 정상 홈페이지로 가장한 가짜 사이트로 접속을 유도한 뒤 보안카드번호 등 이용자들의 금융정보를 입력하게 하여 이를 불법적으로 이용하는 사기수법을 말한다.

② 스누핑(Snooping) : 네트워크상에서 남의 정보를 염탐하여 중요 정보를 불법으로 가로채는 행위를 말한다.

③ 스푸핑(Spoofing) : 의도적인 행위를 위해 타인의 신분으로 위장하는 것으로, 승인받은 사용자인 것처럼 시스템에 접근하거나 네트워크상에서 허가된 주소로 가장하여 접근 제어를 우회하는 공격 행위를 말한다.

④ 랜섬웨어(Ransomware) : 사용자 컴퓨터 시스템에 침투하여 중요 파일에 대한 접근을 차단하고 금품을 요구하는 악성프로그램이다.

44 정보처리능력 기억장치 종류 파악하기

|정답| ①

|해설| ROM은 컴퓨터에 미리 장착되어 있는 메모리로, 읽을 수는 있지만 변경을 가할 수는 없다. ROM에 저장된 데이터는 영구적 또는 반영구적으로 보관되고, 전원이 꺼져도 지워지지 않는다. 주로 사전으로서의 기능을 수행하며 워드프로세서의 한자, 메모리, IC카드 등에 쓰인다.

|오답풀이|

② RAM : 컴퓨터가 켜지는 순간부터 CPU 연산과 동작에 필요한 모든 내용이 저장되며, 전원을 차단하면 모든 내용이 지워지는 휘발성 기억장치이다.

③ 하드 디스크 드라이브(Hard Disc Drive) : 컴퓨터의 보조기억장치로 주로 사용되는 대용량의 비휘발성 기억장치이다.

④ 캐시 메모리(Cache Memory) : 데이터를 빠르게 로드하기 위한 데이터를 미리 복사하여 저장하는 기억장치로 주로 CPU나 디스크 옆에 부착되어 있다.

⑤ 클라우드 스토리지(Cloud Storage) : 데이터를 네트워크에 저장하는 시스템 혹은 이를 제공하는 호스팅 업체의 서비스를 의미한다.

45 컴퓨터활용능력 엑셀 함수식 작성하기

|정답| ④

|해설| SUMPRODUCT 함수는 배열 또는 범위의 대응되는 값끼리 곱해서 그 합을 구하며, 수식은 =SUMPRODUCT(범위1, 범위2, …)이다. 총 판매수입은 제품별 판매수량과 판매가격을 곱하여 더한 값이므로 [C6]셀에 들어갈 수식으로 =SUMPRODUCT(B2 : B5, C2 : C5)가 옳다.

46 컴퓨터활용능력 엑셀 활용법 이해하기

|정답| ③

|해설| ⓛ 엑셀의 날짜 표시는 =Today( )나 Ctrl+;로 입력이 가능하다.

ⓜ 입력한 내용과 같은 내용을 적용하려면 채우고자 하는 부분에 블록을 잡고 수식입력줄에 내용을 입력한 후 Ctrl+Enter를 누른다.

47 컴퓨터활용능력 내림차순 정렬하기

|정답| ⑤

|해설| 다음과 같이 자료가 정렬된다.

	A	B	C
1	사원명	영업건수	근속연수
2	김은형	25	3
3	김진우	30	5
4	박주연	51	5
5	최민아	18	7
6	이세준	39	8

48 정보이해능력 클라우드 컴퓨팅 이해하기

|정답| ⑤

|해설| 클라우드 컴퓨팅은 초기 투자비용 없이 이용한 만큼 지불하는 탄력성, 최소 자원으로 시작 후 사용량에 따라 동적확장이 가능한 확장성을 가지므로 중소기업이 클라우드

플랫폼을 도입하는 것이 비용 측면에서 바람직하지 않다는 것은 옳지 않다.

| 오답풀이 |

① 탄력성은 초기 투자비용 없이 이용한 만큼 지불하는 것을 말하므로 클라우드 컴퓨팅 서비스에 대한 초기 접근성이 높음을 알 수 있다.

② 이용자가 많아질수록 다양한 요구사항에 대한 대응이 발전할 것이고 자연히 플랫폼 구축 기술에 대한 중요성이 증가할 것이므로 서비스 제공자들은 플랫폼 개발을 가속화할 것이라고 추론할 수 있다.

③ 저성장, 저소비, 고실업, 고위험 등은 4차 산업혁명과 더불어 2008 글로벌 경제위기 이후 세계경제에 나타난 뉴노멀 현상을 나타내는 키워드이다. 이러한 뉴노멀 시대의 도래로 인해 클라우드 컴퓨팅이 중요해졌다는 내용이 두 번째, 세 번째 문단에 나타나 있다.

④ 기업들의 전환 가속화는 경쟁사뿐 아니라 동종업계에도 영향을 주어 전 산업 영역으로 확대되고 있으므로 클라우드 컴퓨팅 서비스 제공자와 소비자 모두 데이터 관리 역량을 키워야 변화에 적응할 수 있다.

49 정보처리능력 리눅스 프로그램 이해하기

| 정답 | ①

| 해설 | 팀원별 로그인 기록의 #lastlog -t 5 /var/log/wtmp.1 명령 출력 결과에 따르면 가장 최근에 로그인한 사용자는 3월 30일 목요일 3시에 로그인한 DORA이다.

| 오답풀이 |

② #last -f /var/log/wtmp.1에서 BRAVO 사용자는 1월 13일 금요일과 3월 25일 토요일에 로그인 기록이 있는데, 이 둘의 Port가 각각 pts/3과 pts/4로 기록되어 있다. 즉 BRAVO 사용자는 pts/3과 pts/4 두 개의 하드웨어에서 로그인을 하였음을 알 수 있다.

④ #lastlog -t 5는 사용자의 마지막 로그인 시각 중 명령을 입력한 날을 기준으로 5일 이내의 기록만을 출력한다. 명령을 입력한 시점이 3월 31일이므로, #lastlog -t 5를 입력하면 3월 26일부터 31일까지의 로그인 기록만을 분석하여 출력하며 3월 24일의 로그인 기록은 읽지 않는다. 따라서 ELITE의 최근 5일간의 마지막 로그인 정보를 확인하는 #lastlog -t 5 -u ELITE를 입력하면 로그인 기록이 없다는 의미의 **Never logged in**이 출력된다.

⑤ #lastlog -t 5 /var/log/wtmp.1에서 CHLOE가 3월 27일 월요일 17시 11분에 pts/2를 통해 마지막으로 로그인한 기록이 있음을 확인할 수 있다. #last -f /var/log/wtmp.1에도 이에 대응하는 기록이 있어야 하므로 ⓒ에는 Mon March 27이 들어가는 것이 적절하다.

50 정보처리능력 리눅스 프로그램 이해하기

| 정답 | ①

| 해설 | #last -2 /var/log/wtmp.1 명령어는 /var/log/wtmp.1 로그 파일의 로그인과 로그아웃에 대한 정보 중 가장 마지막 두 줄을 출력하는 명령어이다. 따라서 출력 결과로 3월 28일 화요일에 접속한 ALEPH 사용자의 접속기록과 3월 30일 목요일에 접속한 DORA 사용자의 기록이 출력되어야 한다.

| 오답풀이 |

② #last -1 -a /var/log/wtmp.1 명령어는 /var/log/wtmp.1 로그 파일의 로그인과 로그아웃에 대한 정보 중 가장 마지막 한 줄을 출력하되, 출력되는 목록에서 인터넷 IP주소 필드를 맨 오른쪽에 출력하도록 하는 명령어이다. 따라서 선택지와 같이 로그 파일의 가장 마지막 줄의 3월 30일 목요일에 접속한 DORA 사용자의 기록에서 IP 주소 필드를 가장 오른쪽에 위치시킨 결과를 출력해야 한다.

③ #lastlog -u CHLOE /var/log/wtmp.1 명령어는 /var/log/wtmp.1 로그 파일에서 CHLOE 사용자의 마지막 로그인 정보를 출력하는 명령어이다.

④ #lastlog -u FENNEC /var/log/wtmp.1 명령어는 /var/log/wtmp.1 로그 파일에서 FENNEC 사용자의 마지막 로그인 정보를 출력하는 명령어이다. 그런데 자료의 #last -f /var/log/wtmp.1 명령어 입출력 결과에서 FENNEC 사용자에 대한 로그인 정보가 존재하지 않으므로, 로그인 기록이 없다는 의미의 **Never logged in**이 출력되어야 한다.

⑤ #lastlog -t 3 /var/log/wtmp.1 명령어는 /var/log/wtmp.1 로그 파일에서 최근 3일간의 마지막 로그인 기록을 출력하는 명령어이다. 명령을 입력한 현재 시점이 3월 31일이므로, 3월 28일부터 31일까지의 마지막 로그인 기록이 있는 ALEPH, DORA의 로그인 기록이 출력된다.

1회 기출예상문제

2회 기출예상문제

3회 기출예상문제

4회 기출예상문제

5회 기출예상문제

6회 기출예상문제

4회 기출예상문제

문제 160쪽

01	①	02	④	03	④	04	③	05	④
06	⑤	07	①	08	③	09	②	10	④
11	③	12	②	13	④	14	①	15	②
16	③	17	③	18	③	19	⑤	20	④
21	④	22	②	23	⑤	24	②	25	⑤
26	②	27	⑤	28	⑤	29	①	30	②
31	④	32	②	33	③	34	③	35	③
36	①	37	④	38	③	39	③	40	④
41	③	42	③	43	①	44	③	45	③
46	③	47	④	48	②	49	②	50	⑤

01 문서작성능력 글의 내용에 맞게 제목 작성하기

|정답| ①

|해설| 다방면에서의 사회자본의 역할 및 그 중요성을 논하고 있다.

|오답풀이|

② 지문은 사회자본의 중요성을 서술하고 있으나 형성 방안에 대한 논의는 없다.

③, ④, ⑤ 지문의 일부분에 속하는 내용만을 지엽적으로 담고 있다.

02 문서이해능력 세부 내용 파악하기

|정답| ④

|해설| '유의사항'에서 S 아트피아는 2021년 9월부터 1년간 홍보 및 기록의 목적으로 출품작을 활용할 수 있다고 하였으나, 출품작에 대한 저작권은 창작자에게 속한다고 명시하고 있다.

|오답풀이|

① 공모전은 D 지역 기반의 신진작가 또는 팀을 대상으로 진행한다.

② 출품작의 전시 홍보는 K 공사 홈페이지와 S 아트피아 홈페이지에서 지원한다.

③ 작품의 설치와 철수는 작가가 직접 해야 하며, 전시작품의 운반, 설치, 철수, 보험 등의 비용을 일부 지원받을 수 있다.

⑤ 공모전의 성격에 적합하지 않은 작품은 전시가 금지될 수 있다.

03 문서이해능력 자료를 읽고 의견 제시하기

|정답| ④

|해설| 드론원스탑을 통해 장치신고, 사업 등록, 비행승인, 특별비행승인, 촬영 허가 등을 신청하는 절차가 간편해졌으나 조종자격 취득은 드론원스탑이 제공하는 서비스 대상이 아니다. 따라서 조종자격 취득 절차 자체가 간편해졌다는 의견은 적절하지 않다.

|오답풀이|

⑤ 현재까지는 웹기반 서비스를 통해 드론원스탑을 이용할 수 있다.

04 문서이해능력 지문을 바탕으로 추론하기

|정답| ③

|해설| 3문단에서 탄소배출권 거래중개인은 판매자와 구매자가 확보되면 협상을 체결하기 위해 적절한 매매 가격 산정이나 배출권 이전 및 발행의 보증 문제 등에 대해 조율한다고 하였다. 따라서 공식적으로 정해진 탄소배출권 가격을 정확히 파악하고 전달해야 한다는 추론은 적절하지 않다.

|오답풀이|

① 정책, 경제의 흐름에 따라 구매자와 판매자의 변동이 있을 수 있으므로 이를 파악하는 것이 중요하다.

② 온실가스 저감을 통해 탄소배출권을 확보할 수 있으므로 판매자에게 조언하거나 직접 관여할 경우 저감 기술에 대한 이해가 필요하다.

④ 탄소배출권 시장의 판매자(공급)와 구매자(수요)를 중개해야 하므로 관련 지식을 가지고 있어야 한다.

⑤ 구매 계약을 책임지고 체결하는 사람이므로 계약서 작성과 보증 등에 관한 법적 절차를 알아야 한다.

05 문서이해능력 세부 내용 파악하기

| 정답 | ④

| 해설 | 4문단에서 공동체주의는 공동선이 옳기 때문에 정의의 자격이 부여되는 것이 아니라, 사람들이 좋아하고 그로 인해 행복할 수 있기 때문에 공동선이 정의로서 자격을 갖춘다고 했다. 즉, 공동체가 공유하는 가치가 변한다면 공동선 또한 변할 수 있다. 따라서 절대적으로 정의로운 공동선을 설정한다고 보는 것은 옳지 않다.

| 오답풀이 |

① 2문단에서 현대 바이오테크놀로지가 내놓은 생명윤리적 쟁점과 질문을 해결하기 위해 공동체주의적 관점의 생명윤리학이 출현하였다고 했다. 따라서 기존의 자유주의 윤리학적 관점만으로는 해결이 어려웠음을 추론할 수 있다.

③ 4문단에서 공동체주의 접근방식이 개인이 현실적으로 속해 있는 공동체와 대화할 수 있는 길을 열어 주었다고 했다. 즉, 자유주의적 관점은 인간을 추상화된 개념의 이상(理想) 속에 고립되고 한정된 존재로 보고 있음을 추론할 수 있다.

06 문서이해능력 유추 가능한 내용 선택하기

| 정답 | ⑤

| 해설 | 공동체주의 생명윤리 사상은 개인의 결정뿐 아니라 사회적인 영향까지 고려하므로 이에 대해 고려하고 있는 ⑤가 적절하다.

| 오답풀이 |

①, ②, ③, ④ 환자 또는 의사와 같은 개인의 자율성을 강조한 자유주의 생명윤리 사상의 입장을 나타내고 있다.

07 문서이해능력 보도자료의 내용 파악하기

| 정답 | ①

| 해설 | 지속적인 바이어 관리는 상담이 실제 수출로 이어질 수 있도록 전시회 이후에 수행하려는 활동이며 전시회에서 이루어진 활동은 아니다.

08 문서작성능력 문서 오류 수정하기

| 정답 | ③

| 해설 | 해당 글은 사내 공지사항이 아닌 보도자료이며, 보도자료는 사실에 입각하여 회사의 장점과 우수성, 긍정적인 역할 등을 외부에 적극 홍보해야 한다.

| 오답풀이 |

① '우리나라가 말레이시아로'를 '우리나라의 말레이시아에 대한'으로 수정해야 한다.

② 첫 번째 항목과 두 번째 항목의 하위 항목이 서로 바뀌어야 한다.

④ '일체'는 '모두 다', '전부'의 의미이며, '일절'은 '전혀(~ 아니다)'의 의미이므로 모든 비용을 지불하였다는 내용에서는 '일체'가 올바른 표현이다.

⑤ 날짜는 숫자로 표기하고 연월일을 표기하는 아라비아 숫자 뒤에는 모두 온점을 찍어야 한다.

09 문서이해능력 세부 내용 이해하기

| 정답 | ②

| 해설 | 2문단을 보면 저작물의 인용 조건 중 '공정한 관행'의 요건을 충족하기 위해서는 타인 저작물의 인용이 자신의 기술 내용과의 관련성 내지 필요성이 있어야 할 뿐 아니라 인용된 부분이 어디인지 구별 가능하여야 하고, 출처 표시가 있어야 한다고 하였다. 따라서 인용한 부분이 어디인지 구분할 수 없다면 저작권 침해에 해당된다.

10 문서이해능력 자료를 통해 사례 판단하기

| 정답 | ④

| 해설 | D의 사례는 직접 링크가 아닌 프레임 링크에 해당하며 타인의 저작물을 그대로 복제한 경우이므로 복제권 침해로 볼 수 있다.

11 기초연산능력 참석자 수 계산하기

| 정답 | ③

| 해설 | 전체 참석자 수를 x명으로 두면 다음 식이 성립한다.

$$\frac{1}{5}x+65+\frac{1}{2}x-5=x$$

$$2x+650+5x-50=10x$$

$$7x+600=10x$$

$$3x=600$$

$$\therefore\ x=200\,(\text{명})$$

12 기초연산능력 차집합 구하기

| 정답 | ②

| 해설 | 영화만 본 사람은 영화를 본 사람 중 쇼핑과 영화 관람을 모두 한 사람의 인원을 빼서 구한다.

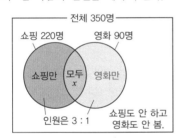

두 집합의 교집합을 x명이라 하면 쇼핑만 한 사람은 $(220-x)$명, 영화만 본 사람은 $(90-x)$명이다. 쇼핑은 했지만 영화를 보지 않은 사람은 영화를 보았지만 쇼핑을 하지 않은 사람의 3배이므로 다음의 식이 성립한다.

$$(220-x):(90-x)=3:1$$

$$220-x=(90-x)\times3$$

$$220-x=270-3x$$

$$2x=50\quad\therefore\ x=25\,(\text{명})$$

따라서 영화만 본 사람은 $90-25=65\,(\text{명})$이다.

보충 플러스+

연립방정식을 사용한다. 구하려 하는 '영화를 보았지만 쇼핑을 하지 않은 사람'을 x명, 쇼핑과 영화 관람을 모두 한 사람을 y명이라 하면,
쇼핑을 한 사람 : $3x+y=220$ ············· ㉠
영화를 본 사람 : $x+y=90$ ············· ㉡
연립방정식의 가감법으로 ㉠−㉡을 하면, $x=65$(명)이다.

13 도표분석능력 자료의 수치 분석하기

| 정답 | ④

| 해설 | ㉢ 20X0년에서 20X9년까지 네 가지 1차 에너지 소비량 순위는 석유−석탄−LNG−원자력 순으로 변함이 없다.

㉣ 20X3년부터 20X9년까지 매년 석탄 소비량은 80,000 천 TOE 이상이고, 원자력 소비량은 40,000천 TOE 이하이다.

| 오답풀이 |

㉠ 20X0년부터 20X9년까지 석탄 에너지 소비량은 20X4 년과 20X8년, 총 2번 감소한다.

㉡ 기타 내의 구성 비율을 알 수 없으므로 1차 에너지 소비량의 차이가 가장 작은 두 에너지 종류는 알 수 없다.

㉤ 기타 항목이 있으므로 매년 수력 에너지 소비량이 가장 적은지는 알 수 없다.

14 도표분석능력 자료의 수치 분석하기

| 정답 | ①

| 해설 | ㉣ 20X5년 대비 20X6년 전체 지원자 수의 변화율을 구하면 $\dfrac{2{,}652-3{,}231}{3{,}231}\times100\fallingdotseq-17.9\,(\%)$이므로 25%가 아닌 약 17.9% 감소하였다.

| 오답풀이 |

㉠ 〈자료 2〉에서 해외 지원자 비율을 보면 전반적으로 감소하는 추세임을 알 수 있다.

㉡ 〈자료 1〉에서 20X9년 전체 지원자 수 대비 국내 지원자의 비율을 계산해보면 $\dfrac{1{,}462}{2{,}475}\times100\fallingdotseq59.1\,(\%)$이다.

㉢ 〈자료 1〉을 보면 20X3년 대비 20X9년 전체 지원자 수는 $3{,}899-2{,}475=1{,}424\,(\text{명})$ 감소했다.

㉤ 〈자료 1〉을 통해 (A)와 (B)를 구하면 다음과 같다.

- (A) : $\dfrac{1{,}462}{2{,}475}\times100\fallingdotseq59.1\,(\%)$

- (B) : $\dfrac{1{,}013}{2{,}475}\times100\fallingdotseq40.9\,(\%)$

따라서 $(A)-(B)=18.2\,(\%p)$이다.

15 도표분석능력 자료의 수치 분석하기

|정답| ②

|해설| 사우디는 석유 수출량(18.7%)이 수입량(2.8% 이하)보다 크므로 자국 수요 이상을 생산한다고 볼 수 있다.

|오답풀이|

① 미국은 석유 수입량(17.6%)이 수출량(3.4% 이하)보다 크므로 자국 수요보다 부족한 양을 생산한다고 볼 수 있다.

③ 수출과 수입은 상위 2개국 비중의 합이 각각 30.4%와 33.3%로 그 외 국가(27.2%, 26.0%)보다 크지만 생산은 26.3%로 그 외 국가의 비중(32.7%)이 더 큼을 알 수 있다.

④ 상위 5개국 비중의 합은 생산(48.7%)<수출(49.5%)<수입(57.8%)의 순이다.

⑤ 석유 수출 기준이 전 국가에서 동일할 때 수출액은 수출 비중에 비례한다. 그런데 석유를 두 번째로 많이 생산하는 국가는 미국으로, 미국의 수출 비중은 10위 이하이므로 3.4% 이하이다. 따라서 석유 최대 생산국인 사우디의 수출액은 미국보다 5배 이상 크다.

16 도표분석능력 자료의 수치 분석하기

|정답| ③

|해설| 대체적으로 설비용량이 크면 발전량이 많아지나, 프랑스와 독일과 같이 반드시 비례 관계에 있는 지표는 아니라는 것을 확인할 수 있다.

|오답풀이|

① 발전량을 설비용량으로 나누어 보면 우리나라가 약 5,082배로 가장 크다.

② 1인당 설비용량은 미국(3.1kW)보다 캐나다(3.6kW)가 더 많다.

④ 프랑스(5위, 7위), 캐나다(7위, 5위), 이탈리아(9위, 11위), 영국(10위, 9위), 브라질(11위, 10위) 5개 국가가 두 지표의 순위가 동일하지 않다.

⑤ 주어진 자료에서 설비용량은 우리나라가 최하위이나, 1인당 설비용량은 중국, 인도, 브라질 3개국이 우리나라보다 더 작다.

17 도표분석능력 수치의 차이 계산하기

|정답| ③

|해설| 1인당 전력소비량은 발전량을 인구수로 나눈 값이다. 1GW=1,000MW, 1MW=1,000kW이며 주어진 발전량의 단위가 GW임에 유의한다. 다만 발전량의 단위와 인구수의 단위가 동일하게 1,000,000을 곱하여야 하므로 제시된 도표에서 1인당 전력소비량은 단위와 관계없이 바로 나누어 구할 수 있다.

1인당 전력소비량을 구하면 우리나라는 262,152÷47≒5,578(kWh), 미국은 3,743,010÷273≒13,711(kWh)가 된다. 따라서 두 나라의 1인당 전력소비량 차이는 13,711−5,578=8,133(kWh)이다.

18 도표분석능력 자료의 수치 분석하기

|정답| ③

|해설| 10a당 논벼 생산비와 20kg당 쌀 생산비는 20X5년부터 20X8년까지 꾸준히 감소하다가 20X9년에 다시 증가했다.

19 도표분석능력 빈칸에 들어갈 수치 계산하기

|정답| ⑤

|해설| ㉠ 20X9년의 경영비는 '소득=총수입−경영비'이므로 974,553−541,450=433,103(원)이다.

㉡ 20X8년의 소득률은 '소득률=$\dfrac{소득}{총수입} \times 100$'이므로 $\dfrac{429,546}{856,165} \times 100 ≒ 50.2$(%)이다.

보충 플러스+

표의 전년 대비 증감을 이용하면 복잡한 계산 없이 빠르게 해결할 수 있다. 20X8년 경영비는 426,619원이고, 전년 대비 증감은 6,484원이므로 20X9년 경영비는 426,619+6,484=433,103(원), 20X9년 소득률은 55.6%, 전년 대비 증감은 5.4%p이므로 20X8년 소득률은 55.6−5.4=50.2(%)이다.

1회 기출예상문제

2회 기출예상문제

3회 기출예상문제

4회 기출예상문제

5회 기출예상문제

6회 기출예상문제

20 문제처리능력 | 자료를 참고하여 요금 계산하기

| 정답 | ④

| 해설 | 전기요금＝기본요금＋전력량 요금이며 할인내용을 적용하면 다음과 같다.

A : 7,200＋58,250＝65,450(원)

→ 기초생활수급자이며, 기타 계절에 사용한 주간 생계용 전력이므로 월 16천 원 할인이 적용되어 65,450 －16,000＝49,450(원)이 된다.

B : 7,200＋73,340＝80,540(원)

→ 3자녀 가구이므로 시기와 관계없이 30%(월 16천 원 한도) 할인이 적용된다. 30%는 16천 원을 넘으므로 16천 원의 할인 한도액이 적용되어 80,540－ 16,000＝64,540(원)이 된다.

21 문제처리능력 | 조건에 맞는 직원 선정하기

| 정답 | ④

| 해설 | 무 사원과 기 대리는 직급이 다르고 대리가 포함되며 영어, 불어, 스페인어가 가능하다. 또한 5박 6일 총 출장비가 (200,000＋250,000)×6＝2,700,000(원)으로 조건을 충족한다. 따라서 무, 기가 출장을 갈 직원으로 선정된다.

| 오답풀이 |

① (300,000＋250,000)×6＝3,300,000(원)이므로 출장비가 초과된다.

② 불어, 중국어, 스페인어가 가능하므로 언어 요건이 충족되지 않는다.

③ 정의 휴가 일정과 겹치므로 부적절하다.

⑤ 동일 직급이므로 부적절하다.

22 문제처리능력 | 전력시장가격 분석하기

| 정답 | ②

| 해설 | 계통한계가격은 저렴한 발전기부터 운영해서 변동비가 가장 높은 발전기에 의해 결정된다. 따라서 전력거래소에서 발전계획에 따라 100kWh의 전력이 필요한 경우

시장 가격은 가격이 가장 싼 발전기 A로부터 100kWh을 모두 공급을 받을 수 있기 때문에 전력시장가격은 10원/kWh에서 결정된다. 하지만 110kWh가 필요한 경우 발전기 A, B의 발전기가 필요하며 전력시장가격은 그중 높은 가격인 20원/kWh로 결정된다. 이런 방식으로 200kWh가 필요한 경우 전력시장가격은 발전기 A, B, C 모두 30원/kWh로 결정된다.

23 문제처리능력 | 사이트 요청사항 적용하기

| 정답 | ⑤

| 해설 | 개편 후의 사이트 맵을 보면 연수 자료실은 '정보마당'에 위치해 있고, '연수 도움방'은 '학습마당' 카테고리에 포함되어 있으며 이는 기존과 동일하다. 따라서 ⑤는 요청사항으로 볼 수 없다.

24 문제처리능력 | 판매 일정 파악하기

| 정답 | ②

| 해설 | 제시된 조건에 따라 11월 할인 판매 일정을 작성하면 다음과 같다.

일	월	화	수	목	금	토
				1	2	3
				세탁기	세탁기	－
4	5	6	7	8	9	10
컴퓨터	컴퓨터	－	TV	TV	－	냉장고
11	12	13	14	15	16	17
냉장고	－	세탁기	세탁기	－	컴퓨터	컴퓨터
18	19	20	21	22	23	24
－	TV	TV	휴무	냉장고	냉장고	－
25	26	27	28	29	30	
세탁기	세탁기	－	컴퓨터	컴퓨터	－	

따라서 11월 마지막 날은 할인 이벤트가 없는 날임을 알 수 있다.

25 문제처리능력 판매 일정 파악하기

|정답| ⑤

|해설| 제시된 조건에 따라 12월 할인 판매 일정을 작성하면 다음과 같다.

일	월	화	수	목	금	토
						1 에어컨
2 세탁기	3 세탁기	4 -	5 컴퓨터	6 컴퓨터	7 -	8 TV
9 TV	10 -	11 냉장고	12 냉장고	13 -	14 에어컨	15 세탁기
16 세탁기	17 -	18 컴퓨터	19 휴무	20 TV	21 TV	22 -
23 냉장고	24 냉장고	25 -	26 에어컨	27 세탁기	28 세탁기	29 -
30 컴퓨터	31 컴퓨터					

26 문제처리능력 일자리 안정자금 지원 기준 이해하기

|정답| ②

|해설| 30인 미만 고용사업주가 아니므로 20X8년엔 지원 대상이 아니지만, 20X9년엔 노인돌봄서비스제공기관이 지원 대상에 추가되었으므로 지원 대상이다. 따라서 20X8년 대비 20X9년에 새롭게 지원 대상 기업이 될 수 있는 사업주는 ②이다.

|오답풀이|

① 30인 미만 고용사업주가 아니므로 20X8년, 20X9년 모두 지원 대상이 아니다.

③ 30인 미만 고용사업주이므로 20X8년, 20X9년 모두 지원 대상이다.

④ 30인 미만 고용사업주이지만 국가로부터 인건비 재정지원을 받고 있으므로 20X8년, 20X9년 모두 지원 대상이 아니다.

⑤ 30인 미만 고용사업주이지만 고소득 사업주이므로 20X8년, 20X9년 모두 지원 대상이 아니다.

27 문제처리능력 지원금 계산하기

|정답| ⑤

|해설| 〈자료 2〉에 월평균 보수액을 월평균 근로시간으로 나눈 금액이 20X9년 최저임금(8,350원)보다 적은 근로자가 있는 사업장은 지원이 불가능하다고 명시되어 있다. 최○○의 20X9년 월평균 보수액은 1,650,000원, 월평균 근로시간은 209시간이므로 $\frac{1,650,000}{209}$ ≒ 7,895(원)이 되어 지원이 불가능하다.

28 문제처리능력 자료를 바탕으로 핵심인재 선정하기

|정답| ⑤

|해설| 네 번째 조건에 따라 4점 이하 점수가 있는 A, C, E은 제외하며, G만 1, 2차 평가 환산 점수의 합이 8점을 넘어 3차 평가 점수에 30%의 가산점을 받게 된다.

(단위 : 점)

구분	1차 평가	2차 평가	3차 평가	총점
B	8×0.7=5.6	7×0.3=2.1	6	13.7
D	9×0.7=6.3	5×0.3=1.5	7	14.8
F	8×0.7=5.6	5×0.3=1.5	7	14.1
G	9×0.7=6.3	6×0.3=1.8	5×1.3=6.5	14.6

총점이 가장 높은 직원은 D이나, 세 번째 조건에 따라 차순위자인 G의 총점과 0.2점 차이가 나기 때문에 G도 핵심인재로 선정된다.

29 문제처리능력 자료를 바탕으로 희망부서 배치하기

|정답| ①

|해설| 조건에 따라 A ~ G의 점수와 부서를 배치하면 다음과 같다.

구분	1차 평가	2차 평가	3차 평가	총점	희망 부서	배치 부서
A	9×0.7 =6.3	7×0.3 =2.1	4×1.3 =5.2	13.6	재무 회계팀	-
B	8×0.7 =5.6	7×0.3 =2.1	6	13.7	총무 인사팀	-

www.gosinet.co.kr **gosinet**

1회 기출예상문제

2회 기출예상문제

3회 기출예상문제

4회 기출예상문제

5회 기출예상문제

6회 기출예상문제

C	4×0.7 =2.8	7×0.3 =2.1	6	10.9	전산 관리팀	전산 관리팀
D	9×0.7 =6.3	5×0.3 =1.5	7	14.8	홍보 마케팅팀	홍보 마케팅팀
E	8×0.7 =5.6	8×0.3 =2.4	4×1.3 =5.2	13.2	영업 관리팀	영업 관리팀
F	8×0.7 =5.6	5×0.3 =1.5	7	14.1	총무 인사팀	총무 인사팀
G	9×0.7 =6.3	6×0.3 =1.8	5×1.3 =6.5	14.6	재무 회계팀	재무 회계팀

총점을 내림차순으로 배열하면 D, G, F, B, A, E, C 순이
다. 결원 수를 고려하여 배치해 보면 재무회계팀과 총무인
사팀이 2명씩 겹쳐 있고, 두 부서의 결원은 1명이기 때문에
반드시 각 부서당 1명은 자신이 희망하는 부서로 배치를 받
지 못한다.
F와 B 중에서는 총점이 더 높은 F가 총무인사팀으로 배치
될 것이고, G와 A 중에서는 총점이 더 높은 G가 재무회계
팀으로 배치될 것이다. 따라서 A, B는 자신이 원하는 부서
로 배치를 받지 못한다.

30 문제처리능력 강의 시간표 작성하기

| 정답 | ②

| 해설 | 5 ~ 6월에 문법반 중급 강좌가 개설되었으므로 7
~ 8월은 고급 강좌를 개설하여야 한다.

| 오답풀이 |

① 청취반은 화, 목요일, 작문반은 월, 수, 금요일에 배정
되는 것이 옳다.

③ 회화반 A는 5 ~ 6월에 중급 강좌가 개설되었으므로
7 ~ 8월은 고급 강좌를 개설하는 것이 옳다.

④ 비즈니스반 강좌는 밤 8시 이후에 개설되면 되므로, 문
법반 강좌와 시간대를 바꿀 필요가 없다.

⑤ 독해반은 5 ~ 6월에 고급 강좌가 개설되었으므로 7 ~
8월은 입문 강의를 개설하는 것이 옳다.

31 문제처리능력 강의 시간표 변경하기

| 정답 | ④

| 해설 | 권아인 강사는 화, 수, 금 20 : 00 이후에 가능하므
로 월, 목 문법 강의를 할 수 없다. 이때 김재희 강사는 월,

화, 목 17 : 00 ~ 22 : 00에 강의가 가능하므로 수, 금요일
의 회화반 A 강좌 시간을 바꾸어 줄 수 있다.

| 오답풀이 |

② 해당 시간대는 변경할 필요 없다.

③, ⑤ 문법의 권아인 강사는 화, 수, 금요일 20 : 00 이후에
가능하므로 옳지 않다.

32 예산관리능력 비용 파악하기

| 정답 | ②

| 해설 | 업체별 비용을 계산해 보면 다음과 같다.

〈P사〉

• A4용지 9세트(135권) : 1,000×15×9=135,000(원)

• 토너 65개 : 25,000×65=1,625,000(원)

따라서 2% 할인 적용 시 최종 구매 금액 :
1,760,000×0.98=1,724,800(원)

〈Q사〉

• A4용지 130권 : 1,100×130=143,000(원)
  → 5% 할인 적용 시 143,000×0.95=135,850(원)

• 토너 17세트(68개) : 24,000×4×17=1,632,000(원)

따라서 3% 할인 적용 시 최종 구매 금액 :
1,767,850×0.97=1,714,814.5(원)

총 구매 금액에서 할인이 적용되지 않을 경우 토너의 가격
은 P사 1,625,000원, Q사 1,632,000원으로 P사가 더 저
렴하다.

| 오답풀이 |

① 두 공급처의 최종 구매 금액 차이는 1,724,800-1,714,
814.5=9,985.5(원)으로 1만 원 이하이다.

③ 최종 구매 금액은 Q사가 더 저렴하므로 총무팀은 Q사
를 선택할 것이다.

④ P사는 A4 용지를, Q사는 토너를 세트로 구매해야 하기
때문에 최소 한 종류는 계획한 수량보다 많이 구매하게
된다.

⑤ 할인 전 총 구매 금액은 Q사가 더 비싸지만 할인 적용
후 가격은 Q사가 더 저렴하므로 최종 구매 금액에 대한
할인율에 의해서 선택하게 될 공급처가 바뀌었다.

33 인적자원관리능력 조건에 맞는 사원 선발하기

|정답| ③

|해설| 〈A 공사 채용 조건〉에 따라 A ~ E의 점수를 계산하면 다음과 같다.

(단위 : 점)

구분	토익	한국사능력검정시험 1급	경력/신입	합계
A	5	–	4	9
B	10	5	–	15
C	10	5	–	15
D	–	5	–	5
E	5	–	6	11

B와 C가 15점으로 동점이지만, C가 컴퓨터활용능력 1급을 소지했으므로 최종 합격자는 C이다.

34 예산관리능력 조건에 맞는 카드 선정하기

|정답| ④

|해설| 〈출장 예산〉에 대한 카드별 할인금액을 계산하면 다음과 같다.

A : $1,800,000 \times 0.1 = 180,000$(원)

B : $(1,800,000 \times 0.05) + (140,000 \times 0.2) = 118,000$(원)

C : $(1,800,000 \times 0.05) + (750,000 \times 0.1) = 165,000$(원)

D : $(750,000 \times 0.2) + (100,000 \times 0.35) = 185,000$(원)

E : 100,000원

따라서 김 사원이 선택할 카드는 D이다.

35 예산관리능력 조건에 맞는 카드 선정하기

|정답| ③

|해설| 우선 할인이 없는 경우 출장비의 총액은 $1,800,000 + (100,000 \times 2) + (250,000 \times 3) + (70,000 \times 2) + 100,000 = 2,990,000$(원)이다. 출장비 총액에서 카드별 할인금액을 제외하고 연회비를 더하면 다음과 같다.

A : $2,990,000 - 180,000 + 40,000 = 2,850,000$(원)

B : $2,990,000 - 118,000 + 5,000 = 2,877,000$(원)

C : $2,990,000 - 165,000 + 10,000 = 2,835,000$(원)

D : $2,990,000 - 185,000 + 37,000 = 2,842,000$(원)

E : $2,990,000 - 100,000 = 2,890,000$(원)

따라서 비용이 가장 저렴한 카드는 C이고, 출장 비용은 2,835,000원이다.

36 예산관리능력 신제품 선정하기

|정답| ①

|해설| 〈점수 부여 기준〉에 따라 계산하면 다음과 같다.

(단위 : 점)

제품명	선호인원	테스트여부	예상가격	차별성	총합
모카라테	5	5	8	0	18
아인슈페너	7	0	5	0	12
코코넛커피	7	0	5	0	12
망고주스	5	0	8	5	18
밀크티라테	10	0	7	5	22
딸기주스	5	5	5	0	15
초코케이크	10	0	6	0	16
당근케이크	5	0	7	0	12
에그타르트	5	0	10	0	15
딸기샌드위치	7	5	9	0	21

점수가 가장 높은 밀크티라테, 딸기샌드위치를 출시하고 총점이 18점으로 동일한 모카라테와 망고주스 중 하나를 골라야 한다.

동점인 경우 선호 인원과 예상가격을 곱한 예상수입이 높은 제품을 선택해야 한다. 이때 예상수입은 모카라테가 $10 \times 5,000 = 50,000$(원), 망고주스가 $8 \times 5,000 = 40,000$(원)이므로 모카라테를 출시하게 된다. 따라서 A 카페가 출시할 제품은 밀크티라테, 딸기샌드위치, 모카라테이다.

37 예산관리능력 판매 이윤 계산하기

|정답| ④

|해설| 제품 가격이 해당 회사가 벌어들이는 수입이며, 이윤은 수입에서 재료비를 차감해 구한다는 조건에 유의한다.

(단위 : 원)

카테고리	제품명	가격	가격의 합
커피	아메리카노	4,100	13,400
	카페라테	4,500	
	바닐라라테	4,800	
그 외 음료	녹차라테	5,100	15,700
	핫초코	5,100	
	딸기셰이크	5,500	
케이크	치즈케이크	4,500	14,000
	티라미수	5,000	
	생크림케이크	4,500	
기타 음식	바닐라브레드	6,000	11,000
	아포가토	5,000	

기존 품목 한 단위당 가격의 합이 가장 높았던 카테고리는 '그 외 음료'이며 가장 낮았던 카테고리는 '기타 음식'이다.

(단위 : 원)

카테고리	제품명	재료비	예상가격	이윤
그 외 음료	망고주스	1,500	5,000	3,500
	밀크티라테	2,000	5,500	3,500
	딸기주스	3,000	6,000	3,000
기타 음식	에그타르트	1,500	2,500	1,000
	딸기샌드위치	3,000	3,500	500

해당 카테고리에서 가장 높은 이윤을 얻을 것으로 예상되는 신제품은 각각 밀크티라테와 에그타르트이다. 밀크티라테의 경우 망고주스와 이윤의 크기가 같으나 문제의 조건에 따라 예상가격이 더 높으므로 출시제품으로 선정된다. 따라서 밀크티라테와 에그타르트를 1개씩 판매하여 얻을 수 있는 이윤은 3,500+1,000=4,500(원)이다.

38 예산관리능력 조건에 맞는 물품 선정하기

| 정답 | ③

| 해설 | 선호도 점수와 가격 점수를 더한 결과는 다음과 같다.

원두	8+4+2+3=17	쟁반	1+2+6=9
커피머신	6+4+2=12	물통	1+6=7
티팟	4+2+4=10	티백 세트	4+3+4=11
커피캡슐	2+3+3=8	종이컵	4
찻잔	1+2+4+4=11	커피믹스	3+1+3+3=10

따라서 점수가 높은 원두, 커피머신을 구입하며 다음으로 점수가 높은 제품인 찻잔과 티백 세트는 동점이므로 더 많은 직원으로부터 선호도 점수를 얻은 찻잔을 구매하게 된다.

39 예산관리능력 물품 구입비용 계산하기

| 정답 | ③

| 해설 | 〈조건〉에 따라 A ~ E 사원이 구매할 수 있는 물품을 정리하면 다음과 같다. 이때 물품을 주문하는 B 사원이 선택한 물품은 모두 구매할 수 있음에 유의한다.

구분	1순위	2순위	3순위	4순위	총 금액
A 사원	티백 세트 15,500	커피믹스 22,000	커피캡슐 ~~28,000~~	찻잔 12,000	49,500
B 사원	원두 25,000	커피머신 199,000	티팟 20,000	찻잔 12,000	256,000
C 사원	찻잔 12,000	티백 세트 15,500	티팟 20,000	쟁반 ~~8,500~~	47,500
D 사원	원두 25,000	커피캡슐 ~~28,000~~	쟁반 8,500	커피믹스 ~~22,000~~	33,500
E 사원	커피머신 ~~199,000~~	커피믹스 22,000	원두 25,000	물통 ~~10,000~~	47,000

따라서 티백 세트 2개, 커피믹스 2개, 찻잔 3개, 원두 3개, 티팟 2개, 쟁반 1개, 커피머신 1개를 구입하게 된다. 마지막 조건에서 한 개만 구매하는 상품 중 가장 저렴한 상품은 사은품으로 제공된다고 했으므로 쟁반과 커피머신 중 저렴한 쟁반을 무료로 얻을 수 있다. 또한 다섯 번째 조건에 따라 같은 물품을 2개 이상 구입하는 경우 10% 할인을 해주므로 총 구입비용은 (31,000+44,000+36,000+75,000+40,000)×0.9+199,000=402,400(원)이다.

40 인적자원관리능력 조건에 맞게 파견하기

| 정답 | ④

| 해설 | 지원자격 1)의 '근속 기간이 3년 이상이거나 직급이 6급 이상'에 해당하지 않는 D와 지원자격 2)의 '파견적합성 점수가 60점 이상'인 조건에 미달하는 G는 파견대상자에서 제외한다. 남은 희망자의 총 파견점수를 구하면 다음과 같다.

- A : $80 \times 0.3 + 70 \times 0.3 + 60 \times 0.4 = 69(점)$
- B : $80 \times 0.3 + 80 \times 0.3 + 80 \times 0.4 = 80(점)$
- C : $70 \times 0.3 + 50 \times 0.3 + 60 \times 0.4 - 60(점)$
- E : $100 \times 0.3 + 100 \times 0.3 + 90 \times 0.4 = 96(점)$
- F : $70 \times 0.3 + 70 \times 0.3 + 90 \times 0.4 = 78(점)$
- H : $80 \times 0.3 + 80 \times 0.3 + 80 \times 0.4 = 80(점)$
- I : $70 \times 0.3 + 60 \times 0.3 + 70 \times 0.4 = 67(점)$

파견점수가 가장 높은 E에게 파견 희망지에 대한 우선권이 부여되지만, '3월부터 파견 가능'하므로 파견시기가 2월인 상해에 파견될 수 없다. 따라서 E는 2순위 희망 파견지인 북경에 파견된다.

다음으로 점수가 높은 B와 H는 B가 H보다 직급이 높으므로 B에게 우선권이 부여된다. 따라서 B와 H는 1순위 희망 파견지인 하노이와 마드리드에 각각 배정된다. 다음 순위인 F는 상해, A는 멕시코, I는 프놈펜, C는 두바이에 배정될 수 있다.

따라서 A(멕시코), B(하노이), C(두바이), E(북경), F(상해), H(마드리드), I(프놈펜)이므로 ④는 옳지 않다.

41 인적자원관리능력 조건에 맞게 파견하기

| 정답 | ③

| 해설 | ㉠ A는 스페인 유학 경험이 있으므로 마드리드에 배정된다.

㉢ C는 아랍에미리트 유학 경험이 있으므로 두바이에 배정된다.

㉣ I는 캄보디아 근무 경험이 있으므로 프놈펜에 배정된다.

| 오답풀이 |

㉡ H는 상해 방문 경험이 없으므로 적절하지 않다.

42 예산관리능력 출장 비용 계산하기

| 정답 | ②

| 해설 | 필수 참여 세미나인 전기자동차 배터리 이슈는 8월 24일, 전기자동차와 사회문제 세미나는 8월 25일로 예정되어 있다. 그리고 특허전략 A to Z 세미나는 8월 26일, 특허의 이해와 활용 세미나는 8월 23일로 예정되어 있으므

로 D 대리의 세미나 참여 일정은 8월 23일 ~ 25일 혹은 24 ~ 26일이다. 교통비는 8월 23 ~ 25일의 경우 40,000원, 8월 24 ~ 26일의 경우 45,000원이 필요하다. 따라서 특허의 이해와 활용을 선택하여 23 ~ 25일에 출장을 가야 한다.

조식비와 숙박비는 보안 요청에 따라 그랜드 호텔, 호텔 주성에서 $(3,000 + 32,000) + (2,500 + 29,500) = 67,000(원)$이 필요하다.

따라서 출장에 필요한 최소 비용은 교통비 40,000원과 총 숙박비 67,000원을 합한 107,000원이다.

43 시간관리능력 출장일정 파악하기

| 정답 | ③

| 해설 | Y 팀장은 숙소를 B 컨벤션센터와 가장 가까운 숙소로 예약할 것을 요구하였으므로, 첫날에는 B 컨벤션센터와 가장 가까운 도보 5분 거리의 '포스타 호텔'을 예약하고, 둘째 날에는 두 번째로 가까운 도보 10분 거리의 '호텔 주성'을 예약하는 것이 가장 적절하다.

44 컴퓨터활용능력 Windows 기능 이해하기

| 정답 | ③

| 해설 | 모든 항목을 한꺼번에 삭제하려면 Ctrl + A 로 모든 항목을 선택한 후 Ctrl + D 로 선택 항목 전체를 삭제한다. Ctrl + Z 는 실행 취소 기능이다.

45 컴퓨터활용능력 단축키 이해하기

| 정답 | ③

| 해설 | ⓑ 탐색기나 익스플로러에서 뒤로가기 단축키는 Alt + ← 이다.

ⓓ 선택한 파일이나 폴더의 이름을 바꾸는 단축키는 F2 이다.

따라서 옳지 않은 것은 ⓑ, ⓓ로 2개이다.

문에 대입하면 참을 만족하지 않으므로 end while 아래의 명령을 수행하여 변수 j의 값인 8이 출력된다. 따라서 최종 출력되는 결과값은 8이다.

46 정보처리능력 개인정보 이해하기

| 정답 | ③

| 해설 | 택시 블랙박스(CCTV)에 촬영된 승객의 얼굴은 해당 정보만으로는 특정 개인을 알아볼 수 없더라도 다른 정보와 쉽게 결합하여 알아볼 수 있으므로 개인정보에 해당한다.

| 오답풀이 |

①, ④, ⑤ 개인정보는 '살아 있는 개인'에 관한 정보라 하였으므로, 돌아가신 할아버지의 주민등록번호나 회사의 사업자등록번호와 같은 법인·단체의 정보는 개인정보에 해당하지 않는다.

② 집단의 통계값은 개인을 알아볼 수 없으므로 설문 조사를 통해 얻은 정보는 개인정보에 해당하지 않는다.

47 컴퓨터활용능력 결과값 출력하기

| 정답 | ④

| 해설 | 변수의 초기값인 1을 조건문에 대입하면 3보다 작으므로 참에 해당한다. 따라서 아래의 명령들을 차례대로 수행하면 "Go"라는 결과값이 출력되고, 1을 오른쪽 숫자만큼 증가시키면 i=2가 된다. 반복하여 2를 조건문에 대입하면 참에 해당하므로 한번 더 "Go"라는 결과값이 출력되고, 2를 오른쪽 숫자만큼 증가시키면 i=3이 된다. 3을 조건문에 대입하면 참을 만족하지 않으므로 end while 아래의 명령을 수행하여 "Stop"이라는 결과값이 출력된다.

따라서 최종 출력되는 결과값은 "Go Go Stop"이다.

48 컴퓨터활용능력 결과값 출력하기

| 정답 | ②

| 해설 | 변수 i의 초기값 0을 조건문에 대입하면 4보다 작으므로 참에 해당한다. 따라서 아래의 명령들을 차례대로 수행하면 변수 j는 초기값 4를 1만큼 증가시켜 j=5가 되고, 변수 i도 1만큼 증가시켜 i=1이 된다. 이를 반복하여 1을 조건문에 대입하면 4보다 작아 참에 해당하므로 변수 j와 i를 1만큼 증가시켜 j=6, i=2가 된다. 다시 2를 조건문에 대입하면 참에 해당하므로 변수 j와 i를 1만큼 증가시켜 j=7, i=3이 된다. 3도 조건문에 대입하면 참에 해당하므로 변수 j와 i를 1만큼 증가시켜 j=8, i=4가 된다. 4를 조건

49 컴퓨터활용능력 결과값에 따른 조건문 설정하기

| 정답 | ②

| 해설 | 조건문 아래의 명령을 보면 ㄱ을 만족하는 변수 i는 1씩 증가하며 변수의 값만큼 "@"가 도출된다. 변수의 초기값은 0이며 최종적으로 "@"가 총 10번 출력되었으므로 i<4가 되어야 동일한 결과값이 도출된다.

50 컴퓨터활용능력 결과값에 따른 조건문 설정하기

| 정답 | ⑤

| 해설 | 결과값을 보면 "#"이 먼저 출력되었으므로 처음 변수들을 조건문에 대입하였을 때 참을 만족하지 않아야 한다. 아래의 명령에 따라 변수 i는 1만큼 증가한 상태에서 다시 조건문에 대입하였을 때 두 번째 결과값으로 "*"이 출력되었으므로 모든 조건을 만족한 것이 된다. 이때 변수 j는 초기값 그대로 0이고 i는 1만큼 증가한 상태였으므로 ⓑ는 j<i가 되고, 지금까지의 결과를 추측해 보았을 때 ⓐ에 해당하는 i의 초기값은 j와 같은 0이 됨을 짐작할 수 있다. 파악한 대로 두 번째 결과값까지 도출하였을 때 i=1, j=1이므로 이를 다시 조건문에 대입하면 첫 번째 조건은 만족하나 두 번째 조건은 만족하지 않으므로 결과값으로 "#"이 출력된다. 따라서 추측한 명령어가 맞는 것임을 확인할 수 있다. 따라서 ⓐ는 Var i=0, ⓑ는 j<i가 된다.

1회 기출예상문제

2회 기출예상문제

3회 기출예상문제

4회 기출예상문제

5회 기출예상문제

6회 기출예상문제

01	④	02	①	03	②	04	⑤	05	③
06	③	07	⑤	08	④	09	②	10	④
11	②	12	④	13	③	14	④	15	②
16	①	17	④	18	②	19	⑤	20	④
21	③	22	④	23	②	24	①	25	③
26	③	27	③	28	④	29	⑤	30	③
31	②	32	③	33	④	34	①	35	⑤
36	④	37	①	38	②	39	④	40	⑤
41	②	42	④	43	④	44	⑤	45	①
46	①	47	①	48	⑤	49	③	50	③

되며 저소득 가구의 주거면적이 넓어지고 가구원 수가 늘어난 현실을 반영해 에너지바우처를 활용한 지원 수준을 확대해야 한다는 의견이 나왔다.

④ 중위소득 50%와 최저주거기준보다 20% 넓은 면적을 기준으로 하면 가구별 에너지 비용 대비 지원액 수준이 지금보다 낮아지며 에너지바우처 지급액 조정을 통해 지원 부족 문제를 해결할 필요가 있다.

⑤ 가구원 수가 늘어날수록 에너지 비용 대비 지원액 비율이 낮아지므로 2인 이상 가구에 대한 지원 규모 조정이 필요하다는 지적이 있다.

01 문서이해능력 의견 추론하기

| 정답 | ④

| 해설 | 도시가 고립된다고 볼 수 있는 근거가 제시되지는 않았으며, 오히려 풍력발전 및 부대시설에 투자하려는 외지인들이 몰려들 가능성에 대한 우려가 생길 것으로 전망할 수 있다.

02 문서이해능력 자료를 바탕으로 의견 제시하기

| 정답 | ①

| 해설 | 연구진은 일반적으로 저소득 가구에 대한 현물지원은 발생한 비용 전액이 아니라 조금 낮은 수준으로 지원하는 것이 적절하다고 평가했다. 따라서 발생 비용의 전부를 지원해야 한다는 의견은 적절하지 않다.

| 오답풀이 |

② 현재 3인 이상 가구에 대해서는 가구원 수와 관계없이 동일한 금액을 지원하고 있으나 연구진의 제안에 따라 4인이나 5인 이상 가구로 구분을 확대하는 방안을 도입하면 가구원 수 증가에 따른 에너지바우처 지급액 증가 구간의 범위도 확대된다.

③ 연구진에 따르면 저소득 가구가 실제 쓰는 에너지(난방) 비용 대비 지원 수준이 50 ~ 80%에 그치는 것으로 분석

03 문서작성능력 목차 작성하기

| 정답 | ②

| 해설 | 두 번째 문단을 보면 지속 가능한 에너지의 생산에 대해 언급하고 있는데, 지속 가능한 에너지를 개발하기 위해서는 땅속에 갇힌 에너지가 아닌 지구에서 실시간 만들어지는 에너지를 이용하여야 한다고 언급하고 있다. 따라서 글의 내용이 들어갈 수 있는 곳은 ⓒ이다.

| 오답풀이 |

① 세계 경기 침체에 관한 내용은 제시되지 않았다.

③ 자원이 필요 없는 시대로 도약하자는 내용은 제시되지 않았다.

④ 세계 선진국들이 지속 가능한 개발을 위해 연합하였다는 내용은 제시되지 않았다.

04 문서이해능력 세부 내용 이해하기

| 정답 | ⑤

| 해설 | 제시된 글의 3문단을 보면 데저텍 프로젝트는 태양광발전이 아니라 태양열발전 방식이므로 환경조건이 좋은 곳에서는 낮 동안 저장한 열을 이용하여 밤에도 발전을 할 수 있을 것이라고 하였다. 따라서 태양광발전 방식으로 건설될 예정이라고 설명한 내용은 적절하지 않다.

05 문서이해능력 차량관리규칙 이해하기

| 정답 | ③

| 해설 | 제11조에 따라 유류지급은 예산 범위 내에서 지급한다.

| 오답풀이 |

① 제13조에 따라 차량 반납 전 차량운행일지에 일일운행기록을 기입한다.

② 제12조 제2항에 사용신청 순위 및 업무의 경중과 완급, 공동 사용할 수 있는지를 검토하여 승인하라고 제시되어 있을 뿐 검토의 우선순위는 알 수 없다.

④ 제9조 제2호에 따라 차량관리부서의 허가는 공무수행의 필요에 따라 일과시간 내에 사전에 받는 것이지, 사용자가 사고 및 경비를 책임진다고 해서 받을 수 있는 것은 아니다.

⑤ 이사장 · 감사 전용차는 제9조 제1호에 따라 집중관리부서의 배차승인 결정을 받지 않고도 운행 가능할 뿐이며, 집중관리부서가 주차장을 승인할 권한이 있는지 나와 있지 않다.

06 문서이해능력 자료를 읽고 질의응답하기

| 정답 | ③

| 해설 | 제11조에 따라 타 기관 및 공단 관련협회 등에 차량을 지원하는 경우는 유류를 지급하지 않는다.

| 오답풀이 |

① 제14조에 따라 운영관리자가 별도 지정한 곳에 보관하는 것은 소속기관인 경우에 한한다.

② 제12조 제4항에 따라 배차신청 및 차량운행일지는 본 규칙에서 정한 양식에 준하여 변경하여 기록 가능하다.

④ 제12조 제1항 각호의 내용을 하나씩만 명시하면 되는 것이 아니라 모두 명시해야 한다.

⑤ 수리를 받을 예정이라 하더라도 자동차부분정비사업장을 주차장으로 사용할 수는 없다.

07 문서이해능력 자료를 바탕으로 의견 제시하기

| 정답 | ⑤

| 해설 | A/S에 대한 지원이 가능한 태국 제품을 선호하는 경향이 있으며, 한국 제품에 대한 선택을 주저하는 경우도 많다고 한 점에 비추어 볼 때 한국 제품의 사후적 지원서비스는 미흡한 수준이라고 예상할 수 있다.

| 오답풀이 |

① 4P 전략은 제품(Product), 가격(Price), 유통(Place), 판매 촉진(Promotion) 요인으로 구성된다. 〈한국 제품 시장진입 여건〉에서 이중 가장 고려하여야 할 부분으로 저렴한 가격의 태국, 중국 제품과 경쟁하기 위해 가격경쟁력을 갖출 것을 요구하고 있다.

③ 〈한국 제품 시장진입 여건〉에서 저가 라인의 제품으로 소비자에 어필할 필요가 있고, 코로나19로 인접국 이동이 어려운 상황에서 고품질의 한국 제품은 지금이 진입 적기일 수 있다고 언급하고 있으므로 저가이지만 고품질인 제품으로 시장을 공략한다는 의견은 적절하다.

④ 라오스의 인구는 저연령층이 고연령층에 비해 두터운 종형 피라미드 형태이므로 저연령층에 집중한 마케팅 전략 수립이 필요하다.

08 문서이해능력 세부 내용 이해하기

| 정답 | ④

| 해설 | ⓒ 〈2018년 라오스 상위 10개 수입국(단위 : U$)〉의 순위는 2018년 기준이므로 2017년에는 제시되지 않은 다른 국가가 더 높은 순위를 차지했을 수 있다. 따라서 2017년에 호주가 라오스의 상위 10번째 수입국이라고 단정할 수 없다.

ⓔ 2016 ~ 2018년 동안 전년 대비 라오스의 수입액 규모가 지속적으로 증가한 국가는 태국뿐이다.

| 오답풀이 |

㉠ 2018년 라오스의 소비재 수입품목에서 7위 품목은 철제 주방용품, 2위 품목은 의류이다. 의류 수입액의 60%는 $26,473,165 \times 0.6 = 15,883,899$(U$)로, 철제 주방용품 수입액(15,361,017U$)은 의류 수입액의 60% 이하이다.

ⓓ 라오스 전체 기업체 중 중소기업 비율이 76%이고, 중소기업 중 서비스업 종사 비율은 83%, 이 중 소매업종은 30%이므로 $0.76 \times 0.83 \times 0.3 \times 100 = 19$(%)이다.

1회 기출예상문제 2회 기출예상문제 3회 기출예상문제 4회 기출예상문제 5회 기출예상문제 6회 기출예상문제

09 문서이해능력 적절한 반론 파악하기

| 정답 | ②

| 해설 | 마지막 문단을 보면 성장 위주의 개발 정책은 국제 사회에서 용납되지 않을 것이라고 하였으므로 강대국이 자의적으로 협력을 거부하고 성장을 추구한다는 반론은 성립되지 않는다.

10 문서작성능력 문맥에 맞게 문단 배열하기

| 정답 | ④

| 해설 | 먼저 인간 표준게놈지도에 대한 설명이 나오는 (다)를 제시하고, 이것이 백인 위주로 분석된 것이어서 인종별 특징을 담지 못했다는 한계를 지적하는 내용인 (마)가 제시되어야 한다. 다음은 이를 보완하기 위해 아시아인을 대상으로 하는 연구가 진행되었다는 (가), (라)의 내용이 제시되어야 하고, (나)를 통해 연구 분석 결과를 제시해야 한다. 마지막으로 (바)를 통해 연구 결과 아시아인들의 유전체 패턴을 완성했다는 내용이 이어져야 한다.

11 기초통계능력 경우의 수 구하기

| 정답 | ②

| 해설 | • 입사하는 신입사원이 3명일 경우 : 각 팀에 1명씩 배정하면 되므로 1가지이다.

• 입사하는 신입사원이 4명일 경우 : 각 팀에 1명씩 배정하고 남은 1명을 배정하는 경우의 수를 구하면 된다.
$_3H_1 = {}_{3+1-1}C_1 = {}_3C_1 = 3$(가지)

• 입사하는 신입사원이 5명일 경우 : 각 팀에 1명씩 배정하고 남은 2명을 배정하는 경우의 수를 구하면 된다.
$_3H_2 = {}_{3+2-1}C_2 = {}_4C_2 = 6$(가지)

이와 같은 방법으로 계산하면 $1 + {}_3H_1 + {}_3H_2 + \cdots + {}_3H_7$
$= 1 + {}_3C_1 + {}_4C_2 + \cdots + {}_9C_7 = 120$(가지)이다.

12 기초연산능력 휘발유의 양 구하기

| 정답 | ④

| 해설 | A 씨의 승용차는 12m 이동 시 $8cm^3$의 휘발유를 소비하며, 이동 거리는 90km=90,000m이므로 총 90,000÷12×8=60,000(cm^3)의 휘발유를 소비한다. 제시된 단위환산표를 보면 $1cm^3 = 0.001\ell$ 이므로 $60,000cm^3 = 60\ell$이다.

13 기초연산능력 병원비 구하기

| 정답 | ③

| 해설 | 각각의 환자가 부담하는 1개월 병원비를 구하면 다음과 같다.

• S : $(1,000,000 \times 0.2) + (300,000 \times 0.2) + 300,000 + (8 \times 8,000 \times 20) = 1,840,000$(원)

• L : $(1,000,000 \times 0.15) + (300,000 \times 0.2) + (280,000 \times 0.5) = 350,000$(원)

• K : $(1,000,000 \times 0) + (300,000 \times 0.3) = 90,000$(원)

• J : $(1,000,000 \times 0.05) + (300,000 \times 0.5) + (8 \times 8,000 \times 20) = 1,480,000$(원)

따라서 요양병원 환자들이 부담하는 1개월 병원비 총합은 1,840,000+350,000+90,000+1,480,000=3,760,000(원)이다.

14 도표분석능력 자료의 수치 분석하기

| 정답 | ④

| 해설 | ⊙ 백화점, TV홈쇼핑 모두 셔츠 상품군의 판매수수료율이 각각 33.9%, 42.0%로 전체 상품군 중 가장 높다.

ⓒ 상위 5개 상품군의 판매수수료율은 백화점과 TV홈쇼핑 모두 30% 이상이다.

ⓔ 여행패키지 상품군의 판매수수료율은 TV홈쇼핑의 경우 8.4%이며, 백화점의 경우는 〈표 1〉에는 나타나 있지 않지만 하위 5개 중 5위인 20.8%보다 높다는 것을 알 수 있다. 그러므로 2배 이상이라고 할 수 있다.

1회 기출예상문제

2회 기출예상문제

3회 기출예상문제

4회 기출예상문제

5회 기출예상문제

6회 기출예상문제

| 오답풀이 |

ⓒ 잡화 상품군과 모피 상품군의 판매수수료율은 백화점에서는 각각 31.8%, 31.1%이지만, TV홈쇼핑에서는 판매수수료율 상위 5개, 하위 5개 부문에 들지 못해서 비교할 수 없다.

15 도표분석능력 자료의 수치 분석하기

| 정답 | ②

| 해설 | 20X7년 인적재난 발생건수는 전년 대비 $\frac{292-277}{277}$ $\times 100 ≒ 5(\%)$ 증가하였다.

| 오답풀이 |

③ 20X7년 인적재난 인명피해는 전년 대비 $\frac{377-356}{356}\times$ $100 ≒ 5.9(\%)$ 증가하였다.

16 도표분석능력 자료의 수치 계산하기

| 정답 | ①

| 해설 | 20X9년 전체 인적재난 중 교통사고의 발생 비율과 인명피해 비율을 계산하면 다음과 같다.

• 발생 비율 : $\frac{221,711}{286,851}\times 100 ≒ 77.3(\%)$

• 인명피해 비율 : $\frac{346,620}{365,947}\times 100 ≒ 94.7(\%)$

17 도표분석능력 자료의 수치 분석하기

| 정답 | ④

| 해설 | 총수입액 중 에너지 수입 합계의 비중을 구하면 다음과 같다.

• 2018년 : $\frac{91,160}{323,085}\times 100 ≒ 28.2(\%)$

• 2020년 : $\frac{172,490}{524,413}\times 100 ≒ 32.9(\%)$

따라서 2018년에 비해 2020년에 비중이 늘어났다.

| 오답풀이 |

① 에너지 수입 합계가 가장 컸던 해는 2020년이다.

② 천연가스의 수입액은 2018년에 전년 대비 감소하였다.

③ 단위에 유의한다. 주어진 자료의 단위는 백만 달러이므로 백만 달리 이상씩 변화한 것이다.

⑤ 석탄, 석유, 천연가스는 감소−증가−증가의 증감 추이를 보이고, 우라늄은 감소−감소−증가의 증감 추이를 보인다.

18 도표분석능력 자료의 수치 분석하기

| 정답 | ②

| 해설 | 주어진 자료는 에너지 수입의존도이므로 원자력발전의 의존도가 얼마인지는 구할 수 없다.

| 오답풀이 |

① 2017년 총수입액 중 에너지 수입 합계의 비중은 $\frac{141,475}{435,275}$ $\times 100 ≒ 32.5(\%)$이다.

③ 2018년에는 전년 대비 에너지 수입 합계가 50,315백만 달러 감소하였고 그 이후로는 꾸준히 늘고 있다.

④ 에너지 수입의존도가 낮아진다는 것은 1차 에너지 중에서 순수입 에너지의 비중이 낮아진다는 것을 의미한다. 따라서 원자력발전을 포함했을 때 에너지 수입의존도가 낮아진다는 것을 통해 원자력 에너지는 순수입하지 않고 자국 내에서 공급하는 비중이 높다는 것을 짐작할 수 있다.

⑤ 각주를 참고하면 에너지 수입의존도는 1차 에너지 공급량 중 순수입 에너지가 차지하는 비중을 의미한다는 것을 알 수 있다. 따라서 에너지 수입의존도가 높다는 말은 1차 에너지를 자국 내에서 공급하는 비중이 낮다는 것을 의미하므로 맞는 설명이다.

19 도표분석능력 자료의 수치 분석하기

| 정답 | ⑤

| 해설 | 자체 소비 후 추가로 필요한 전력이 가장 많은 지역은 경기이며, 서울과 충북이 각각 두 번째와 세 번째로 많은 지역이다.

| 오답풀이 |

① 전력 발전량과 소비량이 동일한 지역은 제주뿐이다.

② 과반은 50% 초과를 의미한다. 따라서 지역별 전력 소비량의 과반을 자체적으로 충당할 수 있는 지역은 제주, 인천, 충남, 전남, 경북, 부산, 경남, 강원 총 8군데이다.

③ 경남, 대구, 광주의 전력 소비량은 7+3+2=12(%)이고, 경남의 전력 발전량은 14%이므로 경남은 자체 소비 후 대구와 광주가 추가로 소비할 수 있는 양의 전력을 발전한다.

④ 자체 소비 후 잉여 전력이 존재하는 지역은 지역별 전력 발전량 비중보다 지역별 전력 소비 비중이 작은 지역이다. 이는 인천, 충남, 전남, 경북, 부산, 경남 총 6군데이다. 반대로 부족한 경우는 서울, 경기, 대전, 충북, 광주, 전북, 대구, 울산, 강원 총 9군데이다.

20 도표분석능력 자료의 수치 분석하기

| 정답 | ④

| 해설 | 전력 발전량과 소비의 총량이 동일할 때 에너지 자급자족이 가능한 지역은 제주, 인천, 충남, 전남, 경북, 부산, 경남이다. 이 중 전력 발전량보다 소비의 총량이 2배 많아지면 에너지 자급자족이 불가능한 지역은 제주, 경북, 부산이다.

21 사고력 항상 거짓인 진술 고르기

| 정답 | ③

| 해설 | ⓐ ~ ⓓ를 표로 나타내면 다음과 같다.

구분	국내 주식	원자재	부동산	손실 위험
ⓐ	○	○	○	높다
ⓑ	×	○	○	높다
ⓒ	×	×	○	낮다
ⓓ	○	○	×	높다

ⓑ, ⓓ만을 고려해 보면 둘 다 손실 위험이 높다는 결과가 나왔으며, 원자재 투자가 공통적으로 포함되어 있음을 알 수 있다. 따라서 원자재 투자가 펀드 손실의 주원인이라고 판단할 수 있다.

22 사고력 자격증 선정하기

| 정답 | ④

| 해설 | ㉠ 기준 1을 따랐을 때는 1순위가 가장 많은 HSK 5급이, 기준 4를 따랐을 때는 합산 점수가 높은 상위 2개 자격증인 사무자동화산업기사와 HSK 5급 중 1순위가 더 많은 HSK 5급이 선정된다. 따라서 동일한 자격증이 선정된다.

㉡ 5순위가 가장 적은 자격증은 사무자동화산업기사와 SPA 6급이므로 이 중에서 학습할 자격증이 선정된다.

㉢ 기준 3에 따르면 사무자동화산업기사나 HSK 5급이 선정되는데 조건에 이에 대한 내용이 없으므로 아무도 스터디에서 나가지 않는다.

| 오답풀이 |

㉣ 토익스피킹 7등급이 선정되면 C가 나가고, C가 나가면 D도 나가게 되므로 팀에서 2명이 나가는 경우는 토익스피킹 7등급이 선정되는 경우이다. 하지만 기준 1 ~ 4 중 토익스피킹 7등급이 선정되는 기준이 없으므로 옳지 않다.

23 문제처리능력 사회 공헌활동 내용 분석하기

| 정답 | ②

| 해설 | ㉠ 각 세부 활동별로 활동인원과 활동시간의 변화를 살펴보면 지역사회 활동은 증가하다 감소하고, 교육문화 활동은 계속 감소하며, 환경보호 활동은 계속 증가하므로 증감 방향이 동일하다.

㉢ 2019년 대비 2020년 지역사회 활동의 활동인원 감소율은 $\frac{7,960-7,115}{7,960} \times 100 ≒ 10.6(\%)$, 환경보호 활동의 활동인원 증가율은 $\frac{14,001-12,983}{12,983} \times 100 ≒ 7.8(\%)$로 지역사회 활동의 활동인원 감소율이 더 크다.

1회 기출예상문제

2회 기출예상문제

3회 기출예상문제

4회 기출예상문제

5회 기출예상문제

6회 기출예상문제

|오답풀이|

ⓒ 교육문화 활동에는 직원가족, 대학생 서포터즈 등 다양한 주체가 참여한다.

ⓔ 교육문화 활동의 활동 건수당 평균 금액은 $\frac{11,637}{105}$ ≒ 110.8(천 원), 환경보호 활동의 활동 건수당 평균 금액은 $\frac{4,298}{1,157}$ ≒ 3.7(천 원)으로 약 30배이다. 단, 금액의 단위가 만 원 단위가 아닌 천 원 단위임에 주의해야 한다.

---

24 문제처리능력 안내문 이해하기

|정답| ①

|해설| 보안 시스템이 종료되는 24 : 00 이전에 퇴근을 완료해야 하므로 최소 근로시간 8시간+저녁시간 1시간을 고려하면 최소한 오후 3시에는 출근해야 한다.

|오답풀이|

② 인사과는 예외 부서의 재택근무 대상에 해당되지 않으므로 연장근무하면 연장수당을 받을 수 있다.

③ 판매직 직원은 정오 이전에 출근해야 한다는 시간 설정 제한이 있으나 기존 출·퇴근 시간대로 근로하는 것이 가장 좋다는 근거는 없다.

④ 1일 근로시간은 최소 8시간으로 전 직원 공통사항이다.

⑤ 출근 및 퇴근 시간은 하루 1회씩 설정하는 것으로 제한한다.

---

25 문제처리능력 조건에 맞는 업체 선정하기

|정답| ③

|해설| 〈업체정보〉에 따라 점수를 정리하면 다음과 같다.

구분		A	B	C	D
기존 DB	기상정보 종류	4	10	4	1
	수집기간	4	7	15	1
관측기술		15	5	15	25
재난대응정책		10	5	20	10
관측정확도		30	15	5	15
총점		63	42	59	52

2순위 업체인 C가 기상정보 종류를 5개 이상 늘리면 총점이 6점 증가하여 65점으로 1순위가 된다.

|오답풀이|

① 재난대응정책 항목을 제외하면 기존 A-C-D-B였던 순위가 A-D-C-B로 변동된다.

② 4순위 업체인 B는 관측기술을 한 단계 더 올려도 52점이므로 1순위 업체가 될 수 없다.

④ 2순위 업체인 C와 3순위 업체인 D의 관측정확도 점수가 바뀌면 총점은 다음과 같이 변동된다.

구분		A	B	C	D
기존 DB	기상정보 종류	4	10	4	1
	수집기간	4	7	15	1
관측기술		15	5	15	25
재난대응정책		10	5	20	10
관측정확도		30	15	15	5
총점		63	42	69	42

따라서 C가 1순위 업체가 된다.

⑤ 기존 DB 항목을 제외해도 A 55점, B 25점, C 40점, D 50점으로 1순위 업체는 변동이 없다.

---

26 문제처리능력 업무일정 파악하기

|해설| ③

|해설| 자료를 바탕으로 2월 회의 안건별로 진행 가능한 회의 일자와 참여 부서를 분석하면 다음과 같다.

• 고객상담 대응 매뉴얼 수정 : 2월 8일 이전에 홍보부는 모두 참여 가능하나, 영업부는 2월 1일 또는 2일에만 가능하다. 또한 최소 세 개 이상의 부서가 참여해야 하는데, 재무부는 '사내 법인카드 사용내역 감사'로 인하여 참여가 불가능하고 기획부는 1일 또는 2일에 가능하다. 따라서 2월의 첫 부서회의는 1일 또는 2일에 진행되고, 회의 참여 부서는 영업부, 홍보부, 기획부이다.

• 신제품 제조업체 선정 : 2월 1 ~ 2일 이후, 15일 이전 각 부서의 참여 가능일은 기획부는 3 ~ 7일과 14, 15일, 재무부는 6 ~ 15일, 영업부는 9 ~ 15일이므로, 필수 참여 부서가 모두 참여할 수 있는 날짜는 14일 또는 15일이다.

• 제품 광고계약 : 2월 14 ~ 15일 이후, 23일 이전 각 부서의 참여 가능일은 재무부는 16일, 21 ~ 23일, 홍보부는 17일, 20 ~ 23일이므로, 필수 참여 부서가 모두 참여할 수 있는 날짜는 21일, 22일, 23일이다. 또한 기획부는 해당 날짜에 모두 참석이 가능하다. 따라서 2월의 세 번째 부서회의는 21일, 22일, 23일 중 진행되고, 회의 참여 부서는 재무부, 홍보부, 기획부이다.

따라서 홍보부는 14일 또는 15일에 진행되는 두 번째 회의에 '직업박람회 출장'으로 인해 참석이 불가능하므로 ③은 옳지 않다.

| 오답풀이 |

① 안건이 총 3가지이므로 20XX년 2월 부서회의는 3번 진행된다.

② 20XX년 2월 부서회의에 모두 참여하는 부서는 기획부이다.

⑤ 회의 안건 중 '고객상담 대응 매뉴얼 수정'과 '신제품 제조업체 선정'은 각각 1일 또는 2일, 14일 또는 15일에 다루어지므로 같은 날에 진행될 수 없다.

---

27 문제처리능력 회의 날짜 파악하기

| 정답 | ③

| 해설 | **26**의 해설을 참고하면 '고객상담 대응 매뉴얼 수정'은 1일 또는 2일, '신제품 제조업체 선정'은 14일 또는 15일, '제품 광고계약'은 21일 또는 22일 또는 23일에 진행된다. 따라서 부서회의가 열릴 수 없는 날은 2월 16일이다.

---

28 문제처리능력 자료 읽고 추론하기

| 정답 | ④

| 해설 | 연금 가입자의 현재 연령은 연금 적립액에 영향을 미치는 요인으로 연금 수령액에 영향을 미치는 요인이 아니다.

| 오답풀이 |

① 정년이 연장되면 은퇴 예상 연령이 높아져 연금 납부기간이 늘어난다. 이에 따라 연금 적립액이 증가해 연금 소진 속도를 감소시킨다.

② 은퇴 후 생활 수준 유지를 위해 연금 수령액을 높이고자 하는 자는 연금 기적립액을 늘려야 한다. 따라서 연금 가입 기간 동안 더 많은 금액을 납부해야 할 것이다.

③ 연금 기적립액과 소득대체율은 연금 수령액에 영향을 미치는 요인이다. 기적립액이 부족하다면 연금 소득대체율을 낮춰야 기금 고갈을 늦출 수 있다.

⑤ 예상 투자수익률은 연금 수령액에 영향을 미친다.

---

29 문제처리능력 시뮬레이션 화면 분석하기

| 정답 | ⑤

| 해설 | '시뮬레이션 상세 결과'를 보면, 결과가 연령별로 제시되어 있지 않다.

---

30 문제처리능력 공고문 내용 이해하기

| 정답 | ③

| 해설 | 기초생활수급자, 연구원 소재 지역 인재의 경우 서류전형 단계에서 가점을 받는다. 이때, 가점이 제일 높은 항목 한 개만 적용되므로 어느 항목의 가점이 더 높은지 모른다면 관련 증명서를 모두 제출하는 것이 바람직하다.

| 오답풀이 |

① 부연구위원 응시 시 학위논문은 연구실적으로 인정하지 않는다.

② 전문연구원에 응시하기 위해서는 석사학위가 있어야 한다.

④ 모든 제출 서류에는 학교명을 삭제하여야 한다.

⑤ 부연구위원급에서는 국제협상 및 국제관계 관련 분야 전공자를 모집하지 않는다.

---

31 문제처리능력 공고문 내용 이해하기

| 정답 | ②

| 해설 | 채용공고와 〈보기〉의 내용만으로 업무 분야를 변경할 수 있는지는 알 수 없다.

32 자원관리능력 문제점과 대응 방안 파악하기

| 정답 | ④

| 해설 | 공공부문의 문제점은 질적 성장 소홀, 공기업 부채비율 증가, 투자효율성 저하로 요약할 수 있다. 따라서 대안으로 질적 역량 향상과 재무건전성 강화를 주장하는 ⓒ이 적절하다.

민간부문은 투자 감소, 탐사역량 부족, 기술 및 인력 부족 등의 문제점을 대표적인 현상으로 꼽을 수 있다. 따라서 대안으로 투자 활성화와 탐사역량 강화를 주장하는 ㉠이 적절하다.

| 오답풀이 |

ⓒ에 제시된 내용 역시 자원개발을 위한 바람직한 대안일 수 있으나, 주어진 상황과 문제점에 직접적으로 대응하는 방안으로는 가장 거리가 멀다.

33 예산관리능력 직접비와 간접비 분석하기

| 정답 | ④

| 해설 | 직접비에는 인건비, 재료비, 원료와 장비비, 여행 및 잡비, 시설비 등이 포함되며, 간접비에는 보험료, 건물관리비, 광고비, 통신비, 사무용품비, 각종 공과금 등이 포함된다. 따라서 제시된 예산 집행 및 배정 현황을 직접비와 간접비로 구분하여 다음과 같이 나누어 볼 수 있다.

(단위 : 천 원)

항목	2분기		3분기	
	직접비	간접비	직접비	간접비
직원급여	200,850		195,000	
상여금	6,700		5,700	
보험료		1,850		1,850
세금과 공과금		1,500		1,350
수도광열비		750		800
잡비	1,000		1,250	
사무용품비		230		180
여비교통비	7,650		5,350	
퇴직급여충당금	15,300		13,500	
통신비		460		620
광고선전비		530		770
합계	231,500	5,320	220,800	5,570

따라서 2분기보다 3분기에 직접비의 배정 금액은 더 감소하였으며, 간접비의 배정 금액은 더 증가하였음을 알 수 있다.

| 오답풀이 |

① 인건비를 구성하는 항목인 직원급여, 상여금, 퇴직급여충당금이 모두 감소하였으므로 이것이 직접비 감소의 가장 큰 요인이 된다. 따라서 인건비의 감소에 따라 직접비 배정액이 감소하였다고 볼 수 있다.

② 간접비는 $\frac{5,570-5,320}{5,320} \times 100 ≒ 4.7(\%)$ 증가하였다.

⑤ 직접비와 간접비를 합산한 3분기의 예산 배정액은 전분기보다 $\frac{236,820-226,370}{236,820} \times 100 ≒ 4.4(\%)$ 감소하였다.

34 인적자원관리능력 조건에 맞는 직원 찾기

| 정답 | ①

| 해설 | 최근 3년은 2018 ~ 2020년이므로 C와 E만 성과상여금 지급 대상자로서의 벌점 100점 차감이 가능하다. A ~ E의 벌점을 구하면 다음과 같다.

직원	경과실	중과실	고의	벌점 차감	총 벌점
A	140	255	0	0	395
B	185	60	50	0	295
C	155	225	25	−100	305
D	175	75	50	0	300
E	165	135	75	−100	275

따라서 벌점이 많은 순서대로 나열하면 A > C > D > B > E이며, 300점이 초과해야만 징계 대상자가 되므로 징계 대상자는 A, C이다.

35 예산관리능력 조건에 맞는 업체 선정하기

| 정답 | ⑤

| 해설 | A ~ E 광고업체의 광고 비용을 계산하면 다음과 같다.

• A : 30+25×4+30+5×5=130+55=185(만 원)

- B : $5×7+3×23+8×3+6×3+4×4=104+58$ $=162$(만 원)
- C : $18×6+12×5=108+60=168$(만 원)
- D : $11×10+20+5×7=110+55=165$(만 원)
- E : $4×10+2.5×20+17×4=90+68=158$(만 원)

따라서 가장 저렴한 비용으로 계약을 체결할 수 있는 광고업체는 E이다.

36 예산관리능력 물품 구입비용 계산하기

|정답| ④

|해설| 조건에 따라 각 직원이 구입할 수 있는 물품은 다음과 같다.
- A : 무선키보드
- B : 멀티박스, 서랍 정리함
- C : 유선키보드, 멀티박스
- D : 데스크매트, 서랍 정리함, 유선키보드
- E : 포스트잇, 모니터

무선키보드 1개, 멀티박스 2개, 서랍 정리함 2개, 유선키보드 2개, 데스크매트 1개, 포스트잇 1개, 모니터 1개를 구입하므로 멀티박스, 서랍 정리함, 유선키보드는 20% 할인을 받을 수 있다. 따라서 물품 구입비용은 $(33,000+20,000+5,000+100,000)+(12,500+15,000+25,000)×2×0.8=242,000$(원)인데, 상품권을 구매하여 물품 구입에 사용하면 10%를 더 할인받을 수 있다. $242,000×0.9=217,800$(원)이므로 상품권 218장을 구입하여 총 218,000원에 물품을 구입할 수 있다.

37 예산관리능력 조건에 맞게 물품 선정하기

|정답| ①

|해설| 각 직원의 선호도 점수와 가격 점수를 산정하여 더하면 다음과 같다.

데스크매트	$3+4=7$	멀티박스	$2+4+4=10$
무선마우스	$3+3+4+1=11$	유선마우스	2
무선키보드	$1+1=2$	유선키보드	$6+1+2=9$
모니터	$2+2+1=5$	서랍 정리함	$1+2+4=7$
포스트잇	$2+6+3=11$		

이때 무선마우스와 포스트잇이 동점이므로 선호도 점수의 합이 더 높은 무선마우스를 구입한다.

38 예산관리능력 취소 규정 이해하기

|정답| ②

|해설| 2월 13일에 예약을 취소한다면 예약 7일 전에 취소하는 것이 되므로 체크인 14일 전부터 환불이 불가능하다고 명시하고 있는 숙박료는 환불받을 수 없다.

39 예산관리능력 환불 금액 계산하기

|정답| ③

|해설| 예약 7일 전에 취소를 한다면 항공권은 가격의 50%, 숙박은 환불 불가, 렌터카는 전액을 환불받을 수 있고 해녀체험은 회계팀이 가지고 있는 쿠폰을 사용하여 전액을 환불받을 수 있다. 따라서 환불받을 수 있는 최대 금액은 항공권 $100,000×20×0.5=1,000,000$(원), 렌터카 $50,000×3×(72÷24)=450,000$(원), 해녀체험 200,000원으로 총 1,650,000원이다.

40 예산관리능력 조건에 맞게 업체 선정하기

|정답| ⑤

|해설| 제시된 선정 기준에 따라 업체별로 실적 항목 점수를 제외한 나머지 항목 점수의 합계(사업 기간+기술 인력+비용 절감)를 구하면 다음과 같다.
- A : $24+6+21=51$(점)
- B : $30+10+30=70$(점)
- C : $12+20+9=41$(점)
- D : $24+10+21=55$(점)
- E : $12+20+9=41$(점)

이때 A와 D의 실적항목 점수를 합하면 A는 총점 71점, D는 71점이다. 만약 B, C, E의 실적 점수가 만점인 20점이라 하면 C, E의 점수는 61점이다. 따라서 C, E의 선정가능성이 가장 낮다.

41 예산관리능력 변경된 조건으로 업체 선정하기

|정답| ②

|해설| 제시된 선정 기준에 따라 업체별로 사업 기간+기술 인력의 점수를 구해보면 다음과 같다.

- A : 24+12=36(점)
- B : 38+27=65(점)
- C : 8+57=65(점)
- D : 18+15=33(점)
- E : 14+33=47(점)

B와 C가 동점이므로 두 업체 중 사업 기간이 더 긴 B가 선정된다.

42 시간관리능력 조건에 맞게 회의실 예약하기

|정답| ④

|해설| 신약 출시 관련 회의는 관련자가 모두 참석할 수 있는 날짜여야 하며, 회의실 사용 현황표에서 회의실을 사용하는 것으로 예정된 시간에는 회의를 예약할 수 없다. 17일에는 14 ~ 16시에 경영지원팀이 회의실을 사용하나, 오전에는 회의실을 사용하지 않으므로 회의실을 사용할 수 있고, 회의 참석자 모두 17일에 일정이 없으므로 회의를 진행할 수 있다.

|오답풀이|

① 공휴일인 3일에는 회의를 진행할 수 없다.

② 7일은 월요일로, 매주 월요일은 임원진 주례회의 진행으로 회의실을 사용할 수 없다.

③ 회의는 1시간 30분 동안 진행되므로, 17시부터 회의를 시작하면 업무시간인 18시를 경과하게 된다.

⑤ 22일은 경영지원팀 A 과장의 휴가 일정으로 회의를 진행할 수 없다.

43 컴퓨터활용능력 엑셀 단축키 이해하기

|정답| ④

|해설| 엑셀에서 $\boxed{\text{Alt}}$+$\boxed{\text{Enter↵}}$를 누르면 동일한 셀에서 줄 바꿈이 된다.

|오답풀이|

① 아래 끝 데이터로 이동 : $\boxed{\text{Ctrl}}$+$\boxed{↓}$

② 위쪽 셀로 이동 : $\boxed{\text{Shift}}$+$\boxed{\text{Enter↵}}$

③ 아래쪽 셀로 이동 : $\boxed{\text{Enter↵}}$

⑤ 작업내용 저장 : $\boxed{\text{Alt}}$+$\boxed{\text{Shift}}$+$\boxed{\text{F2}}$

44 정보능력 슈퍼 컴퓨터의 특징 이해하기

|정답| ⑤

|해설| 슈퍼 컴퓨터는 일기 예보나 회로 설계, 암호문 처리, 유전자 분석과 같이 많은 양의 연산이 필요한 분야에서 주로 사용되어 왔고, 대형 컴퓨터보다 수십 배 이상의 계산 능력을 지닌 컴퓨터이다.

|오답풀이|

① 대형 컴퓨터 : 회사 또는 기관 등 조직을 구성하는 모든 구성원들 사이에서 공유할 수 있도록 대용량의 대량 처리 기능을 가지고 있는 컴퓨터이다.

② 랩톱 컴퓨터 : 크기 또는 무게가 무릎 위에 얹고 조작할 수 있는 규모의 컴퓨터이다.

③ 퍼지 컴퓨터 : 인간 두뇌의 제어 방법에 가까운 제어를 할 수 있는 컴퓨터이다.

④ 바이오 컴퓨터 : 인간의 뇌에서 이루어지는 인식 · 학습 · 기억 · 추리 · 판단 등과 같은 고도의 정보처리시스템을 모방하여 만든 컴퓨터이다.

45 컴퓨터활용능력 Windows 단축키 적용하기

|정답| ①

|해설| ㉠ 선택한 파일을 삭제하기 위해서는 $\boxed{\text{Ctrl}}$+$\boxed{\text{D}}$를 눌러야 한다.

1회 기출예상문제
2회 기출예상문제
3회 기출예상문제
4회 기출예상문제
5회 기출예상문제
6회 기출예상문제

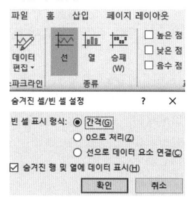

46 정보능력 | 컴퓨터의 산업분야 파악하기

| 정답 | ①

| 해설 | POS는 금전등록기와 컴퓨터 단말기의 기능을 결합한 시스템으로 매상금액을 정산해 줄 뿐만 아니라 동시에 소매경영에 필요한 각종 정보와 자료를 수집·처리해 주는 시스템으로 판매시점관리 시스템이라고 한다.

47 컴퓨터활용능력 | 셀 서식 지정하기

| 정답 | ①

| 해설 | 천 단위마다 구분 기호를 표기하기 위해서는 다음과 같이 쉼표로 표시한다.

〈#,###〉

한글로 원 단위를 표시하여 덧붙일 경우에는 다음과 같이 표시한다.

〈#,###"원"〉

48 컴퓨터활용능력 | 엑셀 활용하기

| 정답 | ⑤

| 해설 | LOOKUP은 배열이나 한 행 또는 한 열 범위에서 값을 찾는 함수이다. HLOOKUP은 배열의 첫 행에서 값을 검색하여 지정한 행의 같은 열에서 데이터를 추출하는 함수이고, VLOOKUP은 반대로 배열의 첫 열에서 값을 검색하여 지정한 열의 같은 행에서 데이터를 돌려주는 함수이다. LOOKUP 함수는 꼭 첫 번째 행이나 첫 번째 열이 아니더라도 자료를 찾을 수 있다는 장점이 있다.

LOOKUP 함수식은 "=LOOKUP(찾는 값, 찾는 범위, 결과값)"이므로 첫 번째 항목으로는 RIGHT 함수를 이용하여 주어진 도서번호의 오른쪽 숫자 2개(코드번호)를 추출하는 RIGHT(B6,2)가 된다. 두 번째 항목에는 값을 찾는 범위(B3 : E3)를 절대화한 $B$3 : $E$3가 들어간다. 세 번째 항목에는 결과값을 가진 범위(B2 : E2)를 절대화한 $B$2 : $E$2가 들어간다. 따라서 "=LOOKUP(RIGHT (B6, 2), $B$3 : $E$3, $B$2 : $E$2)"가 적절하다.

49 컴퓨터활용능력 | 스파크라인 파악하기

| 정답 | ③

| 해설 | Default로 데이터 범위를 숨기기 할 경우 사라지는 경우가 있으며, 다음과 같이 옵션값을 바꿔주면 숨긴 데이터 값을 표시할 수 있다.

50 컴퓨터활용능력 | 시스템 언어 이해하기

| 정답 | ③

| 해설 | 오류 문자는 'VINTGO', 오류 발생 위치는 'HENOS'이다. 두 값의 일치하는 알파벳 개수는 N, O로 2개이다. 따라서 〈시스템 상태 판단기준〉에 따라 Final code는 'Banner'가 된다.

인공지능을 활용해서 전력과 온도를 조절하는 것이므로 (가), (나) 두 경우 모두 쓰일 수 있다.

6회 기출예상문제   문제 256쪽

01	⑤	02	②	03	④	04	③	05	③
06	④	07	⑤	08	③	09	①	10	④
11	①	12	②	13	②	14	②	15	④
16	②	17	⑤	18	③	19	③	20	③
21	③	22	③	23	⑤	24	③	25	②
26	⑤	27	①	28	③	29	④	30	③
31	⑤	32	④	33	③	34	④	35	⑤
36	④	37	③	38	④	39	⑤	40	③
41	②	42	③	43	②	44	⑤	45	②
46	⑤	47	①	48	③	49	①	50	③

01 문서작성능력 적절한 주제 파악하기

| 정답 | ⑤

| 해설 | 주어진 글에서는 중앙과 지역 간 에너지 분권을 위해 요구되는 준비 작업에 관해 설명하고 있다. 전반부에서는 지역의 에너지 권한 부족으로 인한 문제점을 논의하면서 권한 이양의 필요성을, 후반부에서는 중앙과 지역의 소통창구 마련의 필요성을 논의한다. 따라서 글 전체를 아우르는 가장 적절한 주제는 ⑤이다.

| 오답풀이 |

② 에너지 권한의 쏠림 현상으로 인한 문제의 해결방안에 대해 논의하고 있다.

④ 각 지자체가 스스로 에너지 계획을 수립하여도 권한이 없어 이를 실행할 수 없음이 명시되어 있다.

02 문서이해능력 적절한 사례 연결하기

| 정답 | ②

| 해설 | ㉠의 오토스케일 기술, ㉣의 수신기 전원 차단 기술은 전력 효율을 높이기 위한 기술이므로 (가)와 연결되는 것이 적절하다. ㉢의 바닷속 데이터센터와 ㉺의 고지대에 지어진 데이터센터는 냉각을 효율적으로 하기 위한 시스템으로 (나)와 연결되는 것이 적절하다. ㉡의 경우 딥마인드

03 문서이해능력 세부 내용 이해하기

| 정답 | ④

| 해설 | 살롱은 온라인 커뮤니티가 오프라인 공간으로 탈출한 것이며 SNS가 활성화되더라도 대면적 · 직접적 소통이 가능한 오프라인 만남에 대한 수요는 꾸준히 존재할 것이다. 따라서 온라인 살롱이 오프라인 살롱을 대체할 것이란 예측은 지문과 일치하지 않는다.

| 오답풀이 |

① 살롱은 '반(半) 개방성'의 공간으로 취향이 비슷한 이들이 모인다는 점에서 배타성을, 결이 다른 다분화된 취향을 지닌 이들이 모인다는 점에서 개방성을 띤다.

② 마지막 문단에 제시된 내용이다.

⑤ 3문단에 제시된 내용이다.

04 문서이해능력 자료를 읽고 의견 제시하기

| 정답 | ③

| 해설 | 개인 이동수단 특성상 전기자전거 또는 전동 킥보드는 장맛비 등 날씨 변화의 영향을 받을 수밖에 없다. 따라서 날씨 영향 차단 가능 여부가 성공의 관건이라는 의견은 적절하지 않다.

| 오답풀이 |

① 전동 킥보드는 한 번 타본 사람이 계속 타면서 타는 행위 자체에 재미를 느끼기도 하지만 전기자전거는 자전거인 만큼 비교적 거부감 없이 탈 수 있다는 점에서 이용자 친화적이다.

② 아직까지는 전동 킥보드가 개인 이동수단으로 더 크게 주목받고 있는 상황이다.

④ K 모빌리티는 최근 타기업과 협력해 전기자전거 충전 · 정비 거점도 추가 확보하며 서비스 확장에 박차를 가하고 있다.

⑤ 전기자전거는 자전거의 일종이기 때문에 사업자 입장에서 비교적 규제로부터 자유롭다는 점에서 규제영역에 모호한 회색지대가 존재하는 전동 킥보드에 비해 유리하다고 볼 수 있다.

1회 기출예상문제 2회 기출예상문제 3회 기출예상문제 4회 기출예상문제 5회 기출예상문제 6회 기출예상문제

05 문서이해능력 내용 추론하기

|정답| ③

|해설| 인간이 생각하고 말을 할 수 있는 복잡한 생물임에도 가지고 있는 의미 있는 유전자 수는 다른 단순한 동물들의 유전자 수와 크게 다르지 않으며, 심지어 식물이 가진 유전자보다 그 수가 적다는 것이 확인되었으므로 복잡한 생물일수록 보유 유전자 수가 많다는 것을 추론할 수는 없다.

|오답풀이|

① 침팬지와 사람의 유전자가 99% 일치함에 따라 침팬지 기원설에도 확신을 얻게 되었다.

② 생명공학 기술의 발달로 기존에 15년으로 예상되었던 인간 게놈 프로젝트가 13년 만에 완료되었다.

④ 염기서열이 모두 밝혀지는 것의 단점으로 태아의 염기서열에서 유전병 요인이 발견될 경우 아이를 포기하는 일이 생길 수 있다는 문장에서 추론할 수 있다.

⑤ 염기서열의 수가 워낙 방대하여 세계 각국의 유전자 센터와 대학 등에서 나누어 실시되었다.

06 문서이해능력 빈칸에 들어갈 내용 파악하기

|정답| ④

|해설| 역진성의 정의에 의하면 수요가 감축되었을 경우 그에 따른 SMP가 하락해야 한다. 따라서 기준수요 대비 100MW 감축 시의 7월 9일 SMP는 164.67원 → 163.04원으로 변동되어 수요 감축에 따른 가격 하락을 보이고 있으므로 역진성에 해당되지 않는다. 나머지 선택지의 일자들에는 모두 수요가 감축되었음에도 불구하고 가격이 오히려 상승한 역진성을 보이고 있다.

07 문서이해능력 자료를 읽고 질의응답하기

|정답| ⑤

|해설| 제출물에 대한 지식재산권 또는 소유권은 제출자에게 있다. 따라서 논문의 소유권이 주관기관에 이전된다는 답변은 옳지 않다.

08 문서이해능력 단어의 의미관계 파악하기

|정답| ③

|해설| 제시문은 디지털 기술 발전으로 시간과 공간의 경계가 무너졌다고 설명하고 있다. 그러나 기술 진보와 자동화는 경계가 무너진 것이 아니라 4차 산업혁명의 기술 진보가 자동화를 이끌어 냈다고 볼 수 있다.

|오답풀이|

① 세 번째 문단에서 이종 결합이 증가함에 따라 제조업과 서비스업 등 업종 및 기업 간 경계가 사라지고 있다는 것을 알 수 있다.

② 두 번째 문단에서 원격 근무 또는 모바일 근무가 늘어나면서 근로자는 24시간 연락체계 및 근무 환경에 놓이게 되었고 이에 따라 노동과 여가의 경계가 무너지고 있다는 것을 알 수 있다.

④ 세 번째 문단에서 이종 결합이 증가함에 따라 생산기술직과 사무직 간의 경계도 더욱 희미해지고 있다는 것을 알 수 있다.

⑤ 네 번째 문단에서 초연결사회는 온라인과 눈, VR, AR 등을 통해 가상과 현실의 경계가 무너지고 있다는 것을 알 수 있다.

09 문서이해능력 글의 특징 파악하기

|정답| ①

|해설| 초연결사회의 특징은 대용량 데이터가 아닌 '대용량 데이터의 이동'이다. 두 번째 문단을 보면 대용량 데이터의 전송 가격이 제로에 가까워지고 속도는 더욱 빨라지고 있다고 설명하고 있다. 따라서 초연결사회의 특징으로 보기 어려운 것은 ①이다.

|오답풀이|

② 네 번째 문단을 보면 가상공간과 현실공간이 연결됨에 따라 4차 산업혁명의 대표 브랜드인 스마트공장이 등장했다고 말한다. 즉 가상과 물리가 실시간으로 통합되는 시스템을 기반으로 하는 스마트공장 역시 초연결사회의 특징이라고 볼 수 있다.

③ 두 번째 문단을 보면 초고속 무선통신과 클라우드 네트워크 등의 디지털 기술 발전으로 인해 원격 근무 또는 모바일 근무가 확대된다고 설명하고 있는데 이는 초연결사회의 특징이라고 볼 수 있다.

④ 마지막 문단을 보면 기계와 상품, 사람이 데이터로 연결되어 자율성과 상호작용이 가능한 '소셜 기계시스템'이 등장했다고 이야기하고 있다. 이는 초연결사회로 인해 인간의 삶과 노동, 생산 및 물류가 동시성을 가지는 것을 의미한다.

⑤ 첫 번째 문단을 보면 4차 산업혁명의 특징이 탈경계화와 초연결사회이며 이로 인해 초고속 무선통신과 클라우드 네트워크의 발전이 가능해졌다고 설명하고 있다.

---

10 문서이해능력 세부 내용 파악하기

| 정답 | ④

| 해설 | 제6조 제1항에 따르면 원자력안전위원회는 대통령령으로 정하는 바에 따라 관계 중앙행정기관의 장과 협의하여 매년 종합계획의 연도별 시행계획을 세우고, 이를 관계 중앙행정기관의 장에게 통보하여야 한다.

| 오답풀이 |

① 제1조에 제시되어 있다.

② 제5조 제2항 제3호에 제시되어 있다.

③ 제8조 제1항에 제시되어 있다.

⑤ 제7조 제1항, 제2항에 제시되어 있다.

---

11 문서이해능력 세부 내용 파악하기

| 정답 | ①

| 해설 | 본문의 종합계획은 '생활주변방사선방호 종합계획'으로, 생활 주변에서 유출되는 방사선의 관리에 관한 계획이다. 따라서 원전 지역 주변에서 방출되는 인공 방사선의 격리 기술 개발에 관한 사항은 해당 종합계획에 포함되기 어렵다.

| 오답풀이 |

⑤ 제5조 제2항 제7호의 '우주방사선 등의 안전관리 체계 구축을 위하여 필요한 사항'에 해당한다.

---

12 도표분석능력 자료의 수치 계산하기

| 정답 | ②

| 해설 | 행사 예산안에 따라 예산을 계산하면 다음과 같다.

〈기존 예산〉

• 대관료
1관, 2관 모두 4시간씩 대관해야 하므로 $(250,000+200,000) \times 4 = 1,800,000$(원)

• 간식
생수, 음료, 약과 모두 320개씩 주문해야 하므로 $(300+700+1,000) \times 320 = 640,000$(원)

• 출력물
팸플릿은 320개, 현수막은 2개가 필요하므로 $130,000+(1,500 \times 320)+70,000+(80,000 \times 2) = 840,000$(원)

• 강연료
2월 4일은 3시간, 2월 11일, 18일, 25일은 각각 2시간에 해당되는 강연료가 지급되므로 $200,000 \times 9 = 1,800,000$(원)

따라서 추가 일정 편성 전의 기존 예산은 $1,800,000+640,000+840,000+1,800,000 = 5,080,000$(원)이다.

〈추가 신청 예산〉

• 대관료
1관을 2시간 대관해야 하므로 $250,000 \times 2 = 500,000$(원)

• 간식
생수, 음료, 약과 모두 100개씩 주문해야 하므로 $(300+700+1,000) \times 100 = 200,000$(원)인데, 기존 일정을 포함하여 약과를 총 420개 주문하므로 $1,000 \times 420 \times 0.1 = 42,000$(원)이 할인된다.

• 출력물
팸플릿 100개만 추가로 필요하므로 $1,500 \times 100 = 150,000$(원)

• 강연료
2시간에 해당되는 강연료가 지급되므로 $200,000 \times 2 = 400,000$(원)

따라서 추가로 신청할 예산은 $500,000+(200,000-42,000)+150,000+400,000 = 1,208,000$(원)이다.

1회 기출예상문제
2회 기출예상문제
3회 기출예상문제
4회 기출예상문제
5회 기출예상문제
6회 기출예상문제

13 도표분석능력 자료의 수치 계산하기

|정답| ②

|해설| 각 가입자가 지급받는 탄소포인트를 정리하면 다음과 같다.

- 가입자 A
  $0+2,500+5,000=7,500$(포인트)
- 가입자 B
  $5,000+0+5,000=10,000$(포인트)
- 가입자 C
  $(5,000+1,250+2,500)×1.1=9,625$(포인트)
- 가입자 D
  $(5,000+1,250+0)×1.1=6,875$(포인트)

따라서 가장 많이 지급받는 가입자는 B, 가장 적게 지급받는 가입자는 D이다.

14 도표작성능력 도표 작성하기

|정답| ②

|해설| 연도별 최대전력 수요 대비 예비전력 비중은 '$\dfrac{\text{예비전력}}{\text{최대전력 수요}}×100$'으로 이것은 주어진 자료의 공급예비율을 의미하나, ②에 기재된 수치는 설비예비율을 나타내고 있다.

15 도표분석능력 자료의 수치 분석하기

|정답| ④

|해설| 모든 주택형태에서 도시가스 에너지가 가장 많이 소비되고 있다.

|오답풀이|

① 단독주택은 열에너지를 소비하지 않는다.

② 모든 주택형태에서 소비되는 에너지 유형은 석유, 도시가스, 전력으로 3가지이다.

③ 가구 수는 나와 있지 않으므로 가구당 에너지 소비량은 알 수 없다.

⑤ 단독주택 전체 에너지 소비량의 30%는 $7,354×0.3=2,206.2$(천 TOE)로 단독주택에서 소비한 전력 에너지량인 2,118천 TOE보다 많다.

16 도표분석능력 자료를 바탕으로 비율 계산하기

|정답| ②

|해설| 아파트 전체 에너지 소비량 중 도시가스 소비량이 차지하는 비율은 $\dfrac{5,609.3}{10,125}×100≒55.4(\%)$이다.

17 도표분석능력 자료의 수치 분석하기

|정답| ⑤

|해설| 개소당 평균 시설용량을 계산하면 다음과 같다.

- 전체 : $163,789÷65≒2,520$(kW)
- 소수력 : $48,763÷36≒1,355$(kW)
- LFG : $30,293÷10≒3,029$(kW)
- 풍력 : $83,395÷4≒20,849$(kW)
- 태양광 : $1,338÷15≒89$(kW)

따라서 전체 에너지원 시설의 개소당 평균 시설용량보다 작은 에너지원은 소수력과 태양광이다.

|오답풀이|

① 총 지원금이 가장 많은 해는 (Y+3)년으로 지원금이 7,596백만 원이다.

② 태양광은 13 → 524MW로 상승하여 상승률이 가장 큰 에너지원임을 알 수 있다.

③ 풍력의 지원금 규모는 소수력과 LFG에 비해 눈에 띄게 큰 폭의 증가를 기록하고 있다(186 → 3,911백만 원).

④ 풍력을 제외한 나머지 에너지원은 거래량이나 지원금이 전년보다 감소하거나 동일한 해가 있으나 풍력은 매년 증가하였다.

18 도표분석능력 자료의 수치 계산하기

|정답| ③

|해설| 앞 문제에서 계산한 각 에너지원별 개소당 평균 시설용량과 (Y+3)년의 백만 원당 거래량을 정리하면 다음과 같다(소수점 아래 첫째 자리에서 반올림한다).

구분	소수력	LFG	풍력	태양광
개소당 평균 시설용량	1,355kW	3,029kW	20,849kW	89kW
(Y+3)년의 백만 원당 거래량	66MW	134MW	26MW	2MW
차이	66,000 −1,355 =64,645 (kW)	134,000 −3,029 =130,971 (kW)	26,000 −20,849 =5,151 (kW)	2,000 −89 =1,911 (kW)

단위에 유의하여 차이가 작은 순서대로 정리해 보면, 태양광−풍력−소수력−LFG의 순임을 알 수 있다.

---

19 도표분석능력 자료의 수치 분석하기

| 정답 | ③

| 해설 | ㉠ 1인당 국민소득 그래프를 보면, 2015년까지 모든 국가의 1인당 국민소득이 증가하였음을 알 수 있다. 2020년은 2015년에 비해 1인당 국민소득이 감소한 국가도 있으나, 증가한 국가의 증가폭이 더 크기 때문에 다섯 국가의 1인당 국민소득 합의 평균은 2005년 이후 증가하는 추세라고 볼 수 있다.

㉣ 대한민국의 외환거래량은 매년 증가하는 반면 캐나다는 2015년까지 증가하다 2020년에는 감소하였다. 그러므로 2015년 이후 일평균 외환거래량의 추이가 지속된다면 언젠가 대한민국의 외환거래량이 캐나다를 앞지를 것이다.

| 오답풀이 |

㉡ 2010년에는 캐나다의 1인당 국민소득이 가장 크고 일평균 외환거래량은 프랑스가 가장 크다.

㉢ 2010년을 제외하고는 프랑스의 1인당 국민소득이 가장 높다.

---

20 도표분석능력 자료의 수치 분석하기

| 정답 | ③

| 해설 | 다른 나라의 경우 일평균 외환거래량이 조사기간 동안 꾸준히 증가하였으나 캐나다와 폴란드는 2015년도까지는 증가하다가 이후 감소하는 추세를 보인다.

---

21 사고력 규칙에 따라 추론하기

| 정답 | ③

| 해설 | 각 지점의 숫자가 가진 양의 약수의 개수를 통해 접근하면 쉽게 문제를 해결할 수 있다.

㉠ 최대 방문 지점은 36번 지점으로 총 9회 방문한다.

㉡ 2회만 방문한 지점은 양의 약수가 1과 자기 자신뿐인 소수에 해당하는 지점이므로 2, 3, 5, 7, 11, 13, 17, 19, 23, 29, 31, 37번째 지점으로 총 12개이다.

㉢ 40번 지점은 1, 2, 4, 5, 8, 10, 20, 40번째 점검에서 방문하므로 총 8회 방문한다.

| 오답풀이 |

㉣ 6번째 점검이 이루어지지 않는 경우 6, 12, 18, 24, 30, 36번 지점의 점검 횟수가 줄어들게 되므로 총 6개 지점의 방문 횟수가 줄어든다.

---

22 문제처리능력 보수액 차이 산출하기

| 정답 | ③

| 해설 | 평일 야근 1시간과 지각 1회는 1만 5천 원, 주말 야근 1시간은 2만 원이다. 이를 참고하여 보수액을 계산하면 다음과 같다.

- A : 85+(3×1.5)+(3×2)−(3×1.5)=91(만 원)
- B : 90+(1×1.5)+(3×2)−(3×1.5)=93(만 원)
- C : 90+(2×1.5)+(2×2)−(3×1.5)=92.5(만 원)
- D : 80+(5×1.5)+(1×2)−(4×1.5)=83.5(만 원)
- E : 85+(1×1.5)+(5×2)−(4×1.5)=90.5(만 원)

총 보수액이 가장 많은 사람은 93만 원을 받는 B이고, 세 번째로 많은 사람은 91만 원을 받는 A이다. 따라서 두 사람의 총 보수액 차이는 20,000원이다.

---

23 문제처리능력 출장을 갈 직원 선정하기

| 정답 | ⑤

| 해설 | 〈직원별 특징〉에서 이 부장과 최 팀장은 비행기 탑승이 불가능하며 강 사원과 윤 사원은 운전면허가 없으므로 출장을 갈 수 없다. 〈3월 스케줄〉을 보면 출장 시기에 한 사원, 정 사원, 최 팀장은 일정이 있으므로 제외된다. 따라서 모든 조건을 충족하는 직원은 박 부장, 김 팀장이다.

1회 기출예상문제 2회 기출예상문제 3회 기출예상문제 4회 기출예상문제 5회 기출예상문제 6회 기출예상문제

24 문제처리능력 자료를 바탕으로 내용 분석하기

|정답| ③

|해설| 지역전문사원 지원 시 해당 권역 내 소재 학교(대회까지의 최종학력 기준, 대학원 이상 제외) 졸업(예정)·중퇴한 자 또는 재학·휴학 중인 자만 지원 가능하므로, 전북권 소재 대학을 졸업 예정인 C는 전남권 지역전문사원으로 지원할 수 없다.

25 문제처리능력 운영 자료 이해하기

|정답| ②

|해설| 직원에 대한 할인율은 20%, 고객에 대한 할인율은 10%로 고객에 대한 할인율의 2배이므로 100% 더 높다. 10% 더 높다고 오해하기 쉬우나 10%p 더 높은 것이다.

|오답풀이|

① 가요를 금요일에 수강하면 4개의 강좌를 모두 수강할 수 있다.

③ ○○기업 고객이 아니면서 문화센터만 등록하고자 하는 회원은 할인을 받을 수 없다.

④ SMF는 ○○기업 직원 가족을 표기하는 것이다.

⑤ 혼자 등록한 직원은 월 15,000원에 20% 할인을 받아 총 36,000원을 내야 한다. 가족을 동반한 직원은 할인이 중복 적용되어 월 8,000원을 내므로 총 24,000원을 내면 된다. 즉 12,000원 차이이다.

26 문제처리능력 운영 자료 이해하기

|정답| ⑤

|해설| 화, 목에 수업하는 ◎는 다이어트 댄스이고, 주 1회 수업하는 ◇는 가요이다. 월, 수, 금에 수업하는 □는 요가, ○는 벨리댄스이다.

직원 가족이 다이어트 댄스와 요가를 등록한다면 15% 할인이 적용된다. 그러므로 (35,000+70,000)×0.85×3= 267,750(원)이 되어 250,000원을 넘는다.

|오답풀이|

① (B)는 직원 가족이 요가를 등록한 경우이므로 70,000 ×0.85×3=178,500(원)이 된다. (D)는 가요와 벨리댄

스를 등록한 고객이므로 (15,000+50,000)×0.9×3= 175,500(원)이 된다. 따라서 (B)가 더 많다.

② (E)는 벨리댄스와 가요이다.

③ ◎는 다이어트 댄스이다.

④ 동시 등록 할인은 가요 프로그램에만 적용된다. 박지수 회원은 요가만 등록하였으므로 동시 등록 할인을 받지 못한다.

27 문제처리능력 자료 이해하기

|정답| ①

|해설| 반의 인원 34명이 다 함께 들어갈 수 있는 테마는 수용 인원이 34명 이상인 무협, 마법, 곰돌이 테마로 총 3개이다.

|오답풀이|

② 로봇 테마는 자원봉사자의 수가 한 명 부족하므로, 다른 선생님이 인솔자로 참여해야 한다.

③ 문의사항은 ○○시청(339-9999)으로 문의할 수 있다.

④ 로봇 테마와 마법 테마의 경우, 사진 촬영이 금지된다.

⑤ 구내식당의 정원이 200명이므로 380명의 학생이 식사를 할 경우 교대로 식사를 해야 한다.

28 문제처리능력 견학 계획하기

|정답| ④

|해설| 5월 29일은 주말, 5월 30일은 가정의 달 행사라 견학을 갈 수 없고, 5월 31일에는 무협 테마에서만 행사가 진행되므로, 무협 테마가 아닌 견학 일정을 잡을 수 없다.

|오답풀이|

① 학생들이 평일에 학교 행사 일정을 한 번도 가지 않는 주는 둘째 주와 넷째 주인데, 곰돌이 테마에 참여할 수 있는 날이 23일(넷째 주)뿐이므로 학교에 있는 날이 가장 많은 주는 둘째 주이다.

② 학생들이 학교에 가는 2 ~ 6일 중 5일과 6일에는 어린이날 행사로 학교를 비우므로 학교에 있는 날은 최대 3일이다.

③ 아이들은 토요일, 일요일에 행사에 참여할 수 없으므로, 로봇 테마에 아이들을 데리고 갈 수 있는 날은 5월 20일 하루뿐이다.

⑤ 셋째 주에 견학 가능한 날은 17일, 18일, 19일, 20일이
므로 가능한 테마는 마법 테마와 숲속의 친구 테마, 로
봇 테마, 무협 테마로 네 개다.

납품가격 (만 원)	2	4	6	8	10
판매가격 (만 원)	6	7	8	9	10
판매량 (켤레)	4	3	2	1	0
A의 이윤 (만 원)	2×4− 4×2=0	4×3− 3×2=6	6×2− 2×2=8	8×1− 1×2=6	10×0− 0×2=0
B의 이윤 (만 원)	6×4− 2×4=16	7×3− 4×3=9	8×2− 6×2=4	9×1− 8×1=1	10×0− 10×0=0

따라서 ㉠, ㉡, ㉢, ㉣, ㉤에 들어갈 내용은 차례대로 6만
원, 16만 원, 6만 원, 2만 원, 12만 원이다.

29 문제처리능력 자료 분석하기

| 정답 | ④

| 해설 | $\dfrac{37.6-36.5}{36.5}\times100≒3(\%)$ 증가하였다.

| 오답풀이 |

① $\dfrac{30,685-29,162}{29,162}\times100≒5.2(\%)$ 증가하였다.

② $\dfrac{20,179-19,313}{19,313}\times100≒4.5(\%)$ 증가하였다.

③ 전체 시장규모는 77.4억 달러이고 그 50%는 38.7억 달
러이므로 일본의 시장규모인 37.6억 달러는 50% 미만
이다.

⑤ 중국과 인도의 바이오산업 시장규모는 일본에 비해 적

으며 그 비중도 각각 $\dfrac{15.7}{77.4}\times100≒20.3(\%)$, $\dfrac{6.8}{77.4}\times$

$100≒8.8(\%)$로 일본의 $\dfrac{37.6}{77.4}\times100≒48.6(\%)$에 대

등한 규모의 비중으로 볼 수 없다.

32 예산관리능력 적절한 카드 선택하기

| 정답 | ④

| 해설 | 지출내역을 토대로 A ~ E 카드의 할인금액을 계산
해야 한다. 총 할인 한도액이 있는 경우 할인 한도액 초과
분은 할인이 되지 않기 때문에 모든 항목을 계산하지 않아
도 된다. 각각의 할인금액을 계산하면 다음과 같다.

• A 카드 : 카페 사용액의 20%는 420,000×0.2=84,000
(원)으로 할인 한도액 초과(총 3만 원 할인)

• B 카드 : 도서 구입비의 10%는 30,000원으로 할인 한도
액과 동일, 연회비 2만 원(총 1만 원 할인)

• C 카드 : 마트 사용액의 15%는 45,000원으로 할인 한도
액 초과(총 3만 원 할인)

• D 카드 : 총 할인 한도액이 없으므로 200,000×0.1+
450,000×0.1+420,000×0.05=86,000(원) 할인

• E 카드 : 도서 구입비의 10%는 30,000원으로 할인 한도
액과 동일, 연회비 1만 원(총 2만 원 할인)

따라서 가장 이득이 되는 카드는 D 카드이다.

30 문제처리능력 자료를 분석하여 결과 도출하기

| 정답 | ③

| 해설 | 2019년 일본 바이오산업 시장규모는 37.6억 달러이
다. 이 중 '환경 및 공정분야'와 '보건의료 분야'의 총 비중
은 33.8+5+29.3+5=73.1(%)이므로, 두 산업분야의 합
계 시장규모는 37.6×0.731≒27.5(억 달러)이다.

33 예산관리능력 예산에 따라 숙소 예약하기

| 정답 | ③

| 해설 | 크게 식사비용, 숙박비용, 연회장 대관비용으로 나
누어 계산한다.

• 식사 : 2박 3일간의 일정 중 첫째 날은 점심을 먹고난 후
호텔로 이동하며 저녁은 연회장 기본요금에 포함되어 있
으므로 식사비용은 2일차의 아침, 점심, 저녁 식사와 3일

31 예산관리능력 최대 이윤 파악하기

| 정답 | ⑤

| 해설 | A가 각각의 납품가격을 채택했을 때 A와 B의 이윤
을 계산하면 다음과 같다.

1회 기출예상문제 2회 기출예상문제 3회 기출예상문제 4회 기출예상문제 5회 기출예상문제 6회 기출예상문제

차의 아침 식사 총 4회분을 계산한다. 따라서 2회의 조식
과 2회의 일반 식사 가격에 숙박 이용 시 기본요금 20%
할인이 적용되어 총 식사비용은 $(15,000+25,000) \times 2 \times$
$(1-0.2) \times 30 = 1,920,000$(원)이다.

• 숙박시설 : 스탠다드 A에 1인 추가 요금을 더해 스탠다드
A 객실 10개를 대여하는 경우가 가장 저렴하며 이는
$280,000 \times 10 = 2,800,000$(원)이다.

• 연회장 : 연회장 이용 고객에 숙박 이용 고객이 포함되어
있어 기본요금만 지불한다. 위원장 지시에 따라 야외 연
회장인 영빈관을 대여하는 경우 대관비용 800,000원을
지불해야 하는데, 이 경우 식사비용과 숙박비용까지 합친
총 비용이 $1,920,000+2,800,000+800,000=5,520,000$
(원)으로 배정된 예산을 초과하게 되므로 중/소 연회장을
대관해야 한다.

따라서 K 호텔에 최소로 지불할 수 있는 총 비용은 1,920,000
$+2,800,000+500,000=5,220,000$(원)이다.

34 인적자원관리능력 사업 책임자 선발하기

|정답| ④

|해설| 총괄 책임자는 관련 분야 전문성 및 근무경험, 외국
어 의사소통 능력, 현지 적응력 등이 요구된다. D는 영어회
화가 우수하고 현지에 거주한 경험이 있으며 업무 습득력
이 뛰어나고, 현장 경험이 많으며 융통성 있고 변화를 선호
하므로 책임자로 적절하다.

|오답풀이|

① A는 변화를 수용하지 못한다는 평가를 받았으므로, 현지
적응력에서 부적절하다.

② B는 영어 회화능력과 현장 근무경험이 부족하므로 근무
경험 측면과 의사소통 능력 측면에서 부적절하다.

③ C는 변화 상황에 대한 대처능력, 융통성이 부족하다고
했으므로 현지 적응력 측면에서 부적절하다.

35 인적자원관리능력 직원 일정 파악하기

|정답| ⑤

|해설| 수도권역의 경우 4. 8.(수) ~ 4. 9.(목)에 진행되는
교육이 유일하며, 사원은 매주 목요일 직장내성추행 방지
사원교육에 참여해야 하므로 사원 E는 R&D 기획역량 강
화 교육프로그램에 참여할 수 없다.

|오답풀이|

① 이동기간까지 고려한 4. 5.(일) ~ 4. 8.(수)에 충청권역
사원이 참여해야 할 다른 스케줄이 없으므로, 사원 A는
참여 가능하다.

② 이동기간까지 고려한 4. 13.(월) ~ 4. 16.(목)에 강원권
역 팀장이 참여해야 할 다른 스케줄이 없으므로, 팀장
B는 참여 가능하다.

③ 호남권역 사원은 우선 목요일 직장내성추행 방지 사원
교육에 참여해야 하므로 4. 16.(목) ~ 4. 17.(금)의 교
육에는 참여할 수 없다. 그러나 이동기간까지 고려한 4.
19.(일) ~ 4. 22.(수)에 호남권역 사원이 참여해야 할
다른 스케줄이 없으므로, 사원 C는 참여 가능하다.

④ 동남권역 팀장은 우선 금요일 정기회의 때문에 4. 23.
(목) ~ 4. 24.(금)의 교육에는 참여할 수 없다. 그러나
이동기간까지 고려한 4. 26.(일) ~ 4. 29.(수)에 동남
권역 팀장이 참여해야 할 다른 스케줄이 없으므로, 팀
장 D는 참여 가능하다.

36 예산관리능력 최대 수익 찾기

|정답| ④

|해설| A 업체가 M 제품을 홍보하고, B 업체가 L 제품을
홍보했을 때 수익의 합은 $13-2=11$(억 원)으로 가장 크다.

|오답풀이|

① A 업체가 L 제품을 홍보하고, B 업체가 N 제품을 홍보
했을 때 수익의 합은 $5+3=8$(억 원)이다.

② A 업체가 M 제품을 홍보하고, B 업체가 N 제품을 홍보
했을 때 수익의 합은 $(-9)+16=7$(억 원)이다.

③ A 업체와 B 업체가 L 제품을 홍보했을 때 수익의 합은
$4+3=7$(억 원)이다.

⑤ A 업체가 N 제품을 홍보하고, B 업체가 L 제품을 홍보
했을 때 수익의 합은 $(-4)+9=5$(억 원)이다.

37 예산관리능력 최대 수익 찾기

|정답| ③

|해설| 설날의 소비자 선호를 반영한 월 수익표를 기준으로
A 업체가 M 제품을 홍보하고, B 업체가 N 제품을 홍보

했을 때 수익의 합은 $(-9)+16\times\dfrac{150}{100}=15$(억 원)으로 가장 크다.

| 오답풀이 |

① A 업체가 M 제품을 홍보하고, B 업체가 L 제품을 홍보했을 때 수익의 합은 $13+\left(-2\times\dfrac{50}{100}\right)=12$(억 원)이다.

② A 업체와 B 업체가 L 제품을 홍보했을 때 수익의 합은 $4\times\dfrac{150}{100}+3\times\dfrac{150}{100}=10.5$(억 원)이다.

④ A 업체가 L 제품을 홍보하고, B 업체가 N 제품을 홍보했을 때 수익의 합은 $5\times\dfrac{150}{100}+3\times\dfrac{150}{100}=12$(억 원)이다.

⑤ A 업체가 N 제품을 홍보하고, B 업체가 M 제품을 홍보했을 때 수익의 합은 $-5\times\dfrac{50}{100}+13=10.5$(억 원)이다.

38 자원관리능력 조건에 맞는 업체 선정하기

| 정답 | ④

| 해설 | A ~ E 업체의 점수를 계산하면 다음과 같다.

구분	A	B	C	D	E
기업 신뢰도	6	8	5	8	7
	8	7	7	8	7
	6	5	4	4	5
업무 수행능력	4	7	9	5	9
	7	5	6	5	8
	7	5	5	7	5
사업 제안서	4	3	4	4	2
	2	2	4	5	4
관리능력 총점	44	42	44	46	47
입찰가격	25	24	27	25	24
관리×0.4	17.6	16.8	17.6	18.4	18.8
입찰×0.6	15	14.4	16.2	15	14.4
총점	32.6	31.2	33.8	33.4	33.2

기업신뢰도가 가장 낮은 C와 사업계획 적합성이 가장 낮은 E는 제외해야 하므로 총점이 가장 높은 D 업체가 낙찰자로 선정된다.

39 자원관리능력 조건에 맞는 결과 분석하기

| 정답 | ⑤

| 해설 | 가중치를 관리능력 60%, 입찰가격 40%로 바꾸는 경우의 점수는 다음과 같다.

- A : $44\times0.6+25\times0.4=36.4$(점)
- B : $42\times0.6+24\times0.4=34.8$(점)
- C : $44\times0.6+27\times0.4=37.2$(점)
- D : $46\times0.6+25\times0.4=37.6$(점)
- E : $47\times0.6+24\times0.4=37.8$(점)

따라서 동점을 기록한 업체는 존재하지 않는다.

| 오답풀이 |

① 가중치를 부여하지 않은 최종 점수는 A가 69점, B가 66점, C가 71점, D가 71점, E가 71점으로, 3개의 업체가 동점을 기록한다.

② 38의 해설에 따라 가중치를 부여한 최종 점수에서 동점을 기록한 업체는 없다.

③ 33.2점으로 3위를 차지한 E 업체와 33.8점으로 1위를 차지한 C 업체의 차이는 0.6점이므로, E 업체의 입찰가격이 1점 추가되어 0.6점의 가점을 받으면 동점을 기록할 수 있다.

④ 가중치를 바꿀 경우, 최종 낙찰업체는 E 업체가 된다.

40 예산관리능력 사업 예산 파악하기

| 정답 | ③

| 해설 | 지정공모과제와 품목지정과제를 확인해야 한다. 기존 제품의 성능 및 품질 향상 등 제품경영의 강화를 위한 기술 및 공정 개발은 '제품·공정개선'에 해당한다. 따라서 한 과제당 지정공모과제의 예산은 $\dfrac{2.24}{7}=0.32$(억 원), 품목지정과제의 예산은 $\dfrac{4}{4}=1$(억 원)이다.

| 오답풀이 |

① 신규 서비스기술 연구 및 신규 비즈니스 모델 구축은 '신규서비스 창출'에 해당한다. 따라서 한 과제당 지정 공모과제의 예산은 $\frac{4.5}{2}=2.25$(억 원)이다.

② 제품·공정설계, 생산의 전 주기 관리를 위한 클라우드 플랫폼 개발은 '스마트공장 R&D의 클라우드 기반 플랫폼 개발'에 해당한다. 따라서 한 과제당 품목지정과제의 예산은 2억 원이다.

④ 생산현장 노하우 디지털화를 위한 공장 연계형 소프트웨어 개발은 '스마트공장 R&D의 디지털현장 개발'에 해당한다. 따라서 한 과제당 지정공모과제의 예산은 2.5억 원이다.

⑤ 협력 R&D 활성화를 통한 기술 개발은 '산학연 R&D'에 해당한다. 따라서 한 과제당 지정공모과제의 예산은 1.7억 원이다.

41 예산관리능력 사업 예산 파악하기

| 정답 | ②

| 해설 | 중소벤처기업부 장관이 품목을 지정하는 과제, 즉 품목지정과제의 경우 4개가 선정되었으므로 5개 중 1개는 포함될 수 없다.

| 오답풀이 |

① 지정공모과제는 1개의 과제만 선정되므로, 총 10개의 과제가 포함되지 않는다.

③ 제품·공정개선, 신규서비스 창출에 해당하는 과제는 지정공모과제 9개, 품목지정과제 4개이므로 모두 포함될 수 없다.

④ 지정공모과제는 1개만 포함되므로, 제품·공정개선 분야의 연구과제는 최대 1개가 포함될 수 있다.

⑤ 신규서비스 창출에 관한 지정공모과제는 총 2개 중 최대 1개만 포함될 수 있다.

42 컴퓨터활용능력 스프레드시트 기능 알기

| 정답 | ③

| 해설 | 스프레드시트에 대한 설명이다.

| 오답풀이 |

① 여러 형태의 문서를 작성, 편집, 저장, 인쇄할 수 있는 프로그램으로 워드프로세서를 이용하여 글을 쓰거나 문서를 작성하게 되면 화면으로 확인하면서 쉽게 문서를 고칠 수 있고, 작업한 문서를 인쇄하거나 디스크와 같은 보조기억장치에 보관해 두었다가 필요할 때 다시 불러내어 사용할 수 있어 편리하다.

② 특정 프로그래밍 언어로 쓰여 있는 문서를 다른 프로그래밍 언어로 옮기는 프로그램을 말한다.

④ 파일의 크기를 압축하거나 줄여 주는 프로그램으로 파일을 압축하면 저장 용량을 적게 차지하므로 디스크의 저장 공간을 넓혀 주고, 파일을 전송하거나 내려 받을 때 걸리는 시간을 단축할 수 있다.

⑤ 일반 사용자들이 편리하게 자료를 이용할 수 있도록 대량의 자료를 저장하고 관리하는 프로그램이다.

43 컴퓨터활용능력 비트와 픽셀 이해하기

| 정답 | ②

| 해설 | 360×480의 해상도를 가진 이미지는 360×480＝172,800(픽셀)로 이루어져 있다. 하나의 픽셀은 4바이트이고 1바이트는 8비트이므로, 하나의 픽셀은 32비트로 이루어져 있다. 따라서 360×480의 해상도를 가진 이미지는 172,800×32＝5,529,600(비트)로 이루어져 있다.

44 컴퓨터활용능력 단축키 이해하기

| 정답 | ⑤

| 해설 | 단축키 [Tab+I]의 경우 글자에 취소선을 긋는 것이며, [Shift+B]는 글자 크기를 3pt 증가시키는 것이다. 그 결과는 다음과 같다.

> 인생은 ~~반짝반짝~~ 빛난다.

| 오답풀이 |

① 단축키 [Tab+B]는 글자를 지우는 것이며, 원래 문장에서 '반짝반짝'을 지웠으므로 옳은 설명이다.

② 단축키 [Tab+I]의 경우 글자에 취소선을 긋는 것이므로 옳은 설명이다.

③ 단축키 [Tab+I]는 글자에 취소선을 긋는 것이나, 단축키 [Space+Z]는 이전으로 되돌리는 것이다. 원래의 문장으로 되돌아갔으므로 옳은 설명이다.

④ 단축키 [Enter+B+I]는 글자에 밑줄을 긋는 것이므로 옳은 설명이다.

45 정보능력 정보 보안 용어 알기

| 정답 | ②

| 해설 | 캡차(CAPTCHA)는 사람과 컴퓨터를 구별하기 위한 자동계정생성방지기술로 흔히 인터넷에서 회원가입 등에 사용된다.

46 컴퓨터활용능력 엑셀 활용하기

| 정답 | ⑤

| 해설 | ㉠ DSUM 함수는 범위에서 조건에 맞는 레코드 필드 열에 있는 값의 합계를 계산할 때 사용된다.

㉡ CHOOSE 함수는 인수의 번호에 해당하는 값을 구하는 것으로, CHOOSE(인수, 값1, 값2, …)로 표현되며 인수가 1이면 값1, 인수가 2이면 값2를 선택하게 된다. 따라서 주어진 수식은 E4 셀부터 E7 셀까지의 값을 모두 더하는 것을 의미하여 300+240+180+175＝895가 된다.

㉢ DAVERAGE 함수는 범위에서 조건에 맞는 레코드 필드 열에 있는 값의 평균을 계산할 때 사용된다.

㉣ RANK 함수는 순위를 결정할 수 있는 함수로, '＝RANK(순위를 구하고자 하는 수, 순위를 구할 범위, 순위 결정 방법)'의 수식을 입력한다. 순위를 구할 범위는 절대참조 표기 '$'를 추가해야 하며, 급여총액이 가장 많은 직원이 1순위가 되어야 하므로 숫자상으로는 내림차순에 해당되어 0을(오름차순일 경우 1) 붙이게 된다.

따라서 ㉠ ~ ㉣ 모두 올바른 설명으로 총 4개이다.

47 정보처리능력 시리얼 넘버 이해하기

| 정답 | ①

| 해설 | 해당 제품은 16인치 분홍색 노트북으로 해외 공장인 중국 공장과 베트남 공장에서 모두 이와 같은 종류의 제품을 생산한다.

| 오답풀이 |

② 0000부터 순차적으로 고유 코드를 부여하므로 이 제품은 생산일 당일 경남 공장에서 342번째로 출고된 전자제품이다.

③ 경남 공장에서는 4.7인치를 제외한 모든 휴대폰을 생산한다.

④ 경남 공장은 2020년 이후 15인치 노트북을 생산하지 않지만, 16인치 노트북은 계속 생산한다.

⑤ 노트북의 크기 종류로는 14, 15, 16, 17인치가 있다.

48 정보처리능력 시리얼 넘버 이해하기

| 정답 | ③

| 해설 | 시리얼 넘버가 TCLW051901221438인 제품은 2019년 1월 22일 중국 공장에서 1,439번째로 출고된 화면 크기가 10.5인치인 하얀색 태블릿 PC다. 이 제품보다 화면 크기가 큰 제품은 12.5인치 태블릿 PC와 모든 크기의 노트북으로, 표의 시리얼 넘버 중 이에 해당하는 것을 표시하면 다음과 같다.

LTPR031910150341	CPPK041904171204	LTPG011907070361	LTLK031904280360
LTLK061903202054	TCLK011812070055	CPPK051905082569	TCPK061810151842
CPMW051908113973	TCMG061809182989	CPLK011806200124	LTPB021811190437
TCLK031902090266	LTPK021901150610	LTMW051901222884	CPLW031903010244
LTLB011905250149	LTXK021810300493	TCMR051905144503	LTXW051905313317

표시된 제품의 시리얼 넘버 중 해당 제품보다 늦게 출고된 제품만 다시 표시하면 다음과 같다.

LTPR031910150341	CPPK041904171204	LTPG011907070361	LTLK031904280360
LTLK061903202054	TCLK011812070055	CPPK051905082569	TCPK061810151842
CPMW051908113973	TCMG061809182989	CPLK011806200124	LTPB021811190437
TCLK031902090266	LTPK021901150610	LTMW051901222884	CPLW031903010244
LTLB011905250149	LTXK021810300493	TCMR051905144503	LTXW051905313317

따라서 문제에서 찾고자 하는 제품의 수는 7개이다.

49 정보처리능력 시리얼 넘버 이해하기

| 정답 | ①

| 해설 | 자료에 주어진 생산 공장 현황을 참고하여 생산되지 않는 제품의 시리얼 넘버를 표시하면 다음과 같다.

LTPG011907070361	TCMR051905144503	CPLK041902271174	LTXK032001040086
TCLR011811260475	CPMB051812084197	CPMK031909140228	LTLG051908311857
LTMK021809180646	CPLW031806161034	TCPK032001060650	CPMW051908113973
TCLW061910104897	CPPW062001100935	LTMW051901222884	CPPR011807230249
TCPB061905292563	LTLK051907052429	TCMW021808070701	CPLG061910171525

따라서 시리얼 넘버가 잘못된 것은 5개이다.

50 정보처리능력 시리얼 넘버 부여하기

| 정답 | ③

| 해설 | i) 휴대폰
- 경기 공장 : 모든 화면 크기 및 모든 색상의 제품 생산, 3×5=15(가지)
- 경남 공장 : 5.5인치와 6.3인치 크기 및 모든 색상의 제품 생산, 2×5=10(가지)
- 전북 공장 : 모든 화면 크기 및 모든 색상의 제품 생산, 3×5=15(가지)
- 중국 공장 : 모든 화면 크기 및 모든 색상의 제품 생산, 3×5=15(가지)
- 베트남 공장 : 6.3인치 크기의 모든 색상의 제품 생산, 1×5=5(가지)

따라서 총 조합은 15+10+15+15+5=60(가지)이다.

ii) 노트북
- 경기 공장 : 15인치, 16인치, 17인치 크기 및 모든 색상의 제품 생산, 3×5=15(가지)
- 충북 공장 : 모든 화면 크기 및 모든 색상의 제품 생산, 4×5=20(가지)
- 경남 공장 : 16인치 크기의 모든 색상의 제품 생산, 1×5=5(가지)
- 중국 공장 : 모든 화면 크기 및 모든 색상의 제품 생산, 4×5=20(가지)
- 베트남 공장 : 모든 화면 크기 및 모든 색상의 제품 생산, 4×5=20(가지)

따라서 총 조합은 15+20+5+20+20=80(가지)이다.

iii) 태블릿 PC
- 경기 공장 : 10.5인치, 12.5인치 크기 및 검정, 하양, 회색 제품 생산, 2×3=6(가지)
- 충북 공장 : 10.5인치, 12.5인치 크기 및 모든 색상의 제품 생산, 2×5=10(가지)
- 경남 공장 : 모든 화면 크기 및 모든 색상의 제품 생산, 3×5=15(가지)
- 중국 공장 : 모든 화면 크기 및 모든 색상의 제품 생산, 3×5=15(가지)
- 베트남 공장 : 모든 화면 크기 및 모든 색상의 제품 생산, 3×5=15(가지)

따라서 총 조합은 6+10+15+15+15=61(가지)이다.

따라서 전체 시리얼 넘버의 조합은 60+80+61=201(가지) 이다.

GOSINET NCS

고시넷 초록이 NCS
피듈형 ① 통합 기본서

■ 980쪽　　■ 정가_28,000원

고시넷 초록이 NCS
피듈형 ② 통합 문제집

■ 932쪽　　■ 정가_28,000원

고시넷 직업기초능력
3대출제유형 ② 휴노형 문제집

■ 488쪽　　■ 정가_22,900원

고시넷 직업기초능력
3대출제유형 ③ ORP형 문제집

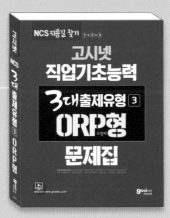

■ 560쪽　　■ 정가_23,800원

코레일_NCS

철도공기업_NCS

에너지_NCS